Langenscheidt
Komplett-Grammatik

Französisch

Das Standardwerk zum Nachschlagen
und Trainieren

Von Charlotte Matthiessen-Behnisch

Langenscheidt

München · Wien

Impressum

Herausgegeben von der Langenscheidt-Redaktion
Layout: Ute Weber
Umschlaggestaltung: KW 43 BRANDDESIGN
Projektmanagement: Eva Maria Weermann, TextMedia
Lektorat: Dr. Dorothea Walz
Muttersprachliches Lektorat: Danielle Rambaud

Laden Sie sich auf www.langenscheidt.de/komplett-grammatik mit dem Code kof867 kostenlos zusätzliche Übungen herunter.

www.langenscheidt.de
© 2015 by Langenscheidt GmbH & Co. KG, München

Satz: kaltner verlagsmedien GmbH, Bobingen
Druck und Bindung: Druckerei C. H. Beck, Nördlingen

ISBN 978-3-468-34867-9

Preface

Vorwort

Das Ziel
Für alle, die die französische Grammatik von Grund auf lernen möchten, ist die *Standardgrammatik Französisch* ideal.

Das Standardwerk zum Nachschlagen präsentiert alle wichtigen Grammatikthemen der Niveaustufen A1 bis C2 des Europäischen Referenzrahmens. Sie können sich Ihre Lernportionen individuell zusammenstellen, je nachdem, welches Sprachniveau Sie als nächstes erreichen wollen. Der Niveaustufentest zeigt Ihnen zu Beginn, auf welcher Stufe Sie stehen; am Ende können Sie hier überprüfen, welche Fortschritte Sie gemacht haben.

Die Gliederung der einzelnen Kapitel in sinnvolle Lerneinheiten ermöglicht schnelles und gezieltes *Nachschlagen*, sodass keine Grammatikfrage offenbleibt. Erklärungen und zahlreiche Beispiele helfen Ihnen dabei, schnell zu *verstehen* und leicht zu *lernen*. Wer mit den Grundregeln schon vertraut ist, sein Wissen aber noch *vertiefen* möchte, wird hier ebenfalls fündig. Sollten Ihre Französischkenntnisse einfach nur etwas eingerostet sein, können Sie die Grammatikregeln systematisch *wiederholen* und Vergessenes ganz leicht *auffrischen*.

Mithilfe der Zwischentests am Ende eines jeden Kapitels können Sie *überprüfen*, ob Sie die behandelten Themen verstanden haben und welche Grammatikregeln noch nicht richtig sitzen, damit Sie sich konsequent *verbessern* können.

Aufgrund ihrer übersichtlichen, farbigen Gestaltung – fremdsprachliche Wörter und Beispielsätze sind blau hervorgehoben – ist die *Standardgrammatik Französisch* besonders benutzerfreundlich.

Der Aufbau
Literarische Originaltexte und Zitate führen in das jeweilige Grammatikthema ein. Gleich zu Beginn eines Kapitels steht eine Grundregel, die das Wichtigste zum Thema zusammenfasst. Jedes Kapitel folgt einem klar strukturierten Aufbau: Zunächst werden die Formen dargestellt, im Anschluss daran wird ihr Gebrauch erörtert und durch Beispiele mit Übersetzung veranschaulicht. Am Ende des Kapitels finden Sie einen Zwischentest, um zu überprüfen, ob Sie mit den gelernten Regeln bereits vertraut sind. Die Lösungen finden Sie gleich unten auf der Seite, damit Sie nicht umständlich hin- und herblättern müssen.

Die Symbole
Die Verwendung von selbsterklärenden Symbolen trägt dazu bei, dass Sie sich innerhalb der Kapitel auf Anhieb gut zurechtfinden.
Folgende Symbole werden Ihnen immer wieder begegnen:
Unter ❶ erhalten Sie Informationen zu den speziellen Spracheigenheiten des Französischen sowie zum landestypischen Sprachgebrauch.
Unter ☀ finden Sie einen Merksatz, den Sie sich gut einprägen sollten.
➥ Hier wird der Sprachgebrauch im gesprochenen dem geschriebenen Französischen gegenübergestellt.

trois 3

Vorwort

⚡ weist Sie auf Stolpersteine hin, damit Sie diese möglichen Fehlerquellen vermeiden können. Hier handelt es sich zumeist um Unterschiede zwischen dem deutschen und dem französischen Sprachgebrauch.

◐ signalisiert Ihnen, dass es sich hier um eine Ausnahme oder Sonderform handelt, die Sie sich besonders gut merken sollten.

L! hält einen Lerntipp für Sie bereit.

➕ gibt Ihnen ein kleine Hilfestellung.

✏️ kennzeichnet die Lösungen.

G Nach diesem Symbol finden Sie die Grundregel.

Das Symbol ▷ verweist auf andere Kapitel im Buch, die Sie sich bei dieser Gelegenheit ansehen sollten. So können Sie auch gut nachvollziehen, wie die einzelnen Grammatikthemen zusammenhängen.

Die Niveaustufenangaben gemäß dem Europäischen Referenzrahmen

Neben den wegweisenden Symbolen warten in jedem Kapitel auch die Niveaustufenangaben A1, A2, B1, B2, C1, C2 auf Sie. Diese verraten Ihnen, welche Grammatikthemen und welche Regeln für Ihr Lernniveau relevant sind. Die Niveaustufen beziehen sich nicht nur auf das jeweilige Grammatikkapitel, sondern auch auf das in den Beispielsätzen verwendete Vokabular. So wissen Sie auch genau, dass Ihnen dieser Wortschatz bekannt sein sollte.

In der Praxis heißt das: Ist ein Grammatikkapitel beispielsweise der Niveaustufe A1 zugeordnet, so sind alle verwendeten Vokabeln A1, es sei denn, sie sind mit einer anderen Niveaustufe, z. B. A2 (direkt vor dem jeweiligen Wort oder Satz), versehen. Alle in diesem Kapitel enthaltenen Grammatikregeln sollten Sie dann beherrschen, es sei denn, eine Niveaustufenangabe am Rand weist Sie darauf hin, dass diese Regel für ein höheres Niveau, z. B. B1, bestimmt ist.

Hier eine kurze Erläuterung, welche Kenntnisse auf die einzelnen Niveaustufen des Europäischen Referenzrahmens zutreffen:

A1/A2: *Elementare Sprachverwendung*, d. h.

A1: Sie können einzelne Wörter und ganz einfache Sätze verstehen und formulieren.

A2: Sie können die elementaren Gesprächssituationen des Alltags bewältigen und kurze Texte verstehen oder selbst verfassen.

B1/B2: *Selbstständige Sprachverwendung*, d. h.

B1: Sie können sich in den Bereichen Alltag, Reise und Beruf schriftlich und mündlich gut verständigen.

B2: Sie verfügen aktiv über ein großes Repertoire an grammatikalischen Strukturen und Redewendungen und können im Gespräch mit Muttersprachlern bereits stilistische Nuancen erfassen.

C1/C2: *Kompetente Sprachverwendung*, d. h.

C1: Sie können sich spontan und fließend zu verschiedenen, auch komplexen oder fachspezifischen Sachverhalten äußern und sich schriftlich wie mündlich an die stilistischen Erfordernisse anpassen.

C2: Sie können mühelos jeder Kommunikationsform in der Fremdsprache folgen und sich daran beteiligen. Dabei

Vorwort

verfügen Sie über ein umfassendes Repertoire an Grammatik und Wortschatz und beherrschen die verschiedenen Stilebenen von formell bis informell.

Der Niveaustufentest
Mit diesem Test können Sie vorab Ihre Sprachkompetenz einstufen und nach dem Studium der Grammatik die gemachten Fortschritte überprüfen. Die Lösungen hinten im Buch zeigen Ihnen nicht nur auf, wo Sie eventuell noch Schwachstellen haben oder welches Gebiet Sie schon sehr gut beherrschen, sondern geben auch Empfehlungen zur Verbesserung der Sprachkenntnisse.

Tipps & Tricks
Damit Ihnen der Einstieg in die französische Grammatik leichter fällt, verraten wir Ihnen vorab in einem Extrateil ein paar Tipps & Tricks zum Grammatiklernen. Dadurch bleibt das Gelernte besser im Gedächtnis haften und Sie können sich auch schwierigere Konstruktionen schneller merken. Sie werden sehen, wie Erfolgserlebnisse Sie weiter motivieren!

Die Terminologie
Wenn Ihnen ein grammatikalischer Begriff im Deutschen oder im Französischen nicht ganz klar ist, haben Sie im Terminologieverzeichnis die Möglichkeit, diesen in einer alphabetisch sortierten Liste nachzuschlagen.

Die unregelmäßigen Verben
Ferner finden Sie am Ende des Buches eine Übersicht über die wichtigsten unregelmäßigen französischen Verben. Hier haben Sie alle Sonderformen auf einen Blick und können sich diese gut einprägen.

Die Musterkonjugationen
Auf diesen Seiten können Sie die Musterkonjugationen einiger wichtiger Verben nachschlagen. Für eine bessere Übersichtlichkeit sind hier die typischen Formen bzw. Endungen fett hervorgehoben, Ausnahmen sind blau.

Die Verben mit Präposition
Hier finden Sie eine Auflistung häufig benutzter französischer Verben, die mit bestimmten Präpositionen bzw. im Unterschied zum Deutschen ohne Präposition verwendet werden.

Das Register
Um gezielt nach einzelnen Themen und Begriffen suchen zu können, haben wir im Register die wichtigsten Schlagwörter für Sie erfasst, sodass Sie mühelos und schnell den entsprechenden Eintrag finden.

Nun wünschen wir Ihnen viel Spaß und Erfolg beim Französischlernen!
Ihre Langenscheidt-Redaktion

Inhaltsverzeichnis

Vorwort – Préface		3
Abkürzungen – Abbréviations		11
Terminologie – Terminologie		12
Tipps & Tricks – Trucs et astuces		15
Niveaustufentests – Tests de niveau		20

❶ Die Aussprache und die Orthografie – La prononciation et l'orthographe **32**
- 1.1 Die Orthografie – L'orthographe 33
- 1.1.1 Das Alphabet – L'alphabet 33
- 1.1.2 Der Akzent – L'accent 33
- 1.1.3 Die Cedille, der Apostroph und das Trema – La cédille, l'aphostrophe et le tréma 34
- 1.1.4 Die Groß- und Kleinschreibung – L'emploi des majuscules et des minuscules 34
- 1.1.5 Die Satzzeichen – Les signes de ponctuation 34
- 1.2 Die Aussprache – La prononciation 35
- 1.2.1 Die Aussprache der Vokale – La prononciation des voyelles 36
- 1.2.2 Die Aussprache der Konsonanten – La prononciation des consonnes 37

  Zwischentest 1 ..... **38**

❷ Der Artikel – L'article **40**
- 2.1 Der bestimmte Artikel – L'article défini 41
- 2.2 Der unbestimmte Artikel – L'article indéfini 45
- 2.3 Der Teilungsartikel – L'article partitif 46
- 2.4 Redewendungen mit und ohne Artikel – Locutions avec ou sans article 47

  Zwischentest 2 ..... **48**

❸ Das Substantiv – Le nom **50**
- 3.1 Das Genus – Le genre 51
- 3.2 Der Plural – Le pluriel 54
- 3.3 Die „falschen Freunde" – Les faux amis 55

  Zwischentest 3 ..... **56**

❹ Das Adjektiv – L'adjectif **58**
- 4.1 Das Genus – Le genre 59
- 4.2 Der Plural – Le pluriel 60
- 4.3 Besonderheiten – Les cas particuliers 61

4.4	Das prädikative und das attributive Adjektiv – L'adjectif dans la phrase	61
4.5	Die Steigerung des Adjektivs – La comparaison de l'adjectif	63
Zwischentest 4		**64**

5 Das Adverb – L'adverbe ... 66

5.1	Einfache und abgeleitete Adverbien – Les adverbes simples et les adverbes en -ment	67
5.1.1	Die einfachen Adverbien – Les adverbes simples	67
5.1.2	Die abgeleiteten Adverbien – Les adverbes en -ment	69
5.2	Adverbiale Wendungen – Locutions adverbiales	71
5.3	Die Steigerung des Adverbs – La comparaison de l'adverbe	73
Zwischentest 5		**74**

6 Das Personalpronomen – Le pronom personnel ... 76

6.1	Das verbundene Personalpronomen – Le pronom conjoint	77
6.2	Das unverbundene Personalpronomen – Le pronom disjoint	78
6.3	Das Reflexivpronomen – Le pronom réfléchi	79
6.4	Die Adverbialpronomen en und y – Les pronoms adverbiaux en et y	80
6.5	Das Personal- und Adverbialpronomen im Satzgefüge – Le pronom personnel et le pronom adverbial dans la phrase	82
Zwischentest 6		**84**

7 Das Relativpronomen und der Relativsatz – Le pronom relatif et la proposition relative ... 86

7.1	Das Relativpronomen – Le pronom relatif	87
7.2	Der Relativsatz – La proposition relative	91
Zwischentest 7		**94**

8 Das Indefinitpronomen und -adjektiv – Le pronom et l'adjectif indéfinis ... 96

8.1	Das Indefinitadjektiv – L'adjectif indéfini	97
8.2	Das Indefinitpronomen – Le pronom indéfini	98
8.3	Adjektivische und pronominale Indefinita – Les adjectifs et pronoms indéfinis	100
Zwischentest 8		**102**

9 Das Demonstrativ- und das Possessivpronomen – Le pronom et l'adjectif possessifs et démonstratifs ... 104

9.1	Das Demonstrativpronomen und -adjektiv – Le pronom et l'adjectif démonstratifs	105
9.1.1	Das Demonstrativpronomen – Le pronom démonstratif	105

Inhaltsverzeichnis

9.1.2	Das Demonstrativadjektiv – L'adjectif démonstratif	106
9.2	Das Possessivpronomen und -adjektiv – Le pronom et l'adjectif possessifs	107
9.2.1	Das Possessivpronomen – Le pronom possessif	107
9.2.2	Das Possessivadjektiv – L'adjectif possessif	108
Zwischentest 9		**110**

⑩ Das Fragewort und der Fragesatz – Le mot interrogatif et l'interrogation ... 112

10.1	Das Interrogativpronomen – Le pronom interrogatif	113
10.2	Das Interrogativadjektiv quel – L'adjectif interrogatif quel	115
10.3	Das Interrogativadverb – L'adverbe interrogatif	115
10.4	Der Fragesatz – L'interrogation	116
Zwischentest 10		**118**

⑪ Das Verb – Le verbe ... 120

11.1	Die Konjugation – La conjugaison	121
11.2	Die Verben avoir und être – Les verbes avoir et être	125
11.3	Das Modal- und Hilfsverb – Le verbe modal et l'auxiliaire	130
11.4	Das reflexive Verb – Le verbe pronominal	131
11.5	Das unpersönliche Verb – Le verbe impersonnel	133
Zwischentest 11		**134**

⑫ Der Indikativ – L'indicatif ... 136

12.1	Das Präsens – Le présent	137
12.2	Das Futur – Le futur	138
12.2.1	Das Futur simple – Le futur simple	138
12.2.2	Das Futur composé – Le futur composé	139
12.2.3	Das Futur antérieur – Le futur antérieur	140
12.3	Die Vergangenheit – Le passé	141
12.3.1	Das Imparfait – L'imparfait	141
12.3.2	Das Passé composé – Le passé composé	142
12.3.3	Das Passé simple – Le passé simple	143
12.3.4	Das Plus-que-parfait – Le plus-que-parfait	145
12.3.5	Das Passé antérieur – Le passé antérieur	147
12.3.6	Das Passé récent – Le passé récent	147
Zwischentest 12		**148**

⑬ Die Verneinung – La négation ... 150

13.1	Die Verneinungselemente – Les éléments de négation	151
13.2	Die verstärkte Verneinung – La négation renforcée	155
13.3	Die eingeschränkte Verneinung – La négation limitée	155
Zwischentest 13		**156**

Inhaltsverzeichnis

14 Der Infinitiv – L'infinitif **158**
14.1   Der Infinitiv als Substantiv – L'infinitif utilisé comme nom 159
14.2   Der Infinitiv als Verb – L'infinitif utilisé comme verbe 159
14.3   Der Infinitiv nach Verben – L'infinitif après un verbe 160
14.3.1   Der Infinitiv ohne Präposition – L'infinitif sans préposition 160
14.3.2   Der Infinitiv mit der Präposition à –
           L'infinitif avec la préposition à 161
14.3.3   Der Infinitiv mit der Präposition de –
           L'infinitif avec la préposition de 162
14.3.4   Der Infinitiv mit wechselndem Anschluss –
           Différents types de proposition infinitive 162
14.4   Die Verkürzung von Nebensätzen –
           L'infinitif pour raccourcir une proposition subordonnée 163
Zwischentest 14 .... **164**

15 Der Imperativ – L'impératif **166**
Zwischentest 15 .... **170**

16 Der Subjonctif – Le subjonctif **172**
16.1   Der Subjonctif der Gegenwart – Le subjonctif présent 173
16.2   Der Subjonctif der Vergangenheit – Le subjonctif passé 174
16.3   Der Subjonctif nach Verben und Ausdrücken der Willens-
           äußerung – Le subjonctif après les expressions de volonté 177
16.4   Der Subjonctif der Gefühlsäußerung und der wertenden
           Stellungnahme – Le subjonctif de l'expression d'un
           sentiment et de l'appréciation personnelle 179
16.5   Der Subjonctif nach Verben des Sagens, Denkens und Meinens –
           Le subjonctif après les verbes d'opinion et de déclaration 183
16.6   Der Subjonctif nach Konjunktionen –
           Le subjonctif après des conjonctions 184
Zwischentest 16 .... **186**

17 Der Konditional – Le conditionnel **188**
17.1   Der Konditional I – Le conditionnel présent 189
17.2   Der Konditional II – Le conditionnel passé 189
17.3   Der Konditional als Tempus und Modus –
           Le conditionnel comme temps et mode 189
17.4   Der Bedingungssatz – La proposition conditionnelle 190
Zwischentest 17 .... **192**

18 Das Partizip und das Gerund – Le participe et le gérondif **194**
18.1   Das Partizip Präsens – Le participe présent 195
18.2   Das Gerund – Le gérondif 198

18.3		Das Partizip Perfekt – Le participe passé	200
	Zwischentest 18		**204**

⑲ Das Passiv – La voix passive **206**
    Zwischentest 19 .... **210**

⑳ Die Ergänzung des Verbs – Le complément du verbe **212**
    20.1   Das intransitive Verb – Le verbe intransitif 213
    20.2   Das transitive Verb – Le verbe transitif 213
    Zwischentest 20 .... **220**

㉑ Die Konjunktion – La conjonction **222**
    21.1   Die nebenordnende Konjunktion –
            La conjonction de coordination 223
    21.2   Die unterordnende Konjunktion –
            La conjonction de subordination 224
    Zwischentest 21 .... **228**

㉒ Die Präposition – La préposition **230**
    22.1   Die Präposition à – La préposition à 231
    22.2   Die Präposition avec – La préposition avec 236
    22.3   Die Präposition chez – La préposition chez 237
    22.4   Die Präposition dans – La préposition dans 238
    22.5   Die Präposition de – La préposition de 239
    22.6   Die Präposition depuis – La préposition depuis 241
    22.7   Die Präposition en – La préposition en 241
    22.8   Die Präposition avant – La préposition avant 242
    22.9   Die Präposition devant – La préposition devant 243
    22.10 Die Präpositionen entre und parmi –
            Les prépositions entre et parmi 243
    22.11 Die Präposition par – La préposition par 243
    22.12 Die Präposition pour – La préposition pour 244
    22.13 Die Präposition sous – La préposition sous 246
    22.14 Die Präposition sur – La préposition sur 246
    Zwischentest 22 .... **248**

㉓ Die Wortstellung im Satz – La syntaxe de la phrase **250**
    23.1   Der Aussagesatz – La phrase déclarative 251
    23.2   Der Ausrufesatz – La phrase exclamative 255
    Zwischentest 23 .... **256**

㉔ Die indirekte Rede – Le discours indirect **258**
    24.1   Der indirekte Aussagesatz – La phrase déclarative indirecte 259
    24.2   Die Zeitenfolge – La concordance des temps 261

24.3	Die indirekte Frage – La phrase interrogative indirecte		262
	Zwischentest 24		**264**
25	**Das Zahlwort – Le numéral**		**266**
25.1	Die Grundzahlen – Les nombres cardinaux		267
25.2	Die Ordnungszahlen – Les nombres ordinaux		269
	Zwischentest 25		**270**

Lösungen der Niveaustufentests – Corrigés des tests de niveau 272
Unregelmäßige Verben – Verbes irréguliers 278
Musterkonjugationen – Tableaux des conjugaisons 284
Verben mit Präposition – Verbes et ses prépositions 293
Sachregister – Index 300
Quellennachweis – Sources 304

Abkürzungen

Adj.	Adjektiv	*Präp.*	Präposition
bzw.	beziehungsweise	*Pron.*	Pronomen
dir.	direkt	*qc.*	quelque chose
etw.	etwas	*qn.*	quelqu'un
geh.	gehobene (Sprache)	*Schriftspr.*	Schriftsprache
gespr.	gesprochene (Sprache)	*Sing.*	Singular
f.	feminin	*Subj.*	Subjonctif
indir.	indirekt	*Subst.*	Substantiv
jdm.	jemandem	*u. a.*	unter anderem
jdn.	jemanden	*ugs.*	umgangssprachlich
m.	maskulin	*vgl.*	vergleiche
Pers.	Person	*vs.*	versus, gegenüber
Pl.	Plural	*z. B.*	zum Beispiel

Terminologie

Französisch	Deutsch
accent aigu	*Accent aigu*
accent circonflexe	*Accent circonflexe*
accent grave	*Accent grave*
accord	*Angleichung*
adjectif démonstratif	*Demonstrativadjektiv*
adjectif indéfini	*Indefinitadjektiv*
adjectif possessif	*Possessivadjektiv*
adverbe	*Adverb*
acronyme	*Akronym/aus den Anfangsbuchstaben mehrerer Wörter zusammengesetztes Kurzwort*
apostrophe	*Apostroph*
article défini	*bestimmter Artikel*
article indéfini	*unbestimmter Artikel*
article partitif	*Teilungsartikel*
attribut	*Attribut*
auxiliaire	*Hilfsverb*
cédille	*Cedille*
comparaison	*Steigerung*
comparatif	*Komparativ*
complément circonstanciel	*adverbiale Bestimmung*
complément d'objet direct	*direktes Objekt*
complément d'objet indirect	*indirektes Objekt*
complément du verbe	*Ergänzung des Verbs*
concessif	*konzessiv/einschränkend*
concordance des temps	*Zeitenfolge*
conditionnel passé	*Konditional II*
conditionnel présent	*Konditional I*
conjonction de coordination	*nebenordnende Konjunktion*
conjonction de subordination	*unterordnende Konjunktion*
consécutif	*konsekutiv/folgernd*
conjugaison	*Konjugation*
consonne	*Konsonant*
discours direct/indirect	*direkte/indirekte Rede*
élision	*Elision/Auslassung eines Vokals*
féminin	*feminin/weiblich*
futur antérieur	*Futur antérieur*
futur composé	*Futur II*
futur simple	*Futur I*

Terminologie

Französisch	Deutsch
genre	*Genus/Geschlecht*
gérondif	*Gerund*
groupe nominal	*Nominalgruppe*
guillemets	*Anführungszeichen*
h aspiré	*gehauchtes h*
homonymes	*Homonyme/gleichklingende Wörter*
h muet	*stummes h*
imparfait	*Imperfekt*
impératif	*Imperativ*
indicatif	*Indikativ*
infinitif	*Infinitiv*
interrogation	*Fragesatz*
interrogation directe	*direkte Frage*
interrogation indirecte	*indirekte Frage*
inversion	*Inversion*
liaison	*Liaison/Bindung*
ligature	*Ligatur/Verschränkung zweier Buchstaben*
majuscule	*Majuskel/Großbuchstabe*
masculin	*maskulin/männlich*
minuscule	*Minuskel/Kleinbuchstabe*
mode	*Modus*
mot composé	*Kompositum/zusammengesetztes Wort*
mot interrogatif	*Fragewort*
ne explétif	*pleonastisches ne*
négation	*Verneinung*
nom	*Substantiv*
nombre	*Numerus/Anzahl*
nombre cardinal	*Kardinalzahl*
nombre ordinal	*Grundzahl*
numéral	*Zahlwort*
ordre des mots	*Wortstellung*
participe passé	*Partizip Perfekt*
participe présent	*Partizip Präsens*
passé	*Vergangenheit*
passé antérieur	*Passé antérieur*
passé composé	*Passé composé*
passé récent	*Passé récent*
phrase déclarative	*Aussagesatz*
phrase relative	*Relativsatz*
pluriel	*Plural*

Terminologie

Französisch	Deutsch
plus-que-parfait	Plusquamperfekt
point	Punkt
point d'exclamation	Ausrufezeichen
point d'interrogation	Fragezeichen
prédicat	Prädikat
préposition	Präposition
présent	Präsens/Gegenwart
pronom conjoint	verbundenes Personalpronomen
pronom adverbial	Adverbialpronomen
pronom démonstratif	Demonstrativpronomen
pronom disjoint	unverbundenes Personalpronomen
pronom indéfini	Indefinitpronomen
pronom interrogatif	Interrogativ-/Fragepronomen
pronom personnel	Personalpronomen
pronom possessif	Possessivpronomen
pronom réfléchi	Reflexivpronomen
pronom relatif	Relativpronomen
prononciation	Aussprache
proposition principale	Hauptsatz
proposition subordonnée	Nebensatz
semi-auxiliaire	Modalverb
signe de ponctuation	Satzzeichen
subjonctif	Subjonctif
subjonctif passé	Subjonctif der Vergangenheit
subjonctif présent	Subjonctif der Gegenwart
suffixe	Suffix/Endlaut
sujet	Subjekt
superlatif	Superlativ
temporel	temporal/zeitlich
temps	Zeit
tiret	Gedankenstrich
tréma	Trema
verbe impersonnel	unpersönliches Verb
verbe intransitif	intransitives Verb
verbe irrégulier	unregelmäßiges Verb
verbe pronominal	reflexives Verb
verbe transitif	transitives Verb
virgule	Komma
voix active/passive	Aktiv/Passiv
voyelle	Vokal

Trucs et astuces

Tipps & Tricks zum Sprachenlernen: Grammatik lernen, fast kinderleicht

Beneiden Sie nicht auch manchmal Kinder, die eine Sprache so ganz einfach nebenbei lernen, ohne sich über lästige Grammatikregeln oder fehlerhafte Konstruktionen Gedanken zu machen? Ganz so sorglos können wir Ihnen die Grammatik nicht nahebringen, aber nichtsdestotrotz heißt Sprachenlernen und insbesondere Grammatiklernen nicht zwingend stures Auswendiglernen und langweiliges Regelpauken. Um Ihnen den Umgang mit Grammatik etwas zu erleichtern, verraten wir Ihnen hier einige praktische Tipps & Tricks zum Sprachenlernen.

L! Pioniergeist ist gefragt

Versuchen Sie, die Andersartigkeit der Fremdsprache und ihre grammatischen Eigenarten nachzuvollziehen. Sehen Sie das Erlernen der Sprachregeln, der verschiedenen Zeiten und Formen einer Fremdsprache als Chance, Ihren eigenen Erfahrungsschatz zu erweitern, als Einblick in Denkweisen, die Ihnen nicht vertraut sind, die für andere Menschen, die diese Sprache täglich sprechen, aber ganz selbstverständlich sind. Zeigen Sie Pioniergeist! Lassen Sie Ihrer Freude am sprachlich Neuen, Fremden und Andersartigen freien Lauf!

L! Das Gesetz der Regelmäßigkeit

Grammatik ist wie Sport. Wer nur einmal alle Jubeljahre trainiert, wird wohl kein Marathonläufer. Es ist sinnvoller, regelmäßig ein wenig als unregelmäßig viel zu lernen. Setzen Sie einen bestimmten Zeitpunkt fest, zu dem Sie sich ungestört dem Grammatiktraining widmen können, z. B. täglich eine Viertelstunde vor dem Einschlafen oder drei Mal wöchentlich in der Mittagspause. Wie immer Sie sich entscheiden: Lernen Sie kontinuierlich, denn nur so lässt sich auch Ihr Langzeitgedächtnis trainieren.

L! Aufwärmen lohnt sich

Gelernten Stoff zu wiederholen ist wie leichtes Joggen: Laufen Sie sich warm mit Altbekanntem, bevor Sie sich an Neues wagen. Auch wenn ständig neue Grammatikregeln auf Sie zukommen, darf das bereits Erlernte nicht vernachlässigt werden. Wiederholen Sie auch Themengebiete, die Sie schon gut können, das macht Spaß und hält fit.

L! Das Salz in der Suppe

Versuchen Sie niemals zu viele Grammatikregeln auf einmal zu lernen. Man verliert sonst schnell den Überblick und vergisst die Details. Verwenden Sie Grammatik wie das Salz in der „Fremdsprachen-Suppe". Ebenso wie man eine Suppe versalzen kann, kann man sich das Erlernen einer Fremdsprache erschweren, indem man versucht, sich zu viele Grammatikregeln auf einmal zu merken. Lernen Sie möglichst langsam, stetig und zielorientiert und verdauen Sie das Gelernte in kleinen Häppchen. Nur Geduld!

Tipps & Tricks

L! Eigenlob stinkt nicht immer
Schauen Sie auf das, was Sie bereits gelernt haben. Loben Sie sich für gemachte Fortschritte oder belohnen Sie sich für gute Leistungen. Lob motiviert und Motivation ist eine grundlegende Voraussetzung fürs Lernen.

L! Wer ist schon perfekt …
Immer locker bleiben! Lassen Sie sich nicht von Perfektionsgedanken leiten. Perfektion ist nicht das vordergründige Ziel beim Erlernen einer Fremdsprache. Die Schönheit der Sprache sollte im Mittelpunkt stehen sowie das gute Gefühl, von seinem Gegenüber richtig verstanden zu werden.

L! Schluss mit dem Fachchinesisch
Wenn Sie etwas Neues lernen, kommen immer auch neue Fachbegriffe auf Sie zu, die Sie kennen sollten. Wählen Sie gezielt nach und nach einzelne Grammatikbegriffe aus (▷ Terminologie) und machen Sie sich mit ihrer Bedeutung vertraut. Sie werden sehen, dass es Ihnen im Laufe der Zeit leichter fallen wird, die Regeln einer Fremdsprache (auch die Ihrer Muttersprache) nachzuvollziehen und sich mit anderen darüber auszutauschen, wenn die Fachterminologie für Sie nicht mehr Fachchinesisch ist.

L! Hemmungslos werden
Auch wenn die Beschäftigung mit Grammatik nicht zu Ihren bevorzugten Freizeitaktivitäten gehört, sollten Sie, um Abneigungen, Hemmungen oder Widerwillen abzubauen, die Sprachregeln mit anderen, alltäglichen Regeln vergleichen. Straßenverkehrsregeln, mathematische Grundregeln, Regeln von Sportarten usw. sind Ihnen heute völlig vertraut, mussten jedoch erst einmal von Ihnen gelernt werden. Auch die Regeln der Grammatik werden Sie eines Tages verinnerlicht haben und, ohne darüber nachdenken zu müssen, intuitiv anwenden können.

L! Fehleranalyse gegen Fettnäpfchen
Haben Sie keine Angst vor Fehlern! Es ist nicht das Ziel des Lernens, keine Fehler zu machen, sondern gemachte Fehler zu bemerken. Nur wer einen Fehler im Nachhinein erkennt, kann ihn beim nächsten Mal vermeiden. Das Beherrschen grammatischer Grundregeln und das Verinnerlichen von Sonderformen und Ausnahmen ist zu diesem Zweck durchaus hilfreich: zum einen, um einen Fehler nachvollziehen zu können, und zum anderen, um nicht ein zweites Mal in dasselbe Fettnäpfchen zu treten.

L! Begeben Sie sich nicht ins Abseits
Grammatik ist spannend, wenn man sich einen Einblick in ihre Strukturen verschafft. Vergleichen Sie Grammatik auch in diesem Sinne mit Sport. Jede Sportart wird erst dann so richtig interessant, wenn man in der Lage ist, ihre Regeln nachzuvollziehen. Oder würden Sie auch Fußball oder Tennis anschauen, wenn es für Sie nur ein sinnfreies „Dem-Ball-Nachlaufen" darstellen würde? Betrachten Sie eine Fremdsprache als eine Sportart, deren komplizierte Spielregeln Sie allmählich erlernen, um mitspielen und mitreden zu können, damit Sie nicht im Abseits landen.

Tipps & Tricks

L! Haben Sie einen Typ?
Finden Sie heraus, welcher Lerntyp Sie sind. Behalten Sie eine Regel schon im Gedächtnis, wenn Sie sie gehört haben *(Hörtyp)* oder müssen Sie sie gleichzeitig sehen *(Seh-/Lesetyp)* und dann aufschreiben *(Schreibtyp)*? Macht es Ihnen Spaß, Grammatikregeln, Zeit- und Wortformen in kleinen Rollenspielen auszuprobieren *(Handlungstyp)*? Die meisten Menschen tendieren zum einen oder anderen Lerntyp. Reine Typen kommen nur sehr selten vor. Sie sollten daher sowohl Ihren Typ ermitteln als auch Ihre Lerngewohnheiten Ihren Vorlieben anpassen. Halten Sie also Augen und Ohren offen und lernen Sie ruhig mit Händen und Füßen, wenn Sie der Typ dafür sind.

L! Sag's mit einem Post-it
Auf Post-its wurden schon Heiratsanträge gemacht oder Beziehungen beendet. Also ist es kein Wunder, dass man damit auch Grammatik lernen kann. Schreiben Sie sich einzelne Regeln (idealerweise mit Beispielen, s. u.) separat auf Blätter oder Post-its und hängen Sie sie dort hin, wo Sie sie täglich sehen können, z. B. ins Bad über den Spiegel, an den Computer, den Kühlschrank oder neben die Kaffeemaschine. So verinnerlichen Sie schwierige Regeln ganz nebenbei. Denn das Auge lernt mit.

L! Beispielsätze gegen Trockenfutter
Trockenfutter ist schwer verdaulich. Einzelne Grammatikregeln trocken aufzunehmen ebenso. Ergänzen Sie jede Regel mit Beispielsätzen. Wenn Ihnen die Beispiele, die Sie in den Lehrbüchern finden, nicht gefallen, formulieren Sie eigene! Fortgeschrittene können in Originaltexten (Zeitungen, Büchern, Filmen, Songtexten) nach konkreten Anwendungsbeispielen suchen. So wird Grammatik leicht bekömmlich.

L! Führen Sie Selbstgespräche
Wählen Sie besonders schwierige Grammatikphänomene aus, schreiben Sie dazu einzelne Beispielsätze auf und sprechen Sie diese laut vor sich hin, z. B. unter der Dusche, beim Spazierengehen oder während langer Autofahrten. Reden Sie mit sich selbst in der Fremdsprache, so prägen Sie sich auch komplizierte Formen und Wendungen ganz schnell ein.

L! Haben Sie einen Plan?
Schreiben Sie zusammengehörende Grammatikregeln auf einem großen Bogen Papier, knapp und präzise, eventuell mit Zeichnungen, Verweisen und kurzen Beispielen, überschaubar zusammen und erstellen Sie Ihren persönlichen Lageplan. Mithilfe sogenannter *mind maps* können Sie sich schon durch das bloße Erstellen des Plans ganz schnell Einblick in die Struktur der Sprache verschaffen und Sie gewinnen einen schnellen übersichtlichen Gesamtüberblick. Ob Sie dieses Papier dann auch irgendwo hinhängen oder nicht, ist nicht ausschlaggebend, denn Sie haben dann ja den Plan schon im Kopf.

L! Meerblick durch Auswendiglernen
Lernen Sie auch mal eine Grammatikregel mit dazugehörigen Beispielsätzen auswendig. Wenn Sie sich den Beispiel-

Tipps & Tricks

satz selbst ausgedacht haben, wird er Ihnen leichter als ein fremder im Gedächtnis bleiben, und Sie werden die entsprechende Regel auch schneller anwenden können. Lernen Sie auch situationsgebundene Phrasen auswendig. Feste Redewendungen mitsamt der jeweilig dahinterstehenden Grammatik parat zu haben, vereinfacht die Verständigung in den häufig wiederkehrenden Standardsituationen im Ausland. Denn wer will schon jedes Mal im Vorfeld das Kapitel Relativpronomen wiederholen, wenn er einfach nur ein Hotelzimmer buchen möchte, das Meerblick hat.

Denken Sie in Schubladen
Was im wahren Leben nicht unbedingt sinnvoll ist, kann beim Grammatiklernen hilfreich sein: Machen Sie sich gedankliche Schubladen, in die Sie die gelernten Formen und Ausnahmen einsortieren, und versehen Sie diese mit verschiedenen Etiketten: unregelmäßige Verben, Hilfsverben, Präpositionen usw.

Bleiben Sie in Bewegung
Sie müssen beim Lernen nicht am Schreibtisch sitzen. Stehen Sie doch auf und gehen Sie im Zimmer auf und ab oder wiederholen Sie beim Spazierengehen, Joggen oder Schwimmen die neu gelernten Regeln. Ihr Gehirn funktioniert nachweislich besser, wenn Ihr Körper in Bewegung ist. Und Ihr Kreislauf dankt es Ihnen auch.

Beweisen Sie Taktgefühl
Klopfen Sie im Takt dazu (z. B. auf die Tischplatte), wenn Sie sich Grammatikregeln, feste Wendungen oder Beispielsätze einprägen wollen. Takt und Rhythmus fördern Ihr Erinnerungsvermögen. Eventuell hilft auch musikalische Unterstützung in Form von Hintergrundmusik. Und beim Wiederholen der Regeln und Strukturen können Sie Ihr Taktgefühl und Ihr Gedächtnis unter Beweis stellen.

Grammatik aus dem Ei
Behelfen Sie sich beim Lernen von Grammatikregeln und -strukturen mit Eselsbrücken, Reimen, Merkhilfen und Lernsprüchen. „7-5-3 Rom schlüpft aus dem Ei" – was bei historischen Jahreszahlen funktioniert, klappt auch beim Sprachenlernen.

Machen Sie Witze?
Merken Sie sich Witze, berühmte Zitate, Sprichwörter oder Redewendungen, in denen eine grammatikalische Struktur oder eine Regel Anwendung findet. Indem Sie sich beispielsweise einen Witz in der Fremdsprache einprägen und sich an diesen erinnern, prägen Sie sich auch das jeweilige Grammatikphänomen und die dazugehörige Regel gut ein. Aber denken Sie daran, dass sich weder Witze noch feste Wendungen immer wörtlich von einer Sprache in die andere übertragen lassen!

Setzen Sie Ihrer Fantasie keine Grenzen
Machen Sie sich im wahrsten Sinne ein Bild von der Situation, denn auch Bilder, die Sie im Kopf haben, dienen als Gedächtnisstützen. Versuchen Sie also, einen neuen grammatischen Begriff oder eine schwierige Regel gedanklich mit einem einfachen Bild zu verknüpfen. Vor allem das Erlernen der Zeiten funktioniert besser, wenn Sie sich das, was

die jeweilige Zeitform ausdrückt, visuell vorstellen. Diese Vorstellungen können abstrakt oder konkret sein. Je gefühlsintensiver ein Bild ist, desto einprägsamer ist der damit in Verbindung gebrachte grammatische Inhalt.

L! Gretchenfrage: Und wie steht's mit der Muttersprache?

Denken Sie über Ihre eigenen Sprechgewohnheiten nach und schauen Sie sich die Regeln Ihrer Muttersprache an. Die Gesetze der Fremdsprache sind viel einfacher nachvollzieh- und erlernbar, wenn man die Unterschiede zur eigenen Muttersprache kennt. Welche Zeitformen verwenden Sie wann, wie werden sie gebildet usw.? Indem Sie die Fremdsprache mit Ihrer Muttersprache vergleichen, machen Sie sich Parallelen und Unterschiede bewusster und prägen sich diese gleich viel besser ein.

L! Gebrauchsanweisung

Wenn Sie sich ein neues Grammatikphänomen einprägen, dann achten Sie auch darauf, den richtigen Gebrauch gleich mitzulernen. Denn nur so können Sie das Gelernte auch in der Praxis erfolgreich zur Anwendung bringen.

L! Wer liest, ist im Vorteil

Wagen Sie sich langsam an fremdsprachige Lektüre heran, sei es in vereinfachter Form mit Übersetzungshilfen, sei es in Form leichter Originaltexte, und schauen Sie sich insbesondere die grammatischen Feinheiten immer wieder bewusst an. Es zählt dabei nicht so sehr, wie viel Sie lesen, sondern dass Sie einzelne grammatische Strukturen im Kontext nachvollziehen können und verstehen, was ausgedrückt werden soll.

L! Haben Sie O-Töne?

Lernen Sie multimedial! Schauen Sie DVDs oder Kinofilme im Originalton und wenn möglich mit Originaluntertiteln an, also z. B. einen französischen Film mit französischen Untertiteln. Sie werden sehen, dass Sie durch das Mitlesen das Gesprochene wesentlich besser verstehen als ohne die Texthilfe. Halten Sie die DVD gelegentlich auch mal an und schreiben Sie sich interessante Wörter, Phrasen oder grammatische Strukturen auf. Ihren Fortschritt können Sie daran messen, je häufiger Ihnen Grammatikfehler von Seiten der Schauspieler auffallen.

L! Learning by doing in freier Wildbahn

Zu guter Letzt, wenden Sie die Fremdsprache und Ihr neu gelerntes Wissen aktiv an. Reisen Sie in Länder, in denen die Sprache gesprochen wird, genießen Sie es, mit Menschen in der Fremdsprache zu sprechen, die Sie gerade lernen oder dann auch schon können, und freuen Sie sich über die Anerkennung, die Sie dafür bekommen, und die Kontakte, die Sie dabei knüpfen können – weil Sprachen verbinden …

Viel Spaß und Erfolg beim Grammatiklernen
wünscht Ihnen
Ihre Langenscheidt-Redaktion

Tests de niveau

Niveaustufentest A1

Auf den folgenden Seiten stehen sechs Niveaustufentests von A1 bis C2 für Sie bereit – je eine Doppelseite pro Niveau. Sie sollten die Tests anfangs zur Einstufung Ihrer Sprachkompetenz durchführen und dann nach dem Studium der Grammatik, um Ihre Fortschritte festzustellen, die Sie sicherlich machen werden. Tragen Sie für jede richtige Antwort einen Punkt in das Kästchen am Ende der Zeile ein und addieren Sie die Punkte zum Schluss. Im Anhang finden Sie neben den Lösungen die Auswertung Ihrer Ergebnisse und Empfehlungen zur Verbesserung Ihrer Sprachkenntnisse.

1. **Die Aussprache**
   Welches Wort beginnt mit einem Nasallaut? Kreuzen Sie richtig (✓) oder falsch (✗) an.

   a. ▩ amer
   b. ▩ unir
   c. ▩ embrasser
   d. ▩ inactif

2. **Das Substantiv**
   Bilden Sie die Pluralform der Substantive.

   a. la maison .... f. l'orange ....
   b. le feu .... g. la musique ....
   c. le château .... h. le cheval ....
   d. l'œil .... i. le ciel ....
   e. le chou-fleur .... j. l'heure ....

3. **Das Adjektiv**
   Ergänzen Sie die Sätze mit einem passenden Adjektiv in der richtigen Form: nouveau, premier, sympathique, joli.

   a. Rappelez-vous la .... page du texte.
   b. Ils ont acheté une .... voiture.
   c. Les gens de Cannes sont ....
   d. Ils habitent une .... maison.

Niveaustufentests

4. Die Verneinung
Beantworten Sie die Fragen verneinend.

a. Les employés sont-ils en grève ?
   Non, ...

b. Est-ce que vous avez déjà lu ce texte ?
   Non, ...

c. Est-ce que tu as plusieurs frères ?
   Non, *(ich habe nur einen Bruder)* ....

5. Das Adverb
Bilden Sie die Adverbien zu folgenden Adjektiven.

a. heureux   ....   f. soudain   ....
b. bref   ....   g. bon   ....
c. poli   ....   h. mauvais   ....
d. effectif   ....   i. évident   ....
e. courant   ....   j. précis   ....

6. Der Infinitiv
Schreiben Sie dieses Rezept neu, indem Sie nach dem Muster die Imperative durch Infinitive ersetzen.

Prenez de la farine → Prendre de la farine.

a. Mettez du beurre. ....
b. Battez trois œufs. ....
c. Chauffez et faites dorer. ....
d. Salez et poivrez la masse. ....
e. Recouvrez le jambon avec ce mélange. ....
f. Mettez au four pendant 45 minutes. ....
g. Servez bien chaud. ....

Gesamtpunktzahl

Niveaustufentest A2

1. **Das Relativpronomen**
   Vervollständigen Sie die Sätze mit qui, que, où oder dont.

   a. Mon voisin a un chien .... j'ai très peur.

   b. Champagne est un nom .... est réservé au vin de Champagne.

   c. J'ai un bon souvenir de cette ville .... j'ai vécu deux ans, puisque c'est une ville .... offre beaucoup à découvrir.

   d. Voici les papiers .... tu veux pour partir.

   e. La Côte d'Azur, c'est un endroit .... je ne voudrais pas aller en août.

2. **Die Verneinung**
   Verneinen Sie die Sätze. Ersetzen Sie die hervorgehobenen Wörter durch Pronomen.

   a. Tu as déjà donné **la lettre à Pierre** ?
   Non, ...

   b. Est-ce qu'elle pense à **faire sa gymnastique** ?
   Non, ...

   c. A-t-il jamais parlé de **travailler dans ce cabinet** ?
   Non, ...

   d. Est-ce qu'ils savent **que je suis déjà arrivé** ?
   Non, ...

3. **Das Adjektiv**
   Kreuzen Sie an: In welchem Satz steht das Adjektiv an der richtigen Stelle (✓), in welchem an der falschen (✗)?

   a. ▪ En classe il faut parler à voix haute.

   b. ▪ Il m'a raconté une amusante histoire.

   c. ▪ Mon frère est son ami meilleur.

   d. ▪ C'était affreux, on roulait sur une route boueuse derrière un camion sale.

4. Das Verb
Markieren Sie die Sätze als richtig (✓) oder falsch (✗).

a. ▪ Mes filles sont rentrées tard.

b. ▪ Sur le bateau elle est étée très malade.

c. ▪ Est-ce que tu es descendu le vase de l'armoire ?

5. Das Passiv
Bilden Sie Passivsätze. Passen Sie das Partizip Perfekt an.

a. Le garagiste a gonflé les pneus.

....

b. Nous avons repeint la maison en blanc.

....

c. En quelques semaines la neige couvrira la montagne.

....

6. Die Ergänzung des Verbs
Markieren Sie, ob die Ergänzungen richtig (✓) oder falsch (✗) sind.

a. ▪ Si tu payes l'addition pense pour demander le reçu.

b. ▪ Après trois ans dans l'industrie, il s'est fait patron d'un restaurant.

c. ▪ Elle n'est pas disposée de renoncer de son héritage.

7. Der Teilungsartikel
Kreuzen Sie an: In welchen Sätzen ist der Teilungsartikel richtig (✓), in welchen falsch (✗)?

a. ▪ Désirez-vous du jus de fruit ?

b. ▪ Elle a des cheveux bruns.

c. ▪ Elle a du peur, c'est évident.

d. ▪ Il nous faut cinquante kilos de ciment.

Gesamtpunktzahl

Niveaustufentest B1

1. **Die Verneinung**
   Übersetzen Sie die Sätze mit rien, personne, jamais und aucun.

   a. Nichts ist verloren.

   ....

   b. Niemand möchte im Leben alleine bleiben.

   ....

   c. Das Wetter war besser denn je.

   ....

   d. Es gibt darauf überhaupt keine Antwort.

   ....

2. **Die Präposition**
   Welche Präpositionen gehören in die Lücken?

   a. Il a mis la vis .... l'aide d'une machine. (à / avec / sous)

   b. La cause .... son échec n'est pas évidente. (de / pour / dans)

   c. Si elle est ambitieuse, c'est par soif .... argent. (d' / à / sur)

   d. Répondez .... oui ou .... non. (avec / par / pour)

3. **Die Ergänzung des Verbs**
   Übersetzen Sie die Sätze ins Französische.

   a. Schließlich bin ich Jean in die Arme gelaufen.

   ....

   b. Du fehlst mir.

   ....

   c. Er hielt dich für seinen besten Freund.

   ....

   d. Heute Morgen sind sie nach Avignon abgereist.

   ....

4. Subjonctif oder Indikativ?
Setzen Sie die passende Form des Verbs in Klammern ein.

a. Il travaille comme un forcené *(ein Wahnsinniger)*, de sorte qu'il

   .... (réussir) sans peine.

b. La maison est trop petite pour que toute la famille ....
   (pouvoir) y loger.

c. Il faut que tu .... (s'asseoir) à sa droite.

5. Der Konditional
Prüfen Sie die Verbformen, kreuzen Sie richtig (✓) oder falsch (✗) an.

a. ▪ Si elle s'était mariée, elle changerait de nom.

b. ▪ Si on m'avait invité je serais venu.

c. ▪ Tu ne prends aucun risque, si tu es parti de jour.

6. Das Possessiv- und das Demonstrativpronomen
Vervollständigen Sie die Sätze mit **le sien, la leur, ceux-ci**.

a. C'est son stylo ? Oui, c'est ………… .

b. C'est bien leur maison, là-bas ? Oui, c'est ………… .

c. Si tu ne trouves pas tes ciseaux, prends ………… .

7. Der Imperativ
Bilden Sie Imperative. Ersetzen Sie das Hervorgehobene durch Pronomen.

Tu prêtes **la chaise à tes voisins**. → Imperativ: Prête-la-leur.

a. Il faut que tu accompagnes **ta mère** au Bon Marché.

   ……………………………………………………………………… .

b. Vous écrivez **la carte postale à vos enfants** ?

   ……………………………………………………………………… .

c. Nous prêtons **la machine à Paul**.

   ……………………………………………………………………… .

Gesamtpunktzahl

Niveaustufentest B2

1. **Der Subjonctif**
   Ersetzen Sie das Hervorgehobene wie im Muster durch den Subjonctif Présent.

   Il avait peur **d'être chassé**. → Il avait peur qu'on ne le chasse.

   a. Il refuse **d'être accusé** de vol.

      → ....

   b. Nous attendons **d'être reçus** par le directeur.

      → ....

   c. Ma grand-mère a peur **d'être bousculée** par des passants.

      → ....

   d. J'ai dû crier pour être pris au sérieux.

      → ....

2. **Die Verneinung**
   In welchem Satz muss pas nicht stehen? Kreuzen Sie richtig (✓) oder falsch (✗) an.

   a. ▪ Elle ne sait **(pas)** faire du café au lait.

   b. ▪ Vous ne devriez **(pas)** contredire cette assertion.

   c. ▪ Avant que cette situation n'aille **(pas)** de pire en pire, il faudrait charger quelqu'un de s'en occuper.

   d. ▪ Malheureusement il n'est **(pas)** très vigilant, c'est pourquoi il est tombé sur cette personne.

3. **Der Konditional**
   Wie müssen die Sätze eingeleitet werden? Ergänzen Sie si oder quand.

   a. .... j'étais roi, je serais propriétaire d'un château.

   b. .... ils étaient en vacances, les voisins se sont occupés de leur chien.

   c. .... la manifestation avait rassemblé une centaine de personnes, j'aurais été étonné.

   d. .... vous aurez enfin terminé, vous me le direz.

4. Das Partizip und das Gerund
Verkürzen Sie die Nebensätze durch ein Gerund oder ein Partizip Präsens.

a. Comme je vis seul et que je gagne bien ma vie, je suis en position d'épargner une bonne somme d'argent.

   ....

b. Elle a terminé son projet parce qu'elle a travaillé jour et nuit.

   ....

c. Mireille a beaucoup maigri parce qu'elle a évité le fromage et le chocolat.

   ....

5. Die indirekte Rede
Setzen Sie die folgenden Aussagen in die indirekte Rede.

a. Le ministre déclare : « En ce moment on sait que la liste des fraudeurs fiscaux n'est qu'un début. »

   ....

b. Il a dit : « Mon ami n'a jamais bougé d'un millimètre sur ses positions. »

   ....

c. Mes parents m'ont demandé : « Cet été, est-ce que vous arriverez en voiture ou préférez-vous voyager en avion ? »

   ....

6. Das Indefinitpronomen und -adjektiv
Fügen Sie ein passendes Indefinitpronomen oder -adjektiv in der richtigen Form ein: chacun, différent, tout.

a. .... les grandes marques tablent *(auf etw. setzen)* sur les prix bas pour regagner du terrain.

b. Elle n'était pas heureuse ici, ... vous le dira.

c. Il a fait une étude très complète des .... peuples de l'Union Européenne.

Gesamtpunktzahl

Niveaustufentest C1

1. **Subjonctif oder Indikativ?**
   Ergänzen Sie die Verben in Klammern im Subjonctif oder Indikativ.

   a. Il est peu probable qu'il .... (vouloir) nous aider.

   b. Je constate que vous n' .... (aimer) pas la peinture moderne.

   c. On dirait que ce chien .... (savoir) où trouver sa nourriture.

   d. Je suis étonné que tu ne .... (connaître) pas cet auteur.

   e. Dis-lui que nous .... (passer) ce soir.

   f. Nous espérons qu'il .... (faire) beau demain.

2. **Das Adjektiv**
   Übersetzen Sie die Sätze ins Französische.

   a. Es besteht nicht der geringste Zweifel.

   ....

   b. Ich mache mich auf das Schlimmste gefasst.

   ....

   c. Er liest mehr als zehn Bücher im Jahr.

   ....

   d. Ich glaube nicht, dass dieses Bild genauso teuer ist wie das andere.

   ....

3. **Das Indefinitpronomen und -adjektiv**
   Ergänzen Sie die Sätze mit tout, tout le monde, quelqu'un, personne und gleichen Sie diese gegebenenfalls an.

   a. J'ai réuni hier .... de mes amis pour fêter l'anniversaire de l'un d'entre eux.

   b. Il a pris l'habitude de raconter sa vie à ....

   c. Je ne connais .... d'aussi énervant.

   d. Il connaissait presque .... la salle et il y reconnaissait .... ses amis.

Niveaustufentests

4. Das Passiv
Ersetzen Sie diese Passivsätze durch Umschreibungen.

a. Les randonneurs *(Wanderer)* sont surpris par la pluie.

   ....

b. L'entrée de l'usine a été refusée aux non-grévistes.

   ....

c. La tâche de renflouer *(flott machen)* l'entreprise lui a été donnée.

   ....

5. Die indirekte Rede
Setzen Sie diese Sätze in die indirekte Rede.

a. Le ministre a annoncé : « Je ne serai pas candidat aux élections présidentielles. »

   ....

b. Monsieur M. a déclaré : « Le candidat manquerait à la France qui serait privé d'un grand débat sur l'Europe. »

   ....

c. Le responsable a expliqué : « Jamais un nouveau genre télévisé n'a réussi un tel score d'audience. »

   ....

6. Das Partizip und das Gerund
Kennzeichnen Sie die Aussagen mit (✓) oder mit (✗).

a. ▪ Das Partizip Perfekt kann den Satz anstelle von comme, puisque oder parce que einleiten.

b. ▪ Das Verbaladjektiv ist veränderlich und kann gesteigert werden.

c. ▪ Mit Hilfe des Gerunds kann man Sätze schöner gestalten.

d. ▪ Das Gerund ist ein substantiviertes Adverb.

e. ▪ Das Partizip Perfekt wird angepasst.

Gesamtpunktzahl

Niveaustufentest C2

1. **Das Substantiv**
   Ergänzen Sie die Sätze mit œil, œils, œillade, yeux oder œillet.

   a. Marie cultive des .... au jardin.

   b. Il y a des .... dans le potage.

   c. Si on jetait un coup d'........... sur le journal pour savoir le programme de cinéma ?

   d. Dans cet immeuble, toutes les portes sont munies d'........... par mesure de sécurité.

   e. Regarde le monsieur, comment il jette des .... à son épouse !

2. **Subjonctif oder Indikativ?**
   Fügen Sie den passenden Modus ein.

   a. Il convient que l'état .... (établir) la fiscalité écologique.

   b. Mais nous ne voulons pas que la taxe carbone .... (être introduit).

   c. « Les grands esprits se rencontrent » se dit plaisamment lorsqu'une même idée .... (être énoncé) par deux personnes.

   d. Il est vrai que le soleil de plomb .... (pouvoir) assommer un peu tout le monde.

3. **Zeitformen im Subjonctif**
   Setzen Sie die Verben in Klammern in der angegebenen Zeit ein. Ergänzen Sie défendre que, insister pour que, il ne semble pas que.

   a. (Subj. présent) Le président .... les manifestations .... (dégénérer) en chaos.

   b. (Subj. passé) .... le gouvernement .... (contribuer) à ce que la pollution des eaux .... (être diminué).

   c. (Subj. Imparfait) J' .... qu'il .... (réfléchir) un peu à ces problèmes pour qu'ils .... (être résolu).

Niveaustufentests

4. Das Passiv
Setzen Sie die Sätze ins Passiv. Behalten Sie Zeiten und Modi bei.

a. En 1995, 58 millions d'habitants peuplaient la France.

   ....

b. En 1976, une loi européenne a autorisé le travail nocturne des femmes.

   ....

c. Elle aura achevé son rapport de stage avant la fin de l'année.

   ....

5. Imparfait oder Passé simple?
Setzen Sie die Sätze in die richtige Form des Imparfait oder Passé simple.

a. Il pleut. Au lieu de nous promener, nous allons au cinéma.

   ....

b. Chaque fois que ce bonhomme parle, tout le monde se tait.

   ....

c. Notre fils ne va pas bien, nous appelons le médecin.

   ....

6. Partizip Präsens oder Gerund?
Verkürzen Sie die Sätze durch ein Partizip Präsens oder Gerund.

a. Quand on roule trop vite on peut provoquer un accident.

   ....

b. Le conducteur ne put freiner et lorsqu'il franchit la porte de la Ville éternelle, il fut éjecté et se tua.

   ....

c. La crise du logement étudiant, qui ressemble à un tonneau des Danaïdes, ne peut pas être résolue en un an.

   ....

Gesamtpunktzahl

Die Aussprache und die Orthografie

*Les paroles sont aux pensées
ce que l'or est aux diamants :
il est nécessaire pour les mettre en œuvre,
mais il en faut peu.*

Voltaire (1694–1778), philosophe et écrivain français

*Worte sind für Gedanken,
was Gold für Diamanten ist:
Man braucht es zur Einfassung,
aber es bedarf seiner nur wenig.*

Voltaire (1694–1778),
französischer Philosoph und Schriftsteller

G Das Französische besitzt einige Laute und geschriebene Zeichen, die im Deutschen nicht vorhanden sind. Es weicht in der Aussprache sehr von dem jeweiligen Schriftbild ab, doch gibt es verbindliche Ausspracheregeln. Charakteristisch für die Sprache sind vor allem die Nasale und Zeichen mit Akzent.

La prononciation et l'orthographe

1.1 Die Orthografie

1.1.1 Das Alphabet

Das französische Alphabet verfügt über 26 Buchstaben, deren Benennung und Aussprache teilweise vom Deutschen abweichen:

a [a]	f [ɛf]	k [ka]	o [o]	s [ɛs]	w [dublǝve]
b [be]	g [ʒe]	l [ɛl]	p [pe]	t [te]	x [iks]
c [se]	h [aʃ]	m [ɛm]	q [ky]	u [y]	y [igʀɛk]
d [de]	i [i]	n [ɛn]	r [ɛʀ]	v [ve]	z [zɛd]
e [ǝ]	j [ʒi]				

Das Alphabet wird ergänzt durch die orthographischen Zeichen Akzent, Cedille und Trema sowie durch die Ligatur: à, â, é, è, ê, ë, î, ï, ô, û, ü, ç, æ, œ.
Die Buchstaben k und w kommen in der französischen Schrift nur selten vor, meist in Worten fremden Ursprungs: le **karaté** *Karate*, le **wagon** *der Waggon*.

1.1.2 Der Akzent

Das Französische kennt drei Akzente, den Accent aigu (´), den Accent grave (`) und den Accent circonflexe (^):

- Der Accent aigu bezeichnet das geschlossene é [e]: **école** [ekɔl] *Schule*.
  ⚡ Wörter wie **nez** [ne], **pied** [pje] und Verbformen auf **-ez** wie **fermez** [fɛʀme] erhalten keinen Accent aigu, da das e in offener Silbe wie [e] gesprochen wird.
- Der Accent grave bezeichnet das offene è [ɛ]: **père** [pɛʀ] *Vater*. Er kann auch auf à und ù erscheinen, dient dann aber nur der graphischen Unterscheidung von Homonymen: **la** *die*, **ou** *oder* vs. **là** *dort*, **où** *wo*.
  ⚡ Nicht jedes offen gesprochene e [ɛ] erhält einen Accent grave: e in den Verbindungen **est**, **el**, **ell**, **et(t)**, **err** wird offen gesprochen wie **poulet** [pulɛ] *Hähnchen*, **poubelle** [pubɛl] *Mülleimer*, **estimer** [ɛstime].
- Der Accent circonflexe kann über allen Vokalen stehen: â, ê, î, ô, û. ❶ Sprachgeschichtlich ersetzt er ein s aus früheren Sprachstufen: lateinisch fen**es**tra → fen**ê**tre *Fenster*. Oft erscheint das s noch in Wörtern derselben Wortgruppe: b**es**tial *tierisch*, aber: b**ê**te *Tier*.

Einige Wörter unterscheiden sich nur durch den Akzent von ihren Homonymen:

ohne Akzent	mit Akzent
il **a** *er hat*	**à** *in/an*
il croit *er glaubt*	il croît *er wächst*
du (von **de le**) *von dem*	dû (von **devoir**) *geschuldet/gemusst*
le mur *die Mauer*	mûr *reif*
sur *auf*	sûr *sicher*
la tache *der Fleck*	la tâche *die Aufgabe*

Die Aussprache und die Orthografie

1.1.3 Die Cedille, der Apostroph und das Trema

- Die Cedille zeigt an, dass **c** vor den dunklen Vokalen **a**, **o**, **u** wie [s] gesprochen wird: **ça** [sa] *das*, **leçon** [ləsõ] *Lektion*, **reçu** [Rəsy] *Quittung*.
- Der Apostroph zeigt den Ausfall eines Vokals an. Er wird zur Elision verwendet, die vorliegt, wenn ein Wort auf Vokal endet und das folgende Wort mit Vokal oder h muet beginnt: **le** + **ordinateur** → **l'ordinateur** *der Computer*
  la + **heure** → **l'heure** *die Stunde*
- Das Trema zeigt an, dass zwei aufeinander folgende Vokale getrennt gesprochen werden: **naïf** *naiv*: [naif], nicht: [nɛf]; **Noël** *Weihnachten*: [nɔɛl], nicht [nœl].

1.1.4 Die Groß- und Kleinschreibung

Im Französischen beginnen Wörter in der Regel mit Kleinbuchstaben, Substantive werden klein geschrieben: **la maison** *das Haus*. Mit Großbuchstaben beginnen:
- Sätze:
  Le président parle à la télé. *Der Präsident spricht im Fernsehen.*
- Vornamen und Familiennamen: **Marie-Antoinette**, **Jean Gabin**.
- Namen von Angehörigen einer Nationalität oder Region: **les Anglais** *die Engländer*, **un Breton** *ein Bretone*, **une Suédoise** *eine Schwedin*.
- geographische Namen sowie die Namen von Straßen und Plätzen: **la Manche** *der Ärmelkanal*, **les Alpes** *die Alpen*, **la rue de Rivoli** *die Rivoli-Straße*.
- Namen von Himmelsrichtungen, wenn sie als Bezeichnung für eine Region gebraucht werden: **le Sud** *der Süden*, **le Nord** *der Norden*.
  Aber: **Le soleil se lève à l'est.** *Die Sonne geht im Osten auf.*
- Namen von Festen und Feiertagen: **Pâques** *Ostern*, **Noël** *Weihnachten*.
  Aber: **le ramadan** *der Ramadan*.
- Eigennamen von Institutionen, Ämtern, Autos, Flugzeugen: **la Renault**, **l'Assemblée nationale** *die Nationalversammlung*, **la Sorbonne** *die Sorbonne*.
- religiöse Eigennamen: **la Bible** *die Bibel*, **le Coran** *der Koran*, **Dieu** *Gott*, **le Seigneur** *der Herr*, **la Torah** *die Thora*, **la Vierge** *die Jungfrau Maria*.
  Aber: **les catholiques** *die Katholiken*, **les protestants** *die Protestanten*.
- die Anredeformen **Madame/Mesdames** *meine Dame(n)*, **Monsieur/Messieurs** *mein(e) Herr(en)*, **Mademoiselle/Mesdemoiselles** *mein/meine Fräulein*.
  Bonjour, Madame Desrosiers! *Guten Tag, Frau Desrosiers!*

1.1.5 Die Satzzeichen

- Der Punkt steht am Satzende und bei Abkürzungen: **le S.N.C.F.** (Société nationale des chemins de fer français, Name der französischen Staatsbahn).
- Das Komma trennt eine vorausgehende Umstandsergänzung ab:
  Pendant le mois d'août, ils sont sur la côte. *Im August sind sie am Meer.*
  Ferner wird ein vorausgehender Adverbialsatz durch Komma abgetrennt:
  S'il pleut, on va partir. *Wenn es regnet, reisen wir ab.*

Ein Relativsatz, den man weglassen könnte, ohne den Sinn des Satzes zu verändern, wird mit Komma abgetrennt:
Paris, qui est la capitale de la France, possède des monuments historiques.
Paris, das die Hauptstadt Frankreichs ist, besitzt historische Denkmale.
⚡ Kein Komma wird gesetzt:
- vor einem notwendigen Relativsatz:
  Tu lis le livre que je te donne ? *Liest du das Buch, das ich dir gebe?*
- bei der indirekten Rede (▷ 24) oder der indirekten Frage vor Gliedsätzen, die mit que *dass* eingeleitet werden:
  Je pense que tu as raison. *Ich denke, du hast Recht.*
- Das Fragezeichen steht wie im Deutschen am Ende einer Frage:
  Tu viens me voir ? *Besuchst du mich?*
- Das Ausrufezeichen folgt auf einen affektiven Ausruf:
  Au secours ! *Zu Hilfe!* **Au diable !** *Zum Teufel!* **À la vôtre !** *Auf Ihr Wohl!*
  Aber: Nach gewöhnlichem Imperativ (▷ 15) steht meist kein Ausrufezeichen:
  Lisez ce passage. *Lesen Sie diesen Abschnitt!*
- Die Anführungszeichen sind « ». Sie dienen zur Hervorhebung einzelner Ausdrücke und zur Kennzeichnung der direkten Rede:
  On va dîner au « Cheval Blanc ». *Wir werden wir im „Cheval Blanc" essen.*
- Der Gedankenstrich kennzeichnet in einem Dialog den Sprecherwechsel:
  « Tu prends du thé ? » – « Non, merci. » *„Nimmst du Tee?" – „Nein, danke."*

1.2 Die Aussprache

Laute und Lautkombinationen, die sich vom Deutschen unterscheiden:

Schreibung	Lautschrift	Aussprache	
am, an, em, en	ã	nasales a, hinten im Mund, offen, nicht gerundet, dunkel	**dans** [dã] *in*; **enfant** [ãfã] *Kind*
c	s	vor e, i und y als stimmloses s	**celui** [səlui] *dieser*
	k	vor a, o und u als k	**comme** [kom] *wie*
ç, s, sc vor e und i; t in -tion	s	stimmloses s	**ça** [sa] *das*, **sac** [sak] *Tasche*, **scie** [si] *Säge*; **nation** [nasjõ] *Nation*
ai, e, è, ê, es (im Inlaut) + Konsonant	ɛ	offenes e	**clair** [klɛʀ] *hell*, **mer** [mɛʀ] *Meer*, **mère** [mɛʀ] *Mutter*, **reste** [ʀɛst] *Rest*
é, er, ez	e	geschlossenes e	**léger** [leʒe] *leicht*, **été** [ete] *gewesen/Sommer*, **nez** [ne] *Nase*
aim, ain, ein, en, in, im, ym, yn	ɛ̃	nasales e, vorn im Mund, offen, nicht gerundet, hell	**faim** [fɛ̃] *Hunger*, **bien** [bjɛ̃] *gut*, **vin** [vɛ̃] *Wein*, **sympathique** [sɛ̃patik] *sympathisch*

Die Aussprache und die Orthografie

Schreibung	Lautschrift	Aussprache	
g	ʒ	stimmhaftes sch vor e, i und y,	**gentil** [ʒãti] *nett*, **gymnastique** [ʒimnastik] *Gymnastik*
	g	sonst wie g	**garage** [gaʀaʒ] *Garage*
gn	ɲ	nj-Laut	B1 **vigne** [viɲ] *Weinrebe*
i + Vokal, -il, -ille, -y	j	i, ins j übergehend	**pied** [pje] *Fuß*, **travail** [tʀavaj] *Arbeit*, **famille** [famij] *Familie*
j	ʒ	stimmhaftes sch	**je** [ʒə] *ich*, **jour** [ʒuʀ] *Tag*
o	ɔ	offenes o	**poche** [pɔʃ] *Tasche*
o, ô, au, eau	o	geschlossenes o	**gros** [gʀo] *dick*, **côte** [cot] *Küste*, **haut** [o] *hoch*, **beau** [bo] *schön*
om, on	õ	nasales o, hinten im Mund, geschlossen, gerundet, dunkel	**nom** [nõ] *Name*, **ton** [tõ] *dein/Ton*
eu, eû, œu + r	œ	offenes ö (kurz)	**peur** [pœʀ] *Angst*, **sœur** [sœʀ] *Schwester*
œu	ø	geschlossenes ö (lang)	**vœu** [vø] *Wunsch*, **nœud** *Knoten*
oi, ou + Vokal	w	ins englische w übergehendes o/u	**trois** [tʀwa] *drei*, **oiseau** [wazo] *Vogel*, **oui** [wi] *ja*
u + Vokal	ɥ	gleitendes ü	**nuage** [nɥaʒ] *Wolke*, **puis** [pɥi] *dann*
un, um	œ̃	nasales œ, vorne im Mund, offen, gerundet	**parfum** [paʀfœ̃] *Duft*, **lundi** [lœ̃di] *Montag*
s, x + Vokal, z	z	stimmhaftes s	**rose** [ʀoz] *Rose*, **sixième** [sizjɛm] *sechste(r)*, **gaz** [gaz] *Gas*

 1.2.1 Die Aussprache der Vokale

- Der Vokal **a** ist stumm bei **août** [u(t)] *August*, **Saône** [son] *Saône* u. a.
- Die Endungen **-aie, -ais, -ait, -aix** werden [ɛ] gesprochen: **lait** [lɛ] *Milch*.
- Das stumme **e** steht am Wort- und Silbenende und im Wortinnern zwischen Konsonanten: **vie** [vi] *Leben*, **ville** [vil] *Stadt*, **acheter** [aʃte] *kaufen*.
- Vor **mm** und **nn** wird **e** wie [a] gesprochen: **femme** [fam] *Frau*, **solennel** [sɔlanɛl] *feierlich*, **évidemment** [evidamã] *offensichtlich*.
- Ein geschlossenes **o** [o] wird bei auslautendem **o** (auch bei stummem Schlusskonsonant) und vor [z] gesprochen: **chose** [ʃoz] *Sache*, **sot** [so] *dumm*.
- Ein offenes **o** [ɔ] wird in betonter Silbe und vor Konsonant gesprochen: **robe** [ʀɔb] *Kleid*, **étoffe** [etɔf] *Stoff*, **propre** [pʀɔpʀ] *sauber*.
- Die Nasalvokale [ã], [ɛ̃], [õ], [œ̃] erscheinen im Schriftbild als Vokal + **n** oder **m**, werden aber als ein Laut gesprochen: **plan** [plã] *Plan*, **impôt** [ɛ̃po] *Steuer*, **incorrect** [ɛ̃kɔʀɛkt] *unkorrekt*, **bon** [bõ] *gut*, **brun** [bʀœ̃] *braun*.

Die Aussprache und die Orthografie

ⓘ Im Gegenwartsfranzösischen wird der Unterschied zwischen [ɛ̃] und [œ̃] kaum noch beachtet, sondern fast nur noch [ɛ̃] gesprochen.
⚡ Folgt auf **m, mm, n** oder **nn** ein Vokal, wird die vorangehende Vokalverbindung nicht nasaliert: **son**ore [sɔnɔʀ] *stimmhaft*, **aim**er [eme] *lieben*, **imm**obile [imɔbil] *unbeweglich*, **ina**ctif [inaktif] *untätig*.

- Die Halbvokale [j], [w], [ɥ] können allein keine Silbe bilden, sondern werden mit dem voran- oder nachstehenden Vokal zusammen ausgesprochen: **pay**er [peje] *bezahlen*, **souh**ait [swɛ] *Wunsch*.

1.2.2 Die Aussprache der Konsonanten B1

Bei der Aussprache der Konsonanten sind einige Besonderheiten zu beachten:
- Vor Vokal wird **ch** [ʃ] gesprochen: **ch**ef [ʃɛf] *Chef*, **ch**ou [ʃu] *Kohl*.
- Vor Konsonant wird **ch** [k] gesprochen: **ch**rétien [kʀetjɛ̃] *christlich*.
  In Wörtern griechischen Ursprungs spricht man **ch** vor Vokal als [k]: **ch**œur [kœʀ] *Chor*, é**ch**o [eko] *Echo*, or**ch**estre [ɔʀkɛstʀ] *Orchester*.
- **F, ff, ph** werden [f] gesprochen: **cof**fre *Koffer*, **f**aim *Hunger*, **ph**rase *Satz*.
  ◑ Ausnahme: Das **f** wird nicht ausgesprochen bei:
  cerf [sɛʀ] *Hirsch*   nerf [nɛʀ] *Nerv*   clef [kle] *Schlüssel*
  chef-d'œuvre [ʃɛdœvʀ] *Meisterwerk*   bœufs [bø] *Ochsen*   œufs [ø] *Eier*
  ⚡ Dagegen wird im Singular bei **œuf** [œf] *Ei* und **bœuf** [bœf] *Ochse* das **f** [f] gesprochen. Das **f** wird auch [v] gesprochen, wenn ein Wort mit Vokal folgt: neuf‿ans [nœvɑ̃] *neun Jahre*.
- **G** am Wortende ist stumm: **san**g [sɑ̃] *Blut*, **lon**g [lɔ̃] *lang*.
- **H** ist immer stumm. Man unterscheidet zwischen **h muet** und **h aspiré**.
  - Das **h muet** hat keinerlei Einfluss auf die Aussprache. Es wird wie ein Vokal behandelt, d. h. bei vorausgehendem Vokal wird elidiert: **l'h**omme [lɔm] *der Mensch/Mann*, **s'h**abiller [sabije] *sich ankleiden*.
    Ferner wird der Pluralartikel **les** mit dem Substantiv durch Liaison verbunden und stimmhaft [z] gesprochen: les‿herbes [lezɛʀb] *die Kräuter*.
  - Das **h aspiré** ist ein stimmloser Konsonant und beeinflusst die Aussprache seiner Umgebung, d. h. man kann weder binden noch elidieren: je **h**ais [ʒəɛ] *ich hasse*, le **h**asard [ləazaʀ] *der Zufall*, les **h**alles [leal] *die Markthallen*.
    In Wörterbüchern wird **h aspiré** gewöhnlich mit einem Apostroph oder anderen Zeichen markiert wie la 'haine oder *haine *der Hass*.
- **S** ist zwischen Vokalen immer stimmhaft [z]: **os**er [oze] *wagen*, **is**olé [izɔle] *isoliert*.
  ◑ Ausnahme: Nach Nasalvokal ist **s** stimmlos: **chans**on [ʃɑ̃sɔ̃] *Lied*.
- Die Endung **-tie** wird in Worten griechischen Ursprungs [s] gesprochen: démocra**tie** [demɔkʀasi] *Demokratie*, aber: sor**tie** [sɔʀti] *Ausgang*.
- **Y** wird allein oder in konsonantischer Umgebung [i] gesprochen: ph**y**sique [fizik] *Physik*. In vokalischer Umgebung wird **y** [j] oder [ij] gesprochen: tu**y**au [tɥijo] *Rohr*, aber: abba**y**e [abei] *Abtei*.

Zwischentest 1

A1 1. Welches Wort wird im Anlaut [s] ausgesprochen?

　　a. coup ☐　　　　　c. salade ☒
　　b. chef ☐　　　　　d. zéro ☐

A2 2. Welchen Akzent kann das a nicht haben?

　　a. Accent aigu ☒　　c. keinen Akzent ☐
　　b. Accent grave ☐　　d. Accent circonflexe ☐

B1 3. Wie spricht man danser?

　　a. [dansɛʀ] ☐　　　c. [tans] ☐
　　b. [dɔseʀ] ☐　　　d. [dãse] ☒

B1 4. Welche Zeichenfolge steht für einen Nasallaut?

　　a. af ☐　　　　　　c. er ☐
　　b. on ☒　　　　　　d. pf ☐

B1 5. Was ist richtig?

　　a. Y wird immer wie i gesprochen. ☐
　　b. S am Wortanfang ist stimmhaft. ☐
　　c. S zwischen Vokalen ist stimmhaft. ☒
　　d. F wird wie pf gesprochen. ☐

A2 6. Wozu dient die Cedille?

　　a. C vor a, o und u wird wie [s] gesprochen. ☒
　　b. Sie dient der Unterscheidung von Homonymen. ☐
　　c. Zur Verschönerung der Buchstaben. ☐
　　d. Sie bewirkt, dass a und o gleich gesprochen werden. ☐

A2 7. Welches Wort schreibt man im Französischen groß?

　　a. Ich ☐　　　　　c. Gott ☒
　　b. Kamel ☐　　　　d. alle Substantive ☐

A2 8. Für welches Wort steht die Lautschrift [ʃjɛ̃]?

　　a. schjen ☐　　　　c. rien ☒
　　b. chien ☐　　　　d. jien ☐

Zwischentest 1

9. Wie schreibt man [egɔist]?

a. egoist ☐
b. égoiste ☐
c. égoïste ☒
d. aegist ☐

10. Welche Regel ist richtig?

a. Ch vor Vokal spricht man meist [ʃ]. ☒
b. F wird immer wie [v] gesprochen. ☐
c. E ist immer stumm. ☐
d. Halbvokale spricht man als Nasale. ☐

11. Wie viele Nasallaute enthält invention?

a. 1 ☐
b. 2 ☐
c. 3 ☒
d. 4 ☐

12. Wie nennt man diesen Akzent ^?

a. Accent aigu ☐
b. Accent difficile ☐
c. Accent grave ☐
d. Accent circonflexe ☒

13. Wie spricht man die Endung -ait?

a. [ä] ☐
b. [a] ☐
c. [ɛ] ☒
d. [ə] ☐

14. Welche Silbe am Wortanfang wird nasal gesprochen?

a. instable ☒
b. immédiat ☐
c. amical ☐
d. uni ☐

15. Wie spricht man prudemment?

a. [pʀydemã] ☐
b. [pʀudemä] ☐
c. [pʀydamã] ☒
d. [pʀydem] ☐

16. Wo befindet sich ein h aspiré?

a. l'heure ☐
b. l'herbicide ☐
c. le hérisson ☒
d. j'hésite ☐

Lösungen

1c. 2a. 3d. 4b. 5c. 6a. 7c. 8b. 9c. 10a. 11c. 12d. 13c. 14a. 15c. 16c.

2 Der Artikel

*Prenez garde à **la** façon dont vous répondrez **aux** plaisanteries de M. **le** comte Norbert **de La** Mole, chef **d**'escadron **de** hussards et futur pair de France, et ne venez pas me faire **des** doléances par **la** suite.*

Stendhal (1783–1842), écrivain français

*Achten Sie auf **die** Art, mit der Sie auf **die** Scherze **des** Herrn Grafen Norbert **de La** Mole, Vorgesetzter **der** Husarenkompanie und zukünftiger Peer von Frankreich, reagieren werden, und klagen Sie mir nicht im Nachhinein.*

Stendhal (1783–1842),
französischer Schriftsteller

Der Artikel steht vor dem Substantiv und gibt Hinweis auf dessen Genus und Numerus. Zusammen mit den Präpositionen setzt er Substantive zueinander in Beziehung. Das Französische hat einen maskulinen und einen femininen Artikel sowie einen gemeinsamen Pluralartikel, ein Neutrum gibt es nicht. Wie im Deutschen unterscheidet man den bestimmten und den unbestimmten Artikel. Darüber hinaus verfügt das Französische über den Teilungsartikel.

2.1 Der bestimmte Artikel LE, LA, LES

A1

Formen

Der bestimmte Artikel le, la, les richtet sich nach Genus und Numerus des Substantivs (▷ ❸). Beginnt dieses mit Vokal oder h muet, werden le und la zu l' kontrahiert. Bei Zahlwörtern, die mit Vokal oder h beginnen, erfolgt keine Kontraktion: **le u**n *die Eins*, **le h**uit *die Acht*, **le o**nze *die Elf*, **le h**uitième. Beim Pluralartikel wird gebunden:

	Artikel im Maskulinum	Artikel im Femininum
Sing. vor Konsonant	le frère *der Bruder*	la sœur *die Schwester*
Sing. vor Vokal + h muet	l'hôtel *das Hotel*	l'oreille *das Ohr*
Plural	les jardins *die Gärten*	les maisons *die Häuser*
	les‿hôtels *die Hotels*	les‿oreilles *die Ohren*

Beginnt das Substantiv mit h aspiré (▷ 1.2.1), wird der vorausgehende Artikel nicht verkürzt. In diesem Fall ist der Pluralartikel les nicht zu binden: **les hasards** [leazaʀ] *die Zufälle*.

Substantive, die mit h aspiré beginnen:

le haricot *die Bohne*	**A2** **la haine** *der Hass*	**B1** **le hamac** *die Hängematte*
la Hollande *Holland*	**A2** **la hauteur** *die Höhe*	**B1** **le hareng** *der Hering*
le hors-d'œuvre *die Vorspeise*	**A2** **le homard** *der Hummer*	**B1** **le hoquet** *der Schluckauf*

⚡ **le h**éros *der Held* → aber: **l'h**éroïne *die Heldin*   **B1**

Vor den Präpositionen à oder de verschmilzt der bestimmte Artikel Maskulinum im Singular und Plural zu folgenden Formen, der bestimmte Artikel Femininum jedoch nur im Plural: **A2**

	à + Artikel	de + Artikel
Singular vor Konsonant	à + le/la → au/à la	de + le/la → du/de la
Singular vor Vokal + h muet	à + le/la → à l'	de + le/la → de l'
Plural	à + les → aux	de + les → des

Die Pluralformen binden: **aux‿arts** [ozaʀ] *den Künsten*.

➡ Oft ist der Artikel in der gesprochenen Sprache das einzige Unterscheidungsmerkmal zwischen Singular- und Pluralformen:
Le petit singe était assez dangereux. *Der kleine Affe war ziemlich gefährlich.*
Les petits singes étaient assez dangereux. *Die kleinen Affen waren ziemlich gefährlich.*

Der Artikel

Gebrauch
Der bestimmte Artikel bezeichnet zusammen mit dem Substantiv Lebewesen, Gegenstände oder abstrakte Begriffe, besonders wenn diese
- die Gesamtheit einer Gruppe oder einer Gattung beinhalten:
  les Français *die Franzosen*, **les** sapins *die Tannen*
- sich auf etwas Bekanntes oder bereits Erwähntes beziehen:
  Tu vois **la** voiture dont il parle ? *Siehst du das Auto, von welchem er spricht?*
- durch ein Attribut oder einen Relativsatz näher bestimmt sind:
  le chien du A2 voisin *der Hund des Nachbarn*, **la** chemise que j'ai B1 cousue *das Hemd, das ich genäht habe*

Wie im Deutschen fällt der Artikel weg, wenn Mengenangaben oder andere Substantivbegleiter wie Demonstrativ- oder Possessivpronomen (▷ 9) vorausgehen:
Elle n'a reçu **aucune lettre**. *Sie hat keinen einzigen Brief bekommen.*
C'est **son** mari. *Das ist ihr Ehemann.*

⚡ Nach *tout/tous alles/alle* muss der bestimmte Artikel folgen:
Toutes les girafes du zoo sont de l'Afrique. *Alle Giraffen im Zoo sind aus Afrika.*

A2 Körperteile
Bei Körperteilen mit direktem Objekt nach *avoir* steht der bestimmte Artikel:
Elle a **les cheveux bouclés**. *Sie hat lockige Haare.*

Auch Handlungen in Verbindung mit Körperteilen werden zur Angabe der Art und Weise mit bestimmtem Artikel ausgedrückt. Im Deutschen steht oft die Präposition *mit*:
Ils se promènent **la main dans la main**. *Sie gehen Hand in Hand spazieren.*
On ne parle pas **la bouche pleine**. *Mit vollem Mund spricht man nicht.*

B1 Gattungsbezeichnungen, Stoffnamen, Abstrakta
Der bestimmte Artikel steht bei Gattungsbezeichnungen, Stoffnamen und Abstrakta, wenn sie verallgemeinernd gebraucht werden:
Le sport est bon pour la santé. *Sport ist gut für die Gesundheit.*
L'or est précieux. *Gold ist wertvoll.*

A2 Ortsbezeichnungen
- Kontinente, Länder und Regionen, die im Deutschen nur in Ausnahmen mit Artikel genannt werden, haben den bestimmten Artikel: **l'**Afrique *Afrika*, **la** France *Frankreich*, **la** Lorraine *Lothringen*.
  La Belgique, **le** Danemark et **l'**Italie font partie de l'UE. *Belgien, Dänemark und Italien gehören zur EU.*
- B2 ◐ Ausnahmen ohne Artikel: **Israël** *Israel*, **Monaco** und **Andorre** *Andorra*:
  Monaco est un état souverain. *Monaco ist ein souveräner Staat.*
- ⚡ Bei *en* vor Ortsbezeichnungen entfällt jedoch immer der Artikel:
  Je vais **en Italie**. *Ich fahre nach Italien.*

Der Artikel

Ebenfalls kein Artikel folgt auf de, wenn das Land mit Vokal beginnt:
Son mari vient d'Australie. *Ihr Mann kommt aus Australien.*
⚡ Beginnt dagegen der Ländername mit einem Konsonanten, steht du bei maskulinen bzw. de/de la bei femininen:
Il est le premier ministre du Brésil. *Er ist der Premierminister Brasiliens.*

- Nur in Europa liegende bzw. zu Frankreich gehörende Inseln werden mit dem Artikel genannt, alle anderen nicht:

Inseln mit Artikel	Inseln ohne Artikel
la Corse *Korsika*	Cuba *Kuba*
la Grande-Bretagne *Großbritannien*	Chypre *Zypern*
l'Irlande *Irland*	Ténériffe *Teneriffa*
la Martinique *Martinique*	Terre-Neuve *Neuseeland*

- Fluss-, Meeres- und Gebirgsnamen stehen mit Artikel: la Méditerranée *das Mittelmeer*, le Pacifique *der Pazifik*, les Pyrénées *die Pyrenäen*.
  La Manche se trouve entre la France et l'Angleterre. *Der Ärmelkanal liegt zwischen Frankreich und England.*
- Ortsnamen werden im Allgemeinen ohne Artikel verwendet, wenn sie nicht näher bestimmt sind:
  Paris est la capitale de la France. *Paris ist die Hauptstadt Frankreichs.*
  ❶ Bei einigen Städten wie Le Caire *Kairo*, La Haye *Den Haag*, Le Havre, La Rochelle gehört der bestimmte Artikel zum Namen.

Himmelskörper und Himmelsrichtungen

Himmelsrichtungen tragen den Artikel:
Le sud, le nord, l'ouest et l'est sont les quatre points cardinaux. *Süden, Norden, Westen und Osten sind die vier Kardinalpunkte.*
⚡ Sonne, Mond und Erde werden ebenfalls vom Artikel begleitet, alle anderen Himmelskörper nicht: le Soleil *die Sonne*, la Lune *der Mond*, la Terre *die Erde*.
Aber: **Saturne est un corps céleste.** *Der Saturn ist ein Himmelskörper.*

Personenbezeichnungen

Hier wird der Artikel häufig anders verwendet als im Deutschen:
- Familiennamen tragen den bestimmten Artikel. Im Unterschied zum Deutschen wird der Nachname selbst nicht in den Plural gesetzt: **Les** Martini *die Martinis*, **les** Braun *die Brauns*.
- Vornamen tragen keinen Artikel:
  Aujourd'hui Paul viendra me chercher. *Heute wird mich Paul abholen.*
- ➡ In der Umgangssprache wird der Artikel vor den Vornamen gestellt, wenn dieser von einem charakterisierenden Adjektiv begleitet wird:
  Le vieux Paul reste toujours à la maison. *Der alte Paul bleibt immer zuhause.*

Der Artikel

- Bei informellen Anreden, besonders in Verbindung mit Imperativen und Grußformeln, ist der Artikel zu setzen:
  Bonjour **les enfants** ! *Guten Tag, Kinder!*
  Allez **les bleus** ! *Los, ihr Blauen!* (französische Fußballnationalmannschaft)
- Eigennamen werden vom Artikel begleitet, wenn ihnen ein Titel oder eine Berufsbezeichnung vorausgeht:
  Ce soir **le docteur Lachall** va passer chez ma tante. *Doktor Lachall wird heute Abend bei meiner Tante vorbeischauen.*

B2 **Moderne technische Einrichtungen**
Moderne technische Einrichtungen werden mit bestimmtem Artikel genannt:
le courant *Strom*, **le** gaz *Gas*
On aura **l'Internet** dans deux jours. *In zwei Tagen werden wir Internet haben.*

A2 **Zeitangaben**
Bei Zeitangaben variiert der Gebrauch des Artikels:
- Tageszeiten stehen in Verbindung mit einem Zeitadverb ohne Artikel:

  Hier soir, elle est sortie. *Gestern Abend ist sie ausgegangen.*
  Geschieht etwas regelmäßig zu einer bestimmten Tageszeit, stehen matin *Morgen*, après-midi *Nachmittag*, soir *Abend* und nuit *Nacht* ohne Präposition und mit bestimmtem Artikel, dagegen treten midi *Mittag* und minuit *Mitternacht* ohne Artikel und mit Präposition auf:
  Si on faisait une pause **à midi** ? *Sollen wir mittags eine Pause machen?*
  Pour moi, **le matin** est particulièrement précieux. *Für mich ist der Vormittag/ Morgen besonders wertvoll.*
- Jahreszeiten werden mit dem Artikel verwendet, außer in Verbindung mit **en**:
  L'été prochain, il va au Canada. *Nächsten Sommer fährt er nach Kanada.*
  En hiver, ils vont à Chamonix. *Im Winter fahren sie nach Chamonix.*
- Monate werden ohne Artikel genannt, bei Datumsangaben aber mit Artikel:
  Mai est le mois le plus beau. *Der Mai ist der schönste Monat.*
- Wochentage tragen den Artikel, wenn sie die regelmäßige Wiederkehr des Tages bezeichnen oder durch Beifügung näher bestimmt sind:
  Le samedi, elle va au marché. *Samstags geht sie auf den Markt.*
  Ils vont se marier **le lundi 7 novembre**. *Am Montag, den 7. November, werden sie heiraten.*
  Der vergangene oder folgende Wochentag steht dagegen ohne Artikel:
  Mardi, elle va aller chez le docteur. *Am Dienstag geht sie zum Arzt.*

B2
- Christliche Feiertage tragen den femininen Artikel, muslimische Feiertage meist den maskulinen Artikel: **la** Pentecôte *Pfingsten*, **la** Toussaint *Allerheiligen*.
  🔊 Ausnahmen: **Noël** *Weihnachten*, **Pâques** *Ostern* und die jüdischen Feiertage haben keinen Artikel.
  Elle passe **Pâques** chez son frère. *Sie verbringt Ostern bei ihrem Bruder.*

Aufzählungen

Bei Aufzählungen muss der bestimmte Artikel vor jedem Substantiv wiederholt werden:
Les Dérosier vont visiter **le** Louvre, **la** tour Eiffel et **les** parcs de Paris. *Die Dérosiers werden **den** Louvre, **den** Eiffelturm und **die** Parks von Paris besichtigen.*

Ausrufe

Vor Ausrufen steht der bestimmte Artikel mit der Bedeutung *welch/was für ein*:
Oh, **la** belle robe ! *Was für ein schönes Kleid!* **Le** vilain ! *So ein Flegel!*

Redewendungen

In zahlreichen Redewendungen steht der bestimmte Artikel:

arriver le premier *als Erster ankommen*	faire la queue *Schlange stehen*
avoir la flemme *faul sein*	faire l'idiot *sich wie ein Idiot benehmen*
faire la cuisine *kochen*	se tourner les pouces *Däumchen drehen*

2.2 Der unbestimmte Artikel

Formen

Der unbestimmte Artikel hat eine maskuline und eine feminine Form sowie eine gemeinsame Pluralform:

	Artikel im Maskulinum	Artikel im Femininum
Singular vor Konsonant	un chien *ein Hund*	une fleur *eine Blume*
Singular vor Vokal + h aspiré	un ordinateur *ein Computer*	une orange *eine Orange*
Plural	des chiens *Hunde*	des fleurs *Blumen*
	des ordinateurs *Computer*	des oranges *Orangen*

Gebrauch

Der unbestimmte Artikel bezeichnet im Singular ein einzelnes unbekanntes bzw. unbestimmtes Lebewesen oder Objekt, im Plural eine unbestimmte Anzahl von Lebewesen oder Objekten:
Y a-t-il **un** médecin ici ? *Ist hier ein Arzt?* (irgendein Arzt)
Un soir, il lui a apporté **des roses**. *Eines Abends hat er ihr Rosen mitgebracht.*

Wie im Deutschen steht in Verbindung mit être *sein* und devenir *werden* vor Substantiven kein Artikel. Wird das Substantiv jedoch näher bestimmt, ist der unbestimmte Artikel zu verwenden:
Ma sœur **est devenue cuisinière**. Et elle **est une bonne cuisinière** ! *Meine Schwester ist Köchin geworden. Und sie ist eine gute Köchin!*

Der Artikel

⚡ Der französische Sprachgebrauch weicht vom deutschen ab:

B1 • Nach einer Verneinung kann das direkte Objekt nicht mit einem unbestimmten Artikel stehen. Stattdessen ist die Präposition **de** zu setzen:
Louise mange une pomme ? Non, elle ne mange pas de pomme. *Isst Louise einen Apfel? Nein, sie isst keinen Apfel.*

B2 • Dagegen kann auf verneintes *être sein* und auf verneinte Aussagen, die eine Richtigstellung ausdrücken, der unbestimmte Artikel folgen:
Elle n'est pas une parente mais une amie de la famille. *Sie ist keine Verwandte, sondern eine Freundin der Familie.*

2.3 Der Teilungsartikel [DU - DE - DES]   *UNBESTIMMTE MENGEN*

Im Unterschied zum unbestimmten Artikel, der insgesamt die Unbestimmtheit bzw. Unbekanntheit von Dingen ausdrückt, bezeichnet der Teilungsartikel unbestimmte Mengen. Er hat keine Entsprechung im Deutschen.

Formen
Der Teilungsartikel besteht aus **de** und den Formen des bestimmten Artikels:

	Artikel im Maskulinum	**Artikel im Femininum**
Singular vor Konsonant	du chocolat *Schokolade*	de la farine *Mehl*
Singular vor Vokal + h aspiré	de l'argent *Geld*	de l'eau *Wasser*
Plural	des œufs *Eier*	des bananes *Bananen*

B1 Geht einem Substantiv im Plural ein Adjektiv voran, wird die Pluralform zu **de** bzw. **d'** verkürzt: **de** *beaux yeux schöne Augen*.

⚡ Bilden dagegen Adjektiv und Substantiv zusammen eine begriffliche Einheit, ist die Pluralform **des** zu verwenden:

des *petits pois Erbsen* **des** *grandes écoles französische Elitehochschulen*
des *jeunes filles Mädchen* aber: **de** *grandes écoles große Schulen*

Gebrauch

A2 • Im Singular bezeichnet der Teilungsartikel eine unbestimmte Anzahl nicht zählbarer Dinge und Abstrakta. Diese sind allenfalls messbar und können keinen Plural bilden:
Il reste encore **de la soupe.** *Es ist noch Suppe da.*
J'aime les gens qui ont **de l'humour.** *Ich mag Menschen mit Humor.*
• Der Plural des Teilungsartikels gibt dagegen eine unbestimmte Anzahl zählbarer Dinge an:
Il aime manger **des oranges.** *Er isst gerne Orangen.*
• Nach Mengenangaben steht immer **de** ohne Artikel:
J'ai acheté **une livre de** carottes. *Ich habe ein Pfund Karotten gekauft.*

Der Artikel

Häufige Mengenangaben:

Adverbien	Adverbien	Nominalgruppen
assez de *genug*	autant de *ebenso viel*	un groupe de *eine Gruppe*
beaucoup de *viel*	peu de *wenig*	une foule de *eine Menge*
combien de *wie viel*	plus de *mehr*	une livre de *ein Pfund*
plein de *viele*	trop de *zuviel*	un kilo de *ein Kilo*
moins de *weniger*	bien de *viel*	une tasse de *eine Tasse*
tant de *so viel*	tellement de *so viel(e)*	un paquet de *ein Paket*

⚡ Nach **la plupart** *die meisten*, **la plus grande partie** *der größte Teil*, **la majorité** *die Mehrheit*, **la moitié** *die Hälfte* steht die Pluralform:
La moitié des ouvriers sont en grève. *Die Hälfte der Arbeiter streikt.*

- Der Teilungsartikel tritt bei allen Sportarten und Musikinstrumenten auf: faire **du ski** *Ski fahren*, faire **de la voile** *segeln*, jouer **du piano** *Klavier spielen*. Est-ce que vous jouez **du violon** ou **d'un autre instrument** ? *Spielen Sie Geige oder ein anderes Instrument?*

Durch die Wahl des Artikels wird die Satzaussage unterschiedlich akzentuiert:
Demain, mon mari aura **le** temps pour faire les courses. *Morgen wird mein Mann (die) Zeit zum Einkaufen haben.* (genau die benötigte Zeit)
Demain, mon mari aura **du** temps pour faire les courses. *Morgen wird mein Mann Zeit zum Einkaufen haben.* (überhaupt Zeit, die Menge ist unwichtig)
Il était **un** temps où mon mari faisait les courses. *Es gab einmal eine Zeit, wo mein Mann einkaufte.* (Zeitabschnitt, der nicht näher bestimmt wird)

2.4 Redewendungen mit und ohne Artikel

In Redewendungen und feststehenden Ausdrücken werden Substantive häufig abweichend von den genannten Regeln ohne Artikel gebraucht:

- Wendungen mit direktem Objekt ohne Artikel:

avoir faim/soif *Hunger/Durst haben*	faire plaisir *Spaß machen*
avoir lieu *stattfinden*	rendre service à qn. *jdm. einen Gefallen tun*
avoir peur de *Angst haben vor*	

- Präpositionale Wendungen ohne Artikel:

à vélo/bicyclette *mit dem Fahrrad*	entre amis *unter Freunden*
en voiture *mit dem Auto*	sous verrous *hinter Schloss und Riegel*
en route *unterwegs*	sur mesure *nach/mit Maß*

- Sprichwörter ohne Artikel:

Noblesse oblige. *Adel verpflichtet.*
Mauvaise herbe croît toujours. *Unkraut vergeht nicht.*

Zwischentest 2

A1 1. Welches ist der unbestimmte Artikel?

L'artiste aime peindre un paysage pittoresque.
- a. un ☒
- b. artiste ☐
- c. l' ☐
- d. kommt nicht vor ☐

A1 2. Welches ist der Teilungsartikel?

Odette parle de ses vacances.
- a. Odette ☐
- b. de ☒
- c. parle ☐
- d. ses ☐

A2 3. Wie begrüßt man eine Ministerin?

Bonjour, ... Ministre.
- a. ohne Ergänzung ☐
- b. Madame ☐
- c. Madame la ☒
- d. Madame du ☐

B1 4. Wie werden Monatsnamen verwendet?
- a. ohne Artikel ☒
- b. immer mit Artikel ☐
- c. mit Teilungsartikel ☐
- d. manchmal mit Artikel ☐

A1 5. In welchem Satz ist der richtige Artikel gebraucht?
- a. Le rideau dévoile le chambre inconnue. ☐
- b. Le rideau dévoile la chambre inconnue. ☒
- c. Le rideau dévoile les chambre inconnue. ☐
- d. Le rideau dévoile du chambre inconnue. ☐

B1 6. Welcher Satz ist richtig?
- a. Cette année, notre entreprise a obtenu les excellents résultats. ☐
- b. Cette année, notre entreprise a obtenu des excellents résultats. ☐
- c. Cette année, notre entreprise a obtenu excellents résultats. ☐
- d. Cette année, notre entreprise a obtenu d'excellents résultats. ☒

B1 7. Welcher Satz ist richtig?
- a. L'élève a oublié le cahier et goûter. ☐
- b. L'élève a oublié cahier et goûter. ☐
- c. L'élève a oublié la cahier et du goûter. ☐
- d. L'élève a oublié le cahier et le goûter. ☒

Zwischentest 2

8. Welche Form passt?

J'aime .... maisons bretonnes.
- a. les ☒
- b. kein Artikel ☐
- c. le ☐
- d. de la ☐

9. Welche Substantive haben in der Regel keinen Artikel?

- a. Nachnamen ☐
- b. Ländernamen
- c. Abstrakta ☐
- d. Monatsnamen ☒

10. Vor welchem Substantiv kann les stehen?

- a. œuf ☐
- b. pain
- c. poulet ☐
- d. haricots ☒

11. Welche Ergänzung ist richtig?

.... passent leur séjour à Londres.
- a. Le Gabin ☐
- b. Les Gabin ☒
- c. Le Gabins ☐
- d. Les Gabins ☐

12. In welcher Form ist der Satz richtig?

- a. On ne doit pas courir les mains dans les poches. ☒
- b. On ne doit pas courir du main dans les poches. ☐
- c. On ne doit pas courir demain dans les poches. ☐
- d. On ne doit pas courir avec mains dans les poches. ☐

13. Was passt in die Lücke?

Les randonneurs reviennent .... Alpes.
- a. aux ☐
- b. les ☐
- c. de les ☐
- d. des ☒

14. Was sagt Marie, als sie vom Einkaufen kommt?

- a. Il n'y avait plus assez des tartes aux pommes. ☐
- b. J'ai oublié des pain. ☐
- c. Je voulais acheter du pommes. ☐
- d. J'ai acheté du saumon et deux kilos de prunes. ☒

Lösungen

1a. 2b. 3c. 4a. 5b. 6d. 7d. 8a. 9d. 10d. 11b. 12a. 13d. 14d.

3 Das Substantiv

*L'**hypocrisie** est un **vice** à la **mode**
et tous les **vices** à la **mode**
passent pour **vertus**.*

Molière (1622–1673), dramaturge français

*Die **Heuchelei** ist ein modisches **Laster**,
und alle modischen **Laster**
gelten als **Tugenden**.*

Molière (1622–1673), französischer Dramatiker

G Substantive bezeichnen Lebewesen, Dinge und Abstrakta wie Gefühle oder Zustände. In der französischen wie auch in der deutschen Sprache werden die Substantive nach Genus und Numerus unterschieden. Im Gegensatz zum Deutschen wird das französische Substantiv nicht dekliniert, d.h. es gibt für die verschiedenen Fälle keine eigenen Kasusendungen. Zudem gibt es kein Neutrum.

3.1 Das Genus

Weder die Form noch die Bedeutung geben einen Hinweis darauf, ob das französische Substantiv maskulin oder feminin ist. Man kann aber vom Suffix des Substantivs und von den Begleitern wie Pronomen, Adjektiv und Artikel auf das Genus schließen:
Dans **ce vieux** gren**ier** il y a de petit**es** hirond**elles**. *Unter diesem alten Dachboden gibt es kleine Schwalben.*
Nicht immer stimmt das Genus des französischen Substantivs mit dem des deutschen überein:
maskuline Substantive: **le** garçon *der Junge* **le** soleil *die Sonne*
feminine Substantive: **la** fille *das Mädchen* **la** lune *der Mond*
L! Die Artikel le oder la sollten immer mitgelernt werden.

Maskuline Substantive
Folgende Suffixe lassen auf maskuline Substantive schließen:

Suffix	Aussprache	
-age	[-ɑʒ]	le cour**age** *der Mut*, le from**age** *der Käse*, Ausnahmen: la c**age** *der Käfig*, une im**age** *ein Bild*, la p**age** *die Seite*, la pl**age** *der Strand*
-ail	[-ɑj]	B2 le b**ail** *die Miete*, le port**ail** *das Portal*
-ain/-ein/-in	[-ɛ̃]	le p**ain** *das Brot*, le fr**ein** *die Bremse*, le v**in** *der Wein*, Ausnahme: la m**ain** *die Hand*
-aire	[-ɛr]	un annivers**aire** *ein Geburtstag*, le contr**aire** *das Gegenteil*
-ant	[-ã]	le commerç**ant** *der Händler*, un habit**ant** *ein Bewohner*
-ent	[-ã]	le v**ent** *der Wind*, l'arg**ent** (m.) *das Geld*, Ausnahme: la d**ent** *der Zahn*
-au/-aud/ -aut/-eau	[-o]	le noy**au** *der Kern*, B2 le réch**aud** *der Kocher*, B1 le s**aut** *der Sprung*, le bat**eau** *das Boot*, Ausnahmen: l'**eau** (f.) *das Wasser*, la p**eau** *die Haut*
-ège	[-ɛːʒ]	le coll**ège** *das Gymnasium*, le cort**ège** *der Festzug*
-ème/-ême	[-ɛm]	le th**ème** *das Thema*, le bapt**ême** *die Taufe*
-et	[-ɛ]	le bill**et** *der Fahrschein*, B1 le tabour**et** *der Hocker*
-eur	[-œr]	le mot**eur** *der Motor*, le chauff**eur** *der Fahrer/Chauffeur*
-ier	[-je]	le cah**ier** *das Heft*, le mét**ier** *der Beruf*, le pan**ier** *der Korb*
-isme	[-ismə]	le tour**isme** *der Tourismus*, le romant**isme** *die Romantik*
-ment	[-mã]	le parle**ment** *das Parlament*, le senti**ment** *das Gefühl*, Ausnahme: B2 la ju**ment** *die Stute*
-o/-ot	[-o]	le styl**o** *der Stift*, le haric**ot** *die Bohne*, Ausnahme: la phot**o** *das Foto*
-on	[-õ]	le citr**on** *die Zitrone*, le poiss**on** *der Fisch*, Ausnahmen: la boiss**on** *das Getränk*, la faç**on** *die Art*, la leç**on** *die Lektion*, la mais**on** *das Haus*
-oir/-toire	[-war]/ [-twar]	un esp**oir** *eine Hoffnung*, le dev**oir** *die Aufgabe*, B1 le labora**toire** *das Labor*, Ausnahme: la vic**toire** *der Sieg*

Das Substantiv

B1 Ebenfalls maskulin sind:
- Sprachen: **le** français *das Französisch*, **le** chinois *das Chinesisch*.
- Länder und Flüsse, die im Schriftbild nicht auf *-e* enden: **le** Brésil *Brasilien*, **le** Maroc *Marokko*, **le** Rhin *der Rhein*, **le** Nil *der Nil*.
- Metalle: **le** fer *das Eisen*, **le** platine *das Platin*, **l'**or (m.) *das Gold*.
- Jahreszeiten, Monate, Wochentage und Himmelsrichtungen: **le** printemps *der Frühling*, **le** mai *der Mai*, **le** lundi *der Montag*, **le** sud *der Süden*.

B2
- Bäume: **le** chêne *die Eiche*, **le** pommier *der Apfelbaum*, **le** sapin *die Tanne*.

A2 ### Feminine Substantive
Folgende Suffixe kennzeichnen feminine Substantive:

Suffix	Aussprache	
-ace	[-as]	la pl**ace** *der Platz*, la surf**ace** *die Oberfläche*, ◐ Ausnahme: un esp**ace** *ein Raum*
-ade	[-ad]	la promen**ade** *der Spaziergang*, la sal**ade** *der Salat*, ◐ Ausnahme: le st**ade** *das Stadion*
-ance/-ence	[-ãs]	la confi**ance** *das Vertrauen*, la différ**ence** *der Unterschied*, ◐ Ausnahme: le sil**ence** *die Ruhe*
-aine/-aîne	[-ɛn]	la sem**aine** *die Woche*, la ch**aîne** *die Kette*, ◐ Ausnahme: le dom**aine** *der Bereich*
-ée	[-e]	la journ**ée** *der Tag*, une id**ée** *eine Idee*, ◐ Ausnahmen: le lyc**ée** *das Gymnasium*, le mus**ée** *das Museum*
-elle	[-ɛl]	la poub**elle** *der Mülleimer*, la vaiss**elle** *das Geschirr*
-eille	[-ɛj]	la bout**eille** *die Flasche*, **B1** la v**eille** *der Vorabend*
-esse	[-ɛs]	la faibl**esse** *die Schwäche*, la polit**esse** *die Höflichkeit*
-ette	[-ɛt]	une allum**ette** *ein Streichholz*, la bicycl**ette** *das Fahrrad*
-ie	[-i]	la malad**ie** *die Krankheit*, la coméd**ie** *die Komödie*, ◐ Ausnahme: **B1** un incend**ie** *ein Brand*
-ière	[-jɛr]	la lum**ière** *das Licht*, **B1** la sorc**ière** *die Hexe*
-ille	[-ij]/[-il]	la feu**ille** *das Blatt*, la v**ille** *die Stadt*
-ion	[-jõ]	la décis**ion** *die Entscheidung*, la nat**ion** *die Nation*, ◐ Ausnahmen: le cam**ion** *der Lastwagen*, un av**ion** *ein Flugzeug*, le mill**ion** *die Million*
-ine	[-in]	la far**ine** *das Mehl*, la terr**ine** *die Schüssel*
-ise	[-iz]	la bêt**ise** *die Dummheit*, la chem**ise** *das Hemd*
-té/-tié	[-te]/[-tie]	la nationali**té** *die Nationalität*, la moi**tié** *die Hälfte*
-ure	[-yr]	la voit**ure** *das Auto*, la chauss**ure** *der Schuh*
-ude	[-yd]	la solit**ude** *die Einsamkeit*, ◐ Ausnahme: le prél**ude** *das Präludium*

B1 Feminin sind ebenfalls:
- Wissenschaften: **la** médecine *die Medizin*, **la** géographie *die Geografie*, ◐ Ausnahme: **le** droit *die Rechtswissenschaften*.

Das Substantiv

- Länder und Flüsse, die auf -e enden: **la** France *Frankreich*, **la** Pologne *Polen*, **la** Seine *die Seine*, **la** Loire *die Loire*.
  - Ausnahmen: **le** Mexique *Mexiko*, **le** Rhône *die Rhône*.
- chemische Stoffe auf -ine: **la** vitamine *das Vitamin*, **la** nicotine *das Nikotin*.
- Automarken und -typen: **la** Peugeot *der Peugeot*.

Substantive mit doppeltem Genus
Einige Substantive sind sowohl maskulin als auch feminin. Mit dem Genus ändern sie ihre Bedeutung:

> **le** livre *das Buch* ↔ **la** livre *das Pfund*
> **le** poêle *der Ofen* ↔ **la** poêle *die Pfanne*
> **le** poste *der Posten* ↔ **la** poste *die Post*
> **le** tour *die Tour* ↔ **la** tour *der Turm*
> **le** voile *der Schleier* ↔ **la** voile *das Segel*

Das natürliche Genus
- Lebewesen werden mit ihrem natürlichen Genus gekennzeichnet:

> **le** père *der Vater* → **la** mère *die Mutter*
> **le** coq *der Hahn* → **la** poule *die Henne*

- Bei zahlreichen Personenbezeichnungen erfolgt die Bezeichnung des Femininums durch ein eigenes Suffix:

Suffix m./f.	maskuline Bezeichnung		feminine Bezeichnung
-ant/-ante	un habit**ant** *ein Bewohner*	→	une habit**ante** *eine Bewohnerin*
-ais/-aise	le Portug**ais** *der Portugiese*	→	la Portug**aise** *die Portugiesin*
-an/-an(n)e	le pays**an** *der Bauer*	→	la pays**anne** *die Bäuerin*
-ent/-ente	le cli**ent** *der Kunde*	→	la cli**ente** *die Kundin*
-er/-ère	l'étrang**er** *der Fremde*	→	l'étrang**ère** *die Fremde*
-e/-esse	le prince *der Prinz*	→	la princ**esse** *die Prinzessin*
-eur/-euse	le coiff**eur** *der Friseur*	→	la coiff**euse** *die Friseurin*
-ien/-ienne	le technic**ien** *der Techniker*	→	la technic**ienne** *die Technikerin*
-ier/-ière	l'ouvr**ier** *der Arbeiter*	→	l'ouvr**ière** *die Arbeiterin*
-teur/-trice	l'ac**teur** *der Schauspieler*	→	l'ac**trice** *die Schauspielerin*

- ⚡ Keinem Schema zuzuordnen sind: **le héros** *der Held* → **une héroïne** *eine Heldin*, **le pécheur** *der Sünder* → **la pécheresse** *die Sünderin*, **un époux** *ein Ehemann* → **une épouse** *eine Ehefrau*, **le veuf** *der Witwer* → **la veuve** *die Witwe*
- Personensubstantive auf -e, die sowohl maskulin als auch feminin sind:
  un élève *ein Schüler* → **une** élève *eine Schülerin*
  le journaliste *der Journalist* → **la** journaliste *die Journalistin*

Das Substantiv

B1
- Einige Bezeichnungen für ehemals rein männliche Berufe gibt es nur in der maskulinen Form:

  le professeur *der Lehrer/die Lehrerin*   **le** témoin *der Zeuge/die Zeugin*
  le médecin *der Arzt/die Ärztin*   **le** chauffeur *der Fahrer/die Fahrerin*

  Bei anderen hat sich inzwischen jedoch eine feminine Form etabliert:
  un avocat *ein Anwalt* → **une** avocate *eine Anwältin*

  ❶ Offiziell heißt es heute: **Madame la Ministre** *Frau Ministerin*.

B2
- ⚡ Kurzformen von Personenbezeichnungen sind unveränderlich:
  le prof *der Lehrer* → **la prof** *die Lehrerin*

  Will man verdeutlichen, dass es sich um eine Frau handelt, kann man **la femme** voranstellen: **la femme professeur** *die Lehrerin*.

B2
- Personenbezeichnungen nur in femininer Form: **la vedette** *der Star* (m./f.).
- Tiere haben meist eine maskuline und eine feminine Bezeichnung:
  l'âne *der Esel* → l'ânesse *die Eselin*
  le chien *der Hund* → la chienne *die Hündin*

A1 ## 3.2 Der Plural

A1 ### Die regelmäßige Pluralbildung

- Die regelmäßige Pluralform des Substantivs wird durch ein nicht hörbares s-Suffix gekennzeichnet. Nur im Falle einer Liaison ist dieses Plural-s hörbar:

la femme [fam] *die Frau* → **les femmes** [fam] *die Frauen*
l'ami [lami] *der Freund* → **les amis** [lezami] *die Freunde*

- ⚡ Substantive, bei denen sich die Aussprache im Plural ändert:

le bœuf [ləbœf] *das Rind* → **les bœufs** [lebø] *die Rinder*
l'œuf [lœf] *das Ei* → **les œufs** [lezø] *die Eier*

- Substantive, die im Singular auf -s, -x, -z enden, nehmen kein Plural-s an:

le bras *der Arm* → **les bras**   **le nez** *die Nase* → **les nez**
l'os *der Knochen* → **les os**   **le prix** *der Preis* → **les prix**

A2
- Folgende Substantive bilden den Plural mit **-x**:

Endung	Singular → Plural auf -x
-(e)au	le noy**au** *der Kern* → les noy**aux**, le mant**eau** *der Mantel* → les mant**eaux**
	❗ Ausnahme: le land**au** *der Kinderwagen* → les land**aus**
-eu	le chev**eu** *das Haar* → les chev**eux**, ❗ Ausnahme: **B1** le pn**eu** *der Reifen* → les pn**eus**
-ail	le trav**ail** *die Arbeit* → les trav**aux**
-al	le journ**al** *die Zeitung* → les journ**aux**, ❗ Ausnahmen: le b**al** *der (Tanz-)Ball* → les b**als**, le recit**al** *das Konzert* → les récit**als**

Das Substantiv

- ⚡ Die regelmäßige Pluralbildung von -ou ist -ous:
  le clou *der Nagel* → les clou**s**   le tabou *das Tabu* → les tab**ous**
  🕮 Ausnahme: Substantive auf -ou mit -x im Plural:
  le bij**ou** *das Schmuckstück* → les bij**oux**
  Ebenso: le caillou *der Kieselstein*, le chou *der Kohl*, le genou *das Knie*, le hibou *die Eule*, le joujou *das Spielzeug*, le pou *die Laus*
- Akronyme und Eigennamen erhalten kein Pluralsuffix: les Duval *die Duvals*, les HLM (habitations à loyer modéré) *die Sozialwohnungen*.
- Substantive mit gänzlich unregelmäßiger Pluralbildung:

| un œil *ein Auge* → des yeux | Madame → Mesdames |
| le ciel *der Himmel* → les cieux | Monsieur → Messieurs |

- Bei Komposita mit Bindestrich erhalten Substantive und Adjektive eine Pluralendung, Verben und Präpositionen jedoch keine:

le chou-fleur *der Blumenkohl* → les chou**x**-fleur**s** (Subst./Subst.)
le sourd-muet *der Taubstumme* → les sourd**s**-muet**s** (Adj./Adj.)
le pèse-lettre *die Briefwaage* → les pèse-lettre**s** (Verb/Subst.)
l'après-midi *der Nachmittag* → les après-midi**s** (Präp./Subst.)
le chef-d'œuvre *das Meisterwerk* → les chef**s**-d'œuvre (Subst./Präp./Subst.)

- Nur im Singular bzw. nur im Plural kommen vor:

Substantive ohne Plural	**Substantive ohne Singular**
l'argent *das Geld*	les alentours *die Umgebung* i dintorni
la faim *der Hunger*	les épinards *der Spinat*
la soif *der Durst*	les ténèbres *die Finsternis*

3.3 Die „falschen Freunde"

Faux amis *falsche Freunde* sind leicht zu verwechselnde Begriffspaare wie:
- Substantive, die sowohl in der französischen als auch in der deutschen Sprache existieren, jedoch mit unterschiedlicher Bedeutung:

le baiser	französisch: *der Kuss*	deutsch: *die Meringue (Backware)*
la jalousie	französisch: *die Eifersucht*	deutsch: *die Jalousie*
le couvert	französisch: *das Besteck*	deutsch: *der Briefumschlag*

- Substantive, die sich in ihrer Schreibweise (und Aussprache) ähneln:
  la course *das Rennen* – les courses *die Einkäufe* – le cours *der Kurs* – la cour *der Hof*
  le dessein *die Absicht* – le dessin *die Zeichnung*
  la boisson *das Getränk* – le poison *das Gift* – le poisson *der Fisch*

Zwischentest 3

A1 1. Woran erkennt man das Genus eines Substantivs im Satz (zwei Antworten)?
- a. an der Stellung ☐
- b. an der Endung ☒
- c. an der Form ☐
- d. am begleitenden Artikel ☒

A2 2. Welches Substantiv ist feminin?
- a. cheminée ☒
- b. pouvoir ☐
- c. cortège ☐
- d. comportement ☐

A2 3. Welches Substantiv ist maskulin?
- a. bêtises ☐
- b. allumettes ☐
- c. lieux ☒
- d. banlieues ☐

B2 4. Wie heißt die feminine Form von héros?
- a. hera ☐
- b. hérosse ☐
- c. héroïne ☒
- d. hérone ☐

B2 5. Welcher Satz ist inhaltlich und grammatikalisch richtig?
- a. Ce bateau a de nouveaux voiles blanches. ☐
- b. Ces bateaux a de nouvelle voile blanc. ☐
- c. Ce bateau a de nouvelles voiles blanches. ☒
- d. Ces bateaux ont des nouveau voile blanc. ☐

B1 6. Welches Wort hat nie ein -s im Plural?
- a. banane ☐
- b. SDF ☒
- c. chien ☐
- d. Madame ☐

A2 7. Welches Wort ist zu ergänzen?

Ma voisine est .... chez Peugeot.
- a. technicienne ☒
- b. technitrice ☐
- c. technicien ☐
- d. technique ☐

B1 8. Welchen Artikel hat Marokko?

.... Maroc est un pays où plein d'Européens acquièrent des maisons.
- a. Le ☒
- b. Les ☐
- c. L' ☐
- d. La ☐

Zwischentest 3

9. Wie heißt der Plural von le chapeau?

   a. les chapeaux ☒
   b. les chapeaus ☐
   c. les chapus ☐
   d. les chapelles ☐

   A1

10. Was fragen die Schüler im Sommer?

    a. On fait les cours dans le cours ? ☐
    b. On fait le cours dans la cour ? ☒
    c. On fait le cour dans la course ? ☐
    d. On fait les courses dans le cours ? ☐

    B2

11. Woran ist der Plural zu erkennen (zwei Antworten)?

    Les prix n'augmentent pas cette année.
    a. an der Verb-Endung -ent ☒
    b. am -s von pas ☐
    c. am Artikel les ☒
    d. an der Endung -x von prix ☐

    B1

12. Wie lautet die Übersetzung?

    Er ist ein weltberühmter Star.
    a. C'est un vedet connu dans le monde entier. ☐
    b. C'est une vedette connue dans le monde entier. ☒
    c. C'est un chantier connu dans le monde entier. ☐
    d. C'est un actrice connu dans le monde entier. ☐

    B2

13. Welche beiden Artikel ergänzen den Satz?

    Le fermier plante ...la... pomme de terre sous ......le.. pommier.
    a. le/les ☐
    b. les/les ☐
    c. la/le ☒
    d. le/la ☐

    B2

14. Welches Wort bildet den Plural auf -x?

    a. nez ☐
    b. oiseau ☒
    c. orange ☐
    d. pneu ☐

    B1

15. Wie heißt der Plural von os?

    a. oiseau ☐
    b. yeux ☐
    c. oses ☐
    d. os ☒

    B1

🔑 **Lösungen**

1 b, 2 a, 3 c, 4 c, 5 c, 6 b, 7 a, 8 a, 9 a, 10 b, 11 a, c, 12 b, 13 c, 14 b, 15 d.

cinquante-sept 57

Das Adjektiv

*J'aimais surtout ses **jolis** yeux,*
*Plus **clairs** que l'étoile des cieux,*
*J'aimais ses yeux **malicieux**.*

Paul Verlaine (1844–1896), poète français

*Mir gefielen vor allem ihre **hübschen** Augen,*
***klarer** als der Himmelsstern,*
*mir gefielen ihre **schelmischen** Augen.*

Paul Verlaine (1844–1896),
französischer Dichter

G Das Adjektiv drückt eine Eigenschaft aus und dient der näheren Bestimmung des zugeordneten Substantivs. Es wird in Genus und Numerus an das Bezugswort angepasst und kann attributiv und prädikativ verwendet werden.
Im Unterschied zum Deutschen steht das Adjektiv meistens nach dem Substantiv, auf das es sich bezieht.

L'adjectif

4.1 Das Genus

Formen
Die regelmäßige feminine Form der Adjektive wird gebildet, indem an die maskuline Form ein -e angehängt wird:

grand → grande *groß*   joli → jolie *hübsch*

ℹ Endet das Adjektiv mit einem Vokal, wird die feminine Form wie die maskuline ausgesprochen. Endet es mit einem Konsonanten, ist dieser bei der femininen Form hörbar: grand [grã] → grande [grãd].

Bei der unregelmäßigen Femininumbildung sind vier Gruppen zu unterscheiden:
- Adjektive, die im Maskulinum und Femininum verschiedene Endungen haben:

Endung	Aussprache	Adjektive
-c/-che	stumm/[ʃ]	blanc → blanche *weiß*
-c/-que	[k]/[k]	public → publique *öffentlich*
-el/-elle	[ɛl]/[ɛl]	formel → formelle *förmlich*
-eil/-eille	[ɛj]/[ɛj]	pareil → pareille *gleich*
-il/-ille	[i]/[ij]	gentil → gentille *freundlich*
-en/-enne	[ɛ̃]/[ɛn]	ancien → ancienne *alt*
-on/-onne	[ɔ̃]/[ɔn]	bon → bonne *gut*
-er/-ère	[e]/[ɛr]	entier → entière *ganz*
-et/-ette	[ɛ]/[ɛt]	coquet → coquette *kokett*
-et/-ète	[ɛ]/[ɛːt]	complet → complète *vollständig*
-eur/-euse	[œr]/[øz]	menteur → menteuse *verlogen*
-eur/-eure	[œr]/[œr]	intérieur → intérieure *inner(lich)/Innen-*
-teur/-trice	[tœr]/[tris]	conservateur → conservatrice *konservativ*
-f/-ve	[f]/[v]	effectif → effective *wirksam/wirklich*
-g/-gue	stumm/[g]	long → longue *lang*
-ot/-otte	[o]/[ɔt]	sot → sotte *dumm*
-ou/-olle	[u]/[ɔl]	fou → folle *verrückt*
-s/-sse	stumm/[s]	gros → grosse *groß/dick*
-x/-ce, -se	stumm/[z]	doux → douce *sanft*, généreux → généreuse *großmütig*

- Adjektive, die im Maskulinum in zwei Formen auftreten je nach Stellung vor einem vokalisch oder mit h muet oder einem konsonantisch anlautenden Wort:

Mask. vor Konsonant	Mask. vor Vokal + h muet	Femininum
le **beau** [bo] chateau	le **bel** [bɛl] avenir	la **belle** [bɛl] maison
das schöne Schloss	*die schöne Zukunft*	*das schöne Haus*
un **vieux** [vjø] chien	un **vieil** [vjɛj] éléphant	une **vieille** [vjɛj] girafe
ein alter Hund	*ein alter Elefant*	*eine alte Giraffe*

> Das Adjektiv

- Adjektive, die im Maskulinum und Femininum gleich enden. Dazu gehören auf -e endende sowie die Adjektive, die von einem Substantiv abgeleitet sind:
  ordinaire *gewöhnlich*, magnifique *wunderschön*, terrible *schrecklich*.
  un paysage pittoresque *eine malerische Landschaft* → une image pittoresque *ein malerisches Bild*

B2
- Adjektive mit völlig unregelmäßiger Bildung:
  un vent frais *ein frischer Wind* → une bierre fraîche *ein kühles Bier*
  le frère jumeau *der Zwillingsbruder* → la soeur jumelle *die Zwillingsschwester*

C2 ⚡ Das Substantiv les gens *die Leute* ist zwar maskulin, doch alle ihm vorangestellten Adjektive sind feminin, die nachgestellten hingegen maskulin:
Les bonnes gens me donnent à manger. *Die guten Leute geben mir zu essen.*
Aber: **Les gens âgés** ont beaucoup d'expérience de la vie. *Die alten Leute haben viel Lebenserfahrung.*

A1
4.2 Der Plural

Formen
Die regelmäßige Pluralbildung des Adjektivs geschieht wie beim Substantiv (▶ ❸) durch Anhängen des Suffixes -s:

> un petit garçon *ein kleiner Junge* → des petits garçons *kleine Jungen*

A2 Auch hier gibt es eine Reihe von Sonderformen, die im Maskulinum meist den Pluralsuffixen der Substantive entsprechen:
- Maskuline Adjektive, die auf -s oder -x enden, tragen kein Pluralsuffix:
  un gros souci *eine große Sorge* → des gros soucis *große Sorgen*
  un enfant heureux → des enfants heureux *glückliche Kinder*
- Maskuline Adjektive auf -al und -au enden im Plural auf -aux:
  un nouveau pot *ein neuer Topf* → des nouveaux pots *neue Töpfe*

B2 ◖ Ausnahmen: Den maskulinen Plural auf -s bilden: banal *banal*, fatal *fatal*, final *letzte(r)/Schluss-*, **C1** naval *Schiffs-*, natal *Geburts-*.
des histoires banales *banale Geschichten*, des combats navals *Seeschlachten*

B2 Anders als im Deutschen kann sich ein Adjektiv, ohne wiederholt zu werden, auf mehrere Substantive im Singular beziehen. Es steht dann im Plural:
- Ist das Genus der Substantive gleich, richtet sich das Adjektiv nach dem gemeinsamen Genus:
  une jupe et **une** veste neu**ves** *ein neuer Rock und eine neue Jacke*
- Ist das Genus der Substantive verschieden, hat das Adjektiv die maskuline Pluralform:
  Elle a acheté **une** chaîne et **un** anneau dorés. *Sie hat eine goldene Kette und einen goldenen Ring gekauft.*

4.3 Besonderheiten

- Bildet das Adjektiv grand *groß* mit einem femininen Substantiv ein zusammengesetztes Wort, stimmt es im Numerus, nicht aber im Genus mit diesem Substantiv überein: la gran**d**-mère *die Großmutter*, les gran**ds**-mères *die Großmütter*. Ce n'est pas gran**d**-chose. *Das ist nichts Wichtiges.*
- Stehen die Adjektive demi/mi *halb*, nu *nackt* und nouveau *neu* mit Bindestrich verbunden vor dem Substantiv, sind sie unveränderlich. Folgen sie jedoch auf das Substantiv, werden sie angepasst: une **demi**-livre *ein halbes Pfund* → une livre et **demie** *eineinhalb Pfund*.
Il marche **nu**-pieds. → Il marche pieds **nus**. *Er läuft barfuß.*

Einige Adjektive sind in Genus und Numerus unveränderlich. Dazu gehören:
- Farbadjektive, wenn sie zusammengesetzt sind: bleu clair *hellblau*, rouge foncé *dunkelrot*, gris vert *graugrün*.
Il conduit une voiture **jaune citron**. *Er fährt ein zitronengelbes Auto.*
- Farbadjektive, die aus einem Substantiv hervorgegangen sind: orange *orangefarben*, paille *strohfarben*, lilas *lila*.
Elle aime porter des robes **orange**. *Sie trägt gern orangefarbene Kleider.*
- Kurzformen wie sympa (sympathique) *nett*, impec (impeccable) *tadellos*, super *super*:
Les films de Luis Bunuel sont **super** ! *Die Filme von Luis Bunuel sind super!*
- einige Lehnwörter: des chansons **pop** *Popsongs*, une veste **kaki** *eine kakifarbene Jacke*.

4.4 Das prädikative und das attributive Adjektiv

Adjektive können prädikativ oder attributiv verwendet werden.

Das prädikative Adjektiv
Das prädikative Adjektiv folgt auf bestimmte Verben und muss an sein Bezugswort angepasst werden:

être *sein*	Elle est genti**lle**. *Sie ist freundlich.*
paraître *scheinen*	La voiture paraît v**ieille**. *Das Auto scheint alt zu sein.*
demeurer *bleiben*	Ils sont demeurés calme**s**. *Sie sind ruhig geblieben.*
rester *bleiben*	Elle est restée **seule**. *Sie ist allein geblieben.*
trouver *finden*	Je les trouve amusant**s**. *Ich finde sie lustig.*
croire *glauben/halten für*	Tu les crois jaloux ? *Glaubst du, sie sind eifersüchtig?*

Ebenso: connaître *kennen*, déclarer *erklären*, devenir *werden*, dire *sagen*, estimer *schätzen*, faire in der Bedeutung von *wirken*, juger *halten für*, prétendre *vorgeben*, rendre *machen zu*, se sentir *sich fühlen*, sembler *scheinen*

Das Adjektiv

Das attributive Adjektiv

Attributive Adjektive stehen bei dem näher zu bestimmenden Substantiv, bilden mit ihm eine Nominalgruppe und werden angeglichen:
Ils veulent acheter une grande voiture. *Sie wollen ein großes Auto kaufen.*
Anders als im Deutschen stehen sie meist hinter ihrem Bezugswort:
Pierre est un C1 **député gaulliste.** *Pierre ist gaullistischer Abgeordneter.*

B1 **Gesonderte Vor- und Nachstellung**
Eine kleine Gruppe von Adjektiven wird in der Regel vorangestellt:

beau/bel, belle *schön*	faux, fausse *schlecht*	mauvais, mauvaise *schlecht*
bon, bonne *gut*	haut, haute *hoch*	meilleur, meilleure *besser*
bref, brève *kurz*	jeune *jung*	petit, petite *klein*
grand, grande *groß*	joli, jolie *hübsch*	vieux/vieil, vieille *alt*
gros, grosse *dick*		

Ils ont acheté une jolie maison. *Sie haben ein hübsches Haus gekauft.*

B2 Adjektive mit Bedeutungswechsel in Abhängigkeit zur Stellung:

Bedeutung bei Voranstellung	Bedeutung bei Nachstellung
l'**ancienne** prison *das ehemalige Gefängnis*	la prison **ancienne** *das alte Gefängnis*
un **brave** homme *ein netter/anständiger Mann*	un homme **brave** *ein tapferer Mann*
certains faits *gewisse Tatsachen*	un fait **certain** *eine gesicherte Tatsache*
un **curieux** cas *ein merkwürdiger Fall*	une fille **curieuse** *ein neugieriges Mädchen*
la **dernière** semaine *die letzte Woche*	la semaine **dernière** *vorige Woche*
un **pauvre** homme *ein bedauernswerter Mann*	un homme **pauvre** *ein mittelloser Mann*
ses **propres** mains *seine eigenen Hände*	ses mains **propres** *seine sauberen Hände*
un **pur** hasard *ein bloßer Zufall*	un cœur **pur** *ein reines Herz*
un **seul** homme *ein einziger Mann*	un homme **seul** *ein einsamer Mann*
une **simple** question *nur eine Frage*	une question **simple** *eine einfache Frage*
un **vrai** problème *ein echtes Problem*	une histoire **vraie** *eine wahre Geschichte*

 Nachgestellt werden Adjektive, die gewöhnlich voranstehen:
- wenn eine unterscheidende Bedeutung betont werden soll:
  C'est vraiment une fille belle. *Sie ist wirklich ein schönes Mädchen.*
- wenn das Adjektiv durch ein kurzes Adverb ergänzt wird:
  C'est une fille trop belle. *Sie ist ein zu schönes Mädchen.*
- wenn das Adjektiv einen Vergleich einleitet:
  Il parle d'une fille belle comme un elfe. *Er spricht von einem Mädchen, schön wie eine Elfe.*

C2 Voran stehen gewöhnlich nachgestellte Adjektive mit affektiver Bedeutung:
C'est une excellente idée! *Das ist eine ausgezeichnete Idee!*

4.5 Die Steigerung des Adjektivs

Im Gegensatz zum Deutschen gibt es eine Aufwärts- sowie eine Abwärtssteigerung. Komparative und Superlative der Überlegenheit bzw. der Unterlegenheit bildet man mit **plus** bzw. **moins** + Adjektiv. Zudem kennt das Französische einen Komparativ der Gleichheit bzw. der Ungleichheit, die mit den Adverbien **aussi** bzw. **si** ausgedrückt werden. In allen Fällen gleicht sich das Adjektiv an:

	Überlegenheit	Unterlegenheit	Gleichheit	Ungleichheit
Komparativ	plus grand *größer*	moins grand *weniger groß*	aussi grand *genauso groß*	pas aussi/si grand *nicht so groß*
Superlativ	le/la/les plus grand *der/die/das größte*	le/la/les moins grand *der/die/das am wenigsten größte*		

Komparative werden meist in Vergleichssätzen verwendet. Der Vergleichsbezug wird mit **que** eingeleitet:
Il est **plus intelligent que** son frère. *Er ist intelligenter als sein Bruder.*
Son nez est **moins** grand **que** le tien. *Seine Nase ist kleiner als deine.*

Im Superlativ steht das Adjektiv meist nach dem zugehörigen Substantiv. Sowohl vor dem Substantiv als auch vor **plus** bzw. **moins** wird der bestimmte Artikel eingefügt. Steht der Superlativ voran, entfällt die Dopplung des bestimmten Artikels:
C'est **le bâtiment le plus haut** du monde. Ebenso möglich: C'est **le plus haut bâtiment** du monde. *Das ist das höchste Gebäude der Welt.*

Beim Vergleich mit Zahlen oder Mengenangaben steht das Vergleichswort **de**:
Il travaille **moins de 10 heures** par semaine. *Er arbeitet weniger als 10 Stunden in der Woche.* Aber: Il travaille **moins que moi**. *Er arbeitet weniger als ich.*

 Das Adjektiv **bon** wird immer unregelmäßig gesteigert, **petit** und **mauvais** je nach Kontext regelmäßig oder unregelmäßig:

Positiv	Komparativ	Superlativ
bon *gut*	meilleur *besser*	le/la/les meilleur(e)(s) *der/die/das beste*
mauvais *schlecht*	plus mauvais *schlechter*	le/la/les plus mauvais(e)(s) *der/die/das schlechteste*
mauvais *schlimm*	pire *schlimmer*	le/la/les pire(s) *der/die/das schlimmste*
petit *klein*	plus petit *kleiner*	le/la/les plus petit(e)(s) *der/die/das kleinste*
petit *gering/unbedeutend*	moindre *geringer*	le/la/les moindre(s) *der/die/das geringste*

Les vins allemands sont **bons**, mais les vins français sont **meilleurs**. *Die deutschen Weine sind gut, aber die französischen Weine sind besser.*
Nous avons justement recupéré **la plus mauvaise** chambre de l'hôtel. *Wir haben ausgerechnet das schlechteste Zimmer des ganzen Hotels erwischt.*

Zwischentest 4

A1 1. Welches ist das Adjektiv?

C'était par amour que Marie était jalouse.
- a. amour ☐
- b. est ☐
- c. Marie ☐
- d. jalouse ☒

A1 2. Welche Adjektivform passt in die Lücke?

Toutes ses filles sont ………… .
- a. mignon ☐
- b. mignonne ☐
- c. mignonnes ☒
- d. mignons ☐

A1 3. Wie enden viele Adjektive im Plural?
- a. -s ☒
- b. -m ☐
- c. -é ☐
- d. -ée ☐

A2 4. Wie lautet die feminine Pluralform von dangereux?
- a. dangereus ☐
- b. dangereuse ☐
- c. dangereuses ☒
- d. dangereuxes ☐

A2 5. Welches Adjektiv passt?

L'écrivain vivait dans un ………… hôtel à Paris.
- a. beau ☐
- b. bel ☒
- c. belle ☐
- d. beaux ☐

A1 6. Setzen Sie die korrekte Adjektivform ein.

Ce matin j'ai vu une souris ………… .
- a. grise ☒
- b. grisé ☐
- c. gris ☐
- d. grises ☐

A2 7. Mit welcher Ergänzung wird der Satz richtig?

La France est ………… que la Suisse.
- a. aussi étendu ☐
- b. plus étendue ☒
- c. moins étendu ☐
- d. le plus étendue ☐

B2 8. Wie lautet die maskuline Form zu favorite?
- a. favorit ☐
- b. favore ☐
- c. favorité ☐
- d. favori ☒

Zwischentest 4

9. Welche Adjektivform muss im Satz stehen? `B2`

Depuis quelques mois les serveuses font un peu ....
- a. paresseux ☐
- b. poreuses ☐
- c. paresseuses ☒
- d. paresseus ☐

10. Jean stellt seinen früheren Lehrer vor. Was sagt er? `B2`

- a. C'est ma ancienne professeur. ☐
- b. C'est mon ancien professeur. ☒
- c. C'est ma professeure ancienne. ☐
- d. C'est mon professeur ancien. ☐

11. Welches Adjektiv hat im Femininum keinen Doppelkonsonanten? `A2`

- a. italien ☐
- b. norvégien ☐
- c. américain ☒
- d. breton ☐

12. Wie ist *der kürzeste Weg* zu übersetzen (2 Möglichkeiten)? `A2`

- a. le chemin le plus court ☒
- b. le plus court chemin ☒
- c. le chemin court. ☐
- d. le chemin plus court ☐

13. Welches ist die richtige Adjektivform? `B2`

Il m'a raconté des contes ....
- a. banaux ☐
- b. banals ☒
- c. banalles ☐
- d. banaus ☐

14. Welche Konjunktion muss auf *plus* folgen? `B2`

Ils n'ont pas envie de travailler plus .... trente cinq heures par semaine.
- a. que ☐
- b. sans ☐
- c. de ☒
- d. avec ☐

15. Welche Ergänzung passt? `B2`

Sans la .... raison, elle est nerveuse.
- a. petite ☐
- b. moins ☐
- c. plus petite ☐
- d. moindre ☒

Lösungen

1 d. 2 c. 3 a. 4 c. 5 b. 6 a. 7 b. 8 d. 9 c.
10 b. 11 c. 12 a., b. 13 b. 14 c. 15 d.

5 Das Adverb

Il levait **encore** la main.
Mais son beau-père la saisit **brusquement**
et l'abaissa avec **tant** de force
qu'il la heurta contre le bois du siège,
et il cria **violemment**.

Guy de Maupassant (1850–1893), écrivain français

***Erneut** erhob er die Hand,
aber sein Schwiegervater ergriff sie **plötzlich**
und drückte sie mit **so viel** Kraft nieder,
dass er sie gegen das Holz des Sessels stieß,
und er schrie **heftig** auf.*

Guy de Maupassant (1850–1893),
französischer Schriftsteller

G Adverbien dienen der näheren Bestimmung von Verben, Adjektiven, weiteren Adverbien oder ganzen Sätzen. Sie können auch zwei Satzteile syntaktisch miteinander verbinden. Während Adjektive und Adverbien im Deutschen oft schwer zu unterscheiden sind, ist dies im Französischen leichter, da die meisten Adverbien eigene Formen haben. Wie im Deutschen ist das Adverb unveränderlich.

L'adverbe

5.1 Einfache und abgeleitete Adverbien

Man unterscheidet der Form nach einfache und abgeleitete Adverbien.

5.1.1 Die einfachen Adverbien

Die einfachen oder ursprünglichen Adverbien haben eine nicht abgeleitete Form. Dazu gehören:

bien *gut*	certes *gewiß*	enfin *schließlich/endlich*	encore *noch*
hier *gestern*	jamais *nie*	longtemps *lange*	mal *schlecht*
parfois *manchmal*	puis *dann*	toujours *immer*	vite *schnell*

Déjà le matin, la température atteint trente degrés. *Schon morgens erreicht die Temperatur dreißig Grad.*

Die einfachen Adverbien sind nach ihrer Funktion zu unterscheiden:

Ortsangabe	à droite *rechts*, à gauche *links*, ailleurs *anderswo*, en bas *unten*, en haut *oben*, droit *geradeaus*, derrière *hinten*, devant *vorne, voraus*, ici *hier*, là *dort*
Zeitangabe	aussitôt *sogleich*, après *danach*, aujourd'hui *heute*, avant *vorher*, bientôt *bald*, demain *morgen*, hier *gestern*, toujours *immer*
Angabe der Art + Weise	aussi … que *ebenso*, bien *gut*, debout *aufrecht*, d'habitude *gewöhnlich*, ensemble *gemeinsam*, mal *schlecht*, plutôt *eher/lieber*
Angabe der Menge + des Grades	assez *genug*, autant *soviel*, beaucoup *viel*, peu *wenig*, tant *soviel*, tout *ganz*, très *sehr*, trop *zu sehr*
Verneinung	B2 ne … aucunement *durchaus nicht*, ne … jamais *niemals*, ne … plus *nicht mehr*, non *nein*, pas du tout *überhaupt nicht*, ne … rien *nichts*
Frage	combien *wie viel*, comment *wie*, pourquoi *warum*, quand *wann*, où *wo*
Ausdruck eines Ausrufs	comme … ! *wie …!* combien … ! *wie (sehr) …!*
Ausdruck der Folge, des Gegensatzes, der Einräumung	donc *folglich*, mais *aber*, néanmoins *dennoch*, par contre *dagegen*, pourtant *jedoch*, oui *ja*, peut-être *vielleicht*

Das Adverb

⚡ Nicht zu verwechseln sind die gleichlautenden Formen:

après (Adverb) *danach* –	après (Präposition) *nach*
avant (Adverb) *vorher* –	avant (Präposition) *vor*
derrière (Adverb) *hinten* –	derrière (Präposition) *hinten*
devant (Adverb) *vorne/voraus* –	devant (Präposition) *vor*

Après il n'y a pas d'autre solution que de foutre le camp. *Danach bleibt nichts anderes übrig als sich aus dem Staub zu machen.*

Besonderheiten

- Das Adverb **beaucoup** *viel* kann ein Verb, ein Adjektiv oder ein anderes Adverb im Komparativ verstärken:
  - Verbverstärkung:
    Vous **parlez beaucoup**. *Sie sprechen viel.*
  - Adjektivverstärkung:
    Ton explication est **beaucoup plus simple**. *Deine Erklärung ist viel einfacher.*
  - Adverbverstärkung:
    Elle nage **beaucoup plus vite** que moi. *Sie schwimmt sehr viel schneller als ich.*
- Das Adverb **très** *sehr* bestimmt ein Adjektiv oder ein anderes Adverb näher:
  Cette salle de séjour est **très** spacieuse. *Dieses Wohnzimmer ist sehr geräumig.*
  In einigen Ausdrücken steht **très** auch vor einem Substantiv:
  J'ai **très** faim. *Ich habe großen Hunger.*
- **Fort** *sehr* ist in seiner adverbialen Bedeutung gleichbedeutend mit **beaucoup** und **très**, aber weniger gebräuchlich:
  Cela m'étonnerait **fort**. *Das würde mich sehr erstaunen.*
- **Aussi** *so/ebenso* steht als Adverb des Vergleiches mit Adjektiven oder Adverbien und erscheint häufig zusammen mit **que**:
  Elle ne lit pas **aussi** bien (**que** toi). *Sie liest nicht so gut (wie du).*
- **Autant** *so viel* und **tant/si** *so, so sehr, so viel* werden mit Verben verwendet:
  Il parle l'allemand **si** bien qu'on le prendrait pour un Allemand. *Er spricht so gut Deutsch, dass man ihn für einen Deutschen halten könnte.*
  J'aimerais **tant** vivre en Bretagne. *Ich würde so gern in der Bretagne leben.*
- Nach **plus** *mehr* und **moins** *weniger* steht im Vergleichssatz **que**, wenn ein Substantiv oder ein Pronomen folgt:
  Simone pèse **plus que** Marianne. *Simone wiegt mehr als Marianne.*
  Folgt eine Zahl auf **plus** *mehr* und **moins** *weniger*, steht **de**:
  Elle pèse **moins de** 50 kilos. *Sie wiegt weniger als 50 Kilo.*
- **davantage** *mehr/länger* ist gleichbedeutend mit **plus**, wird aber seltener verwendet. Es steht meist ohne Ergänzung am Satzende:
  Elle a travaillé **davantage**. *Sie hat mehr gearbeitet.*

- ⚡ **Plutôt**, in einem Wort geschrieben, heißt *eher* im Sinne von *lieber*. Dagegen bedeutet **plus tôt** in zwei Wörtern und meistens in Verbindung mit **que** *früher/eher als* und wird rein temporal verwendet:
  Tu veux une glace ou **plutôt** non ? *Möchtest du ein Eis oder eher nicht?*
  Aujourd'hui, il s'est levé **plus tôt** (qu'hier). *Er ist heute früher (als gestern) aufgestanden.*

5.1.2 Die abgeleiteten Adverbien

Die abgeleiteten Adverbien werden durch Anhängen der Endung **-ment** an die feminine Form des entsprechenden Adjektivs gebildet. Existiert nur eine Adjektivform für Maskulinum und Femininum, wird diese herangezogen:

Adjektiv (maskulin)	Adjektiv (feminin)	Adverb
franc	franche →	franche**ment** *offen(herzig)*
long	longue →	longue**ment** *lang*
heureux	heureuse →	heureuse**ment** *glücklich*
rare (m./f.)	→	rare**ment** *selten*

Enden Adjektive auf einen betonten Vokal, entfällt das **-e** der femininen Endung:

Adjektiv (maskulin)	Adjektiv (feminin)	Adverb
absolu	absolu-**e** →	absolu**ment** *absolut*
poli	poli-**e** →	poli**ment** *höflich*
vrai	vrai-**e** →	vrai**ment** *wirklich*

⚡ Zu **gai, gaie** *fröhlich* gibt es drei Adverbvarianten: **gaiment, gaîment, gaiement**, die geläufigste ist heute **gaiement**.

Adjektive auf **-ant** bilden die Adverbien auf **-amment**:

Adjektiv (maskulin)	Adjektiv (feminin)	Adverb
const**ant** *beständig*	const**ante**	const**amment**
pes**ant** *schwerfällig*	pes**ante**	pes**amment**

Adjektive mit der Endung **-ent** bilden die Adverbien auf **-emment**. Die Aussprache der Endung ist [amã]:

Adjektiv (maskulin)	Adjektiv (feminin)	Adverb
évid**ent** *offensichtlich*	évid**ente**	évid**emment**
prud**ent** *vorsichtig*	prud**ente**	prud**emment**
viol**ent** *heftig*	viol**ente**	viol**emment**

Das Adverb

B1 Einige Adverbien fügen einen Accent aigu hinzu:

Adjektiv (maskulin)	Adjektiv (feminin)	Adverb
énorme *riesig, groß*	énorme	énorm**é**ment
précis *genau*	précise	précis**é**ment
aveugle *blind*	aveugle	aveugl**é**ment

B1 Folgende abgeleitete Adverbien sind unregelmäßig:

Adjektiv (maskulin)	Adjektiv (feminin)	Adverb
bon *gut*	bonne	bien
bref *kurz*	brève	brièvement
gentil *freundlich*	gentille	gentiment
mauvais *schlecht*	mauvaise	mal

⚡ Vor femininen Adjektiven, die mit Konsonant oder h aspiré beginnen, muss das adverbiale **tout** *ganz* in Numerus und Genus angeglichen werden:
Marie est **toute** contente. *Marie ist **ganz** zufrieden.*

Stellung der ursprünglichen und der abgeleiteten Adverbien
Für die Stellung des Adverbs im Satz sind seine Bedeutung und seine syntaktische Funktion ausschlaggebend:
- Adverbien, die sich auf ein Verb in den einfachen Zeiten beziehen, werden in der Regel nachgestellt:

Adverb der Art + Weise	Tu as agi **courageusement**. *Du hast **mutig** gehandelt.*
Ortsangabe	Je t'attends **ici**. *Ich warte **hier** auf dich.*
unbestimmte Zeitangabe	Il arrivera **bientôt**. *Er wird **bald** kommen.*
Angabe des Grades	Il travaille **davantage**. *Er arbeitet **mehr**.*

- Adverbien der Art und Weise, des Grades sowie einige unbestimmte Zeitadverbien, die sich auf ein Verb in einer zusammengesetzten Zeit beziehen, stehen meistens vor dem Partizip Perfekt. Dazu gehören u. a.:

kurze Adverbien	bien *gut*, mal *schlecht*
unbestimmte Zeitadverbien	souvent *oft*, toujours *immer*, quelquefois *manchmal*
Adverbien der Menge + des Grades	beaucoup *viel*, trop *zu viel*, assez *genug*

Pourquoi les dinosaures ont-ils **soudain** disparu ? *Warum sind die Dinosaurier **plötzlich** verschwunden?*

B1 ⚡ Trop und toujours stehen bei zusammengesetzten Zeiten immer vor dem Partizip Perfekt:
L'enfant a **toujours** pleuré la nuit. *Das Kind hat nachts **immer** geweint.*

> Das Adverb

- 💡 Ensemble *gemeinsam/zusammen* wird immer nachgestellt.
  Ils font la cuisine **ensemble**. *Sie kochen **gemeinsam**.*
- Adverbien, die verneinte Verben näher bestimmen, stehen nach dem zweiten Teil der Verneinung:
  Ce film n'était pas **tellement** intéressant. *Der Film war nicht **so** interessant.*
- Steht ein Adverb bei einem Infinitiv, wird es nachgestellt:
  Elle va soigner **tendrement** le chien. *Sie wird den Hund **liebevoll** versorgen.*
  ⚡ Dagegen werden die kurzen Adverbien wie bien *gut*, mal *schlecht*, trop *zuviel* auch hier vorangestellt:
  Avec ce trafic, il faut **bien** faire attention. *Bei diesem Verkehr muss man **gut** aufpassen.*
- Adverbien, die Adjektive oder andere Adverbien näher bestimmen, werden vorangestellt:
  C'est **si incroyablement** faux ! *Das ist **so unglaublich** falsch!*
- Adverbien, die sich inhaltlich auf Satzteile oder ganze Sätze beziehen, insbesondere Orts- und Zeitangaben, stehen in der Regel am Anfang oder am Ende des Satzes, in seltenen Fällen in der Satzmitte:
  En avril, il va à Paris. **Là**, on peut admirer l'œuvre de Picasso. *Im April fährt er nach Paris. **Dort** kann man das Werk von Picasso bewundern.*
- Adverbien zum Ausdruck der persönlichen Stellungnahme stehen am Satzanfang oder hinter dem konjugierten Verb:
  Evidemment, elle n'est pas venue. ***Offensichtlich** ist sie nicht gekommen.*
- ⚡ Die Adverbien sûrement *sicher(lich)* und certainement *gewiss* können nicht am Satzanfang stehen:
  Il est **sûrement** encore au bureau. *Er ist **sicherlich** noch im Büro.*

5.2 Adverbiale Wendungen

Substantivische Umschreibung

Von vielen Adjektiven wie apte *fähig*, critique *kritisch*, fâché *verärgert*, von Farbadjektiven und Partizipien kann kein Adverb abgeleitet werden. Man benutzt Umschreibungen mit einem Substantiv und einem Adjektiv. Sie können auch verwendet werden, wenn eine Adverbbildung möglich wäre:
Elle se coiffe **d'une** drôle **de façon/de façon** bizarre. *Sie frisiert sich merkwürdig.*

Präpositionale Wendungen

Viele präpositionale Wendungen haben die Funktion eines Adverbs:

à toute vitesse *(sehr) schnell*	à la hâte *hastig*	en hâte *eilig*
avec attention *aufmerksam*	en vain *umsonst*	par ruse *listig*
avec curiosité *neugierig*	de force *gewaltsam*	sans succès *erfolglos*
par surprise *überraschend*	sans peine *mühelos*	d'habitude *normalerweise*

Das Adverb

B2 **Adverbial gebrauchte Adjektive**

Einige Verben bilden mit bestimmten Adjektiven feststehende Wendungen. Das Adjektiv ist in diesem Fall unveränderlich und steht nach dem Verb:

chanter faux/juste *falsch/richtig singen*	filer doux *klein beigeben*
gagner/risquer gros *viel verdienen/riskieren*	manger froid *kalt essen*
parler bas/haut *leise/laut sprechen*	marcher droit *gerade gehen*
peser lourd *schwer wiegen*	travailler dur *hart arbeiten*
sentir bon/mauvais *gut/schlecht riechen*	tenir bon *standhalten*
coûter/acheter/payer/vendre cher *teuer sein/kaufen/bezahlen/verkaufen*	refuser net *glatt ablehnen*

Dans cette affaire, tu ferais mieux de **filer doux**. *In dieser Angelegenheit solltest du lieber **klein beigeben**.*

À ce cabinet d'architecte, il **travaille dur** et il **gagne gros**. *In diesem Architekturbüro **arbeitet** er **hart** und **verdient viel**.*

C1 **Adjektivisch gebrauchte Adverbien**

Die Adverbien **bien** *gut*, **mal** *schlecht*, **mieux** *besser* können in bestimmten Bedeutungen adjektivisch gebraucht werden, bleiben aber weiterhin unveränderlich:
Ce livre n'est pas **mal**. *Dieses Buch ist nicht **schlecht**.*
C'est un monsieur très **bien**. *Das ist ein sehr **feiner** Herr.*

☀ Nach rien *nichts*, quelque chose *etwas*, grand-chose *viel* werden bien, mal, mieux mit de angeschlossen:
Elle n'a jamais fait **grand-chose de bien**. *Sie hat nie **viel Gutes** getan.*

Adverbiale Verbindungselemente

Adverbiale Verbindungselemente sind Adverbien bzw. adverbiale Wendungen, die zwei Sätze oder Textpassagen miteinander verbinden. Sie sind meistens in den zweiten Satz(teil) eingegliedert.

Solche Elemente sind:

ainsi *so/folglich*	de toute manière *sowieso*	ensuite *dann/danach*
après cela *danach*	donc *schließlich/also*	néanmoins *trotzdem*
aussi *ebenso*	en effet *tatsächlich*	par contre *dagegen*
c'est pourquoi *deshalb*	en revanche *dagegen*	pourtant *dennoch*
d'abord *zuerst*	enfin *schließlich*	puis *dann*
d'une part ... d'autre part *einerseits ... andererseits*		

B2 La ceinture de sécurité est obligatoire, **néanmoins** de nombreux conducteurs refusent de la mettre. *Der Sicherheitsgurt ist vorgeschrieben, **trotzdem** wird er von vielen Autofahrern abgelehnt.*

5.3 Die Steigerung des Adverbs

Das Adverb bildet sowohl den Komparativ als auch den Superlativ auf die gleiche Weise wie das Adjektiv (▷ ❹).

Die regelmäßige Steigerung

	Überlegenheit	Unterlegenheit
Komparativ	**plus** facilement *leichter*	**moins** facilement *weniger leicht*
Superlativ	**le plus** facilement *am leichtesten*	**le moins** facilement *am wenigsten leicht*

Elle court **plus vite** qu'un lièvre. *Sie läuft schneller als ein Hase.*
On l'a B1 décoré **le plus officiellement**. *Er wurde höchst offiziell ausgezeichnet.*
➕ Um die Gleichheit bzw. Ungleichheit auszudrücken, wird wie beim Adjektiv (▷ ❹) aussi/si que *genauso*, autant que *genauso viel* bzw. ne pas aussi/ne pas si que *nicht so*, ne pas autant que *nicht so viel* verwendet:
Luc **ne** gagne **pas autant que** Marie. *Luc verdient **nicht so viel wie** Marie.*

Die unregelmäßige Steigerung

Positiv	Komparativ	Superlativ
beaucoup *viel*	plus *mehr*	le plus *am meisten*
peu *wenig*	moins *weniger*	le moins *am wenigsten*
bien *gut*	mieux *besser*	le mieux *am besten*
mal *schlecht*	plus mal *schlechter*	le plus mal *am schlechtesten*

Interdit aux **moins** de 18 ans. *Für Jugendliche **unter** 18 Jahren verboten!*
⚡ Das deutsche *immer* vor Komparativ wird ausgedrückt durch **de plus en plus** *immer mehr*, **de moins en moins** *immer weniger*, **de mieux en mieux** *immer besser*:
Il reste une personnalité de la vie publique, mais il y prend **de moins en moins** part. *Er bleibt eine Person des öffentlichen Lebens, aber er nimmt **immer weniger** daran teil.*
💡 Dem deutschen *je ... desto* vor Komparativ entspricht im Französischen **plus ... plus** *je mehr ... desto mehr*, **plus ... moins** *je mehr... desto weniger*, **moins ... moins** *je weniger ... desto weniger*:
Plus on lui donne, **plus** il demande. *Je mehr man ihm gibt, desto mehr verlangt er.*
Moins on travaille, **moins** on gagne de l'argent. *Je weniger man arbeitet, desto weniger Geld verdient man.*
ℹ In Redewendungen findet man noch das veraltete **pis** für **pire** *schlimmer*:

tant pis *Pech gehabt/dumm gelaufen*	tant mieux *umso besser*
aller de mal en pis *immer schlimmer werden*	de pis en pis *immer schlimmer*

C'est **tant pis** pour toi ! *Da hast du **Pech gehabt**!*

Zwischentest 5

1. Welches Wort ist ein Adverb?

Jaques n'a définitivement pas le droit de voyager seul.
- a. n'a
- b. définitivement
- c. Jaques
- d. droit

2. Wie lautet das Adverb von cher?
- a. chère
- b. chers
- c. chérie
- d. chèrement

3. Was sagt der Künstler?

« Cette maison me servait .... d'atelier de peinture. »
- a. autrefois
- b. bientôt
- c. voilà
- d. maintenant

4. An welcher Endung erkennt man das Adverb?
- a. -age
- b. -ège
- c. -eau
- d. -ment

5. Was ergänzt den Satz?

Dans ce restaurant ils ont payé ....
- a. très bonne
- b. chèrement
- c. tant mieux
- d. cher

6. Wie lautet das Adverb zu bref?
- a. bréfment
- b. brefmant
- c. brièvement
- d. brève

7. Was muss in die Lücke?

Monique ne dessine .... sa mère.
- a. pas aussi bien que
- b. bon de
- c. pas aussi pire que
- d. aussi pas bien que

8. Wo muss das Adverb poliment stehen?

Vous (1) lui dites (2) que vous (3) préférez remettre le (4) rendez-vous à demain.
- a. (1)
- b. (2)
- c. (3)
- d. (4)

74   soixante-quatorze

Zwischentest 5

9. Wie heißt der Satz auf Französisch?

Er muss täglich verantwortungsvoll handeln.
a. Quotidien il est obligé d'agir responsable.
b. Quotidiennement, il est obligé d'agir en homme responsable.
c. Le quotidien l'oblige d'agir responsablement.
d. Chaque jour, il doit agir responsablement.

10. Welches Adverb wird unregelmäßig gesteigert?

a. curieusement
b. facilement
c. rapidement
d. beaucoup

11. Was sagt die begeisterte Gärtnerin?

Regardez les fleurs, ... elles sont belles !
a. comme
b. joli
c. après
d. commes

12. Wie heißt das Adverb *schnell*?

a. vite
b. vitant
c. évitant
d. vitement

13. Welche Aussage ist richtig?

a. Adverbien sind veränderlich.
b. Steht ein Adverb bei einem Infinitiv, wird es nachgestellt.
c. Adverbien müssen immer vor dem Infinitiv stehen.
d. Adverbien dienen der näheren Beschreibung des Substantivs.

14. Welche Form von tout passt?

Ses chaussures sont .... mouillées.
a. toutes
b. tout
c. toute
d. tous

15. Was ergänzt den Satz richtig?

Quel dommage ! Jeanne .... son argent de poche.
a. a gaspillé utile
b. inutilement a gaspillé
c. a inutile gaspillé
d. a inutilement gaspillé

Lösungen

1b. 2d. 3a. 4d. 5d. 6c. 7a. 8b. 9b. 10d. 11a. 12a. 13b. 14a. 15d.

6 Das Personalpronomen

*Mais, malheureuse, **tu** ne sais pas qu'il **y** a le loup dans la montagne …*
*Que feras-**tu** quand **il** viendra ?*
***Je lui** donnerai des coups de corne, monsieur Séguin.*

Alphonse Daudet (1840–1897), écrivain français

*Aber, **du** Unglückliche, weißt **du** denn nicht, dass der Wolf in den Bergen lebt …*
*Was machst **du**, wenn **er** kommt?*
***Ich** werde **ihn** mit den Hörnern stoßen, Monsieur Séguin.*

Alphonse Daudet (1840–1897), französischer Schriftsteller

G Das Personalpronomen steht in der französischen wie in der deutschen Sprache stellvertretend für ein Substantiv. Es kann sowohl die Funktion des Subjekts haben als auch eines oder mehrere Objekte bezeichnen. Man unterscheidet das verbundene und das unverbundene Personalpronomen.
Zur Gruppe der Personalpronomen gehören auch die Adverbialpronomen **en** und **y** sowie die Reflexivpronomen.

Le pronom personnel

6.1 Das verbundene Personalpronomen A1

Formen
Das verbundene Personalpronomen ist unbetont und kann Subjekt (Nominativ), direktes Objekt (Akkusativ) oder indirektes Objekt (Dativ) sein:

Subjektpronomen	direktes Objektpronomen	indirektes Objektpronomen
je *ich* **Je** lis un livre. *Ich lese ein Buch.*	me *mich* Mon A2 voisin **me** salue. *Mein Nachbar grüsst **mich**.*	me *mir* Il **m'**a parlé hier. *Er hat gestern mit **mir** gesprochen.*
tu *du* **Tu** dis la vérité ? *Sagst **du** die Wahrheit?*	te *dich* Je **te** A2 conduis à la gare. *Ich fahre **dich** zum Bahnhof.*	te *dir* Il **te** l'expliquera. *Er wird es **dir** erklären.*
il *er* **Il** parle vite. *Er spricht schnell.*	le *ihn/es* Vous **le** reconnaissez ? *Erkennen Sie **ihn/es** wieder?*	lui *ihm* Tu **lui** offres à manger ? *Bietest du **ihm** Essen an?*
elle *sie* **Elle** aime chanter. *Sie singt gerne.*	la *sie* Je ne **la** connais pas. *Ich kenne sie nicht.*	lui *ihr* Donne-**lui** la clé. *Gib **ihr** den Schlüssel.*
nous *wir* **Nous** sommes bien arrivés. *Wir sind gut angekommen.*	nous *uns* Elle **nous** accompagne. *Sie begleitet **uns**.*	nous *uns* Il **nous** l'a permis. *Er hat es **uns** erlaubt.*
vous *ihr* **Vous** êtes A2 bienvenus. *Ihr seid/Sie sind willkommen.*	vous *euch/Sie* Ça **vous** B1 ennuie sûrement. *Das langweilt **euch/Sie** sicherlich.*	vous *euch/Ihnen* Je **vous** écrirai. *Ich werde **euch/Ihnen** schreiben.*
ils *sie* (m.) **Ils** sont venus me voir. *Sie haben mich besucht.*	les *sie* (m.) Je **les** ai vus hier. *Ich habe **sie** gestern gesehen.*	leur *ihnen* (m.) Le A2 voyage **leur** a plu. *Die Reise hat **ihnen** gefallen.*
elles *sie* (f.) **Elles** se sont rencontrées. *Sie haben sich getroffen.*	les *sie* (f.) Tu **les** as trouvées ? *Hast du **sie** gefunden?*	leur *ihnen* (f.) Il **leur** montre le chemin. *Er zeigt **ihnen** den Weg.*

Bei Nachstellung wird das direkte Objektpronomen ohne Präposition direkt an das Verb angeschlossen, das indirekte Objektpronomen aber mit einer Präposition:
Je regarde **Maxime**. *Ich schaue **Maxime** an.* (direktes Objekt, ohne Präposition)
Je pense **à lui**. *Ich denke **an ihn**.* (indirektes Objekt, mit à angeschlossen)
On parle **de lui**. *Wir sprechen **über ihn**.* (indirektes Objekt, mit de angeschlossen)
- Je, me, te, le, la werden apostrophiert, wenn ein Vokal oder h muet folgt:
  Personne ne **l'**a vu(e) aujourd'hui. *Niemand hat **sie/ihn** heute gesehen.*
- Das indirekte Objektpronomen unterscheidet sich nur in der 3. Person Singular und Plural von dem direkten Objektpronomen:
  Il **lui (leur)** donne des A2 cerises. *Er gibt **ihr/ihm (ihnen)** Kirschen.*

Das Personalpronomen

- Bei mit avoir gebildeten zusammengesetzten Zeiten gleicht das Partizip Perfekt in Numerus und Genus an voranstehende direkte Objektpronomen an (▷ ⑱):
  Tu **laves** la vaisselle ? Oui, je **l'**ai déjà fai**te**. *Spülst du ab? Ja, habe ich schon gemacht.*

Gebrauch

- Das Subjektpronomen wird nur in Verbindung mit einem finiten Verb verwendet.
- Il kann sowohl *er* als auch *es* (unpersönliches Pronomen) bedeuten:
  Il arrive tard. *Er kommt spät.*   **Il** pleut depuis lundi. *Es regnet seit Montag.*
- Die Pronomen der 2. Person Plural dienen auch als Höflichkeitsform:
  Je **vous** demande pardon. *Ich bitte euch/Sie um Verzeihung.*
- Das Subjektpronomen nous *wir* wird in der Umgangssprache häufig durch on *man* ersetzt. On kommt nur als Subjekt vor und wird immer von einem Verb im Singular begleitet. Das begleitende Adjektiv und die mit Partizip Perfekt gebildeten Verbformen können sich in Genus und Numerus nach dem Wort richten, für das on steht, wenn der Zusammenhang dies deutlich erkennen lässt:
  On s'est rencontré**(e)s** à Lyon. *Wir haben uns in Lyon getroffen.*
- Das Objektpronomen le *es* kann sich als Neutrum auf ein Adjektiv, ein Substantiv oder einen ganzen Satz beziehen:
  Il n'est pas **honnête** ? Si, il **l'**est. *Ist er nicht ehrlich? Doch, er ist es.* (Adjektivbezug)
  Ami de la nature, oui, il **l'**est sûrement. *Naturfreund, ja, das ist er sicherlich.* (Substantivbezug)
  Peux-tu aller acheter du pain ? D'accord, je **le** ferai. *Kannst du Brot kaufen? Alles klar, ich werde es machen.* (Bezug auf den ganzen Satz)
- Das indirekte Objektpronomen sowie das direkte Objektpronomen der 3. Person Plural les *sie* haben keine Genuskennzeichnung:
  Je **lui** montre la Tour Eiffel. *Ich zeige ihm/ihr den Eiffelturm.*
  Où est-ce que tu **les** as rencontré(e)s ? *Wo hast du sie getroffen?*

6.2 Das unverbundene Personalpronomen

Das unverbundene Personalpronomen ist betont. Es steht ohne Verbindung zu einem Verb, außer beim bejahten Imperativ (▷ ⑮) und ist Subjekt oder Objekt.

Formen

1. Person	moi *ich*	nous *wir*
2. Person	toi *du*	vous *ihr/Sie*
3. Person	lui *er* (m.), elle *sie* (f.)	eux *sie* (m.), elles *sie* (f.)

Eux ont bien réussi. *Sie waren sehr erfolgreich.*

Gebrauch

Das unverbundene Personalpronomen wird gebraucht:

- zur Hervorhebung. Hierbei wird es durch das entsprechende unbetonte Personalpronomen wieder aufgenommen:
  Lui, **il** n'a jamais besoin d'aide. *Er braucht nie Hilfe.*
  ⚡ Nach **lui** und **eux** können die Pronomen **il** und **ils** wegfallen:
  Eux (ils) ne sont pas venus non plus. *Sie sind auch nicht gekommen.*
- ohne Verb:
  Qui va faire les courses ? Pas **moi**. *Wer geht einkaufen? Ich nicht.*
  🔵 Ausnahme: Das unverbundene Personalpronomen tritt als Objektpronomen nach bejahtem Imperativ (▶ ⑮) auf:
  Écoute-**moi**. *Höre mir zu!*   Regardez-**nous**. *Schaut uns an!*
- nach allen Präpositionen:
  Sans toi, la vie est triste. *Ohne dich ist das Leben traurig.*
- nach c'est/ce sont/c'était (u. a.) und zwischen c'est (u. a.) … qui/que:
  Ce ne **sont** pas **eux**/ce n'**est** pas **eux**. **C'est lui**. *Das sind nicht sie. Das ist er.*
  C'est elle qui a sonné. *Sie hat geklingelt.*
- in Verbindung mit et *und*, où *wo*, ni … ni *weder noch*, ne … que *nur*:
  Je ne connais **ni lui ni** sa famille. *Ich kenne weder ihn noch seine Familie.*
- zur Betonung eines Besitzverhältnisses. Hierbei wird das Possessivpronomen (▶ ⑨) durch à + betontes Personalpronomen ersetzt:
  Nicolas est **un ami à moi** (un de mes amis). *Nicolas ist ein Freund von mir.*
  Ils passent Noël chez ses parents **à elle** et le réveillon chez ses parents **à lui**. *Sie verbringen Weihnachten bei ihren Eltern und Silvester bei seinen Eltern.*
- Dem betonten Personalpronomen kann zur Verstärkung **même** *selbst* mit Bindestrich nachfolgen. Es wird im Numerus an das Subjekt angepasst:
  Ils font tout **eux-mêmes**. *Sie machen alles selbst.*
  Tu as B1 tricoté les chaussettes ? Oui, **moi-même**. *Hast du die Socken gestrickt? Ja, ich selbst.*

6.3 Das Reflexivpronomen

Das Reflexivpronomen ist Bestandteil der reflexiven Verben (▶ 11.4). Es ist ein Objektpronomen und bezieht sich auf die Person(en) des Subjekts. Auch hier ist eine verbundene und eine unverbundene Form zu unterscheiden.

Formen

Das verbundene Reflexivpronomen ist unbetont und hat für die 1. und 2. Person Singular und Plural dieselben Formen wie das verbundene, unbetonte Personalpronomen. Hinzu kommt **se** *sich* für die 3. Person Singular und Plural:

> Das Personalpronomen

Verbundene unbetonte Reflexivpronomen

me *mich, mir*	Je **me** demande pourquoi. *Ich frage **mich** warum.*
te *dich, dir*	Tu **te** prends des fruits. *Du nimmst **dir** Früchte.*
se *sich*	Il **se** lave les mains. *Er wäscht **sich** die Hände.*
nous *uns*	Nous **nous** sommes peut-être trompés. *Wir haben **uns** vielleicht getäuscht.*
vous *euch, sich* (Höflichkeitsform)	Voulez-vous **vous** plaindre ? *Wollt ihr **euch** beklagen? Wollen Sie **sich** beklagen?*
se *sich*	Ils/elles **se** [B1] moquent de lui. *Sie machen **sich** über ihn lustig.*

Ebenso entsprechen die unverbundenen Formen des Reflexivpronomens der 1. und 2. Person denen des unverbundenen Personalpronomens der 1. und 2. Person:
D'abord je pense à moi. *Zuerst denke ich an mich.*   **Dépêche-toi !** *Beeile dich!*
Hinzu kommt als indefinites Reflexivpronomen der 3. Person die Form soi *sich*:
Il/elle pense à soi. *Er/sie denkt an sich.*

[B1] Gebrauch

Das Reflexivpronomen **soi** wird gebraucht:
- in Sätzen mit einem neutralen Subjektpronomen:
  Il faut avoir confiance en soi. *Man sollte Vertrauen in sich haben.*
- in Verbindung mit **on** *man*, **chacun** *jeder*, **tout le monde** *alle*, **personne** *niemand*, **celui qui** *derjenige welcher*, **quiconque** *wer auch immer*:
  Par un si beau temps, personne ne veut rester chez soi. *Bei so schönem Wetter möchte niemand (bei sich) zuhause bleiben.*
- in feststehenden Ausdrücken:

être soi-même *man selbst sein*	**le chez-soi** *das Zuhause*
cela va de soi *das ist selbstverständlich*	**la confiance en soi** *das Selbstvertrauen*
la conscience de soi *das Selbstbewusstsein*	**la maîtrise de soi** *die Selbstbeherrschung*

[A2] 6.4 Die Adverbialpronomen en und y

Die Adverbialpronomen (auch Pronominaladverbien) vertreten, wie auch die Objektpronomen, bestimmte Ergänzungen im Satz. Sie verweisen auf etwas bereits Bekanntes und sind in ihrer Form unveränderlich. Die durch **en** oder **y** ersetzten Ergänzungen haben im Satz die Funktion von direkten oder indirekten Objekten oder von präpositionalen Bestimmungen des Ortes.
Die Verwendung von **en** oder **y** hängt von der das Verb begleitenden Ergänzung ab:

de → en:	revenir de *zurückkehren von* → **en** revenir
à → y:	retourner à *zurückkommen zu* → **y** retourner

> Das Personalpronomen

Das Adverbialpronomen en

💡 En bezieht sich auf Sachen, nicht auf Personen. In der Umgangssprache wird es jedoch auch auf Personen bezogen:
Parle-t-il **de ses voisins** ? Oui, il **en** parle. *Spricht er über seine Nachbarn? Ja, er spricht von ihnen.* Korrekter wäre: Il parle **d'eux**.

- En steht für Ergänzungen mit *de*:
  Je viens **de Lyon**. → J'**en** viens. *Ich komme aus Lyon. Ich komme von dort.*
  Personne n'**en** doute qu'elle soit une B1 cantatrice célèbre. *Niemand zweifelt daran, dass sie eine berühmte Sängerin ist.* (douter de)
- En kann partitiv gebraucht werden und bezieht sich auf ein direktes Objekt, das von einem Teilungsartikel (▷ 2.3), einer Mengenangabe oder einem unbestimmten Artikel begleitet ist:
  Tu as acheté **des pêches** ? Oui, j'**en** ai acheté beaucoup. *Hast du Pfirsiche gekauft? Ja, ich habe viele (davon) gekauft.*
  Il a gagné deux mille d'euros mais il **en** a B1 gaspillé la moitié. *Er hat zweitausend Euro verdient, aber er hat die Hälfte (davon) verschwendet.*
- En in partitiver Funktion kann sich auch auf eine unbestimmte Menge beziehen:
  J'ai préparé de l'omelette. Vous **en** prenez ? *Ich habe Omelett gemacht, nehmen Sie (davon)?*
- Im verneinten Satz bedeutet en *kein(e)*:
  Tu prends **du vin** ? – Je n'**en** prends pas. *Nimmst du Wein? – Ich nehme keinen.*
- En kann sich auch auf den Inhalt eines vorangehenden Satzes beziehen:
  Je le croyais parti, mais il n'**en** est rien. *Ich dachte, er sei gefahren, aber es ist nicht der Fall.*
- En wird in folgenden Ausdrücken ohne grammatikalische Funktion verwendet: B1

> Tu m'en veux ? *Bist du mir böse?*
> Il n'en finit pas de pleuvoir. *Es hört nicht auf zu regnen.*
> Où en sommes-nous ? *Wo sind wir stehen geblieben?*
> Je n'en peux plus. *Ich kann nicht mehr.*
> J'en ai assez. *Ich habe es satt/mir reicht es.*
> Venons-en au fait. *Kommen wir zur Sache.*
> Ne t'en fais pas. *Mach dir keine Sorgen.*

Das Adverbialpronomen y

💡 Y kann sich nicht auf Personen beziehen, nur auf Sachen. Es vertritt Ortsadverbien und Ergänzungen, die mit *à, dans, en* und *sur* eingeleitet werden:
Je travaille **à Metz**. *Ich arbeite in Metz.* → J'**y** travaille. *Ich arbeite dort.*
Combien d'employés **y** travaillent ? *Wie viele Angestellte arbeiten hier?* (y = **dans cette usine** *in dieser Fabrik*)
Y kann sich auch auf den gesamten Inhalt eines vorangehenden Satzes beziehen:

> **Das Personalpronomen**

Il aurait participé au Tour de France, mais je n'**y** crois pas. *Er soll an der Tour de France teilgenommen haben, aber ich glaube nicht daran.*

B1 Y wird in einigen Ausdrücken ohne grammatikalische Funktion verwendet:

> Allons-y ! *Los geht's!*
> Ça y est. *(Endlich) fertig!*
> Il s'y connaît vraiment. *Er kennt sich wirklich aus.*
> Il s'y prend mal. *Er stellt sich ungeschickt an.*
> Je n'y tiens pas. *Mir ist nicht danach.*

A2 ## 6.5 Das Personal- und Adverbialpronomen im Satzgefüge

- Im Aussagesatz stehen die verbundenen Personalpronomen sowie die Adverbialpronomen unmittelbar vor dem konjugierten Verb bzw. dem konjugierten Hilfsverb:
  Viens, **on leur** dit au revoir. *Komm, sagen wir ihnen auf Wiedersehen.*
  J'**y** ai déjà pensé. *Ich habe schon daran gedacht.*
- Die Verneinungselemente (▷ **13**) ne … pas *nicht*, ne … rien *nichts* usw. umschließen das Objektpronomen, das Adverbialpronomen und das konjugierte Verb:
  Je **n'y** vais **pas**. *Ich gehe nicht dorthin.*
  Il **n'en** mange **jamais**. *Er isst nie davon.*
- Im Fragesatz gilt für die verbundenen Objektpronomen und Adverbialpronomen die gleiche Stellung wie im Aussagesatz:
  Est-ce que tu **la** verras demain ? *Wirst du sie morgen sehen?*
- Zur Stellung beim Imperativ ▷ **15**.
- Im Infinitivsatz stehen die Pronomen bei Verben der Wahrnehmung sowie bei **faire** *veranlassen* und **laisser** *lassen* vor dem konjugierten Verb:
  Tu **les** as vus danser ? *Hast du sie tanzen gesehen?*
  Le clown **les** fait rire. *Der Clown bringt sie zum Lachen.*
  Bei **faire** + Infinitiv ist das Personenobjekt immer ein indirektes Objekt:
  Je **lui fais** descendre l'escalier devant moi. *Ich lasse ihn/sie vor mir die Treppe hinuntergehen.*
- Beim Futur proche (▷ **12**) sowie bei den Modalverben **devoir** *müssen*, **pouvoir** *können*, **vouloir** *wollen* werden die Pronomen vor den Infinitiv gesetzt. Ist der Infinitiv verneint, stehen sie außerhalb der Verneinungsklammer:
  Veuillez **me la** traduire (la lettre). *Würden Sie ihn mir bitte übersetzen.*
  Il ne peut pas **le lui** expliquer. *Er kann es ihr/ihm nicht erklären.*
  Ils vont **les leur** montrer (les photos). *Sie werden sie ihnen zeigen.*
- Haben Infinitiv und konjugiertes Verb je ein Objektpronomen, müssen diese vor die Verbform plaziert werden, auf welche sie sich beziehen:
  Je **les** ai entendus **en** parler (j'ai entendu les gens parler de ce film). *Ich habe sie darüber sprechen hören.*

Das Personalpronomen

- Mehrere Objektpronomen vor dem Verb können nur in einer bestimmten Reihenfolge erscheinen:

Dativpronomen	Akkusativpronomen	Dativpronomen	Adverbialpronomen
me →			
te →	le →		
se →	la →	lui →	y
nous →	les →	leur →	en
vous →			

Das direkte Objektpronomen steht direkt vor dem konjugierten Verb. Werden aber die Pronomen **le, la, les** in Verbindung mit **lui** oder **leur** kombiniert, steht das indirekte Objektpronomen unmittelbar vor dem konjugierten Verb.
⚠ Es wird empfohlen, die Reihenfolge auswendig zu lernen, da diese Kombination der Objektpronomen häufig angewandt wird.

- ⚡ Zwei Objektpronomen können nur kombiniert werden, wenn eines davon das direkte Objektpronomen **le, la** oder **les** ist:

Erlaubte Kombinationen: me le   te le   le lui   nous le   vous le   le leur

Ils **le leur** défendent. *Sie verbieten es ihnen.*

- **Me, te, se, nous, vous** können nur dann mit **le, la, les** kombiniert werden, wenn sie die Funktion eines indirekten Objekts haben. Sind sie direktes Objekt, wird das indirekte Objekt als unverbundenes Pronomen mit **à** angehängt. Diese Konstruktion steht häufig bei reflexiven Verben:
Tu **t'intéresses à elle** ? *Interessierst du dich für sie?*
Je pourrais **vous** recommander **à eux**. *Ich könnte euch ihnen empfehlen.*

- Die Adverbialpronomen **en** und **y** können mit allen verbundenen Pronomen kombiniert werden, wobei sie immer nach diesen und direkt vor dem Verb stehen. Weiterhin steht **y** vor **en**:
Son cabinet d'architecte **s'y** trouve aussi. *Sein Architekturbüro befindet sich auch da (dort).*
Vous **vous en** souvenez ? *Erinnert ihr euch daran?*

- Die Verbindung **y + en** kommt nur vor in der Wendung **il y en a** *es gibt*:
Est-ce qu'il y a encore du gâteau ? Non, **il n'y en a** plus. *Gibt es noch Kuchen? Nein, es gibt keinen mehr.*

- ⚡ Die Verbindungen **lui/leur + y** werden im Französischen gemieden, ferner **m'y** und **l'y**, wenn es sich um eine Ortsangabe handelt. Stattdessen wird **y** durch **là(-bas)** *dort/da* oder **ici** *hier* ersetzt:
Remmène-le **là-bas**. *Nimm ihn dorthin mit.*

Zwischentest 6

A1   **1.** Welches ist das Subjektpronomen?

À vingt ans, il était au sommet de sa gloire.
- a. vingt ☐
- b. au ☐
- c. il ☐
- d. de ☐

A1   **2.** Wie heißt das direkte Objektpronomen der 2. Person Singular?
- a. tu ☐
- b. toi ☐
- c. le ☐
- d. te ☐

B1   **3.** Welche Form kann man durch on ersetzen?
- a. moi ☐
- b. des ☐
- c. nous ☐
- d. vous ☐

A2   **4.** Was muss in die Lücke?

Michel .... parle souvent.
- a. elle ☐
- b. en ☐
- c. à le ☐
- d. ils ☐

A1   **5.** Was zeichnet das verbundene Pronomen aus?
- a. Es steht immer bei einem Verb. ☐
- b. Es heißt moi oder toi. ☐
- c. Es steht hinter dem Partizip Perfekt. ☐
- d. Es ist Subjekt des Satzes. ☐

A2   **6.** In welchem Satz sind die hervorgehobenen Objekte richtig ersetzt?

J'ai donné **les jouets à mon petit fils**.
- a. Je les ai donné lui. ☐
- b. Je les lui ai donnés. ☐
- c. Moi, j'ai donné les lui. ☐
- d. J'ai les donné à lui. ☐

A1   **7.** Welches Subjektpronomen muss ergänzt werden?

.... n'a pas été trouvée.
- a. Ils ☐
- b. Lui ☐
- c. Il ☐
- d. Elle ☐

A2   **8.** Welche Kombination vor dem Verb ist richtig?
- a. la me ☐
- b. le lui ☐
- c. le nous ☐
- d. la te ☐

Zwischentest 6

9. Welche Regel ist falsch?

a. En kann partitive Bedeutung haben.
b. Y steht für Verb + à + Objekt.
c. En steht für Verb + de + Objekt.
d. Y bezieht sich immer auf Personen.

10. Welche Antwort ist richtig?

C'est à qui ?
a. C'est à eux.
b. C'est à tu.
c. C'est à le.
d. C'est à leur.

11. Wie lautet die richtige Antwort?

Est-ce que tu as téléphoné à Marianne ?
a. Non, je ne l'ai pas téléphonée.
b. Non, je ne lui ai pas téléphoné.
c. Non, je ne pas l'ai téléphoné.
d. Non, je ne veux pas la téléphoner.

12. Wie ist der Satz zu übersetzen?

Er hat es absichtlich gemacht.
a. Il a fait ça intentionnel.
b. Il l'a fait exprès.
c. Il le a fait exprès.
d. Il leur fait intentionnellement.

13. In welchem Satz ist das Objekt korrekt ersetzt?

Il n'a jamais renoncé à sa bicyclette.
a. Il ne l'a jamais renoncée.
b. Il n'a jamais y renoncé.
c. Il lui a jamais renoncé.
d. Il n'y a jamais renoncé.

14. Was gehört in die Lücke?

Chacun pour .... et Dieu pour tous.
a. je
b. soi
c. les
d. moi

Lösungen

1c. 2d. 3c. 4b. 5a. 6b. 7d. 8b. 9d.
10a. 11b. 12b. 13d. 14b.

7 Das Relativpronomen und der Relativsatz

Derrière le Maître-clerc était un énorme casier
qui garnissait le mur du haut en bas,
et **dont** chaque compartiment était bourré de lasses
d'où pendaient un nombre infini d'étiquettes
et de bouts de fil rouge
qui donnent une physionomie spéciale
aux dossiers de procédure.

Honoré de Balzac (1799–1850), romancier français

Hinter dem Bürovorsteher war ein riesengroßer Aktenschrank,
der die Wand von oben bis unten schmückte
und von **welchem** jedes Fach mit Aktenstößen voll gestopft war,
aus welchen eine unbestimmte Menge Etiketten
und roter Fadenenden heraushing,
die den Prozessakten ein spezielles Aussehen verliehen.

Honoré de Balzac (1799–1850),
französischer Romanschriftsteller

G Der Relativsatz ist ein Nebensatz und dient der näheren Beschreibung von Personen, Dingen und Sachverhalten des Hauptsatzes. Wie im Deutschen wird er von Relativpronomen eingeleitet, die unterschiedliche Formen haben.

Le pronom relatif et la proposition relative

7.1 Das Relativpronomen

Die unterschiedlichen Formen des Relativpronomens hängen wie im Deutschen von ihrer jeweiligen Funktion und von ihrem Bezugswort im Hauptsatz ab.

Formen und Gebrauch
Die Relativpronomen qui und que

	Gebrauch der Relativpronomen qui und que
qui der/die/das/ welcher/welche/ welches	Le peintre **qui** a dessiné ce tableau, vivait à Giverny. *Der Maler, **der** dieses Bild gemalt hat, lebte in Giverny.* Les gens **qui** habitent au premier étage ont fait du bruit toute la nuit. *Die Leute, **die** im ersten Stock wohnen, haben die ganze Nacht Lärm gemacht.* Comment s'appelle cette fille **qui** joue souvent dans les films de Truffaut ? *Wie heißt dieses Mädchen, **das** oft in Truffauts Filmen spielt?*
que den/die/das/ was/welchen/ welche/welches	La maison **que** Monet habitait se trouve à Giverny. *Das Haus, **das** Monet bewohnte, befindet sich in Giverny.* Les voisins **que** j'ai invités ont apporté le vin. *Die Nachbarn, **die** ich eingeladen habe, brachten den Wein mit.* Le bouquet **qu'**il m'a offert est vraiment joli. *Der Strauß, **den** er mir geschenkt hat, ist wirklich schön.* Je n'ai rien compris aux questions **qu'**elle m'a posées. *Ich habe nichts von den Fragen verstanden, **die** sie mir gestellt hat.*

Die Relativpronomen qui und que werden am häufigsten verwendet. Sie beziehen sich auf Personen und Dinge.

⚡ Qui und que sind in Genus und Numerus unveränderlich. Que wird vor Vokal und h muet apostrophiert, qui bleibt dagegen unverändert.

Steht qui ohne Präposition, hat es Subjektfunktion (Nominativ):
C'est quelque chose **qui** m' **B1** inquiète depuis longtemps. *Das ist etwas, **das** mich seit langem beunruhigt.*
La personne **qui** nous a dit bonjour était mon ancien professeur. *Die Person, **die** uns guten Tag gesagt hat, war mein ehemaliger Lehrer.*

In Verbindung mit einer Präposition bezieht sich qui nur auf Lebewesen und ist indirektes Objekt:
Le monsieur **avec qui** je viens de parler est le père de Claudine. *Der Herr, **mit dem** ich gerade gesprochen habe, ist der Vater von Claudine.*
Il n'est pas le seul **à qui** je pense. *Er ist nicht der einzige, **an den** ich denke.*

Das Relativpronomen que hat die Funktion des direkten Objekts (Akkusativ):
Cette fille **que** j'ai accompagnée à l'école est la nièce de Michelle. *Dieses Mädchen, **das** ich in die Schule begleitet habe, ist die Nichte von Michelle.*

Das Relativpronomen und der Relativsatz

La voiture **que** tu as achetée est-elle neuve ou d'occasion ? *Ist das Auto, **das** du gekauft hast, neu oder gebraucht?*

B1 Das Relativpronomen que kann auch eine adverbiale Funktion als Relativadverb annehmen:
Chaque fois **qu'**il **B2** triche aux cartes, il est surpris. *Jedes Mal, **wenn** er beim Kartenspielen betrügt, wird er ertappt.*

Ist der Relativsatz ein indirekter Fragesatz, müssen die Relativpronomen ce qui und ce que verwendet werden:
Je voudrais savoir **ce qui** la dérange. *Ich wüsste gerne, **was** sie stört.*
Il me demande **ce que** je voudrais savoir. *Er fragt mich, **was** ich wissen möchte.*

! Wenn Sie sich nicht sicher sind, ob qui oder que einzusetzen ist, können Sie sich folgendermaßen orientieren: Steht direkt nach dem Relativpronomen ein Subjekt, muss das Relativpronomen que heißen.
Nach dem Subjekt fragt man mit *wer* oder *was*? → qui
Nach dem direkten Objekt fragt man mit *wen* oder *was*? → que
Nach dem indirekten Objekt fragt man *wem*? → Präposition + qui
Le jeune homme **qui** est passé chez toi, c'est mon frère. *Der junge Mann, **der** bei dir vorbeigekommen ist, ist mein Bruder.* (Wer ist vorbeigekommen?)
Le jeune homme **que** tu as vu hier, c'est mon frère. *Der junge Mann, **den** du gestern gesehen hast, ist mein Bruder.* (Wen hast du gesehen?)

A2 **Das Relativpronomen dont**
Das Relativpronomen dont ist unveränderlich und wird im Deutschen meist, aber nicht ausschließlich, mit dem Genitiv *dessen/deren* wiedergegeben. Dont vertritt:
- eine Ergänzung des Substantivs mit der Präposition de:
  Les Rigot adorent le calme **du quartier** où ils vivent. → Les Rigot vivent dans **un quartier dont** ils adorent le calme. *Die Rigots leben in einem Viertel, **dessen** Ruhe sie lieben.* (du → dont)
- eine Ergänzung des Verbs mit der Präposition de:
  Il **parle de** sa voisine sourde. → La voisine **dont il parle** est sourde. *Die Nachbarin, **von der er spricht**, ist taub.*
- eine Ergänzung des Adjektivs mit der Präposition de:
  Il est très **fier de** ce résultat. → C'est un résultat **dont** il est très fier. *Das ist ein Ergebnis, auf welches er sehr stolz ist.*

B1 - einen Teil einer Menge (partitiver Gebrauch). In diesem Fall hat dont kein Verb bei sich und bedeutet *darunter*:
  Quelques-uns sont venus, **dont** ton père. *Einige sind gekommen, **darunter** dein Vater.*

⚡ Anders als im Deutschen nimmt das Subjekt oder Objekt eines Relativsatzes mit dont einen Artikel zu sich, wenn es sich um Substantive handelt:

Das Relativpronomen und der Relativsatz

Les Pont, **dont la maison** a été détruite, habitent temporairement chez nous. *Die Ponts, **deren Haus** zerstört wurde, wohnen vorübergehend bei uns.*

Bezieht sich ein Relativpronomen auf quelqu'un *jemand*, quelque chose *etwas* oder eine ganze Nominalgruppe, wird immer **dont** gebraucht:
Elle est **quelqu'un dont** le comportement m'énerve. *Sie ist jemand, dessen Verhalten mich nervt.*
Il s'agit d'**un collègue de travail dont** j'ai oublié le nom. *Es geht um einen Arbeitskollegen, dessen Namen ich vergessen habe.* (Nominalgruppe).

💡 Das Relativpronomen **dont** kann nicht an Stelle einer prädikativen Ergänzung des Ortes stehen. In diesem Fall verwendet man **d'où** *von wo, woher*:
Il revient **de** ce pays. → C'est le pays **d'où** il revient. *Das ist das Land, aus dem er zurückkommt.*

Die Relativpronomen ce qui, ce que, ce dont
Die Relativpronomen **ce qui**, **ce que** *was* und **ce dont** *wovon/worüber* werden in Sätzen ohne persönliches oder sachliches Bezugswort verwendet. Sie beziehen sich auf etwas Unbestimmtes, meist auf den Inhalt eines ganzen Satzes.

	Funktion der Relativpronomen ce qui, ce que, ce dont		
ce qui *was*	Subjekt		On ne peut pas deviner **ce qui** se trouve dans la boîte. *Man kann nicht erraten, **was** in der Schachtel ist.*
ce que *was*	direktes Objekt		Elle lui a confié un secret, **ce qu'**elle n'a jamais fait avant. *Sie hat ihm ein Geheimnis anvertraut, **was** sie nie zuvor getan hat.*
ce dont *wovon/worüber*	Ergänzung mit de		Je ne pense pas que **ce dont** tu as parlé soit correct. *Ich glaube nicht, dass das, **wovon** du gesprochen hast, richtig ist.*

Ce soir-là, il était marrant, **ce qui** m'étonne parce que normalement il ne dit pas grand-chose. *An diesem Abend war er lustig, **was** mich erstaunt, denn normalerweise spricht er nicht viel.*

Das Relativpronomen lequel
Lequel *welcher* bezieht sich ebenfalls auf Personen und Sachen. Es ist das einzige Relativpronomen, das sich in Genus und Numerus nach seinem Bezugswort richtet. Zudem muss es an die vorangestellte Präposition angepasst werden und hat die gleichen Formen wie das Interrogativpronomen (▷ **10.1**):

	m. Sing. lequel *welcher*	f. Sing. laquelle *welche*	m. Pl. lesquels *welche*	f. Pl. lesquelles *welche*
+ à	auquel	à laquelle	auxquels	auxquelles
+ de	duquel	de laquelle	desquels	desquelles

Das Relativpronomen und der Relativsatz

Il a ⓑ₁ témoigné contre les accusés **lesquels** avaient ⓑ₁ cambriolé une station-service. *Er hat zum Nachteil der Angeklagten ausgesagt,* **die** *eine Tankstelle ausgeraubt hatten.*

Le cheval **avec lequel** il sort de ⓑ₂ l'écurie est très jeune. *Das Pferd,* **mit dem** *er aus dem Stall kommt, ist sehr jung.*

Les examens **auxquels** nous nous préparons auront lieu en novembre. *Die Prüfungen,* **auf die** *wir uns vorbereiten, werden im November stattfinden.*

Das Relativpronomen **lequel** kann immer anstelle der anderen Relativpronomen verwendet werden. Es muss obligatorisch stehen:
- bei Verwechslungsgefahr, um die grammatische Zugehörigkeit zu präzisieren:
  J'ai envoyé **une lettre** à mon neveu, **laquelle** devrait arriver demain. *Ich habe meinem Neffen einen Brief geschickt, der morgen ankommen sollte.*
  (Stünde qui, könnte es sich auch auf **neveu** beziehen)
- nach Präpositionen obligatorisch bei Bezug auf ein Sachsubstantiv, fakultativ bei Bezug auf ein Personensubstantiv:
  C'est la raison **pour laquelle** elle a froid. *Das ist der Grund,* **weshalb** *sie friert.*
  Roland est l'ami **auquel/à qui** elle tient le plus. *Roland ist der Freund,* **an welchem** *sie am meisten hängt.* (Das Bezugswort ist eine Person: **auquel** ist fakultativ.)
- immer nach **entre** *zwischen* und **parmi** *unter*:
  Les gens **parmi lesquels** je me trouve ici m'intéressent beaucoup. *Die Leute,* **unter welchen** *ich mich hier befinde, interessieren mich sehr.*
  Les pantalons **entre lesquels** j'ai choisi celui-ci sont tous assez démodés. *Die Hosen,* **zwischen denen** *ich diese hier ausgewählt habe, sind alle ziemlich altmodisch.*

A2 Das Relativadverb où

Das Interrogativpronomen (▷ ⑩) *où ?* wo? wird häufig auch in Relativsätzen als Relativadverb verwendet. Es bezeichnet den Ort und die Zeit:
C'était à l'époque **où** je faisais mes études. *Das war zu der Zeit,* **als** *ich studierte.*
C'est « Chez Julien » **où** tu mangeras les meilleures crevettes. *Im „Chez Julien" wirst du die besten Garnelen essen.*

Das Relativadverb **où** kann mit **de** *von,* **par** *durch* und **jusque** *bis* verbunden werden. Nach allen anderen Präpositionen muss **lequel** stehen:
La ligne **jusqu'où** son terrain s'étend est marquée par des pierres. *Die Linie,* **bis zu welcher** *sein Grundstück reicht, ist durch Steine markiert.*
La région **d'où** il vient est magnifique. *Die Region,* **aus der** *er kommt, ist wunderschön.*
Aber: La voiture **derrière laquelle** tu t'es garé a été ⓑ₂ fracturée. *Das Auto,* **hinter dem** *du geparkt hast, wurde aufgebrochen.*

Das Relativpronomen und der Relativsatz

Das Relativpronomen quoi

Das Relativpronomen **quoi** ist die betonte Form von **que**. Es bezieht sich nur auf Sachen und nie auf Personen. **Quoi** steht immer nach einer Präposition und wird gebraucht:

- in Bezug auf **ce** *das* sowie auf die Indefinitpronomen (▷ 8) **quelque chose** *etwas* oder **rien** *nichts*:
  Ce pour quoi il se fait des soucis est réellement négligeable. *Das, worüber er sich Sorgen macht, ist in Wirklichkeit unbedeutend.*
  Ce n'est **pas quelque chose à quoi** il pense toujours. *Das ist keine Sache, an die er immer denkt.*
  Il n'y a rien **de quoi** il parle de façon plus agitée. *Es gibt nichts, worüber er aufgeregter redet.*

- vor Infinitiv ohne Bezugswort und nach **voilà** *da/dort*:
  S'il te plaît, donne-moi **de quoi** me sécher les mains. *Gib mir bitte etwas zum Hände trocknen.*
  Voilà **en quoi** vous vous trompez. *Das ist es, worin ihr euch täuscht.*

- in Bezug auf einen vorangehenden Satz:
  Il a renvoyé un tiers des employés, **pour quoi** il avait été engagé. *Er hat ein Drittel der Angestellten entlassen, wofür er eingestellt worden war.*

- nach den Wendungen **après quoi** *woraufhin*, **sans quoi** *sonst*, **faute de quoi** *andernfalls*:
  Elle a fermé la porte, **après quoi** elle s'est aperçue qu'elle avait oublié les clés. *Sie hat die Tür geschlossen, woraufhin sie bemerkt hat, dass sie die Schlüssel vergessen hatte.*
  Elle doit se dépêcher, **sans quoi** elle manquera le bus. *Sie muss sich beeilen, sonst wird sie den Bus verpassen.*

7.2 Der Relativsatz

Die Angleichung bei qui und que

- Im Relativsatz mit **qui** müssen die zugehörenden Adjektive und Partizipien in Genus und Numerus an das Bezugswort angepasst werden:
  Les élèves qui sont trop jeune**s** ne peuvent pas participer à ce cours. *Die Schüler, die zu jung sind, können an diesem Unterricht nicht teilnehmen.*
  La guêpe qui s'est posé**e** sur le jambon m'énerve. *Die Wespe, die sich auf dem Schinken niedergelassen hat, nervt mich.*

- Im Relativsatz mit **que** muss das Partizip der zusammengesetzten Zeiten in Genus und Numerus angepasst werden:
  Les femmes qu'on a rencontré**es** hier étaient des amies de ma mère. *Die Frauen, die wir gestern getroffen haben, waren Freundinnen meiner Mutter.*

Das Relativpronomen und der Relativsatz

Stellung

 Der Relativsatz schließt immer direkt an das dazu gehörende Substantiv, an den zu ergänzenden Satzteil und die prädikative Ergänzung an. Im Unterschied zum Deutschen ist im Relativsatz die Wortstellung die gleiche wie im Aussagesatz:

Subjekt + Prädikat + Objekt/Ergänzung

Das Relativpronomen steht am Anfang des Relativsatzes. Gegebenenfalls wird eine Präposition eingefügt:
Le médecin, qui normalement est toujours à l'heure, n'est venu que l'après-midi. *Der Arzt, der normalerweise immer pünktlich ist, ist erst nachmittags gekommen.*
Tu n'es pas **le premier à qui** ça arrive. *Du bist nicht der erste, dem das passiert.*

Der einschränkende und der erläuternde Relativsatz

Diese unterscheidet man nach dem Inhalt des Satzes:
- Der einschränkende Relativsatz ist zum Verständnis des Hauptsatzes notwendig und wird ohne Komma (▶ 1.1.5) angeschlossen:
  Est-ce que tu connais **la femme qui** marche devant nous ? *Kennst du die Frau, die vor uns geht?*
  Il suit **le convoi qui** transporte les dons humanitaires. *Er folgt dem Konvoi, der die Hilfsgüter transportiert.*
- Der erläuternde Relativsatz ist zum Verständnis des Hauptsatzes nicht notwendig und wird mit Komma abgetrennt:
  Elle a joué dans quelques films, **que** je n'ai pas vus. *Sie hat in ein paar Filmen gespielt, die ich nicht gesehen habe.* (Der Hauptsatz gibt auch ohne den Relativsatz einen Sinn.)

Der Subjonctif im Relativsatz

- Im Relativsatz wird der Subjonctif (▶ ⑯) gebraucht, wenn ein Wunsch, eine Möglichkeit, eine Absicht, ein Zweck oder eine Annahme ausgedrückt wird:
  Il nous faut quelqu'un **qui puisse** réparer la machine à laver. *Wir brauchen jemanden, der die Waschmaschine reparieren kann.* (Zweck)
  Il semble **qu'**elle **ait** oublié son rendez-vous. *Es macht den Anschein als habe sie ihren Termin vergessen.* (Möglichkeit)
  ⚡ Drückt der Satz eine unzweifelhafte Tatsache aus, steht er im Indikativ:
  Il semble **qu'**il en **a** assez. *Es scheint, dass er genug davon hat.* (Tatsache)
- Der Subjonctif wird weiterhin nach Superlativen und Ausdrücken wie **le seul** *der einzige*, **le premier** *der erste*, **le dernier** *der letzte*, **l'unique** *der einzige* gebraucht:
  Il est **l'unique qui puisse** me comprendre. *Er ist der einzige, der mich verstehen kann.*
  C'est ma **seule cravate qui aille** avec cette chemise. *Das ist meine einzige Krawatte, die zu diesem Hemd passt.*

Das Relativpronomen und der Relativsatz

Der Relativsatz bei beaucoup, chacun, tout und tous

- An **beaucoup** *viel*, **chacun(e)** *jede/jeder/jedes*, **tout** *jedes*, **tous** *alle* kann der Relativsatz nicht direkt angeschlossen werden.
  Im Unterschied zum Deutschen ist **beaucoup** *viel* immer ein Adverb. Ein Relativsatz kann deshalb nur an eine Ergänzung zu **beaucoup** angeschlossen werden.
- Das deutsche *jeder, der …, jede, die …* kann nicht mit **chacun** ausgedrückt werden, sondern muss im französischen Relativsatz entweder durch **quiconque** *wer (auch immer)* ersetzt oder umschrieben werden. **Quiconque** kann nur Subjekt im Relativsatz sein.
- **Tout** und **tous** können einen Relativsatz nur in Verbindung mit einem Substantiv + **qui/que** oder mit einem Demonstrativpronomen (▶ ❾) anschließen.

	Umschreibungsmöglichkeiten zur Bildung eines Relativsatzes
beaucoup	beaucoup de … beaucoup de gens + Relativpronomen *viele Leute* beaucoup de choses + Relativpronomen *viele Sachen*
chacun(e)	quiconque *jeder, der, wer (auch immer)* toute personne + Relativpronomen *alle*
tout, tous	tout/toute + Substantiv, qui *jeder/jede/jedes*, que *der/den* tout ce qui/que *alles, was* tous ceux qui/que (m. Pl.)/toutes celles qui/que (f. Pl.) *alle, die*

Tout enfant qui est à son âge aime se déguiser. *Jedes Kind, das in seinem/ihrem Alter ist, verkleidet sich gerne.*
Donne-le à **quiconque** le désire. *Gib es jedem, der es möchte.*
Il lit **tout ce qui** l'intéresse. *Er liest alles, was ihn interessiert.*
Dis-le à **tous ceux/toutes celles que** tu rencontres. *Sag es allen, die du triffst.*

Umschreibungsformen von Relativsätzen

Relativsätze können auch durch verkürzende Konstruktionen umgangen werden:
- Partizipialkonstruktion (▶ ⓲):
  Les enfants **jouant** au jardin sont les petits-enfants de Jean./Les enfants **qui** jouent … *Die Kinder, die im Garten spielen, sind die Enkel von Jean.*
- Infinitivkonstruktion (▶ ⓮) mit **à** oder **pour**:
  Elle voudrait connaître quelqu'un **pour sortir** le soir./… quelqu'un **avec qui** elle puisse sortir … *Sie würde gerne jemanden kennen, mit dem sie abends ausgehen könnte/ … um … auszugehen.*
  C'est une chemise **à laver** sur l'envers./ … une chemise **qu'**il faut laver … *Das ist ein Hemd, das man auf links waschen sollte.*

Zwischentest 7

A1 1. Welches ist das Relativpronomen im Satz?

   Voilà ce qui m'a étonné.
   - a. ce
   - b. m'a
   - c. qui
   - d. voilà

A1 2. Welches Relativpronomen gehört in die Lücke?

   C'est son cœur .... j'entends battre.
   - a. qui
   - b. duquel
   - c. que
   - d. pourquoi

A2 3. Welcher Satz ist kein Relativsatz?
   - a. Il fait ce qu'on lui a dit.
   - b. Il a dit qu'il n'en voulait plus.
   - c. Il admire les idées dont il a entendu parler.
   - d. Il ne veut jamais ce qu'elle veut.

A2 4. Welcher Satz ist ein Relativsatz?
   - a. Il n'y a que Martine et nous.
   - b. Je ne reste plus à moins que Martine soit là.
   - c. Martine a dit qu'elle n'avait plus envie de rester.
   - d. Marie, que j'ai rencontrée ici, est ma copine.

B1 5. Welches Substantiv kann lequel nicht vertreten?
   - a. le coffre
   - b. ma sœur
   - c. l'entourage
   - d. le paquet

A2 6. Welche Relativpronomen sind möglich?

   C'est le patron .... je viens de parler.
   - a. duquel/de qui
   - b. quoi/duquel
   - c. qui/à laquelle
   - d. lequel/auquel

A2 7. Welche Aussage ist richtig?
   - a. Quoi kann Personen und Dinge näher bezeichnen.
   - b. An beaucoup kann kein Relativsatz angeschlossen werden.
   - c. Der Relativsatz wird nie mit Komma angeschlossen.
   - d. Lequel bezeichnet ausschließlich Sachen.

Zwischentest 7

8. Welches Relativpronomen passt?

C'est le jardin dans les allées ……….. on peut se promener.
a. de laquelle
b. pour qui
c. duquel
d. auquel

9. Vor welchem Relativpronomen kann à nicht stehen?

a. que
b. quoi
c. laquelle
d. qui

10. Welcher Relativsatz ist korrekt?

a. L'émission qui j'ai vu hier était intéressante.
b. C'est une émission quoi m'intéresse peu.
c. C'est une émission que m'intéresse beaucoup.
d. C'est une émission que je n'ai jamais vue.

11. In welchem Satz kann dont nicht stehen?

a. C'est un geste dont il n'est pas capable.
b. C'est quelque chose dont j'ai beaucoup parlé.
c. C'est l'Atlantique dont viennent ces poisons.
d. Le cadeau dont j'ai parlé est pour son mari.

12. Was wird durch où näher bestimmt?

a. Ort und Zeit
b. Präpositionen
c. Personen
d. Verben

13. Was gehört in die Lücke?

L'église ……….. toit va être refait est très vieille.
a. duquel
b. dont le
c. de laquelle
d. à laquelle

14. Was kann sich nicht auf Personen beziehen?

a. lesquels
b. que
c. qui
d. quoi

Lösungen

1c. 2c. 3b. 4d. 5b. 6a. 7b. 8c.
9a. 10d. 11c. 12a. 13b. 14d.

8 Das Indefinitpronomen und -adjektiv

*Il ne faut pas toujours dire **tout**,
car ce serait sottise; mais ce qu'**on** dit,
il faut qu'il soit **tel** qu'**on** le pense,
autrement c'est méchanceté.*

Michel de Montaigne (1533–1592), philosophe,
moraliste et homme politique français

*Man muss nicht immer **alles** sagen,
denn das wäre Dummheit, aber was **man** sagt,
muss **das** sein, was **man** auch denkt,
sonst wäre es Bosheit.*

Michel de Montaigne (1533–1592),
französischer Philosoph, Moralist und Politiker

G Indefinita können adjektivisch oder pronominal gebraucht werden. Indefinitadjektive begleiten Substantive, während Indefinitpronomen Substantive oder eine Nominalgruppe ersetzen. Indefinita bezeichnen die Unbestimmtheit von Personen, Dingen oder Sachverhalten. Es ist zwischen veränderlichen und unveränderlichen Indefinita zu unterscheiden.

Le pronom et l'adjectif indéfinis

8.1 Das Indefinitadjektiv A2

Formen
- Veränderliche Indefinitadjektive:

Sing. maskulin	Sing. feminin	Pl. maskulin	Pl. feminin
–	–	différents *verschiedene/ unterschiedliche*	différentes *verschiedene/ unterschiedliche*
–	–	divers *verschiedene/ unterschiedliche*	diverses *verschiedene/ unterschiedliche*
–	–	B1 maints *manche*	maintes *manche*
n'importe quel *irgendein*	n'importe quelle *irgendeine*	n'importe quels *irgendwelche*	n'importe quelles *irgendwelche*
quelque *irgendein*	quelque *irgendeine*	quelques *einige*	quelques *einige*

Quel gâteau veux-tu ? **N'importe quel** gâteau sans chocolat. *Welchen Kuchen möchtest du? **Irgendeinen/egal welchen** ohne Schokolade.*
Différents scientifiques ont averti du trou dans la couche d'ozone. *Verschiedene Wissenschaftler haben vor dem Ozonloch gewarnt.*

- Unveränderliche Indefinitadjektive:
  chaque *jeder/jede*   B2 quelconque *ein beliebiger/eine beliebige*
  ⚡ Von **chaque** gibt es nur die Singularform:
  Je comprends **chaque** mot qu'il dit. *Ich verstehe jedes Wort, das er sagt.*

Gebrauch
- Chaque *jeder/jede* steht vor dem Substantiv:
  Il perd **chaque** casquette qu'il achète. *Er verliert jede Kappe, die er kauft.*
  Das deutsche *jedesmal, wenn* wird durch **chaque fois que** ausgedrückt:
  Chaque fois qu'il descend à la cave, il faillit mourir de peur. *Jedesmal, wenn er in den Keller geht, stirbt er fast vor Angst.*
  ☀ Dem deutschen *jeder zweite/dritte* usw. + Substantiv entspricht **un** + Substantiv + **sur deux/trois**:
  Un sur deux se déclare incompétent. *Jeder Zweite hält sich für inkompetent.*
- **Divers/diverses** und **différents/différentes** haben je nach Stellung unterschiedliche Bedeutungen:

divers/diverses; différents/différentes	vorgestellt	→ verschiedene
	nachgestellt	→ unterschiedliche

Elle a lu **différents/divers romans**. *Sie hat verschiedene Romane gelesen.*

Das Indefinitpronomen und -adjektiv

> **ⓘ Les** **B2** **faits divers** bezeichnet eine Zeitungsrubrik und bedeutet *Vermischtes/Lokales*:
> *Ce papier était un morceau d'un **fait divers** dont le début manquait.* Dieses Papier war ein Stück (aus der Rubrik) **Vermischtes**, deren Anfang fehlte.

- An **n'importe** *irgend-* können sich auch **lequel/laquelle** *welcher/welche*, **où** *wo*, **quand** *wann*, **quoi** *was*, **comment** *wie* usw. anschließen:
  *Prends la glace que tu veux, **n'importe laquelle**.* Nimm das Eis, welches du möchtest, *egal welches*.
  *On pourrait se rencontrer **n'importe quand** et **n'importe où**.* Wir könnten uns *irgendwann* und *irgendwo* treffen.

B1
- **Maints** *manche* ist literarisch und wird vorwiegend in festen Wendungen gebraucht: **maintes fois** *wiederholt*, **à maintes reprises** *zum wiederholten Male*, **à maints égards** *in mancher Hinsicht*.
  *Je lui ai téléphoné à **maintes** reprises.* Ich habe ihn zum **wiederholten** Male angerufen.
- **Quelconque** *ein beliebiger/eine beliebige* wird in der Regel nachgestellt:
  *Anne est passée sous un prétexte **quelconque**.* Anne ist unter *irgendeinem* Vorwand vorbeigekommen.
- **Quelque** *irgendein/ein gewisser* im Singular wird im heutigen Französisch nur noch selten gebraucht und meistens in feststehenden Wendungen: **quelque part** *irgendwo*, **quelque temps** *einige Zeit*, **en quelque sorte** *gewissermaßen*:
  *Il a séjourné **quelque temps** au Japon.* Er hat *einige Zeit* in Japan verbracht.

B1
- **Les** oder **ces** vor **quelques** entspricht dem deutschen *wenige*:
  *Ces **quelques** spectateurs dans la salle sont tous des amis de l'acteur.*
  Diese **wenigen/paar** Zuschauer im Saal sind alle Freunde des Schauspielers.

A2
8.2 Das Indefinitpronomen

Das Indefinitpronomen vertritt ein Substantiv oder eine Nominalgruppe.

Formen
- Veränderliche Indefinitpronomen sind: **chacun/chacune** *jeder/jede*, **quelques-uns/quelques-unes** *einige*, **quelqu'un/quelqu'une** *jemand*.
  *J'ai proposé à **chacun** d'apporter quelque chose à manger.* Ich habe *jedem* vorgeschlagen, etwas zum Essen mitzubringen.
- Unveränderliche Indefinitpronomen sind: **B1** **autrui** *ein(e) andere(r)*, **n'importe qui** *jeder beliebige/irgendjemand*, **n'importe quoi** *irgendetwas*, **on** *man*, **personne** *niemand*, **quelque chose** *etwas*, **B1** **quiconque** *wer auch immer*, **rien** *nichts*.
  *Appelle-moi si tu as besoin de **n'importe quoi**.* Rufe mich an, wenn du *irgendetwas* brauchst.

Das Indefinitpronomen und -adjektiv

Gebrauch
- **Autrui** *ein anderer/eine andere/andere* wird nur noch selten gebraucht:
 Il pense rarement à **autrui**. *Er denkt selten an andere.*
- **Chacun/chacune** *jeder/jede* wird nur im Singular verwendet:
 Chacun devrait connaître ses limites. *Jeder sollte seine Grenzen kennen.*
 ⚡ Nach chacun kann kein Relativpronomen (▷ ❼) folgen. Das deutsche *jeder, der* wird im Französischen mit toute personne qui oder quiconque wiedergegeben. Dem deutschen *jedermann* entspricht im Französischen tout un chacun:
 Comme **tout un chacun**, vous en avez sans doute entendu parler. *Wie jedermann haben Sie sicher davon gehört.*
- **N'importe qui/quoi** *irgendjemand/irgendetwas*. An n'importe können auch où *wo*, quand *wann*, comment *wie* angeschlossen werden.
 Pour un renseignement, adressez-vous à **n'importe qui** dans la salle. *Für eine Auskunft wenden Sie sich an irgendjemanden im Saal.*
- **Personne** *niemand* und **rien** *nichts* sind Elemente der Negation und werden in Verbindung mit einem konjugierten Verb von ne begleitet (▷ ⓭):
 Personne ne pouvait les renseigner. *Niemand konnte sie informieren.*
 Als Antwort auf eine Frage kann personne oder rien ohne ne stehen, auch in Verbindung mit einer Präposition:
 Qui a téléphoné ? **Personne**. *Wer hat angerufen? Niemand.*
 À quoi sert cette machine ? À **rien**, elle est cassée. *Wozu dient diese Maschine? Zu nichts, sie ist kaputt.*
- **On** *man* ist immer Subjekt und von einem Verb im Singular begleitet. Es kann nous *wir*, quelqu'un *jemand* oder tout le monde *jeder* bedeuten (▷ ❻).
 Häufig steht aus phonetischen Gründen ein l' vor on, besonders nach et *und*, ou *oder*, où *wo*, à qui *wem*, que *wer* und si *wenn*:
 Si **l'on** n'agit pas directement contre la pollution, ça sera trop tard. *Wenn man die Umweltverschmutzung nicht direkt angeht, wird es zu spät sein.*
- **Quelqu'un** *jemand* kann nur Personen vertreten. Folgt ein Adjektiv, muss de eingefügt werden:
 Il est **quelqu'un de** très intelligent. *Er ist jemand sehr Intelligentes.*
 ⚡ Zwischen quelqu'un und quelqu'une wird nur dann genusspezifisch unterschieden, wenn man betonen will, dass es sich um eine Frau handelt:
 Il se demande si **quelqu'un**, ou plutôt **quelqu'une** l'aimera un jour. *Er fragt sich, ob jemand, vielmehr ob eine Frau ihn je lieben wird.*
- **Quelque chose** *etwas* kann nur für Dinge stehen. Folgt auf quelque chose ein Adjektiv, muss de eingefügt werden.
 ➕ Im Deutschen wird dies durch ein substantiviertes Adjektiv wiedergegeben:
 C'est **quelque chose de** très **beau**. *Das ist etwas sehr Schönes.*
- **Quiconque** *wer auch immer* ist selten und bedeutet n'importe qui:
 Je ne confierais pas cette tâche à **quiconque/n'importe qui**. *Ich würde diese Aufgabe nicht irgendjemandem anvertrauen.*

Das Indefinitpronomen und -adjektiv

 ## 8.3 Adjektivische und pronominale Indefinita

Formen

Sing. maskulin	Sing. feminin	Pl. maskulin	Pl. feminin
aucun *kein/keiner*	aucune *keine*	–	–
autre	autre	autres	autres
der andere/ein anderer	*die andere/eine andere*	*die anderen/andere*	*die anderen/andere*
certain	certaine	certains	certaines
(ein) gewisser	*(eine) gewisse*	*einige/gewisse/manche*	*einige/gewisse/manche*
même	même	mêmes	mêmes
derselbe/selbst	*dieselbe/selbst*	*dieselben/selbst*	*dieselben/selbst*
nul *kein/keiner*	nulle *keine/keine*		
pas un	pas une	–	–
kein einziger	*keine einzige*		
plus d'un	plus d'une	–	–
so mancher	*so manche*		
–	–	plusieurs *einige*	plusieurs *einige*
tel *ein solcher*	telle *eine solche*	tels *solche*	telles *solche*
tout	toute	tous	toutes
jeder/der ganze	*jede/die ganze*	*alle/die ganzen*	*alle/die ganzen*

Certains étaient en avance et d'**autres** en retard. *Einige/gewisse* waren zu früh und *andere* zu spät.
J'aimerais visiter d'**autres** pays. *Ich würde gerne andere Länder besuchen.*

Gebrauch

- Aucun und nul *kein(e)/keiner* werden im Genus an das Bezugswort angepasst. In Verbindung mit einer konjugierten Verbform werden sie mit ne gebraucht:
  Michel **n'**a fait **aucune** proposition. *Michel hat keinen Vorschlag gemacht.*
  Il **n'**a **nulle** envie de se promener. *Er hat keine Lust spazieren zu gehen.*
- Autre *der/die andere, ein/eine andere/r* ist veränderlich und hat auch die Bedeutung von **différents** *verschiedene* und **encore un/des** *noch ein/weitere*:
  Il en restent **d'autres**. *Es sind noch andere übrig.*
  Pronominal wird l'autre oft in Verbindung mit l'un gebraucht:
  L'un et **l'autre** ont soif. *Der eine wie der andere hat Durst.*
- Certain *gewisse/r* wird an das Bezugswort angepasst. Wird es dem Substantiv nachgestellt, hat es die Bedeutung von *echt/sicher/unbestreitbar*:
  J'en ai des preuves **certaines**. *Ich habe sichere Beweise dafür.*
  Aber: J'en ai **certaines** preuves. *Ich habe gewisse Beweise dafür.*
- Même *selbst* kann ein Pronomen oder Substantiv betonen:
  Il est la bonté **même**. *Er ist die Güte selbst.*
  Jean a réparé la voiture lui-**même**. *Jean hat das Auto selbst repariert.*

Das Indefinitpronomen und -adjektiv

- **Plus d'un/une** *mancher/mehr als eine/r* steht mit dem unbestimmten Artikel:
  Plus d'un élève a raté l'examen. *So mancher Schüler hat die Prüfung nicht bestanden.*
- **Plusieurs** *mehrere* steht vor Substantiven im Plural und ist unveränderlich:
  J'ai vu **plusieurs** papillons. *Ich habe mehrere Schmetterlinge gesehen.*
- **Tel** hat die Bedeutung von *ein solcher, so* oder *wie* und wird angepasst:
  un homme **tel** que lui *ein Mann wie er*, une **telle** surprise *so eine Überraschung*

Das adjektivische tout
Das adjektivische **tout** wird an das Bezugswort angepasst.
- **Tout** vor einem bestimmten Artikel + Substantiv bezeichnet eine Gesamtheit und wird mit *der/die/das ganze* übersetzt: tout le pays *das ganze Land*.
- **Tout** vor Substantiv (ohne Artikel) hat die Bedeutung von *chaque jeder*:
  Pour **tout** renseignement s'adresser au guichet. *Für (jede) Auskunft wenden Sie sich an den Schalter.*
- Feststehende Wendungen mit **tout** sind:

à tous égards *in jeder Hinsicht*	de toute sorte *(von) jeder Art*
à tout moment *jeden Augenblick*	en tout cas *auf jeden Fall*
à tout prix *um jeden Preis*	en tout genre *(von) jeder Art*
de toute façon *auf jeden Fall/sowieso*	toutes sortes de *alle möglichen*

Das pronominale tout
Das pronominale **tout** ist unveränderlich und bedeutet *alles*:
Tout doit être fait pour les aider. *Alles muss getan werden, um ihnen zu helfen.*
- Ist **tout** direktes Objekt, steht es vor einem Infinitiv oder Partizip Perfekt:
  Il a **tout** vu. *Er hat alles gesehen.*
- Das deutsche *nicht alles* + Substantiv entspricht **tout** + verneintem Verb:
  Tout ce qui brille **n'est pas** d'or. *Nicht alles was glänzt ist Gold.*
- Bei **tout** *alles* vor einem substantivierten Adjektiv muss *ce* + Relativsatz (▷ 7) eingefügt werden:
  Il sait **tout ce qui** est nouveau. *Er weiß alles, was neu ist.*
- **Tout** *ganz* kann eine adverbiale Funktion annehmen (▷ 5):
  Il est **tout** content. *Er ist ganz zufrieden.*
- Feststehende Wendungen mit **tout** sind:

tout à coup *plötzlich*	tout à fait *ganz und gar*
à tout à l'heure *bis gleich*	à toute heure *zu jeder Zeit*
tout de suite *sofort*	une fois pour toutes *ein für allemal*

⚡ Man sagt **tout le monde** *alle/jedermann*, aber: **le monde entier** *die ganze Welt*.
- Das pronominale **tous/toutes** *alle* wird im Genus angeglichen:
  Ses filles sont **toutes** venues. *Seine/ihre Töchter sind alle gekommen.*

Zwischentest 8

A2 1. Welches ist das Indefinitpronomen?

Il ne faut pas acheter n'importe quoi.
a. Il
b. n'importe quoi
c. faut
d. quoi

B1 2. Welches ist das Indefinitadjektiv?

Si seulement j'avais une quelconque idée.
a. Si
b. seulement
c. quelconque
d. idée

A2 3. Welcher Satz ist falsch?

a. Aucune institutrice n'est si aimée que Mlle Dumont.
b. Rien n'est parfait.
c. Personne n'a sonné.
d. Il est quelqu'un curieux.

B1 4. Welche Indefinita haben die gleiche Bedeutung?

a. aucun/divers
b. rien/quelqu'un
c. aucun/pas un
d. différents/chacun

B1 5. Wie ist die Lücke zu schließen?

Sur cette image on voit des fruits ....
a. de toutes sortes
b. on
c. quiconque
d. quelques

A2 6. Welcher Satz ist richtig?

a. Raconte-moi quelques choses nouvelles.
b. Raconte-moi quelque chose de nouveau.
c. Raconte-moi quelque chose nouveau.
d. Raconte-moi la quelque chose.

A2 7. Wie ist die Lücke zu schließen?

Elle leur donnera l'argent de poche ....
a. à chacun.
b. pour chaque.
c. chaque
d. à autre.

Zwischentest 8

8. Wie kann der Satz umformuliert werden?

Tout candidat se présentera au patron.
a. Le candidat se présentera au patron.
b. Chaque candidat se présentera au patron.
c. Un candidat sur deux se présentera au patron.
d. Aucun candidat ne se présentera au patron.

9. Was kann quiconque ersetzen?

a. n'importe quoi
b. personne
c. n'importe qui
d. rien

10. Welcher Satz ist richtig?

a. C'est quelque chose vraiment drôle.
b. Il n'a aucune idée.
c. Tous le monde est venu.
d. Il mange plusieur olive en même temps.

11. Wie ist der Satz zu ergänzen?

Paul et Marianne sont très attachés ....
a. elle à lui.
b. un à une
c. l'un à l'autre.
d. l'autre à l'une.

12. Was passt in die Lücke?

Il habite dans le .... quartier depuis son enfance.
a. chaque
b. je pense
c. aucun
d. même

13. Was zeichnet tout aus?

a. Tout kann ein Adjektiv sein.
b. Tout muss immer angepasst werden.
c. Tout und tel haben die gleiche Bedeutung.
d. Tout steht immer allein.

Lösungen
1b. 2c. 3d. 4c. 5a. 6b. 7a. 8b. 9c. 10b. 11c. 12d. 13a.

9 Das Demonstrativ- und das Possessivpronomen

*C'est **ma** sœur de lait, **cette** fille;*
nous avons grandi ensemble.
Elle a fait une faute, tant pis;
*mais je ne la jetterai pas dehors pour **cela**;*
*et s'il le faut, je l'élèverai, **cet** enfant.*
Alors Julien éclata:
Et nous aurons une propre réputation,
*nous autres, avec **notre** nom et **nos** relations.*

Guy de Maupassant (1850–1893), écrivain français

***Dieses** Mädchen ist **meine** Milchschwester;*
wir sind zusammen aufgewachsen.
Sie hat einen Fehler gemacht, was soll's,
*aber ich werde sie **deshalb** nicht hinauswerfen;*
*und wenn es sein muss, werde ich **dieses** Kind groß ziehen.*
Da brach es aus Julien hervor:
Und wir anderen werden einen lädierten Ruf haben,
*mit **unserem** Namen und **unseren** Beziehungen.*

Guy de Maupassant (1850–1893), französischer Autor

G Die Demonstrativa weisen auf etwas Bestimmtes hin, die Possessiva zeigen ein Besitzverhältnis an. Im Französischen unterscheidet man Demonstrativadjektive und Demonstrativpronomen sowie Possessivadjektive und Possessivpronomen. Sie können die Funktion eines Adjektivs und eines Pronomens übernehmen. Als Adjektiv ergänzen sie das zu bezeichnende Substantiv, als Pronomen ersetzen sie das Substantiv.

Le pronom et l'adjectif possessifs et démonstratifs

9.1 Das Demonstrativpronomen und -adjektiv

9.1.1 Das Demonstrativpronomen

Man unterscheidet zwischen einfachen, zusammengesetzten und neutralen Demonstrativpronomen.

Formen

	einfache Formen		zusammengesetzte Formen	
	Singular	Plural	Singular	Plural
maskulin	celui *der(jenige)*	ceux *die(jenigen)*	celui-ci *der/dieser(hier)* celui-là *der/dieser (da)*	ceux-ci *die/diese (hier)* ceux-là *die/diese (da)*
feminin	celle *die(jenige)*	celles *die(jenigen)*	celle-ci *die/diese (hier)* celle-là *die/diese (da)*	celles-ci *die/diese (hier)* celles-là *die/diese (hier)*
neutral	ce *das*		ceci *dies*, cela/ça *das*	

⚡ Vor vokalischem Anlaut wird ce zu c' verkürzt: c'est, c'était usw. Vor a wird ce zu ç': **ç'a été long** *das hat lange gedauert*.

Gebrauch

Das Demonstrativpronomen vertritt Substantive. Es wird an das Substantiv, für das es steht, in Genus und Numerus angepasst:
Parmi toutes ces **tasses**, voici **celle** que je préfère. *Von allen Tassen mag ich diese am liebsten.*

Die einfachen Formen des Demonstrativpronomens können nicht allein gebraucht werden, sondern haben immer eine Ergänzung bei sich. Dies kann sein:
- eine Ergänzung mit de + Substantiv:
  Comme sa moto est en panne, il prend **celle de** son frère. *Da sein Motorrad kaputt ist, nimmt er das seines Bruders.*
- ein Relativsatz (▷ 7):
  À quelle clientèle cible s'adresse ce livre ? À **ceux et celles qui** ont une certaine formation préalable. *An welche Zielgruppe richtet sich dieses Buch? An diejenigen, die eine gewisse Vorbildung haben.*
- ein Partizip (Präsens oder Perfekt):
  Quelles photos regarde-t-il ? **Celles** prises au Mont Ventoux. *Welche Fotos schaut er an? Die, die auf dem Mont Ventoux aufgenommen wurden.*

Das Demonstrativ- und das Possessivpronomen

Die zusammengesetzten Demonstrativpronomen sind Subjekt- oder Objektpronomen (▷ ❻) und werden ohne Ergänzung verwendet. Sie haben hinweisende Funktion und können sich auf Lebewesen oder Dinge beziehen:
Tu mets quels bijoux ce soir ? Ceux-ci. *Welche Schmuckstücke/welchen Schmuck legst du heute Abend an? Diese/diesen hier.*

B1 Die neutralen Demonstrativpronomen sind unveränderlich:
- Das neutrale **ce** wird nur in Verbindung mit **être** *sein* und als neutrales Subjekt gebraucht:
  Ce sont tes gants là ? *Sind **das** da deine Handschuhe?*
- Die neutralen **ceci, cela** und **ça** können Subjekt oder Objekt sein und verweisen auf einen bereits erwähnten oder als bekannt vorausgesetzten Sachverhalt:
  Ça doit être vrai puisque il l'a dit. *Das muss wahr sein, da er es gesagt hat.*
- ❶ Vor Infinitiv steht **ça … de** und **c'est … de**:
  C'est gentil **de** passer nous voir. *Es ist nett, dass du uns besuchst.*
- Ceci/celui-ci/celle-ci und cela/celui-là/celle-là werden zur Gegenüberstellung gebraucht: **ceci** verweist auf den ersten oder näheren Gegenstand, **cela** auf den zweiten oder entfernteren:
  Ceci est à toi et **cela** est à lui. *Das gehört dir und das/jenes ihm.*
  Celui-ci est mon frère cadet tandis que **celui-là** est mon neveu. *Dieser (hier) ist mein jüngerer Bruder, während jener (dort) mein Neffe ist.*

A2 ### 9.1.2 Das Demonstrativadjektiv

Formen

	Singular	Plural
maskulin	ce/cet *dieser*	ces *diese*
feminin	cette *diese*	ces *diese*

Vor einem Substantiv, das mit Vokal oder h muet beginnt, wird **ce** zu **cet**: **cet** ami *dieser Freund*, **cet** arbre *dieser Baum*, **cet** homme *dieser Mann*.

Gebrauch

Das Demonstrativadjektiv steht als Begleiter vor dem Substantiv und richtet sich in Genus und Numerus nach diesem. Es hat die Funktion eines hinweisenden Artikels und wird gebraucht:
- zum Hinweis auf Personen und Dinge, die nicht erwähnt wurden:
  Regarde **cet** écureuil roux. *Schau, dieses rote Eichhörnchen.*
- zur Textverknüpfung, indem auf ein vorausgehendes oder nachfolgendes Satzglied hingewiesen wird:
  Il a acheté une maison dans le quartier. **Cette** maison date du 18e siècle. *Er hat ein Haus in dem Viertel gekauft. Dieses Haus stammt aus dem 18. Jahrhundert.*

- für verschiedene adverbialen Ergänzungen:

à cette époque *damals*	à ce moment-là *in diesem Augenblick*
à cet égard *in dieser Hinsicht*	en ce moment *zur Zeit/gegenwärtig*
dans ce but *zu diesem Zweck*	pour cette raison *aus diesem Grund/deshalb*

Das Demonstrativadjektiv kann durch -ci oder -là verstärkt werden: **ce** cahier-**là** *dieses Heft (da)*, **ces** dettes-**ci** *diese Schulden (hier)*.

9.2 Das Possessivpronomen und -adjektiv

Possessivpronomen und Possessivadjektive zeigen den Besitz an. Das Possessivpronomen ersetzt ein Substantiv, das Possessivadjektiv begleitet es.

9.2.1 Das Possessivpronomen

Formen

	Singular		Plural	
	maskulin	feminin	maskulin	feminin
1. Pers. Sing.	le mien *meiner*	la mienne *meine*	les miens *meine*	les miennes *meine*
2. Pers. Sing.	le tien *deiner*	la tienne *deine*	les tiens *deine*	les tiennes *deine*
3. Pers. Sing.	le sien *sein*	la sienne *ihre*	les siens *seine*	les siennes *ihre*
1. Pers. Pl.	le nôtre *unser*	la nôtre *unsere*	les nôtres *unsere*	les nôtres *unsere*
2. Pers. Pl.	le vôtre *euer/Ihr*	la vôtre *eure/Ihre*	les vôtres *eure/Ihre*	les vôtres *eure/Ihre*
3. Pers. Pl.	le leur *ihr*	la leur *ihre*	les leurs *ihre*	les leurs *ihre*

Gebrauch

Das Possessivpronomen vertritt im Französischen wie im Deutschen ein vorher erwähntes Substantiv und stimmt in Genus und Numerus mit ihm überein:
- Vor dem Possessivpronomen steht immer der bestimmte Artikel:
  C'est **ton stylo** ou c'est **le mien** ? *Ist das dein Füller oder meiner?*
- Les miens, les tiens, les siens kann die Bedeutung von *die Meinigen, die Deinigen, die Seinigen* im Sinne von *meine/deine/seine Angehörigen/Familie* haben:
  C'est important pour **les miens**. *Es ist wichtig für meine Familie.*

> Das Demonstrativ- und das Possessivpronomen

- Feststehende Ausdrücke mit dem Possessivpronomen sind:

à chacun le sien *jedem das Seine*	faire sienne l'opinion de qn. *sich jds. Meinung zueigen machen*
à la tienne/vôtre *auf dein/euer/Ihr Wohl*	
en voilà bien des tiennes *das sieht dir ähnlich*	y mettre du sien *seinen Teil beitragen zu/sich Mühe geben*

A2 ## 9.2.2 Das Possessivadjektiv

Formen

Handelt es sich um einen *einzigen* Besitzer, sind die Formen folgende:

| | Singular | | Plural | |
	maskulin	feminin	maskulin	feminin
1. Pers.	**mon** cahier *mein Heft*	**ma** poche *meine Tasche*	**mes** cahiers *meine Hefte*	**mes** poches *meine Taschen*
2. Pers.	**ton** cahier *dein Heft*	**ta** poche *deine Tasche*	**tes** cahiers *deine Hefte*	**tes** poches *deine Taschen*
3. Pers.	**son** cahier *sein/ihr Heft*	**sa** poche *seine/ihre Tasche*	**ses** cahiers *seine/ihre Hefte*	**ses** poches *seine/ihre Taschen*

- Bei *mehreren* Besitzern sind folgende Formen möglich:

| | Singular | | Plural | |
	maskulin	feminin	maskulin	feminin
1. Pers.	**notre** cahier *unser Heft*	**notre** poche *unsere Tasche*	**nos** cahiers *unsere Hefte*	**nos** poches *unsere Taschen*
2. Pers.	**votre** cahier *euer Heft*	**votre** poche *eure Tasche*	**vos** cahiers *eure Hefte*	**vos** poches *eure Taschen*
3. Pers.	**leur** cahier *ihr Heft*	**leur** poche *ihre Tasche*	**leurs** cahiers *ihre Hefte*	**leurs** poches *ihre Taschen*

⚡ Vor einem femininen Wort, das mit Vokal oder h muet beginnt, werden **ma, ta, sa** durch **mon, ton, son** ersetzt:
une armoire → **son** armoire *sein/ihr Schrank*
C'est encore **son ancienne adresse**. *Das ist noch seine/ihre alte Adresse.*
Je ne crois pas à **son** histoire. *Ich glaube nicht an seine/ihre Geschichte.*

B1 🔊 Ausnahme: Vor **huitième** *der/die/das achte* und **onzième** *der/die/das elfte* bleiben **ma, ta, sa** unverändert:
C'est **ma huitième** crêpe. *Das ist meine achte Crêpe.*

Das Demonstrativ- und das Possessivpronomen

Gebrauch

Das Possessivadjektiv steht als Begleiter vor einem Substantiv. Es stimmt in Genus und Numerus mit dem zugehörigen Substantiv überein:
Chacun pense à **ses** propres soucis. *Jeder denkt an **seine** eigenen Sorgen.*
Où est **ton** B1 maillot ? *Wo ist **dein** Badeanzug?*
Merci de **votre** aide. *Danke für **eure/Ihre** Hilfe.*

⚡ Im Französischen richtet sich das Possessivadjektiv der 3. Person nach dem Genus des Substantivs, vor dem es steht, und nicht wie im Deutschen nach dem Genus des Besitzers:

Possessivadjektiv der 3. Pers.		
→ **son/sa**	ein Besitzer + ein Objekt	La mère aime **son** fils/**sa** fille. *Die Mutter liebt **ihren** Sohn/**ihre** Tochter.* Le père aime **son** fils/**sa** fille. *Der Vater liebt **seinen** Sohn/**seine** Tochter.*
→ **ses**	ein Besitzer + mehrere Objekte	Il/elle aime **ses** enfants. *Er/sie liebt **seine/ihre** Kinder.*
→ **leur**	mehrere Besitzer + ein Objekt	Ils aiment **leur** fils/**leur** fille. *Sie lieben **ihren** Sohn/**ihre** Tochter.*
→ **leurs**	mehrere Besitzer + mehrere Objekte	Les élèves sonts contents de **leurs** professeurs. *Die Schüler sind mit **ihren** Lehrern zufrieden.*

Die Verwendung des Possessivadjektivs weicht im Französischen in einigen Fällen von der im Deutschen ab. Es steht:
- zur Bezeichnung von Kleidungsstücken:
  Elle veut garder **son** manteau. *Sie möchte **den** Mantel anbehalten.*
- in einigen feststehenden Ausdrücken: B1

de nos jours *heutzutage*	prendre sa retraite *in Rente gehen*
faire ses dents *Zähne bekommen*	faire son apparition *in Erscheinung treten*
prendre son temps *sich Zeit lassen*	faire son âge *so alt aussehen, wie man ist*
briller par son absence *durch Abwesenheit glänzen*	
faire ses adieux à qn. *von jmd. Abschied nehmen*	

- In einigen Ausdrücken ohne Possessivadjektiv:

changer d'avis *seine Meinung ändern*	plier bagage *seine Koffer packen*
être à bout de forces *am Ende seiner Kräfte sein*	faire/chercher fortune *sein Glück machen/suchen*

⚡ Treffen zwei Possessivadjektive zusammen, muss ein Possessivadjektiv durch ein Possessivpronomen ersetzt werden:
Nous avons comparé **vos** propositions et **les nôtres**. *Wir haben Ihre Vorschläge mit **unseren** verglichen.*

Zwischentest 9

A2 1. **Welches ist das Possessivpronomen?**

Je vais inviter ta famille et la mienne.
- a. la mienne ☐
- b. Je ☐
- c. cette ☐
- d. vais ☐

A2 2. **Welches ist das Demonstrativadjektiv?**

Où est-ce que tu as trouvé cet article ?
- a. Où ☐
- b. tu ☐
- c. que ☐
- d. cet ☐

A2 3. **Wie viele Possessivadjektive finden Sie hier?**

Tu mettras tes livres, ces papiers, ton ordinateur et sa valise dans leur chambre.
- a. 1 ☐
- b. 3 ☐
- c. 2 ☐
- d. 4 ☐

A2 4. **Was muss ergänzt werden?**

Tu veux bien me prêter ………, le mien est au nettoyage à sec.
- a. tes chaussures ☐
- b. ton manteau ☐
- c. ta veste ☐
- d. ta jupe ☐

A2 5. **Vor welchem Satz steht ça?**

- a. ……… te dérange ? ☐
- b. ……… jumeaux sont de vrais jumeaux. ☐
- c. ……… jeune fille est charmante. ☐
- d. Il cherche ……… jumelles. ☐

B1 6. **Welcher Satz ist richtig?**

- a. Il fait la médecine dans le but. ☐
- b. C'est le vôtre chien. ☐
- c. C'est ma pelouse et pas la leur. ☐
- d. Il s'agit de sa image. ☐

A1 7. **In welchem Satz ist leurs nicht richtig?**

- a. Ils attendent leurs héritiers. ☐
- b. Alain et ses frères sont des leurs. ☐
- c. Il faut s'adresser à ceux qui s'occupent de leurs dossier. ☐
- d. Ce ne sont pas mes cassettes, ce sont les leurs. ☐

Zwischentest 9

8. Wo kann celle-ci nicht stehen? `A2`

    a. Je préfère .... à celle-là.
    b. .... est plus jolie que celle-là.
    c. .... est ma cousine et celle-là est sa fille.
    d. .... jeune femme est la fille des Gabin.

9. Welche Aussage ist richtig? `A2`

    a. Vor Vokal wird ma zu mon.
    b. Vor m wird ce zu c'.
    c. Mon ist ein Demonstrativpronomen.
    d. Le tien steht immer vor einem Substantiv.

10. In welchem Satz ist cet richtig? `A2`

    a. Cet lapin est très mignon.   c. Cet girafe vient de l'Afrique.
    b. Cet immeuble est tout neuf.   d. Cet pays est son pays natal.

11. Wie ist die Lücke zu schließen? `B1`

    Notre voisin et .... sont frères.   a. le vôtre   c. le son
                                                 b. le votre   d. mon

12. Wie ist der Satz richtig zu ergänzen? `A2`

    Il a eu une idée, ...
    a. ces écrire un livre
    b. celui construire une cabane
    c. celle de faire installer une piscine dans son jardin
    d. ceux qui croient aux différences intellectuelles

13. In welchem Satz ist son nicht richtig? `B1`

    a. Son amie s'appelle Sabine.
    b. Elle a mis son autre robe.
    c. Son ancienne patronne est passée chez nous.
    d. C'était déjà son onzième voiture.

 Lösungen

1a. 2d. 3d. 4b. 5a. 6c. 7c.
8d. 9a. 10b. 11a. 12c. 13d.

Das Fragewort und der Fragesatz

Quelle mécanique incompréhensible a soumis les organes au sentiment et à la pensée ?
comment une seule idée douloureuse **dérange-t-elle** le cours du sang,
et **comment** le sang à son tour **porte-t-il** ses irrégularités dans l'entendement humain ?

Voltaire (1694–1778), philosophe et écrivain français

***Welcher** unverständliche Mechanismus hat die Organe dem Gefühl und dem Verstand unterworfen? **Wieso** stört eine einzige schmerzhafte Vorstellung den Fluss des Blutes und **wieso** transportiert das Blut seinerseits seine Unregelmäßigkeiten in den menschlichen Verstand?*

Voltaire (1694–1778), französischer Philosoph und Schriftsteller

G Zur Bildung einer Frage stehen die Interrogativa zur Verfügung. Diese sind das Interrogativpronomen, das Interrogativadjektiv und das Interrogativadverb. Man unterscheidet im Französischen wie auch im Deutschen den direkten und den indirekten Fragesatz. Der Fragesatz kann mit oder ohne Interrogativ gebildet werden. Die Art der Formulierung hängt von der Sprachebene ab und davon, ob es sich um geschriebene oder gesprochene Sprache handelt.

10.1 Das Interrogativpronomen

Man unterscheidet im Französischen das einfache und das zusammengesetzte Interrogativpronomen.

Formen und Gebrauch
Das einfache Interrogativpronomen

	Personen	**Dinge**
Subjekt	qui ? *wer?*	que/quoi ? *was?*
direktes Objekt	qui ? *wen?*	que/quoi ? *was?*
indirektes Objekt	à/de qui ? *an wen/von wem?*	à quoi/de quoi ? *woran/worüber?*
adverbiale Ergänzung	par/pour/avec qui ? *durch wen?/für wen?/mit wem?*	par/pour/avec quoi ? *durch/für/mit was?*

💡 Das einfache Interrogativpronomen ist unveränderlich. Die Formen können folgendermaßen verstärkt werden:

	Personen	**Dinge**
Subjekt	qui est-ce qui ? *wer?*	qu'est-ce qui ? *was?*
direktes Objekt	qui est-ce que ? *wen?*	qu'est-ce que ? *was?*
indirektes Objekt	à/de qui est-ce que ? *an wen/von wem?*	à/de quoi est-ce que ? *an was/von was?*
adverbiale Ergänzung	par/pour/avec qui est-ce que ? *durch wen?/für wen?/mit wem?*	par/pour/avec quoi est-ce que ? *durch/für/mit was?*

Das Interrogativpronomen **qui** fragt sowohl nach dem Subjekt als auch nach dem Objekt und wird mit Präpositionen verbunden. Die verstärkte Form **qui est-ce qui** hat dieselbe Bedeutung wie die einfache Form **qui**:

Subjekt: **Qui/qui est-ce qui** est venu ? *Wer ist gekommen?*
dir. Obj.: **Qui/qui est-ce que** tu regardes ? **Qui** regardes-tu ? *Wen schaust du an?*
indir. Obj.: **À qui/à qui est-ce que** tu penses ? **À qui** penses-tu ? *An wen denkst du?*

Mit **que** wird nur nach einem Objekt gefragt. Es kann nicht mit Präpositionen verbunden werden und zieht immer eine Inversion nach sich, es sei denn, man gebraucht **est-ce que**:
Que fait-il ? Aber: **Qu'est-ce qu'il** fait ? *Was macht er?*
Que veux-tu ? Aber: **Qu'est-ce que** tu veux ? *Was willst du?*

Das Fragewort und der Fragesatz

◐ **Ausnahme:** Que kann bei einigen unpersönlichen Verben Subjekt sein:
Que se passe-t-il ? *Was ist los?* **Qu'**arrive-t-il ? *Was passiert?*

Das Interrogativpronomen **quoi** dient der Frage nach dem Objekt oder einer adverbialen Ergänzung, sofern die Frage auf Dinge bezogen ist:
dir. Obj.: **Quoi** dire ? *Was soll ich sagen?*
adverb. Ergänzung: **Avec quoi** tu laves tes pull-overs ? *Womit wäschst du deine Pullover?*

In der indirekten Frage (▷ 24) bleiben **qui** und **quoi** unverändert:
Qui m'écoute ? *Wer hört mir zu?* → Je me demande **qui** m'écoute. *Ich frage mich, wer mir zuhört.*

Weiterhin werden in der indirekten Frage die Fragepronomen **que** und **qu'est-ce que** zu **ce que** sowie **qu'est-ce qui** zu **ce qui**:
Qu'est-ce que tu vois ? *Was siehst du?* → Il demande **ce que** tu vois. *Er fragt, was du siehst.*

B1 ☀ Die Fragepronomen **qui** und **quoi** können ohne Verb gebraucht werden: **Quoi** donc ? *Was denn?* **Qui** alors ? *Wer nun?*

B1 **Das zusammengesetzte Interrogativpronomen lequel**
Das Interrogativpronomen **lequel** wird aus den Formen des bestimmten Artikels und denen des Interrogativadjektivs **quel** (▷ 10.2) zusammengesetzt. Hierbei werden le/les + de zu du/des und le/les + à zu au/aux.

	maskulin	feminin
Singular	lequel ? *welcher?* duquel ? *von welchem?* auquel ? *welchem?*	laquelle ? *welche?* de laquelle ? *von welcher?* à laquelle ? *(an) welche/r?*
Plural	lesquels ? *welche?* desquels ? *von welchen?* auxquels ? *(an)welche/n?*	lesquelles ? *welche?* desquelles ? *von welchen?* auxquelles ? *(an) welche/n?*

☀ Das Interrogativpronomen **lequel** ist in Genus und Numerus veränderlich und richtet sich nach seinem Bezugswort:
Il a acheté un château. **Lequel ?** *Er hat ein Schloss gekauft. Welches?*

Lequel verhält sich wie ein Substantiv und kann Subjekt oder Objekt des Satzes sein. Mit **lequel** fragt man nach bestimmten Lebewesen oder Dingen, die aus einer bereits bekannten Gruppe hervorgehoben werden:
Lequel d'entre vous voudrait une glace ? *Wer von euch möchte gern ein Eis?*

Lequel kann auch eine Frage mit **est-ce que** sowie eine indirekte Frage einleiten:
Lesquelles est-ce que tu as rencontrées ? *Welche hast du getroffen?*
Il se demande **de laquelle** des rues on aurait la belle vue sur Paris. *Er fragt sich, von welcher Straße aus man die schöne Sicht über Paris haben soll.*

10.2 Das Interrogativadjektiv quel

Formen

	maskulin	feminin	
Singular	quel ? *welcher?*	quelle ? *welche?*	quel bijou ? *welcher Schmuck?* quelle voiture ? *welches Auto?*
Plural	quels ? *welche?*	quelles ? *welche?*	quels garçons ? *welche Jungen?* quelles photos ? *welche Fotos?*

Gebrauch

Das Interrogativadjektiv **quel** begleitet wie ein Adjektiv ein Substantiv bzw. eine Nominalgruppe. Es richtet sich in Genus und Numerus nach dem Substantiv, zu welchem es gehört und leitet eine direkte oder eine indirekte Frage ein, worauf in der Regel eine Inversion folgt (▶ 24):
Quel jour sommes-nous ? *Welcher Tag ist heute?*
Dans **quel** but s'engage-t-il ? *Mit welchem Ziel engagiert er sich?*

Das Interrogativadjektiv **quel** dient auch zur Einleitung eines Ausrufs:
Quel dommage ! *Wie schade!* **Quelle** surprise ! *Was für eine Überraschung!*
Quel cauchemar ! *Was für ein Alptraum!* **Quelle** chance ! *Was für ein Glück!*

10.3 Das Interrogativadverb

Formen

Interrogativadverb	Gebrauch
pourquoi ? *warum?*	**Pourquoi** paraît-il malheureux ? *Warum wirkt er unglücklich?* **Pourquoi** le musée est-il fermé ? *Warum ist das Museum geschlossen?*
quand ? *wann?*	**Quand** commence le cours ? *Wann beginnt der Unterricht?* **Quand** est-ce que tu viendras ? *Wann wirst du kommen?*
où ? *wo?*	**Où** ton chef veut-il installer un bureau ? *Wo möchte dein Chef ein Büro einrichten?* Par **où** est-ce que vous êtes venus ? *Von wo seid ihr/sind Sie gekommen?*
comment ? *wie?*	**Comment** fonctionne ce distributeur ? *Wie funktioniert dieser Automat?* **Comment** tu t'appelles ? *Wie heißt du?* **Comment** cela ? *Wieso/warum?*
combien ? *wie viel?*	**Combien** de marchandises quittent chaque jour Rungis ? *Wie viele Waren verlassen Rungis täglich?* **Combien** est-ce que tu as payé ? *Wie viel hast du bezahlt?*

10.4 Der Fragesatz

Im Französischen gibt es wie im Deutschen den direkten und den indirekten Fragesatz. (Zum indirekten Fragesatz: ▶ ㉔). Beim direkten Fragesatz werden folgende Fragetypen unterschieden:

Fragetyp	Anwendung	
Intonationsfrage ohne Fragewort ohne Inversion	gesprochene Sprache	Tu rentres tard ? *Kommst du spät?*
Fragewort nachgestellt	ugs., familiär	Il habite **où** ? *Wo wohnt er?* Tu l'as fait **comment** ? *Wie hast du das gemacht?*
Frage mit est-ce que kann mit Interrogativadverb kombiniert werden	gesprochene + Schriftspr.	**Est-ce qu**'il a réussi ses examens ? *Hat er die Prüfungen bestanden?* Avec qui **est-ce que** tu pars en vacances ? *Mit wem fährst du in Ferien?*
Inversionsfrage mit oder ohne Fragewort	Schriftspr. + geh. gespr. Sprache	Y **a-t-il** quelque chose qui t'en empêche ? *Gibt es etwas, das dich daran hindert?* Qu'**as-tu** dit ? *Was hast du gesagt?*
absolute Fragestellung mit komplexer Inversion	Schriftspr.	Cela suffit-**il** ? *Reicht das?* **Les arbres** sont-**ils** hauts ? *Sind die Bäume hoch?* Pourquoi **les hommes** sont-**ils** si cruels ? *Wieso sind Menschen so grausam?*

Weiterhin unterscheidet man zwischen der Gesamtfrage und der Teilfrage. Die Gesamtfrage wird durch kein Interrogativ eingeleitet und mit *ja* oder *nein* beantwortet. Die Teilfrage wird mit einem Interrogativ eingeleitet und in der Regel mit einem Antwortsatz beantwortet. Sie fragt nach einem bestimmten Satzteil.
Bei der Wortstellung im Fragesatz ist zu unterscheiden, auf welchem Sprachniveau die Frage formuliert wird und ob sie geschrieben oder gesprochen wird.
❶ In der gesprochenen Sprache tritt oft die direkte Wortstellung des Aussagesatzes auf, während in der geschriebenen Sprache die Inversion dominiert.

Die Intonationsfrage
Die Intonationsfrage ist einfach zu bilden. Der normale Aussagesatz wird allein durch steigende Intonation zu einer Frage und kommt nur als Gesamtfrage vor:
Le repas n'est pas encore prêt ? *Ist das Essen noch nicht fertig?*

Die Inversionsfrage
Die Inversionsfrage kann auf Teil- oder Gesamtfragen angewandt werden:

Teilfrage:	Qui **as-tu** invité ? *Wen hast du eingeladen?*
Gesamtfrage:	**Veut-il** partir ? *Möchte er abfahren?*

Das Fragewort und der Fragesatz

- Besteht das Subjekt aus einem Personalpronomen, wird es dem konjugierten Verb nachgestellt und mit Bindestrich angeschlossen: **es-tu** ? *bist du?* **veut-il** ? *möchte er?* **connaissez-vous** ? *kennt ihr/kennen Sie?*
- ⚡ Bei der 3. Person wird ein t eingefügt, wenn die Verbform auf a oder e auslautet: **a-t-il** ? *hat er?* **mange-t-elle** ? *isst sie?* **s'en va-t-elle** ? *geht sie weg?*
  ℹ️ Die deutsche Frage *kann ich?* wird mit **puis-je** ? oder **est-ce que je peux** ? übersetzt:
  Puis-je vous aider ? **Est-ce que je peux** vous aider ? *Kann ich euch/Ihnen helfen?*
- Keine Inversion erfolgt nach qui, quel oder lequel in Subjektfunktion. Dies gilt auch für à quoi, de quoi, à qui, de qui:
  Qui m'a appelé ? *Wer hat mich angerufen?*
  Lequel des fils fait du basket ? *Welcher Sohn spielt Basketball?*
  Quel loisir est le tien ? *Was ist deine Freizeitbeschäftigung?* (quel ist Subjekt)
- Wird mit qui, quel oder lequel nach einem Objekt gefragt, erfolgt die Inversion. Dies gilt auch für à quoi, de quoi, à qui, de qui:
  Qui as-tu appellé ? *Wen hast du angerufen?* (qui ist Objekt)
  Laquelle des robes **vas-tu** mettre ? *Welches Kleid wirst du anziehen?*

Die absolute Fragestellung
Ist das Subjekt des Fragesatzes ein Substantiv, erfolgt die komplexe Inversion. Hierbei steht das Subjekt vor dem Verb, und ein darauf bezogenes Personalpronomen wird an das Verb angehängt:
La taxe carbone **devient-elle** un vrai B1 casse-tête fiscal ? *Wird die Kohleabgabe zu einer steuerlichen Zerreißprobe?*
Jeannine va-t-elle passer ce soir ? *Kommt Jeannine heute Abend vorbei?*
Um die komplexe Inversion zu vermeiden, kann der Fragesatz mit **est-ce que** gebildet werden:
Est-ce que Jeannine va passer ce soir ? *Kommt Jeannine heute Abend vorbei?*

Der Fragesatz mit nachgestelltem Fragewort
Der Fragesatz mit nachgestelltem Fragewort ist umgangssprachlich und nur auf die Teilfrage anwendbar:
Tu vas **où** ? *Wohin gehst du?*

Der Fragesatz mit est-ce que
Sowohl in der gesprochenen als auch in der geschriebenen Sprache wird die Frageform mit **est-ce que** für die Teil- und die Gesamtfrage verwendet. Die Wortstellung entspricht der des Aussagesatzes. Die Gesamtfrage wird mit **est-ce que** eingeleitet, die Teilfrage mit einem Fragewort, auf das **est-ce que** folgt:
Est-ce que tu as dit quelque chose ? *Hast du etwas gesagt?*
Où **est-ce qu**'il va ? *Wohin geht er?*

Zwischentest 10

A2 1. Welches Wort ist ein Fragepronomen?

Qui va inviter Michelle ?
- a. qui ☐
- b. inviter ☐
- c. va ☐
- d. Michelle ☐

A2 2. Welches Wort ist ein Interrogativadverb?

Comment peut-on consoler quelqu'un de si triste ?
- a. consoler ☐
- b. peut-on ☐
- c. comment ☐
- d. de ☐

A2 3. Welche Antwort passt zu dieser Frage?

Qu'est-ce que c'est ?
- a. C'est mon voisin. ☐
- b. C'est Pierre. ☐
- c. C'est un dessin de ma fille. ☐
- d. Ce sont Paul et Pierrot. ☐

A2 4. Wie kann die Frage umgangssprachlich lauten?

Est-ce que tu as déjà vu les photos ?
- a. Qui a déjà vu les photos ? ☐
- b. Qu'est-ce que tu as déjà vu ? ☐
- c. Quel déjà-vu ! ☐
- d. Tu as déjà vu les photos ? ☐

B1 5. Wie wird *Was hast du gesagt* übersetzt?
- a. Que tu as dit ? ☐
- b. Qu'as-tu dit ? ☐
- c. Que fais-tu ? ☐
- d. Est-ce que tu l'as dit ? ☐

B1 6. Welche Frage ist eine absolute Frage?
- a. Qui a demandé sa main ? ☐
- b. A Jean demandé sa main ? ☐
- c. Jean a-t-il enfin demandé sa main ? ☐
- d. Pourquoi est-ce qu'il l'a demandée en mariage ? ☐

A2 7. Welche Frage kann zu dem Satz gebildet werden?

C'est le ton qui fait la chanson.
- a. Pourquoi fait la chanson ? ☐
- b. Qu'est-ce que le ton fait ? ☐
- c. Qui fait le ton ? ☐
- d. Lequel ? ☐

Zwischentest 10

8. Welcher Satz ist nicht richtig?

    a. Que a il dit ?
    b. Quel âge avez-vous ?
    c. Comment va-t-elle ?
    d. Par où le bateau est-il arrivé au port ?

9. Wie ist die Lücke zu schließen?

    ……… adresse habitez-vous ?
    a. À quelle   c. Où
    b. Quand   d. Laquelle

10. Wie kann man *quoi de neuf ?* umschreiben?

    a. Qu'est-ce qu'il y a de nouveau ?
    b. Rien de nouveau.
    c. Qui est neuf ?
    d. Quelqu'un a neuf ans.

11. Welcher Satz ist nicht richtig?

    a. Que désirez-vous ?   c. De quoi s'agit-il ?
    b. De que s'agit-il ?   d. Qu'est-ce que lui est arrivé ?

12. Welches Interrogativ passt?

    Dis-moi, ……… est plus jeune que toi ?
    a. que   c. qui est-ce qui
    b. quand   d. pourquoi

13. Welche Aussage ist richtig?

    a. Ist qui Subjekt, folgt keine Inversion.
    b. Mit que fragt man nach Personen.
    c. Où ist kein Fragewort, sondern bedeutet *oder*.
    d. Quoi kann nicht mit Präpositionen stehen.

14. Welches Interrogativ ist einzusetzen?

    Des amis vont l'aider. ……… ?
    a. Quelles ?   c. Que ?
    b. Lesquels ?   b. Laquelle ?

🔑 **Lösungen**

1a. 2c. 3c. 4d. 5b. 6c. 7b. 8a.
9a. 10a. 11b. 12c. 13a. 14b.

Das Verb

*Je ne te **gronderai** pas, mon petit Franz,*
*tu **dois être** assez **puni** … voilà ce que **c'est**.*
*Tous les jours on **se dit**:*
*J'**ai** bien le temps. J'**apprendrai** demain.*
*Et puis tu **vois** ce qui **arrive** …*
*Ah ! ça **a été** le grand malheur de notre Alsace,*
*de toujours **remettre** son instruction à demain.*

Alphonse Daudet (1840–1897), écrivain et auteur dramatique français

*Ich **werde** dir nicht böse sein, mein kleiner Franz,*
*du **wirst** schon ausreichend **bestraft sein** … so **ist es** nun mal.*
*Täglich **sagt** man **sich**:*
*Ich **habe** genug Zeit. Ich **werde** morgen **lernen**.*
*Und dann **siehst** du, was **passiert** …*
*Ah! Das **war** das große Unheil unseres Elsass,*
*die Bildung immer auf morgen zu **verschieben**.*

Alphonse Daudet (1840–1897),
französischer Schriftsteller und Dramatiker

G Das Verb dient der Beschreibung einer Handlung, eines Zustands oder eines Ereignisses.
Die Infinitivendungen französischer Verben (**-er, -ir, -re, -oir**) geben Auskunft über die Konjugationsgruppe, der ein Verb zugeteilt ist und damit über die Konjugationsendungen in den einfachen Zeiten. Außer dieser Zuordung lassen sich die Verben auch ihrer Funktion nach in Vollverben, Hilfs- und Modalverben sowie reflexive Verben einteilen.

11.1 Die Konjugation

Die französischen Verben werden in drei Konjugationsgruppen eingeteilt:

Verben auf -er:	manger *essen*	Il **mange** une pomme. *Er **isst** einen Apfel.*
	jouer *spielen*	Nous **jouons** aux échecs. *Wir **spielen** Schach.*
Verben auf -ir:	finir *beenden*	Ils **finissent** leur A2 repas. *Sie **beenden** ihre Mahlzeit.*
	dormir *schlafen*	**Dors** bien ! *Schlaf gut!*
Verben auf -re/-oir:	perdre *verlieren*	Il a **perdu** son A2 chapeau. *Er hat seinen Hut **verloren**.*
	recevoir *bekommen*	Il **reçoit** une décoration. *Er bekommt eine Auszeichnung.*

Innerhalb dieser Konjugationsgruppen sind die regelmäßigen und die unregelmäßigen Verben zu unterscheiden.
(Zur Konjugationen der Verben in den verschiedenen Zeiten und Modi ▷ 12, 16, 17, Unregelmäßige Verben)

Formen
Die Verben auf -er

Der Verbgruppe mit der Infinitivendung -er gehören etwa 90 % der französischen Verben an. Fast alle Verben dieser Gruppe werden regelmäßig konjugiert.

Die Verben auf -er enden im Präsens Indikativ (▷ 12) auf -e, -es, -e, -ons, -ez, -ent:
Quand tu arriv**es** à la porte, tu sonn**es** chez Sabine. *Wenn du an der Tür **bist**, läutest du bei Sabine.*
Sie bilden das Partizip Perfekt auf -é: mang**é** *gegessen*, allong**é** *hingelegt*, parl**é** *gesprochen*, condamn**é** *verurteilt*, vol**é** *gestohlen/geflogen*:
Le financement est souvent un problème B2 **exacerbé** par les rivalités politiques. *Die Finanzierung ist oftmals ein von politischen Rivalitäten **geschürtes** Problem.*
Après avoir **mangé,** on va se reposer. *Nach dem Essen ruhen wir uns aus.*

⚡ Besonderheiten bei der Rechtschreibung:
- bei Endungen, die mit -a oder -o beginnen, wird c → ç und g → ge:
  il commen**ç**ait *er begann*, nous commen**ç**ons *wir beginnen*, nous bou**ge**ons [buʒɔ̃] *wir bewegen uns*, nous man**ge**ons [-ʒɔ̃] *wir essen*, ils na**ge**aient [naʒɛ] *sie schwammen*, nous ran**ge**ons [-ʒɔ̃] *wir räumen auf*

Das Verb

- vor stummem e wird das y des Stammes → i:
  employer → j'emploie *ich verwende*, essayer → j'essaie *ich versuche*
  Verben auf -ayer können jedoch das y vor stummem e behalten. Dies wirkt sich auf die Aussprache aus: j'essaie [ʒesɛ] und j'essaye [ʒesɛj] *ich versuche*
- bei den Verben auf -eler und -eter vor stummem e wird l → ll und t → tt:
  s'appeler → je m'appelle *ich heiße*, aber: nous nous appelons *wir heißen*
  jeter → je jette *ich werfe*, aber: nous jetons *wir werfen*
- **B1** vor Endungen mit stummem e wird -e und -é → -è:
  se lever → je me lève *ich stehe auf*, aber: nous nous levons *wir stehen auf*
  répéter → je répète *ich wiederhole*, aber: vous répétez *ihr wiederholt/Sie wiederholen*

A2 **Die Verben auf -ir**

Zur Gruppe der Verben auf -ir gehören ca. 300 Verben, die in der Mehrheit regelmäßig sind.

Alle Verben auf -ir enden im Präsens auf -s, -s, -t, -ons, -ez, -ent und bilden das Partizip Perfekt auf -i (zur Konjugation (▶ **12**)):
Tu n'as pas encore fini ? *Bist du noch nicht fertig?*
Vous avez bien dormi ? *Habt ihr/haben Sie gut geschlafen?*
Innerhalb der Verbgruppe auf -ir gibt es zwei Untergruppen: die Verben mit Stammerweiterung und die Verben ohne Stammerweiterung.

A2 **Die Verben auf -ir mit Stammerweiterung**

Sie erweitern den Stamm um den Vokal i: finir *beenden* → Stamm fin- erweitert → fini-.
Darüber hinaus wird in den Pluralformen des Präsens und allen davon abgeleiteten Formen -ss- an den erweiterten Verbstamm gefügt: fini- + ss + Endung:

Präsens Indikativ: je fin**is**   tu fin**is**   il/elle fin**it**
                       nous fin**iss**ons   vous fin**iss**ez   ils/elles fin**iss**ent

Zu dieser Gruppe gehören die meisten Verben auf -ir, z. B.:

B1 abolir *abschaffen*	grandir *wachsen*	réfléchir *überlegen*
B2 aboutir *führen zu*	guérir *heilen*	remplir *füllen*
avertir *warnen*	jouir *geniessen*	réussir *Erfolg haben*
bâtir *bauen*	nourrir *ernähren*	rougir *rot werden*
choisir *auswählen*	obéir *gehorchen*	**B1** salir *beschmutzen*
démolir *abreißen*	**B1** punir *bestrafen*	**B1** trahir *verraten*
envahir *einfallen (in)*	ralentir *langsamer werden*	unir *vereinigen*
B1 fournir *liefern*	réagir *reagieren*	vieillir *altern*

On l'a averti, mais il n'a pas obéi. *Er wurde gewarnt, aber er hat nicht gehorcht.*
Ces arbres grandissent trop vite. *Diese Bäume wachsen zu schnell.*

Das Verb

Verben auf -ir ohne Stammerweiterung
Verben auf -ir ohne Stammerweiterung hängen die Endung direkt an den Verbstamm: z. B. dormir *schlafen* → Stamm dorm- + Endung → nous **dorm**-ons *wir schlafen*

⚡ Lautet die Endung auf Konsonant an und endet der Verbstamm ebenfalls auf Konsonant, entfällt der stammauslautende Konsonant:
Präsens Indikativ:	je dors	tu dors	il/elle dort
	nous dormons	vous dormez	ils/elles dorment

Wie dormir werden konjugiert:

B1 consentir *einwilligen*	s'endormir *einschlafen*	servir *dienen*
B1 pressentir *ahnen*	B1 se repentir *bereuen*	sortir *hinausgehen*
B1 ressentir *verspüren/ merken*	mentir *lügen* sentir *wahrnehmen*	partir *abreisen/ weggehen*

Les Marcelin **sortent** tous les jours vers neuf heures du matin. *Die Marcelins gehen jeden Tag gegen neun Uhr morgens aus dem Haus.*
Nadine **part** deux ans à l'étranger. *Nadine geht für zwei Jahre ins Ausland.*
On vous **sert**, Madame ? *Werden Sie schon bedient, Madame?*

🔹 Ausnahmen: Die Verben ouvrir *öffnen*, accueillir *empfangen*, couvrir *bedecken*, découvrir *entdecken*, offrir *anbieten*, souffrir *leiden* werden im Präsens wie die Verben auf -er konjugiert:
Singular:	j'ouvre	tu ouvres	il/elle ouvre
Plural:	nous ouvrons	vous ouvrez	ils/elles ouvrent

Quand tu **ouvres** les volets, fais attention aux fleurs. *Wenn du die Fensterläden öffnest, achte auf die Blumen.*
Ouvrez les livres. *Schlagt die Bücher auf!*
Sie bilden das Partizip Perfekt auf -ert: ouv**ert**, couv**ert**, découv**ert**, off**ert**, souff**ert**
Ces plantes ont **souffert** d'un manque de lumière. *Diese Pflanzen haben unter Lichtmangel gelitten.*

Die Verben auf -re
Es gibt ungefähr 180 französische Verben mit der Infinitivendung -re. Von diesen ist eine große Gruppe unregelmäßig, wenige, wie z. B. vendre *verkaufen*, sind regelmäßig.

Die regelmäßigen Präsensendungen sind -s, -s, (-), -ons, -ez, -ent:
Präsens Indikativ:	je vends	tu vends	il/elle vend
	nous vendons	vous vendez	ils/elles vendent.

Il **attend** le bus. *Er wartet auf den Bus.*
Je pense qu'il la **confond** avec une autre. *Ich denke, er verwechselt sie mit einer anderen.*

Das Verb

Regelmäßig werden konjugiert:

attendre *warten*	entendre *hören*	s'entendre *sich verstehen*
confondre *verwechseln*	fondre *schmelzen*	se détendre *sich entspannen*
correspondre *entsprechen*	perdre *verlieren*	se rendre *sich begeben*
défendre *verteidigen*	rendre *zurückgeben*	tendre *spannen/hinhalten*
dépendre *abhängen*	répondre *antworten*	vendre *verkaufen*
descendre *herunterkommen*		

◑ Ausnahme: Bei **rompre** *zerbrechen* und den davon abgeleiteten Verben **corrompre** *bestehen* und **interrompre** *unterbrechen* endet die 3. Pers. Sing. auf -t: il/elle romp**t**, corromp**t**, interromp**t**.
*Mon mari m'**interrompt** toujours, quand je lui explique quelque chose.* Mein Mann **unterbricht** mich immer, wenn ich ihm etwas erkläre.

⚡ Die Verben **coudre** *nähen*, **moudre** *mahlen*, **prendre** *nehmen* sind unregelmäßig, ebenso die Verben auf **-aindre**, **-eindre**, **-oindre** wie **craindre** *fürchten*, **feindre** *vorgeben*, **peindre** *malen*, **joindre** *zusammenfügen*.

B1 Die Verben auf -oir

Die Verben auf **-oir** sind unregelmäßig. Zu ihnen gehören:

avoir *haben*	apercevoir *wahrnehmen*	devoir *müssen*
pleuvoir *regnen*	pouvoir *können*	savoir *wissen*
valoir *wert sein/kosten*	voir *sehen*	vouloir *wollen*

A2 Die Ableitungsregeln

Die einfachen Verbformen der regelmäßigen und vieler unregelmäßiger Verben lassen sich aus bestimmten Formen des Verbs oder aus deren Stamm ableiten. Das Imparfait (▷ 12.3.1) und das Partizip Präsens (Gerund) (▷ 18) werden vom Stamm der 1. Person Plural Präsens abgeleitet:

1. Pers. Pl. Präs.		1. Pers. Sing. Imparfait	Part. Präs.
nous **aim**ons *wir lieben*	→	j'**aim**ais *ich liebte*	**aim**ant
nous **finiss**ons *wir beenden*	→	je **finiss**ais *ich beendete*	**finiss**ant
nous **serv**ons *wir dienen*	→	je **serv**ais *ich diente*	**serv**ant
nous **fais**ons *wir machen*	→	je **fais**ais *ich machte*	**fais**ant
nous **all**ons *wir gehen*	→	j'**all**ais *ich ging*	**all**ant
nous **appréci**ons *wir schätzen*	→	j'**appréci**ais *ich schätzte*	**appréci**ant
nous **pouv**ons *wir können*	→	je **pouv**ais *ich konnte*	**pouv**ant

B1

Alle Singularformen und die 3. Person Plural des Subjonctif Präsens (▷ 16) können von der 3. Person Plural Präsens abgeleitet werden:

Das Verb

1. Pers. Pl. Präs.		1. Pers. Sing. + 3. Pers. Pl. Subj. Präs.
ils se lèvent *sie stehen auf*	→	que je me lève, qu'ils se lèvent
ils boivent *sie trinken*	→	que je boive, qu'ils boivent
ils deviennent *sie werden*	→	que je devienne, qu'ils deviennent
ils prennent *sie nehmen*	→	que je prenne, qu'ils prennent

Nicht abgeleitet werden können die Subjonctif-Formen von **avoir** *haben*, **être** *sein*, **aller** *gehen*, **faire** *machen*, **savoir** *wissen*, **pouvoir** *können*.
Das Futur und der Konditional I (▶ 17) werden bei den Verben auf **-er** von der 1. Person Singular Präsens abgeleitet:

Verben auf -er: 1. Pers. Sing. Präs.		Futur simple
je mange *ich esse*	→	je mangerai *ich werde essen*
je demande *ich frage*	→	je demanderai *ich werde fragen*
je regrette *ich bedauere*	→	je regretterai *ich werde bedauern*
je jette *ich werfe*	→	je jetterai *ich werde werfen*

Die Verben auf **-ir** leiten diese Formen vom Infinitiv ab:

Verben auf -ir: Infinitiv		Futur simple
finir *beenden*	→	je finirai *ich werde beenden*
choisir *(aus)wählen*	→	je choisirai *ich werde wählen*
partir *abreisen/weggehen*	→	je partirai *ich werde abreisen/weggehen*

Verben auf **-re** leiten das Futur simple und den Konditional I vom Infinitivstamm ab:

Infinitiv	Infinitivstamm		Futur simple
rendre *zurückgeben*	rendr-	→	je rendrai *ich werde zurückgeben*
connaître *kennen*	connaîtr-	→	je connaîtrai *ich werde kennen*
craindre *fürchten*	craindr-	→	je craindrai *ich werde fürchten*

◖ Ausnahme: Nicht abgeleitet werden können die Futur-simple- bzw. Konditional-I-Formen von **aller** *gehen*, **avoir** *haben*, **devoir** *müssen*, **envoyer** *schicken*, **être** *sein*, **faire** *machen*, **falloir** *nötig sein/müssen*, **pouvoir** *können*, **savoir** *wissen*, **venir** *kommen*, **voir** *sehen*, **vouloir** *wollen*.

11.2 Die Verben avoir und être

Avoir *haben* und **être** *sein* sind sowohl Voll- als auch Hilfsverben, mit denen die zusammengesetzten Zeiten gebildet werden:
avoir als Vollverb: Il **a** une voiture rouge. *Er **hat** ein rotes Auto.*
avoir als Hilfsverb: **J'ai** perdu la clé. *Ich **habe** den Schlüssel verloren.*

cent vingt-cinq **125**

Das Verb

être als Vollverb: **Elle est ma sœur.** *Sie ist meine Schwester.*
être als Hilfsverb: **Il est resté chez soi.** *Er ist zuhause geblieben.*

Formen von avoir

Präsens	Imparfait	Passé simple
j'ai *ich habe* usw.	j'avais *ich hatte* usw.	j'eus *ich hatte* usw.
tu as	tu avais	tu eus
il/elle a	il/elle avait	il/elle eut
nous avons	nous avions	nous eûmes
vous avez	vous aviez	vous eûtes
ils/elles ont	ils/elles avaient	ils/elles eurent

Passé composé	Plus-que-parfait	Passé antérieur
j'ai eu *ich habe gehabt* usw.	j'avais eu *ich hatte gehabt* usw.	j'eus eu *ich hatte gehabt* usw.
tu as eu	tu avais eu	tu eus eu
il/elle a eu	il/elle avait eu	il/elle eut eu
nous avons eu	nous avions eu	nous eûmes eu
vous avez eu	vous aviez eu	vous eûtes eu
ils/elles ont eu	ils/elles avaient eu	ils/elles eurent eu

Futur simple	Futur antérieur	Konditional I	Konditional II
j'aurai *ich werde haben* usw.	j'aurai eu *ich werde gehabt haben* usw.	j'aurais *ich hätte* usw.	j'aurais eu *ich hätte gehabt* usw.
tu auras	tu auras eu	tu aurais	tu aurais eu
il/elle aura	il/elle aura eu	il/elle aurait	il/elle aurait eu
nous aurons	nous aurons eu	nous aurions	nous aurions eu
vous aurez	vous aurez eu	vous auriez	vous auriez eu
ils/elles auront	ils/elles auront eu	ils/elles auraient	ils/elles auraient eu

B1 Formen des Subjonctifs (▶ 16):

Gegenwart	Imparfait	Passé	Plus-que-parfait
que j'aie	que j'eusse	que j'aie eu	que j'eusse eu
que tu aies	que tu eusses	que tu aies eu	que tu eusses eu
qu'il/elle ait	qu'il/elle eût	qu'il/elle ait eu	qu'il/elle eût eu
que nous ayons	que nous eussions	que nous ayons eu	que nous eussions eu
que vous ayez	que vous eussiez	que vous ayez eu	que vous eussiez eu
qu'ils aient	qu'ils/elles eussent	qu'ils/elles aient eu	qu'ils/elles eussent eu

Das Verb

Infinitiv, Imperativ, Partizip und Gerund (▷ 14, 15, 18): B1

	Präsens	**Perfekt**
Infinitiv	avoir	avoir eu
Imperativ	aie/ayons/ayez	aie eu/ayons eu/ayez eu
Partizip	ayant	eu/ayant eu
Gerund	en ayant	en ayant eu

Avoir *haben*, être *sein* sowie aller *gehen* sind die einzigen Verben, die in der 1. und 2. Person Singular Präsens eigene Formen haben:
j'ai *ich habe* → tu as *du hast*
je suis *ich bin* → tu es *du bist*
je vais *ich gehe* → tu vas *du gehst*

Gebrauch von avoir
Avoir dient als Hilfsverb zur Bildung der zusammengesetzten Zeiten bei:
- avoir und être:
  J'**avais eu** peur. *Ich hatte Angst gehabt.*
  Elle **a été** majeure cette année. *Sie ist dieses Jahr volljährig geworden.*
- allen transitiven Verben: A2
  Il **a essuyé** ses larmes. *Er hat die Tränen weggewischt.*
  Ces deux employés **ont estimé** avoir le droit de donner leur avis. *Diese beiden Angestellten glaubten, das Recht zu haben, ihre Meinung zu sagen.*
- Die meisten intransitiven Verben (außer den reflexiven Verben ▷ 11.4), darunter A2
  auch alle unpersönlichen Verben (▷ 11.5):
  Il **a grandi**. *Er ist groß geworden.*
  Les prix **ont augmenté**. *Die Preise sind gestiegen.*
  Il **a plu** toute la semaine. *Es hat die ganze Woche geregnet.*

◐ Ausnahme: arriver *geschehen* wird mit être konjugiert:
Qu'est-ce qui t'**est** arrivé ? *Was ist dir passiert?*
Il y **est arrivé**. *Er hat es geschafft.*

⚡ Im Unterschied zum Deutschen werden im Französischen auch die Verben, die eine Bewegungsart ausdrücken, mit avoir verbunden, z. B.:

avancer *vorrücken*	grimper *klettern*	rouler *rollen*
courir *laufen*	marcher *laufen*	sauter *springen*
B1 errer *umherirren*	nager *schwimmen*	voler *fliegen*
fuir *fliehen*	reculer *zurückfahren/gehen*	voyager *reisen*

Il **a couru** très vite. *Er ist sehr schnell gelaufen.*
Nous **avons** nagé dans ce fleuve. *Wir sind in diesem Fluss geschwommen.*

> **ℹ** **Avoir** kommt auch in der Verbindung **avoir à** + Infinitiv vor, welche gleichbedeutend mit **devoir** *müssen* ist:
> **J'ai** encore **à ranger** la cuisine. *Ich muss noch die Küche aufräumen.*

Formen von être

B1

Präsens	Imparfait	Passé simple
je suis *ich bin* usw.	j'étais *ich war* usw.	je fus *ich war* usw.
tu es	tu étais	tu fus
il/elle est	il/elle était	il/elle fut
nous sommes	nous étions	nous fûmes
vous êtes	vous étiez	vous fûtes
ils/elles sont	ils/elles étaient	ils/elles furent

Passé composé	Plus-que-parfait	Passé antérieur
j'ai été *ich bin gewesen* usw.	j'avais été *ich war gewesen* usw.	j'eus été *ich war gewesen* usw.
tu as été	tu avais été	tu eus été
il/elle a été	il/elle avait été	il/elle eut été
nous avons été	nous avions été	nous eûmes été
vous avez été	vous aviez été	vous eûtes été
ils/elles ont été	ils/elles avaient été	ils/elles eurent été

Futur simple	Futur antérieur	Konditional I	Konditional II
je serai *ich werde sein* usw.	j'aurai été *ich werde gewesen sein* usw.	je serais *ich wäre* usw.	j'aurais été *ich wäre gewesen* usw.
tu seras	tu auras été	tu serais	tu aurais été
il/elle sera	il/elle aura été	il/elle serait	il/elle aurait été
nous serons	nous aurons été	nous serions	nous aurions été
vous serez	vous aurez été	vous seriez	vous auriez été
ils/elles seront	ils/elles auront été	ils/elles seraient	ils/elles auraient été

B1 Formen des Subjonctifs (▶ **16**):

Gegenwart	Imparfait	Passé	Plus-que-parfait
que je sois	que je fusse	que j'aie été	que j'eusse été
que tu sois	que tu fusses	que tu aies été	que tu eusses été
qu'il/elle soit	qu'il/elle fût	qu'il/elle ait été	qu'il/elle eût été
que nous soyons	que nous fussions	que nous ayons été	que nous eussions été
que vous soyez	que vous fussiez	que vous ayez été	que vous eussiez été
qu'ils/elles soient	qu'ils fussent	qu'ils aient été	qu'ils eussent été

Infinitiv, Imperativ und Gerund (▷ ⑭, ⑮, ⑱):

	Präsens	Perfekt
Infinitiv	être	avoir été
Imperativ	sois/soyons/soyez	aie été/ayons été/ayez été
Partizip	étant	été/ayant été
Gerund	en étant	en ayant été

Être *sein*, faire *machen* und dire *sagen* sind die einzigen Verben mit der Endung -tes in der 2. Person Plural Präsens: vous êtes *ihr seid*, vous faites *ihr macht*, vous dites *ihr sagt*.

Gebrauch von être

Être als Hilfsverb wird gebraucht zur Bildung:
- aller Passivformen (▷ ⑥):
  Les piscines **seront rouvertes** le mois prochain. *Die Schwimmbäder werden nächsten Monat wieder geöffnet werden.*
- der zusammengesetzten Zeiten der reflexiven/reflexiv gebrauchten Verben (▷ 11.4):
  Ils étaient fachés, mais ils **se sont expliqués**, **se sont réconciliés** et **se sont** finalement **serré** la main. *Sie hatten Streit, aber sie haben sich ausgesprochen, sich wieder versöhnt und sich schließlich die Hand gegeben.*
- der zusammengesetzten Zeiten einiger intransitiver Verben, die eine Bewegungsrichtung ausdrücken:

aller *gehen*	rentrer *nach Hause gehen/kommen*
arriver *kommen*	rester *bleiben*
descendre *hinuntergehen/-kommen*	retourner *zurückkehren*
entrer *eintreten*	sortir *hinausgehen/ausgehen*
monter *hinaufgehen/-kommen*	tomber *fallen*
partir *abreisen/weggehen*	venir *kommen*

Tu **es descendu** à la cave ? *Bist du in den Keller gegangen?*
Marie **est venue** me chercher. *Marie hat mich abgeholt.*
☀ Auch die Komposita dieser Verben werden mit être konjugiert wie remonter *wieder hinaufsteigen*, B1 parvenir *gelangen*, B2 survenir *plötzlich auftauchen*, intervenir *eingreifen*:
À cause d'un grand bouchon, elle **est rentrée** très tard. *Wegen eines großen Staus ist sie sehr spät nach Hause gekommen.*
- der zusammengesetzten Zeiten von:

B2 décéder *sterben*	mourir *sterben*
devenir *werden*	naître *geboren werden*

Das Verb

Sa fille **est décédée** il y a treize ans. *Seine Tochter ist vor dreizehn Jahren verstorben.*

⚡ Das Partizip Perfekt der mit être gebildeten Verbformen muss an das Subjekt angepasst werden (▶ ⑱).

B1 Zusammengesetzte Zeiten mit avoir und être

Einige intransitive Verben, die eine Bewegungsrichtung bezeichnen, können auch transitiv mit direktem Objekt gebraucht werden. Intransitiv bilden sie die zusammengesetzten Zeiten mit être, transitiv mit avoir, wobei sich ihre Bedeutung ändert:

	mit être konjugiert	mit avoir konjugiert
descendre	herabsteigen/heruntergehen	etw./jdn. herunterbringen/-heben
monter	hinaufsteigen/-gehen	hinauf-/heraufbringen/-heben
sortir	ausgehen/hinausgehen	herausnehmen/herausholen
rentrer	nach Hause kommen/gehen	hinein-, zurückbringen/fahren
retourner	zurückkehren	zurückschicken/etw. umdrehen

Elle **a monté** les cartons au grenier. *Sie hat die Kartons auf den Dachboden hinaufgebracht.*
Elle **est montée** se coucher. *Sie ist hinaufgegangen, um ins Bett zu gehen.*
Elle **est sortie** tard hier soir. *Sie ist gestern spät ausgegangen.*
Elle **a sorti** les mouchoirs du tiroir. *Sie hat die Taschentücher aus der Schublade genommen.*

A2 11.3 Das Modal- und Hilfsverb

Modalverben drücken aus, ob eine Tätigkeit erwünscht, möglich oder gefordert wird. Nach dem konjugierten Modalverb folgt der Infinitiv. Modalverben sind:

aimer (faire qc.) *etw. gerne tun*	**devoir** (faire qc.) *etw. müssen/sollen*
préférer (faire qc.) *etw. lieber tun*	**savoir** (faire qc.) *etw. können/zu tun verstehen*
vouloir (faire qc.) *etw. wollen*	**pouvoir** (faire qc.) *etw. können/dürfen*

Elle **devrait** rentrer vers huit heures. *Sie müsste gegen acht Uhr nach Hause kommen.*
J'**aurais dû** faire attention. *Ich hätte aufpassen müssen.*

Das Verb aller *gehen* kann zur Bildung des Futur composé (▶ 12.2.2) die Funktion eines Hilfsverbs übernehmen:
Ils **vont faire** une promenade. *Sie werden einen Spaziergang machen.*
Est-ce qu'il **va pleuvoir** cette nuit ? *Wird es heute Nacht regnen?*

⚡ Folgt ihm ein Infinitiv, ist das Partizip Perfekt eines Modalverbs unveränderlich, auch wenn der Infinitiv nicht direkt erwähnt wird:
J'ai consulté tous les médecins que j'ai **pu** (consulter). *Ich habe alle Ärzte um Rat gefragt, die ich (um Rat fragen)* **konnte**.
Les tâches que j'**ai voulu** achever hier ne sont toujours pas faites. *Die Arbeiten, die ich gestern abschließen* **wollte**, *sind noch immer nicht erledigt.*

11.4 Das reflexive Verb

Das reflexive Verb führt ein Reflexivpronomen mit, das sich auf das Subjekt (Person oder Sache) bezieht. Es kann dabei direktes oder indirektes Objekt sein. Das Pronomen steht in der Regel vor dem konjugierten Verb.
(Zur Stellung beim Imperativ ▷ ⑮, beim Futur composé ▷ 12.2.2)
Alle reflexiven Verben werden mit être konjugiert. Das Partizip Perfekt (▷ ⑱) muss in der Regel angeglichen werden.

Formen

Präsens	Passé composé
je me coiffe *ich frisiere mich*	je me suis coiffé(e) *ich habe mich frisiert*
tu te coiffes *du frisierst dich*	tu t'es coiffé(e) *du hast dich frisiert*
il/elle se coiffe *er/sie frisiert sich*	il/elle s'est coiffé(e) *er/sie hat sich frisiert*
nous nous coiffons *wir frisieren uns*	nous nous sommes coiffé(e)s *wir haben uns frisiert*
vous vous coiffez *ihr frisiert euch*	vous vous êtes coiffé(e)s *ihr habt euch/Sie haben sich frisiert*
ils/elles se coiffent *sie frisieren sich*	ils/elles se sont coiffé(e)s *sie haben sich frisiert*

Gebrauch
Reflexiv im Französischen vs. (überwiegend) nicht reflexiv im Deutschen:

B1 s'écrier *ausrufen*	se méfier de *misstrauen*
s'efforcer *versuchen/anstreben*	se moquer de *sich lustig machen über/*
s'en aller *weggehen*	*etw. nicht ernst nehmen*
s'endormir *einschlafen*	**B2** s'obstiner à *beharren auf*
B1 s'enfuir *fliehen*	se réveiller *aufwachen*
s'envoler *davonfliegen*	se réfugier *Zuflucht suchen*
B1 s'évader *ausbrechen*	se repentir *bereuen*
s'évanouir *ohnmächtig werden*	se taire *schweigen*
B1 se fier à *vertrauen*	**B1** se traîner *herumlungern*
se marier *heiraten*	

Elle **s'en moque** pas mal (ugs.). *Das ist ihr völlig egal.*
L'année prochaine ils vont **se marier**. *Nächstes Jahr werden sie* **heiraten**.

Das Verb

B1 Nicht reflexiv im Französischen vs. reflexiv im Deutschen:

avoir honte *sich schämen*	être à l'aise *sich wohl fühlen*
bouger *sich bewegen*	évoluer *sich entwickeln*
changer *sich ändern*	patienter *sich gedulden*
B2 différer de qn./qc. *sich von jdm./etw. unterscheiden*	prendre rendez-vous *sich verabreden/anmelden*
diminuer *sich verringern*	prendre son temps *sich Zeit lassen*
divorcer *sich scheiden lassen*	remuer *sich bewegen*
doubler *sich verdoppeln*	séjourner *sich aufhalten*
en résulter *sich daraus ergeben*	tourner *sich drehen*

Prenez votre temps. *Lassen Sie sich Zeit.*
Depuis le mois de mars le nombre des **B2** sans-abris **a doublé**. *Seit März hat sich die Zahl der Obdachlosen verdoppelt.*

B1 Verben mit unterschiedlicher Bedeutung der reflexiven und nicht reflexiven Form:

nicht reflexiver Gebrauch	reflexiver Gebrauch
arrêter *anhalten/verhaften/aufhören*	s'arrêter *stehen bleiben/anhalten*
attendre *warten*	s'attendre à *gefasst sein auf*
appeler *rufen/anrufen*	s'appeler *heißen*
entraîner *mitnehmen/verleiten*	s'entraîner *trainieren*
passer *fahren/vorbeikommen*	se passer de *verzichten können/passieren*
rappeler *zurückrufen*	se rappeler *sich erinnern*
reposer *zurücklegen/-stellen*	se reposer *sich ausruhen*

Arrête de te plaindre. *Hör auf, dich zu beklagen!*
Le bus **s'arrête** juste devant ma porte. *Der Bus hält direkt vor meiner Tür.*
Elle m'a **appelé** hier afin de me dire qu'elle **s'appelait** Claudine. *Sie hat mich gestern angerufen, um mir zu sagen, dass sie Claudine heiße.*

B2 Reflexive Satzkonstruktionen können Passivsätze ersetzen, wobei das Subjekt des Reflexivsatzes meist ein Sachsubstantiv ist. Die handelnde Person ist unbestimmt und bleibt in der reflexiven Konstruktion unerwähnt. Sie wird jedoch im Aktivsatz mit **on** *man* erwähnt:

reflexive Satzkonstruktion		passive Satzkonstruktion
Les bottes **se portent** en hiver. *Die Stiefel werden im Winter getragen.*	→	Les bottes **sont portées** en hiver. **On porte** les bottes en hiver.
Ce mot **s'écrit** avec deux m. *Dieses Wort schreibt man mit zwei m.*	→	Ce mot **est écrit** avec deux m. **On écrit** ce mot avec deux m.
Le raisin **se récolte** au mois d'octobre. *Der Wein wird im Oktober geerntet.*	→	Le raisin **est récolté** au mois d'octobre. **On récolte** le raisin au mois d'octobre.

11.5 Das unpersönliche Verb

Unpersönliche Verben haben kein eigentliches Subjekt, sondern nur das grammatische Subjekt *il es*. Es sind Verben und unpersönliche Ausdrücke wie:
- il y a *es gibt*:
  Il y a des gens qui habitent dans une (B1) caravane. *Es gibt Leute, die in einem Wohnwagen wohnen.*
- il faut *man muss/es ist nötig*:
  Il faut toujours penser à tout. *Man muss immer an alles denken.*
- il faut qc. à qn. *brauchen/nötig haben*:
  Il lui faut de nouvelles chaussures de marche. *Er braucht neue Wanderstiefel.*
- il est *es ist*:
  Il est important que tu t'inscrives. *Es ist wichtig, dass du dich einschreibst.*
  Il est temps. *Es ist Zeit.*
- il pleut *es regnet*, il (B2) grêle *es hagelt*, il neige *es schneit*, il vente *es windet*, il (B2) fait beau/mauvais *es ist schönes/schlechtes Wetter*, il fait chaud/froid *es ist warm/kalt* (Witterungsverben, die das Wetter beschreiben):
  En hiver **il ne fait** pas vraiment **froid** à Paris et **il neige** rarement. *Im Winter ist es in Paris nicht wirklich kalt, und es schneit selten.*
  Il vente tellement que le (B1) voilier a failli se retourner. *Es windet so sehr, dass das Segelboot beinahe gekentert wäre.*

Gebrauch

Unpersönliche Verben stehen immer mit **il** oder **ce** im Sinne von *es* und der 3. Person des Verbs. Sie können nicht mit anderen Pronomen oder mit einem Substantiv kombiniert werden.

➡ **Il y a** und **il faut** wird in der gesprochenen Sprache sehr häufig gebraucht. Auf **il faut** folgt der Infinitiv (▷ 14), auf **il faut que** folgt der Subjonctif (▷ 16):
Il a déclaré qu'**il fallait** réaliser un Paris incarnant «le vrai et le beau». *Er hat erklärt, es solle ein Paris realisiert werden, das „das Wahre und das Schöne" verkörpere.*

Das Partizip Perfekt der unpersönlichen oder unpersönlich gebrauchten Verben ist unveränderlich:
Les tempêtes qu'**il y a eu** en 1990 ont détruit les forêts. *Die Stürme, die es 1990 gab, haben die Wälder zerstört.*
Les (B1) averses qu'**il a fait** hier ont tout (B1) mouillé. *Die Regenschauer, die es gestern gab, haben alles durchnässt.*

Zwischentest 11

A1 1. Welches ist das Verb in diesem Satz?

   Danielle vivait en bonne harmonie avec son entourage.
   - a. Danielle ☐
   - b. bonne ☐
   - c. vivait ☐
   - d. avec ☐

A1 2. Welches Verb wird mit être konjugiert?
   - a. tomber ☐
   - b. manger ☐
   - c. avoir ☐
   - d. être ☐

A1 3. Welches Verb wird mit avoir konjugiert?
   - a. se coiffer ☐
   - b. arriver ☐
   - c. aller ☐
   - d. devoir ☐

B1 4. Welche Antwort ist richtig?

   Quel temps faisait-il hier à Paris ?
   - a. Il avait chaud. ☐
   - b. Il faisait chaud. ☐
   - c. Le temps a eu chaud. ☐
   - d. Elle a froid. ☐

B1 5. Wie wird der Infinitiv Perfekt von avoir gebildet?
   - a. avoir ☐
   - b. avoir eu ☐
   - c. avoir été ☐
   - d. être eu ☐

B1 6. Welches ist das Modalverb?

   Je voudrais les accompagner en ville.
   - a. Je ☐
   - b. accompagner ☐
   - c. voudrais ☐
   - d. ville ☐

B1 7. Welches Verb fehlt?

   Tu prépares tes skis, la neige .... toute la nuit.
   - a. a tombé ☐
   - b. s'a tombé ☐
   - c. est tombée ☐
   - d. s'est enfui ☐

A2 8. Wie lautet das Imparfait zu nous avons trahi?
   - a. nous trahions ☐
   - b. nous avons trahi ☐
   - c. nous trahissions ☐
   - d. nous trahissons ☐

Zwischentest 11

9. Wie lautet die Übersetzung?

Habt ihr gut geschlafen?
a. Est-ce que vous êtes bien dormi ?
b. Est-ce que vous avez bien dormi ?
c. Est-ce que vous dormez bien ?
d. Tu dors mal ?

10. Wann wird g zu ge?

a. vor stummem -e
b. vor Endungen, die mit a beginnen
c. nach h muet
d. vor ça

11. Wie lautet das Passé composé zu ils seront?

a. ils sont été
b. ils seraient
c. il a été
d. ils ont été

12. Welche Aussage ist falsch?

a. Unpersönliche Verben werden nur in der 3. Person gebraucht.
b. Étée ist die feminine Form von été.
c. Soyons ist eine Imperativform von être.
d. Entrer wird mit être konjugiert.

13 Von welchem Verb ist das Partizip Perfekt anzupassen?

a. deviner
b. être
c. falloir
d. pouvoir

14. Welcher Satz ist nicht richtig?

a. Les pommes sont tombées de l'arbre.
b. Elle s'est coiffée.
c. Elles se sont dépêchées.
d. Elle s'a demandée pourquoi.

Lösungen

1 c. 2 a. 3 d. 4 b. 5 b. 6 c. 7 c. 8 c.
9 b. 10 a. 11 d. 12 b. 13 a. 14 d.

Der Indikativ

Est-ce sa faute, à cette fille, si elle **a failli** ?
On lui **avait promis** mariage, et j'en **connais**
plus d'une qu'on **respecte** bien aujourd'hui et
qui en **a fait** tout autant. Ça, c'**est** vrai,
répondirent les trois hommes.

Guy de Maupassant (1850–1893), écrivain français

***Ist** es die Schuld dieses Mädchens, wenn es **gefehlt hat**?*
*Die Ehe **war** ihr **versprochen worden**,*
*und ich **kenne** mehr als eine, die heute wohl **geachtet ist***
*und die es ganz genauso **gemacht hat**.*
*Das **ist** wahr, **antworteten** die drei Männer.*

Guy de Maupassant (1850–1893),
französischer Schriftsteller

G Der Indikativ ist neben dem Konjunktiv, dem Subjonctif und dem Imperativ einer der vier Modi des französischen Verbs. Er dient zum Ausdruck von Tatsachen und ist der Modus der zeitlichen und objektiven Darstellung.
Im Indikativ gibt es mit dem Passé simple und dem Passé antérieur zwei im Deutschen unbekannte Zeiten. Dem deutschen Präteritum entsprechen das Imparfait und das Passé composé, die in der Anwendung zu unterscheiden sind. Das Passé simple und das Passé antérieur werden nur noch in der geschriebenen Sprache verwendet.

L'indicatif

12.1 Das Präsens

Formen

1. Konjugationsgruppe: Verben auf -er	3. Konjugationsgruppe: Verben auf -re
j'aime *ich liebe*	j'entends *ich höre*
tu aimes *du liebst*	tu entends *du hörst*
il/elle aime *er/sie liebt*	il/elle entend *er/sie hört*
nous aimons *wir lieben*	nous entendons *wir hören*
vous aimez *ihr liebt*	vous entendez *ihr hört*
ils/elles aiment *sie lieben*	ils/elles entendent *sie hören*

2. Konjugationsgruppe: Verben auf -ir mit Stammerweiterung	2. Konjugationsgruppe: Verben auf -ir ohne Stammerweiterung
je finis *ich beende*	je dors *ich schlafe*
tu finis *du beendest*	tu dors *du schläfst*
il/elle finit *er/sie beendet*	il/elle dort *er/sie schläft*
nous finissons *wir beenden*	nous dormons *wir schlafen*
vous finissez *ihr beendet/Sie beenden*	vous dormez *ihr schlaft/Sie schlafen*
ils/elles finissent *sie beenden*	ils/elles dorment *sie schlafen*

Die Verben der 3. Gruppe auf **-oir** sind unregelmäßig (▷ Unregelmäßige Verben).
(Zur Konjugation der Verbgruppen sowie zu **avoir** und **être** ▷ **11**)

Gebrauch

Das Präsens wird gebraucht zum Ausdruck von:
- Geschehen, die in der unmittelbaren Gegenwart stattfinden und somit zeitlich meist mit der Aussage zusammenfallen:
  Où **est**-il en ce moment ? *Wo **ist** er gerade?* Il **est** à Paris. *Er **ist** in Paris.*
  Ils **semblent** oublier tout ce qui se **passe** autour d'eux. *Sie **scheinen** alles zu vergessen, was um sie herum **geschieht**.*
- Gewohnheiten oder immer wiederkehrenden Ereignissen:
  Il se **brosse** les dents trois fois par jour. *Er **putzt** sich dreimal täglich die Zähne.*
- zeitlos gültigen Feststellungen:
  Quatre et trois **font** sept. *Vier und drei **macht** sieben.*
- ein zukünftiges Geschehen, das sicher stattfinden wird:
  Le lundi, je **pars** pour Paris et j'y **reste** une semaine. *Am Montag **fahre** ich nach Paris und **bleibe** eine Woche dort.*
- Geschehen in der Vergangenheit. Dieses *historische Präsens* hat stilistische Funktion und steht oft im Wechsel mit dem Passé simple (▷ **13.3.4**):
  En 1942, la Résistance **connaît** un indiscutable B1 essor. *1942 **erlebt** der Widerstand einen unbestreitbaren Aufschwung.*

> Der Indikativ

- Inhaltsangaben:
  Dans ce texte, il s'agit de Marie qui dit que le mariage est une chose grave.
  *In diesem Text geht es um Marie, die **sagt**, dass die Ehe eine ernste Sache **sei**.*

ℹ️ Als Présent progressif bezeichnet man die Wendung **être en train de** + Infinitiv. Diese drückt einen gerade ablaufenden Vorgang aus und wird übersetzt mit *(gerade) dabei sein, etwas zu tun*:
On ne peut pas visiter le clocher, ils sont en train de le rénover. *Man kann den Kirchturm nicht besichtigen, er **wird gerade** renoviert.*

12.2 Das Futur

Im Französischen unterscheidet man das Futur simple, das Futur composé und das Futur antérieur.

ℹ️ Das Futur simple und das Futur composé werden in der gesprochenen Sprache oft verwendet, in der geschriebenen Sprache überwiegt das Futur simple. Das Futur erscheint im Französischen wesentlich häufiger als im Deutschen, wo auch für Zukünftiges meistens das Präsens benutzt wird.

12.2.1 Das Futur simple

Formen

Das Futur simple der Verben auf **-er** und **-ir** wird vom Infinitiv abgeleitet, an den die Endungen **-ai, -as, -a, -ons, -ez, -ont** angehängt werden. Das Futur simple der Verben auf **-re** wird vom Infinitiv abgeleitet, wobei das Endungs-e entfällt. Die meisten Verben auf **-re** bilden das Futur simple regelmäßig:

Verben auf -er	Verben auf -ir	Verben auf -re
j'aimer**ai**	je finir**ai**	j'entendr**ai**
ich werde lieben usw.	*ich werde beenden* usw.	*ich werde hören* usw.
tu aimer**as**	tu finir**as**	tu entendr**as**
il/elle aimer**a**	il/elle finir**a**	il/elle entendr**a**
nous aimer**ons**	nous finir**ons**	nous entendr**ons**
vous aimer**ez**	vous finir**ez**	vous entendr**ez**
ils/elles aimer**ont**	ils/elles finir**ont**	ils/elles entendr**ont**

Das Futur der Verben auf **-oir** ist unregelmäßig. (Zum Futur der Verben **avoir** und **être** ▷ ⑪)

Gebrauch

Das Futur simple wird gebraucht:
- zur Bezeichnung einer zukünftigen Handlung/eines zukünftigen Zustands:
  D'après la météo, il pleuvra. *Laut Wetterbericht **wird es regnen**.*

Je pense qu'elle **passera** cet après-midi. *Ich denke, dass sie am Nachmittag vorbeikommt.*
Ça ne se **fera** pas en un jour. *Das geschieht nicht an einem Tag.*
- in Nebensätzen nach espérer *hoffen* und promettre *versprechen*, wenn die Handlung in der Zukunft liegt:
J'espère que tu **reviendras**. *Ich hoffe, dass du zurückkommst.*
- in Verbindung mit avoir und être zum Ausdruck einer Vermutung:
Le nouveau train **sera** rapide. *Der neue Zug soll schnell sein.*
- um Aussagen zu modellieren; es drückt höfliche Zurückhaltung oder auch eine Absicht, Verpflichtung oder Drohung aus:
Vous **prendrez** bien un verre de vin ? *Möchten Sie gern ein Glas Wein?*
Le septième jour de la semaine **sera** un jour de repos. *Der siebte Tag der Woche soll ein Ruhetag sein.*

ℹ️ Der deutschen Wendung *wird/soll wohl* zum Ausdruck einer Vermutung entspricht im Französischen in der Regel nicht das Futur simple, sondern Wendungen wie ce doit être *das muss sein* oder c'est sans doute *das ist sicherlich*:
C'est sans doute B1 le facteur. *Das ist sicherlich der Briefträger.*

12.2.2 Das Futur composé

Formen
Das Futur composé (auch Futur proche) wird mit den Formen des Präsens von aller *gehen* und dem Infinitiv gebildet, wobei aller die Funktion eines Hilfsverbs (▷ 11.3) übernimmt:

von der Gegenwart aus betrachtet	von der Vergangenheit aus betrachtet
je vais rester *ich werde bleiben* usw.	j'allais rester *ich hatte vor zu bleiben* usw.
tu vas rester	tu allais rester
il/elle va rester	il/elle allait rester
nous allons rester	nous allions rester
vous allez rester	vous alliez rester
ils/elles vont rester	ils/elles allaient rester

Gebrauch
Das Futur composé drückt einen unmittelbar bevorstehenden Vorgang aus:
Camille **va m'accompagner**. *Camille wird mich begleiten.*
Ils **vont déménager** au mois d'août. *Sie werden im August umziehen.*

Es kann wie das Futur simple eine Aufforderung ausdrücken, hat aber einen unfreundlicheren und entschiedeneren Befehlscharakter:
Tu **vas monter** les cartons au grenier. *Bring die Kartons auf den Dachboden!*

Der Indikativ

Futur simple vs. Futur composé

Der im Futur simple dargestellte Vorgang ist meist unbestimmter als der im Futur composé beschriebene und wird meist durch temporale Angaben präzisiert.
Das Futur simple drückt eine klar von der Gegenwart abgegrenzte Zukunft aus.
Das Futur composé zeigt dagegen an, dass die Voraussetzungen für die zukünftige Handlung bzw. das Geschehen erfüllt sind. Wird dieses Geschehen in Bezug zur Gegenwart gesehen, wird das Futur composé gebraucht.
Im rein temporalen Gebrauch sind die beiden Formen des Futurs gleichwertig. In wenigen Fällen kann allerdings nur das Futur simple gebraucht werden:
- im Bedingungssatz (▷ 17)
- für Vorhersagen:
  L'année prochaine, ces idées **seront** réalisées. *Nächstes Jahr* **werden** *diese Pläne* **realisiert** *(werden).*
- nach adverbialen Bestimmungen wie un jour *eines Tages* und toujours *immer*:
  Elle **pensera** toujours à vous. *Sie* **wird** *immer an euch* **denken.**
- in verneinten Sätzen, besonders mit ne … jamais *niemals* und ne … plus *nie mehr*:
  Tu **ne** l'**insulteras plus jamais.** *Du wirst ihn nie wieder beschimpfen!*
  Je **ne mettrai plus jamais** les pieds dans ce magasin ! *Ich werde nie wieder einen Fuß in diesen Laden setzen!*

12.2.3 Das Futur antérieur

Formen

Das Futur antérieur wird mit dem Futur simple der Hilfsverben avoir und être und dem Partizip Perfekt des Verbs gebildet:

mit avoir konjugierte Verben	mit être konjugierte Verben
j'aurai aimé *ich werde geliebt haben* usw.	je serai resté(e) *ich werde geblieben sein* usw.
tu auras aimé	tu seras resté(e)
il/elle aura aimé	il/elle sera resté(e)
nous aurons aimé	nous serons resté(e)s
vous aurez aimé	vous serez resté(e)s
ils/elles auront aimé	ils/elles seront resté(e)s

(Zu Formen des Futur antérieur von avoir und être ▷ 11.2)

Gebrauch

Das Futur antérieur beschreibt Ereignisse oder Handlungen, die zu einem Zeitpunkt in der Zukunft oder vor einem weiteren Geschehen in der Zukunft bereits abgeschlossen sind. Im Deutschen wird dafür meist das Perfekt verwendet:
Prends tes clés, nous **serons** sans doute **partis** avant ton retour. *Nimm deine Schlüssel mit, wir* **sind** *wahrscheinlich vor deiner Rückkehr schon* **weg.**

Das Futur antérieur wird weiterhin modal zum Ausdruck einer Vermutung gebraucht, die sich auf ein vergangenes Ereignis bezieht:
Les voleurs auront réussi à emporter le B1 **coffre-fort** en dix minutes. *Den Dieben muss es gelungen sein, den Tresor in zehn Minuten wegzutragen.*

12.3 Die Vergangenheit

Die Vergangenheitszeiten sind das Imparfait, das Passé composé, das Passé simple, das Plus-que-parfait, das Passé antérieur und das Passé récent.

12.3.1 Das Imparfait

Formen
Das Imparfait wird gebildet, indem an den Stamm der 1. Person Plural Präsens Indikativ die Endungen **-ais, -ais, -ait, -ions, -iez, -aient** angehängt werden:

Verben auf -er	Verben auf -ir mit Stammerweiterung	Verben auf -ir ohne Stammerweiterung
j'aim**ais** *ich liebte* usw.	je finiss**ais** *ich beendete* usw.	je dorm**ais** *ich schlief* usw.
tu aim**ais**	tu finiss**ais**	tu dorm**ais**
il/elle aim**ait**	il/elle finiss**ait**	il dorm**ait**
nous aim**ions**	nous finiss**ions**	nous dorm**ions**
vous aim**iez**	vous finiss**iez**	vous dorm**iez**
ils/elles aim**aient**	ils/elles finiss**aient**	ils/elles dorm**aient**

(Zum Imparfait der Verben avoir und être ▷ 11.2)

Gebrauch
Das Imparfait wird gebraucht:
- zur Beschreibung einer Handlung oder eines Zustands in der Vergangenheit, die als nicht abgeschlossen angesehen wird:
  Le médecin **était** B1 un réfugié. *Der Arzt war ein Flüchtling.*
  Il **avait** beau écouter, il ne **comprenait** pas cette langue étrangère. *Er konnte noch so gut zuhören, er verstand diese fremde Sprache nicht.*
- zur Beschreibung des Hintergrunds einer Handlung oder Geschichte:
  Il **neigeait** depuis B1 la veille, j'**avais** froid et le chauffage **était** en panne. *Seit dem gestrigen Abend schneite es, ich fror, und die Heizung war kaputt.*
  En 1980, nous **habitions** à Rennes. *1980 wohnten wir in Rennes.*
- zur Wiedergabe von Gewohnheiten und sich wiederholenden Vorgängen:
  Ses journées se **passaient** toutes pareillement : il se **levait** vers huit heures, puis il **prenait** le métro et **visitait** des musées. *Seine Tage verliefen alle gleich: Er stand um 8 Uhr auf, dann fuhr er mit der Métro und besuchte Museen.*

Der Indikativ

- in modaler Verwendung zum Ausdruck einer höflichen Aussage oder Bitte. Meist in Wendungen wie **je voulais** *ich wollte*, **je désirais/souhaitais** *ich wünschte*, **j'allais** im Sinne von *ich wollte*, **je tenais à** + Infinitiv *ich legte Wert darauf*:
  Je **désirais** te demander quelque chose de sérieux. *Ich **wollte** dich etwas Ernstes fragen.*
  C'est ce que **j'allais** te dire aussi. *Das **wollte** ich dir auch sagen.*
- in einer irrealen Aussage in Bezug auf die Vergangenheit:
  Encore un jour et il **mourait** de faim. *Noch ein Tag und er **wäre** verhungert.*
- im Bedingungssatz (▷ ⓱)

12.3.2 Das Passé composé

Formen

Das Passé composé wird mit dem Präsens der Hilfsverben **avoir** und **être** und dem Partizip Perfekt des Verbs gebildet:

Verben auf -er: mit avoir konjugiert	Verben auf -er: mit être konjugiert
j'ai aimé *ich habe geliebt* usw.	je suis resté(e) *ich bin geblieben* usw.
tu as aimé	tu es resté(e)
il/elle a aimé	il/elle est resté(e)
nous avons aimé	nous sommes resté(e)s
vous avez aimé	vous êtes resté(e)s
ils/elles ont aimé	ils/elles sont resté(e)s

Verben auf -ir	Verben auf -re
j'ai fini *ich habe beendet* usw.	j'ai entendu *ich habe gehört* usw.
tu as fini	tu as entendu
il/elle a fini	il/elle a entendu
nous avons fini	nous avons entendu
vous avez fini	vous avez entendu
ils/elles ont fini	ils/elles ont entendu

⚡ **Avoir** und **être** selbst bilden das Passé composé mit **avoir** (▷ 11.2): **j'ai eu** *ich habe gehabt*, **j'ai été** *ich bin gewesen*.
Die zusammengesetzten Zeiten der reflexiven Verben und der Verben der Bewegungsrichtung werden mit **être** gebildet (▷ 11.2): **je me suis promené(e)** *ich bin spazieren gegangen*, **je suis allé(e)** *ich bin gegangen*.
Mit **être** konjugierte Verben gleichen das Partizip Perfekt in der Regel an das Subjekt an. Mit **avoir** konjugierte Verben gleichen das Partizip Perfekt (▷ ⓲) an das direkte Objekt an, wenn dieses vor dem konjugierten Verb steht.

Gebrauch

Das Passé composé beschreibt:

- Ereignisse, die sich in der Vergangenheit ereignet haben und deren Folgen sich auf die Gegenwart auswirken:
  Les trois derniers mois, les prix ont progressé dans l'ensemble de 1,7%.
  Die letzten drei Monate sind die Preise insgesamt um 1,7% gestiegen.
- Ereignisse, die sich in der Vergangenheit ereignet haben und bereits abgeschlossen sind:
  Cinq personnes ont trouvé la mort dans un tremblement de terre. *Fünf Personen kamen bei einem Erdbeben zu Tode.*
- Ereignisse, die sich hintereinander ereignet haben und abgeschlossen sind:
  Je l'ai connue il y a deux ans et finalement on s'est mariés. *Ich lernte sie vor zwei Jahren kennen, und schließlich haben wir geheiratet.*

12.3.3 Das Passé simple

ⓘ Das Passé simple kommt im heutigen Französisch nur in der geschriebenen Sprache vor, vorwiegend in literarischen Texten, Biografien oder Zeitungstexten.

Formen

Das Passé simple wird gebildet aus dem Infinitivstamm, an den die Endungen der jeweiligen Verbgruppe gehängt werden:

Verben auf -er: parler *sprechen*	Verben auf -ir: finir *beenden*
je parl**ai** *ich sprach* usw.	je fin**is** *ich beendete* usw.
tu parl**as**	tu fin**is**
il/elle parl**a**	il/elle fin**it**
nous parl**âmes**	nous fin**îmes**
vous parl**âtes**	vous fin**îtes**
ils/elles parl**èrent**	ils/elles fin**irent**

Verben auf -re: entendre *hören*	Verben auf -tre: connaître *kennen*
j'entend**is** *ich habe gehört* usw.	je conn**us** *ich habe gekannt* usw.
tu entend**is**	tu conn**us**
il/elle entend**it**	il/elle conn**ut**
nous entend**îmes**	nous conn**ûmes**
vous entend**îtes**	vous conn**ûtes**
ils/elles entend**irent**	ils/elles conn**urent**

Die Verben der 3. Konjugationsgruppe bilden das Passé simple teils wie Verben auf -er bzw. -ir bzw. unregelmäßig (▷ Unregelmäßige Verben).
(Zum Passé simple der Verben **avoir** und **être** ▷ **11.2**)

> Der Indikativ

Gebrauch
Das Passé simple wird überwiegend in der 3. Person Singular und Plural verwendet:
Van Gogh **vécut** misérablement à Arles. *Van Gogh lebte armselig in Arles.*
Elles se firent cambrioler. *Sie wurden überfallen.*

Das Passé simple wird gebraucht:
- zur Darstellung eines zu einem Zeitpunkt in der Vergangenheit komplett abgeschlossenes Ereignisses:
  Il **passa** trois mois à Nantes. *Er verbrachte drei Monate in Nantes.*
  Les enquêteurs **procédèrent** dans la nuit à l'audition des témoins. *Die Ermittler führten die Zeugenvernehmungen in der Nacht durch.*
- zum Ausdruck eines andauernden Zustands oder Ereignisses:
  Ils se **cachèrent** toute la journée. *Sie versteckten sich den ganzen Tag.*
  Il **eut** faim. *Er hatte Hunger.*
- wie das Passé composé zur dynamischen Gestaltung eines Textes, wenn mehrere zeitlich abgeschlossene Handlungen oder Ereignisse aufeinander folgen:
  Il **entra**, **ôta** son manteau et **alla** silencieusement s'asseoir au coin. *Er trat ein, legte seinen Mantel ab und setzte sich still in die Ecke.*

Imparfait vs. Passé composé und Passé simple
Das Französische verfügt mit dem Imparfait und dem Passé composé über zwei Vergangenheitsformen, die beide dem deutschen Präteritum entsprechen.
Im Deutschen wird der Unterschied zwischen dem durativen und dem punktuellen Imperfekt häufig mit Hilfe von Adverbien oder adverbialen Ausdrücken wie *plötzlich, da, in diesem Augenblick* oder mit verbalen Umschreibungen wie *gerade dabei sein* gekennzeichnet. Das Französische kann diese Nuancen durch den Gebrauch der Vergangenheitsformen ausdrücken, wobei Passé composé und Passé simple dieselben Funktionen übernehmen.
- Das Imparfait kennzeichnet den durativen Aspekt der Vergangenheit. Es drückt einen Zustand oder eine Hintergrundhandlung aus, deren Beginn und Ende nicht bekannt ist. Es dient zur Beschreibung von Landschaften, Stimmungen, Gemütsverfassungen und Zuständen:
  Quand il **était** célibataire, il **habitait** à Marseille. *Als er Junggeselle war, lebte er in Marseille.*
  Pendant que mon mari **travaillait** au jardin, je **lisais** le journal et notre petite-fille **faisait** ses devoirs. *Während mein Mann im Garten arbeitete, las ich die Zeitung, und unsere Enkelin machte ihre Hausaufgaben.*
- Laufen mehrere Handlungen in der Vergangenheit gleichzeitig ab, wird ebenfalls das Imparfait verwendet:
  Il **faisait** beau, le soleil **brillait** et elle **était** bien à l'aise. *Es war schönes Wetter, die Sonne schien, und sie fühlte sich wohl.*

- Das Passé composé/Passé simple wird dagegen gebraucht, wenn mehrere Handlungen aufeinander folgen und dabei eine Handlung vor Beginn der nächsten bereits abgeschlossen ist:
Il a sonné chez Marianne, qui **est sortie** directement et ils **sont allés** au cinéma. *Er hat bei Marianne geklingelt, sie kam direkt heraus, und sie sind ins Kino gegangen.*

☼ Beginnt eine neue Handlung, während eine andere noch andauert, so steht die neu einsetzende Handlung im Passé composé/Passé simple, die andauernde Handlung im Imparfait:
Ils **parlaient** de choses et d'autre, brusquement il **s'est levé** et il **a quitté** la pièce. *Sie sprachen über dies und das, plötzlich stand er auf und verließ das Zimmer.* (Ils parlaient: andauernd, il s'est levé/il a quitté: neue, plötzlich eintretende Handlung)
Les sirènes **sonnaient** et une vingtaine de pompiers **ont été mobilisés** pour combattre le sinistre. *Die Sirenen heulten, und ungefähr zwanzig Feuerwehrleute wurden losgeschickt, den Brand zu bekämpfen.*

⚡ Nicht die Dauer eines Geschehens ist ausschlaggebend, sondern das zeitliche Verhältnis eines Vorgangs zu einem bestimmten Zeitpunkt oder zu einem anderen Vorgang: Hat ein Vorgang vor einem zweiten Vorgang begonnen, ist er bereits abgeschlossen oder dauert er noch an?

➕ Das Imparfait antwortet auf die Frage: Was war schon?, das Passé composé/Passé simple antwortet auf die Frage: Was geschah dann? … und dann?

Der Bedeutungsunterschied zwischen Imparfait und Passé composé/Passé simple wird im Deutschen gelegentlich durch unterschiedliche Verben ausgedrückt:

Imparfait	Passé composé/Passé simple
Il **avait** faim. *Er hatte Hunger.*	Il **a eu/eut** faim. *Er bekam Hunger.*
La maison **était** construite. *Das Haus war gebaut.*	La maison **a été/fut** construite. *Das Haus wurde gebaut.*
Je la **connaissais** depuis longtemps. *Ich kannte sie seit langem.*	Je l'**ai connue**/la **connus** il y a un an. *Ich lernte sie vor einem Jahr kennen.*
Je ne **savais** pas comment. *Ich wusste nicht wie.*	Je l'**ai su**/le **sus** après. *Ich erfuhr es danach.*
Ils **se taisaient**. *Sie schwiegen.*	Ils **se sont tus**/se **turent**. *Sie verstummten.*
Il **voyait/apercevait** les avions. *Er sah/bemerkte die Flugzeuge.*	Il **a vu**/a **aperçu**/**vit**/**aperçut** les avions. *Er erblickte die Flugzeuge.*

12.3.4 Das Plus-que-parfait

Das Plus-que-parfait ist die Vorvergangenheit. Es beschreibt abgeschlossene Handlungen, die vor anderen Geschehen in der Vergangenheit stattfanden.

> Der Indikativ

Formen

Das Plus-que-parfait wird mit dem Imparfait der Hilfsverben avoir und être und dem Partizip Perfekt des Verbs gebildet:

mit avoir konjugierte Verben	mit être konjugierte Verben
j'avais mangé *ich hatte gegessen* usw.	j'étais resté(e) *ich bin geblieben* usw.
tu avais mangé	tu étais resté(e)
il/elle avait mangé	il/elle était resté(e)
nous avions mangé	nous étions resté(e)s
vous aviez mangé	vous étiez resté(e)s
ils/elles avaient mangé	ils/elles étaient resté(e)s

(Zum Plus-que-parfait der Verben avoir und être ▷ 11.2)

Gebrauch

Wie das Imparfait dient auch das Plus-que-parfait in einer Erzählung dazu, den Hintergrund des Geschehens zu schildern:

L'enfant s'**était** toujours **levé** le premier. *Das Kind war immer als erstes aufgestanden.*

Il **avait trouvé** un vieux morceau de journal, qui ᴮ² relatait un fait divers. *Er hatte ein altes Stück Zeitung gefunden, das eine Lokalnachricht beschrieb.*

On vous **avait invités** à venir dîner. Qu'est-ce qui s'est passé ? Désolé, je l'**avais oublié**. *Wir hatten Sie zum Essen eingeladen. Was ist passiert? Tut mir leid, ich hatte es vergessen.*

Im Deutschen verwendet man anstelle des Plusquamperfekts oft das Perfekt. Im Französischen sind die beiden Vergangenheitsformen nicht austauschbar:

Il **avait choisi** toutes les idées essentielles du texte. *Er hat/hatte alle wesentlichen Gedanken aus dem Text herausgesucht.*

Les étudiants **avaient dressé** des barricades à Paris. *Die Studenten haben/hatten in Paris Barrikaden errichtet.*

Das Plus-que-parfait kann in vorzeitiger Funktion zu einem Verb im Präsens gebraucht werden:

Je n'**avais** pas **entendu** mon réveil, mais me voilà, je suis là. *Ich habe meinen Wecker nicht gehört, aber jetzt bin ich da.*

Le garçon ne me sert pas ce que j'**avais demandé**. *Der Kellner bringt mir nicht, was ich bestellt habe.*

Darüber hinaus findet sich das Plus-que-parfait in höflichen Formulierungen wie:

Je m'**étais dit** que vous pourriez sûrement m'expliquer la route pour le Petit Palais. *Ich habe mir gesagt, dass Sie mir sicherlich den Weg zum Petit Palais erklären könnten.*

(Zum Plus-que-parfait im Bedingungssatz ▷ 17, in der indirekten Rede ▷ 24)

12.3.5 Das Passé antérieur

Formen
Das Passé antérieur wird mit dem Passé simple der Hilfsverben **avoir** und **être** und dem Partizip Perfekt des Verbs gebildet:

mit avoir konjugierte Verben	mit être konjugierte Verben
j'eus mangé *ich hatte gegessen* usw.	je fus resté(e) *ich war geblieben* usw.
tu eus mangé	tu fus resté(e)
il/elle eut mangé	il/elle fut resté(e)
nous eûmes mangé	nous fûmes resté(e)s
vous eûtes mangé	vous fûtes resté(e)s
ils/elles eurent mangé	ils/elles furent resté(e)s

(Zum Passé antérieur der Verben **avoir** und **être** ▷ **11.2**)

Gebrauch
Das Passé antérieur beschreibt eine lange zurückliegende und abgeschlossene Handlung. Es ist ein literarisches Tempus und gehört der gehobenen Sprache an. Im Unterschied zum Passé simple betont das Passé antérieur die Schnelligkeit eines Geschehens:
Lorsqu'il **eut achevé** son travail, il se rendit au salon. *Als er seine Arbeit beendet hatte, ging er ins Wohnzimmer.*
Im Hauptsatz wird das Passé antérieur in Verbindung mit einer adverbialen Bestimmung wie **aussitôt que** *sobald*, **après que** *nachdem*, **à peine que** *kaum*, **bientôt** *bald*, **enfin** *schließlich/endlich*, **quand** *als*, **vite** *schnell* verwendet:
A peine **fut**-il **couché** qu'il s'endormait. *Kaum war er im Bett, schlief er ein.*
Il **eut** vite **fait** le tour de la propriété. *Er machte schnell einen Besichtigungsrundgang über das Anwesen.*

12.3.6 Das Passé récent

Möchte man ausdrücken, dass eine Handlung soeben beendet wurde, kann man die Wendung **venir de** + Infinitiv *gerade etw. getan haben* gebrauchen. Sie kommt nur im Präsens oder Imparfait vor und kann durch **juste** *gerade* verstärkt werden:
Je **viens de vider** la poubelle. *Ich habe gerade den Mülleimer geleert.*
Ils **venaient** juste **de rentrer**. *Sie waren soeben nach Hause gekommen.*
Ils **viennent d'augmenter** la vitesse de transmission. *Sie haben soeben die Übertragungsgeschwindigkeit erhöht.*
C'est toi qui **viens d'appeler** ? *Hast du soeben angerufen?*

Zwischentest 12

A1   **1.** Welches ist das Imparfait?

Il doit comprendre qu'il ne m'était pas possible de garder le perroquet.
- a. Vous ☐
- b. était ☐
- c. devez ☐
- d. garder ☐

A1   **2.** Welches ist eine Zeit der Vergangenheit?
- a. ils sortiront ☐
- b. nous buvons ☐
- c. elle rentre ☐
- d. vous deviniez ☐

A1   **3.** Welche Form ist ein Futur composé?
- a. il a demandé ☐
- b. nous demanderons ☐
- c. ils vont demander ☐
- d. tu demandes ☐

A2   **4.** Wie lautet der Satz im Passé composé?

Elle rentre le plat dans le four.
- a. Elle a rentré le plat dans le four. ☐
- b. Elle rentrera le plat dans le four. ☐
- c. Elle aura rentré le plat dans le four. ☐
- d. Elle rendit le plat dans le four. ☐

B1   **5.** Welcher Satz enthält eine Androhung?
- a. As-tu faim ? ☐
- b. Je ne comprends rien. ☐
- c. Il veut aller danser. ☐
- d. Tu finiras par t'abîmer tes yeux. ☐

B1   **6.** Wie muss der Satz richtig heißen?
- a. Il était minuit, le téléphone a sonné, il n'a pas répondu. ☐
- b. Il était minuit, le téléphone sonne, il n'a pas répondu. ☐
- c. Il est minuit, le téléphone a sonné, il n'a pas répondu. ☐
- d. Il était minuit, le téléphone sonnait, il ne répondrait pas. ☐

A2   **7.** Wie lautet der Satz im Présent progressif?

Ils prennent un bain de mer.
- a. Ils sont en train de prendre un bain de mer. ☐
- b. Ils ont pris un bain de mer. ☐
- c. Ils prisent un bain de mer. ☐
- d. Ils avaient pris un bain de mer. ☐

Zwischentest 12

8. Wie lautet die richtige Antwort auf die Frage? `A2`

Patrick est à la maison ?
a. Non, il vient rentre. ☐   c. Oui, il a rentré. ☐
b. Oui, il vient de rentrer. ☐   d. Non, il rentrait. ☐

9. Bei welchen Zeiten kommt der Auslaut -a vor? `A1`

a. Présent/Passé composé ☐   c. Imparfait/Futur. ☐
b. Futur/Présent ☐   d. Futur/Passé simple ☐

10. Welche Aussage ist richtig? `A2`

a. Passé composé drückt Gleichzeitigkeit zweier Handlungen aus. ☐
b. Imparfait beschreibt Zustände, Landschaften und Stimmungen. ☐
c. Imparfait dient nicht dem Ausdruck von Gewohnheiten. ☐
d. Passé composé ist eine Zeit der Zukunft. ☐

11. Wie lautet das Futur simple von ils adoraient? `A1`

a. ils adorent ☐   c. ils adore ☐
b. ils adoront ☐   d. ils adoreront ☐

12. Wie heißt der Satz im Futur composé? `A2`

Le sportif .... la compétition mardi au 2ᵉ tour du tournoi.
a. reprendra ☐   c. va reprendre ☐
b. reprenait ☐   d. reprendrera ☐

13. Welcher Satz ist falsch? `A2`

a. En 1834 il vivait à Avignon. ☐
b. Tous les soirs il s'asseyait sur le banc du Boulevard. ☐
c. La Lune était un satellite de la Terre. ☐
d. Il va régulièrement au théâtre. ☐

14. Welcher Zeit gehört die Endung -îmes an? `B1`

a. Imparfait ☐   c. Passé composé ☐
b. Passé simple ☐   d. Futur composé ☐

🔑 **Lösungen**

1b. 2d. 3c. 4a. 5d. 6a. 7a. 8b.
9d. 10b. 11d. 12c. 13c. 14b.

13 Die Verneinung

Rien n'est si contagieux que l'exemple et nous ne faisons jamais de grands biens, ni de grands maux qui n'en produisent de semblables.

François VI, Duc de la Rochefoucauld (1613–1680), moraliste et mémorialiste français

Nichts ist so ansteckend wie das Vorbild, und wir tun niemals etwas besonders Gutes oder etwas besonders Schlechtes, das nicht ähnlich Gutes oder Schlechtes hervorbrächte.

François VI., Herzog von la Rochefoucauld (1613–1680), französischer Moralist und Aphoristiker

G Der bejahte Satz wird durch Verneinungselemente in einen verneinenden Satz umgewandelt. In der Regel besteht die Verneinung im Französischen aus zwei Elementen, welche das konjugierte Verb umschließen.

La négation

13.1 Die Verneinungselemente A1

Formen
Zur Verneinung stehen verschiedene Verneinungselemente zur Verfügung. Die weitaus häufigste Verneinungsform, die den Satz insgesamt verneint, ist **ne ... pas**:

> Elle **ne** veut **pas** chanter aujourd'hui parce qu'elle **ne** se sent **pas** à l'aise. *Sie möchte heute **nicht** singen, denn sie fühlt sich **nicht** wohl.*

Daneben gibt es eine Reihe weiterer Elemente, die verschiedene Nuancen der Verneinung ausdrücken:

Verneinungselemente	
ne ... pas *nicht*	Le bébé **n'a pas** dormi cette nuit. *Das Baby hat heute Nacht **nicht** geschlafen.*
ne ... guère *kaum*	Pendant l'année dernière il **n'a guère** été malade. *Im letzten Jahr ist er **kaum** krank gewesen.*
ne ... jamais *nie/niemals*	Cet avare **ne** donne **jamais** un sou. *Dieser Geizhals gibt **niemals** einen Pfennig her.*
ne ... personne *niemand*	Je **ne** vois **personne**. *Ich sehe **niemanden**.*
ne ... plus *nicht mehr*	Je **ne** trouve **plus** les chaussettes. *Ich finde die Socken **nicht mehr**.*
ne ... plus jamais *nie mehr*	Ils **ne** veulent **plus jamais** y habiter. *Sie wollen hier **nie mehr** wohnen.*
ne ... que *nur/erst*	Elles **n'**ont **qu'**un seul frère. *Sie haben **nur** einen Bruder.*
ne ... rien *nichts*	Il **n'**en sait **rien**. *Er weiß **nichts** davon.*
ne ... ni ... ni *weder ... noch*	Je **ne** vois **ni** l'un **ni** l'autre. *Ich sehe **weder** das eine **noch** das andere.*
ne ... nulle part *nirgends*	Je **ne** l'ai trouvé **nulle part**. *Ich habe es **nirgends** gefunden.*
ne ... aucun/aucune *(überhaupt) kein(e)*	Il **n'**a gardé **aucun** souvenir de cet anniversaire. *Er hat (**überhaupt**) **keine** Erinnerung an diesen Geburtstag.*
ne ... point *gar nicht*	Dans ce magasin, les soldes **ne** sont **point** intéressants. *In diesem Laden sind die Sonderangebote **gar nicht** interessant.*

⚡ Vor Vokal und h muet wird **ne** zu **n'** verkürzt:
Elle **n'a rien** à regretter. *Sie hat **nichts** zu bereuen.*

Stellung
Die Verneinungselemente umschließen das konjugierte Verb, das verneint werden soll.
- Abweichend vom Deutschen stehen das Objektpronomen (▷ 6.1) sowie das Reflexivpronomen (▷ 6.3) zwischen dem Verneinungspartikel **ne** und vor dem konjugierten Verb:
Il **ne** s'est **pas** montré à la réunion. *Er hat **sich** bei der Versammlung **nicht** gezeigt.*

> Die Verneinung

- Auch die Adverbialpronomen **y** und **en** (▷ 6.4) stehen vor dem konjugierten Verb und folgen auf **ne**:
  Il **n'en** parle **pas**. *Er spricht nicht darüber.*
  Et il **n'y** pense **jamais**. *Und er denkt nie daran.*
- Bei den zusammengesetzten Zeiten umschließen die Verneinungselemente das Hilfsverb und die begleitenden Pronomen:
  Tu **ne** t'es **pas** encore renseigné. *Du hast dich noch nicht informiert.*
  Je **ne** l'ai **pas** vue depuis trois mois. *Ich habe sie seit drei Monaten nicht gesehen.*

  ◐ Ausnahme: Bei **ne … personne** befindet sich **personne** hinter dem Partizip Perfekt und nach dem Infinitiv:
  Je **n'ai rencontré personne**. *Ich habe niemanden getroffen.*
  J'espère **ne blesser personne**. *Ich hoffe, niemanden zu beleidigen.*
- Beim Futur composé und bei Modalverben befinden sich die Pronomen außerhalb der Verneinungsklammer vor dem Infinitiv:
  On **ne peut jamais le** savoir. *Man kann es nie wissen.*
  Il cherche ses chaussures, mais **il ne va pas les** y trouver. *Er sucht seine Schuhe, aber er wird sie hier nicht finden.* (Futur composé)

B1
- Ist das verneinte Verb ein Partizip oder Gerund (▷ ⑱), wird es ebenfalls von den Verneinungselementen umschlossen:
  Ne pouvant plus dormir, il s'est levé. *Da er nicht mehr schlafen konnte, ist er aufgestanden.*
  (Zur Verneinung beim Infinitiv ▷ ⑭, beim Imperativ ▷ ⑮, beim Fragesatz ▷ ⑩)

Gebrauch

ⓘ Im Französischen gibt es keinen gleichbedeutenden Ausdruck für das deutsche *kein/keine/keiner*. Diese Formen müssen umschrieben werden mit Indefinitadjektiven (▷ 8.1) wie **aucun/aucune** *kein einziger/keine einzige* in der Bedeutung von *überhaupt kein*, **nul/nulle** *kein/keiner/keine*, ferner mit **pas un/une**:
Il **n'a nulle** autre chance. *Er hat keine andere Chance.*
Non, je **n'ai vu aucun** B1 faisan. *Nein, ich habe keinen Fasan gesehen.*

☼ Ne … aucun muss an das Bezugswort angepasst werden:
Elle **n'aime aucune** comédie musicale. *Sie mag (überhaupt) kein Musical.*

B2 ### Das Verneinungselement ne

Das Verneinungselement **ne** kann allein ohne nachfolgendes **pas** stehen. Es hat dabei meist auch verneinenden Sinn:
- in bestimmten feststehenden Wendungen:
  n'importe qui/quoi/où/comment/quand *wer/was/wo/wie/wann auch immer*:
  N'importe comment, chaque automne elle a C1 le cafard. *Wie auch immer/irgendwie bekommt sie jeden Herbst Depressionen.*

- in Verbindung mit Verben wie **pouvoir** *können*, **oser** *wagen*, **savoir** *wissen*, **cesser** *aufhören*:
  Je **n'**ose (pas) la déranger. *Ich wage nicht, sie zu stören.*
  Je **ne saurais** vous contredire. *Ich kann Ihnen nicht widersprechen.*
- in der Kombination von **ne … ni … ni** *weder … noch*. Diese gehört vorwiegend der geschriebenen Sprache an:
  Ils **ne** sont **ni** riches **ni** pauvres. *Sie sind weder reich noch arm.*
  D'après des analyses, il y a en Allemagne quatre millions de personnes qui **ne** savent **ni** lire **ni** écrire. *Untersuchungen zufolge gibt es in Deutschland vier Millionen Menschen, die weder lesen noch schreiben können.*
- in den Verbindungen **rien, personne, aucun, pas un** mit nachgestelltem **ne**, wenn sie Subjekt des Satzes sind:
  Rien n'intéresse Paul. *Paul interessiert nichts.*
  Pas un seul **ne** l'a contacté. *Kein einziger hat ihn kontaktiert.*
  Personne n'a sonné. *Niemand hat geläutet.*
  Aucune de ces fleurs **ne** me plaît. *Keine dieser Blumen gefällt mir.*

Das pleonastische ne

Nach bestimmten Verben hat das alleinstehende **ne** ohne **pas** (ne explétif) keine verneinende Bedeutung. Es ist optional und hat hier lediglich die Funktion eines Füllwortes zur flüssigeren Formulierung. Solche Verben sind:
- die Verben des Fürchtens, z. B. **craindre** *fürchten*, **avoir peur** *Angst haben*, **redouter** *fürchten*
  Je crains qu'il **ne** parte. *Ich fürchte, dass er abreist.*
  Bei verneinender Bedeutung muss aber die vollständige Klammer stehen:
  Je crains qu'il **ne** parte **pas**. *Ich fürchte, dass er nicht abreist.*
- die Verben der Ablehnung, z. B. **douter** *zweifeln*, **nier** *verneinen*, **contester** *bestreiten*, **empêcher** *verhindern*:
  Je ne doute pas qu'il **ne** revienne. *Ich zweifle nicht daran, dass er zurückkommt.*
  Il faut empêcher que ce malheur **ne** se reproduise. *Es muss verhindert werden, dass sich dieses Unglück wiederholt.*

Ferner kann das pleonastische **ne** in Vergleichssätzen erscheinen. Diese Konstruktion ist besonders in der gehobenen Sprache häufiger anzutreffen:
Elle est moins intelligente que je **ne** le croyais. *Sie ist weniger intelligent, als ich dachte.*
Ebenso kann es nach Konjunktionen wie **avant que** *bevor*, **à moins que** *sofern nicht/es sei denn*, **de peur que** *damit nicht* stehen:
Il faut partir **avant qu'**il **ne** pleuve. *Ich muss losfahren, bevor es regnet.*
Elle se présente aux élections **à moins** que sa famille **ne** soit contre cette idée. *Sie lässt sich zur Wahl aufstellen, sofern ihre Familie nichts dagegen hat.*

Die Verneinung

A2 **Die Verneinungselemente pas, point, jamais und rien**
Die Verneinungselemente pas, point, jamais, rien usw. stehen ohne ne:
- in kurzen Sätzen ohne Verb:
  Quand veux-tu venir ? **Pas aujourd'hui.** *Wann willst du kommen?* **Heute nicht.**
  As-tu déjà été à Paris ? **Jamais.** *Warst du schon in Paris?* **Niemals.**
  À quoi penses-tu ? À **rien**. *Woran denkst du? An* **nichts**.
- wenn nicht der ganze Satz, sondern nur ein Teil davon verneint wird:
  Ils connaissent toute l'Europe, mais **pas** la Normandie. *Sie kennen ganz Europa, nur* **nicht** *die Normandie.*

B1 **Besonderer Gebrauch von jamais, personne und rien**
- Enthält ein Satz bereits eine Verneinung, kann im Französischen durch Hinzufügen von jamais, personne und rien eine doppelte Verneinung erfolgen. Diese wird im Deutschen, das keine doppelte Verneinung kennt, in positiver Bedeutung mit *jemals, jemand* und *etwas* wiedergegeben:
  Il **n'**a **jamais rien** fait de mal. *Er hat* **nie etwas** *Böses getan.*
  Personne n'y a **jamais** pensé. *Keiner hat jemals daran gedacht.*
- Jamais *jemals*, personne *jemand* und rien *nichts* ohne ne stehen als Vergleichswort nach einem Komparativ:
  Je la trouve **plus belle que jamais**. *Ich finde sie* **schöner denn je**.
  C'est **mieux que rien**. *Das ist* **besser als nichts**.
- Jamais ohne ne kann nach hypothetischem si ebenfalls die Bedeutung von *jemals* annehmen:
  Si jamais tu viens en France … *Solltest du jemals nach Frankreich kommen …*
- Jamais hat weiterhin die Bedeutung *jemals* nach Verben des Zweifelns:
  Je doute qu'il ait **jamais** dit cela. *Ich bezweifle, dass er das jemals gesagt hat.*
- Nach sans mit Infinitiv oder sans que mit Subjonctif haben personne und rien kein ne bei sich:
  sans rien faire et **sans** voir **personne** *ohne etwas zu tun und* **ohne jemanden** *zu sehen*
  Il est parti **sans que personne** s'en soit aperçu. *Er ist gegangen,* **ohne dass** *es jemand bemerkt hätte.*

A2 **Ne, non oder pas?**
In einigen Fällen kann wahlweise ne, non oder pas verwendet werden:
- moi non, moi pas, pas moi *ich nicht*:
  Nous allons à la plage. **Moi non.** *Wir gehen zum Strand.* **Ich nicht.**
- et pas, et non, et non pas *und nicht*:
  Elle est Italienne **et pas** Portugaise. *Sie ist Italienerin* **und nicht** *Portugiesin.*
  Je m'appelle Tim **et pas** Tom. *Ich heiße Tim* **und nicht** *Tom.*
  Je parle du passé **et non** du présent. *Ich spreche von der Vergangenheit* **und nicht** *von der Gegenwart.*

- ou non, ou pas *oder nicht*:
  Tu restes ici, que ça te plaise **ou non**. *Du bleibst hier, ob es dir gefällt oder nicht.*
  Vous y allez **ou non/ou pas** ? *Gehen Sie/geht Ihr hin oder nicht?*

13.2 Die verstärkte Verneinung

Die Verneinung kann durch Zufügen bestimmter Zusätze wie Adverbien (▷ **5**) verstärkt werden:
- Ne ... pas, ne ... plus, ne ... rien und ne ... point können durch du tout *überhaupt* verstärkt werden:
  Il **n'**a **plus du tout** soif. *Er hat überhaupt keinen Durst mehr.*
  Je **n'**ai **pas du tout** envie. *Ich habe überhaupt keine Lust.*
  Il **n'**a **rien** compris **du tout**. *Er hat aber auch gar nichts verstanden.*
  ❶ Ne ... point gilt in der gesprochenen Sprache als veraltet und wird nur noch literarisch verwendet.
- Ne ... pas kann auch durch non plus *auch nicht* oder pas encore *noch nicht* verstärkt werden:
  Je **ne** le connais **pas non plus**. *Ich kenne ihn auch nicht.*
  Cette loi **ne** va **pas encore** dans le bon sens. *Dieses Gesetz geht noch nicht in die richtige Richtung.*

13.3 Die eingeschränkte Verneinung

Auch zur Einschränkung der Verneinung stehen mehrere Möglichkeiten zur Verfügung:
- Mit ne ... que *nur* oder seulement *nur* werden alle Satzglieder außer dem Subjekt eingeschränkt:
  M. Xavier **n'**a **qu'**un seul fils. *Herr Xavier hat nur einen Sohn.*
  On vit une fois **seulement**. *Man lebt nur einmal.*
- Bei den Angaben von Zeit und Alter hat ne ... que die Bedeutung von *erst*:
  Le train **ne** part **qu'**à deux heures. *Der Zug fährt erst um 2 Uhr.*
  Il **n'**avait **que** dix-sept ans. *Er war erst siebzehn (Jahre alt).*
- Das Subjekt wird durch seul *nur/einzig* eingeschränkt, wobei seul angeglichen werden muss:
  Seules les deux sœurs habitent chez les parents. *Nur die zwei Schwestern leben bei den Eltern.*
- ⚡ Wenn ein Satz mit que *dass* folgt, wird ausschließlich seulement *nur* verwendet:
  J'ai **seulement** dit que le soleil brillait. *Ich habe nur gesagt, dass die Sonne scheint.*

Zwischentest 13

A1 1. Welches Wort ist verneint?

   Alain ne viendra pas ce soir.
   - a. Alain
   - b. viendra
   - c. ce
   - d. soir

A1 2. Woran erkennt man einen verneinten Satz?
   - a. am Subjekt
   - b. am konjugierten Verb
   - c. an den Verneinungselementen
   - d. aus dem Kontext

A1 3. Was heißt auf Französisch *ich weiß nicht*?
   - a. Je ne pas sais.
   - b. Je sais.
   - c. Je sais ne pas.
   - d. Je ne sais pas.

A2 4. Wie lautet die Antwort auf die Frage?

   Qui vas-tu rencontrer ?
   - a. Rien.
   - b. Ne personne.
   - c. Personne.
   - d. Jamais.

A2 5. Wie ist loin in dem Satz zu verneinen?

   Olivier habite loin de Dijon.
   - a. ne
   - b. pas
   - c. ne … pas
   - d. ne … jamais

A2 6. Wie ist die Frage zu beantworten?

   Qu'est-ce qui s'est passé rue de Rivoli ?
   - a. Rien.
   - b. Aucun
   - c. Ne … plus.
   - d. Ne … jamais.

B1 7. Wie kann der einleitende Satz verneint werden?

   Étant invité, je ne peux pas y aller.
   - a. N'étant pas invité, je ne peux pas y aller.
   - b. Ne pas étant invité, je ne peux pas y aller.
   - c. Ne pas avoir invité, je ne peux pas y aller.
   - d. N'invite pas, je ne peux pas y aller.

Zwischentest 13

8. Wie ist die Frage verneint zu beantworten?

Est-ce que quelqu'un a pu vous renseigner ?
a. Non, personne a pu me renseigner.
b. Non, rien a pu me renseigner.
c. Non, personne n'a pu me renseigner.
d. Non, personne peut me renseigner.

9. Welcher Satz ist falsch?

a. Nous n'avons pas du tout regretté son départ.
b. Annabelle et Mirabelle ne sont ni des jumelles ni des sœurs.
c. Il est le meilleur ami que j'ai jamais eu
d. À Nice on peut ne faire pas du ski.

10. Wie lautet die Antwort *Ich nicht* zu folgendem Satz?

Qui a pris du chocolat ?
a. Pas moi.   c. Je non.
b. Je pas.   d. Et pas.

11. Wie kann der Satz verneint werden?

Certaines lettres ont été traduites.
a. Certaines lettres ne sont traduites.
b. Quelques lettres n'ont été pas traduites.
c. Aucune lettre n'a été traduite.
d. Les meilleures lettres n'ont été traduites.

12. Wo steht *pas* in dem Satz?

(1) Vous ne (2) niez (3) que vous ne l'ayez (4) vu.
a. 1   c. 2
b. 3   d. 4

13. Wie ist der Satz unter Verwendung von *en* zu verneinen?

Pierre m'a informé de ces idées.
a. P. me n'a pas en informé.   c. P. m'en a n'informé pas.
b. P. m'en n'a pas informé.   d. P. ne m'en a pas informé.

Lösungen

1b. 2c. 3d. 4c. 5b. 6a. 7a. 8c. 9d. 10a. 11c. 12b. 13d.

Der Infinitiv

*Sa femme fut le maître; il devait devant tout le monde **dire** ceci, ne pas **dire** cela, **faire maigre** tous les vendredis, **s'habiller** comme elle l'entendait, **harceler** par son ordre les clients qui ne payaient pas.*

Gustave Flaubert (1821–1880), écrivain français

*Seine Frau war der Chef; er musste vor allen Leuten dies **sagen** und jenes nicht **sagen**, musste freitags **fasten**, **sich anziehen**, wie sie es sich vorstellte und nach ihren Anweisungen die Kunden **bedrängen**, die nicht bezahlten.*

Gustave Flaubert (1821–1880), französischer Schriftsteller

G Der Infinitiv ist die unveränderliche Grundform des Verbs. Er kann sowohl verbal als auch substantivisch verwendet werden. Er ist vielfältig einsetzbar und wird im Französischen weitaus häufiger verwendet als im Deutschen.

L'infinitif

Formen

Die französische Sprache kennt zwei Formen des Infinitivs: den Infinitiv Präsens und den Infinitiv Perfekt. Der Infinitiv Präsens endet auf die Suffixe **-er**, **-ir**, **-re**, **-oir**, die auf die jeweilige Konjugationsgruppe (▷ 11) verweisen.
Der Infinitiv Perfekt besteht aus **avoir** oder **être** und dem Partizip Perfekt.
Weiterhin wird beim Infinitiv zwischen Aktiv und Passiv unterschieden:

	Infinitiv Präsens	**Infinitiv Perfekt**
Aktiv	chanter *singen* partir *weggehen*	avoir chanté *gesungen haben* être parti(e)(s) *gegangen sein*
Passiv	être chanté(e)(s) *gesungen werden*	avoir été chanté(e)(s) *gesungen worden sein*

☀ Der Infinitiv selbst ist unveränderlich. Beim mit **être** gebildeten Infinitiv Perfekt wird das Partizip Perfekt angeglichen (▷ 18.3) sowie bei den Passivformen (▷ 19).

Bei der Verneinung des Infinitivs, sowohl des Infinitivs Präsens als auch des Infinitivs Perfekt, stehen die Verneinungselemente (▷ 13) geschlossen vor dem Infinitiv und dem Objekt- und Adverbialpronomen:
Elle dit **ne pas en avoir** eu envie. *Sie sagt, sie hätte **keine** Lust **darauf** gehabt.*

14.1 Der Infinitiv als Substantiv

Der Infinitiv kann wie ein Substantiv die Funktion eines Subjekts, Objekts oder einer prädikativen Ergänzung haben:
- als Subjekt:
  Pratiquer un sport est sain. *Sport treiben ist gesund.*
- als Objekt:
  Il désire **partir** tout de suite. *Er möchte sofort **abreisen**.*
- als prädikative Ergänzung:
  Pour lui, vivre c'est **penser**. *Für ihn bedeutet Leben **Denken**.*
- Verben, die zu Substantiven geworden sind:

le coucher du soleil *der Sonnenuntergang*	le lever du soleil *der Sonnenaufgang*
le dîner *das Abendessen*	le déjeuner *das Mittagessen*
le devoir *die Pflicht*	le pouvoir *die Macht*

14.2 Der Infinitiv als Verb

Der Infinitiv kann durch Ergänzungen oder ein Adverb näher bestimmt werden:
Il désire **commencer directement**. *Er möchte **sofort anfangen**.* (Adverb)
Elle est capable de **travailler avec ambition**. *Sie ist fähig, **mit Ehrgeiz zu arbeiten**.* (nähere Bestimmung)

Der Infinitiv

Der Infinitiv kann einen Befehls-, Frage-, oder Ausrufesatz ersetzen:
Voir page 6. *Siehe Seite 6.* (Befehlssatz)
Que **répondre** à cela ? *Was soll man darauf **antworten**?* (Fragesatz)
Toi, te **résigner** ! *Du, du willst resignieren!* (Ausrufesatz)

Der Infinitiv wird häufig zur Verkürzung von Nebensätzen eingesetzt (▷ **14.4**).

A2 14.3 Der Infinitiv nach Verben

Der Infinitiv kann ohne Präposition oder mit den Präpositionen de oder à an das konjugierte Verb angeschlossen werden.

L! Beim Lernen der Verben und Ausdrücke sollten Sie stets mitlernen, wie ein Infinitiv angeschlossen wird, da es dafür keine Regeln gibt.

A2 14.3.1 Der Infinitiv ohne Präposition

Der Infinitiv steht ohne Präposition
- nach den modalen Hilfsverben:

faillir *beinahe etw. tun*	**devoir** *müssen*	B2 **paraître** *scheinen*
faire *veranlassen*	**laisser** *lassen*	B2 **oser** *wagen*
vouloir *wollen*	**sembler** *scheinen*	**savoir** *können/verstehen*
avoir beau *sich vergeblich mühen*		
pouvoir *können/die Möglichkeit haben/dürfen*		

Il **a beau faire**, il est toujours en retard. *Er bemüht sich vergeblich, er ist immer zu spät.*
J'ai **failli tomber**. *Ich wäre beinahe gefallen.*
Ils **font réparer** la voiture. *Sie lassen das Auto reparieren.*
N'**ose** pas me B1 **toucher** ! *Wage nicht, mich zu berühren!*
Il **paraît rester** calme. *Er scheint ruhig zu bleiben.*
L'acteur ne **peut** pas **entrer** en scène ce soir. *Der Schauspieler kann heute Abend nicht auftreten.*
Vous ne **pouvez** pas **vous baigner** ici. *Sie dürfen hier nicht baden.*
Tu ne **sais** pas te comporter ? *Kannst du dich nicht benehmen?*
Pierre **semble rêver**. *Pierre scheint zu träumen.*

- nach Verben im Anschluss an faire im Sinne von *(zu)lassen* und laisser *lassen*:

faire croire *weismachen*	**laisser aller** *gehen lassen*
faire faire *machen lassen*	**laisser passer** *vorbeilassen*
faire penser à *erinnern an*	**se laisser aller** *sich gehen lassen*
faire marcher *in Gang bringen*	**se laisser faire** *nachgeben*

Michel a **fait marcher** le moteur. *Michel hat den Motor in Gang gebracht.*
Je l'ai **laissé lire** la lettre. *Ich habe ihn den Brief lesen lassen.*

Der Infinitiv

- nach folgenden Verben:

Verbtyp	Verben	
Verben des Sagens und Denkens	affirmer *behaupten*, se rappeler *sich erinnern* (+ Infinitiv Perfekt), B1 compter *beabsichtigen*	Je **me rappelle avoir dit** ça. *Ich erinnere mich, das **gesagt zu haben**.*
Verben der sinnlichen Wahrnehmung	entendre *hören*, écouter *zuhören*, regarder *an-/zuschauen*, sentir *riechen/fühlen*, voir *sehen*	J'entends le train **passer**. *Ich höre den Zug **vorbeifahren**.*
Verben des Wollens und Wünschens	aimer *gern tun*, désirer *wünschen*, détester *verabscheuen*	Elle n'**aime** pas **manger** des B1 huîtres. *Sie **isst nicht gerne** Austern.*
Verben der Bewegung	aller *gehen*, aller voir qn. *jdn. besuchen*, courir *laufen*	Ils **vont voir** les joueurs **s'entraîner**. *Sie **besuchen** die Spieler beim Training.*

Mit aller + Infinitiv wird das Futur composé (▶ 12.2.2) gebildet:
Olivier **va voir** sa grand-mère. *Olivier besucht seine Großmutter.*

⚡ Nach diesen Verben kann eine Infinitivkonstruktion nur erfolgen, wenn das Subjekt des konjugierten Verbs mit dem des Infinitivs identisch ist. Andernfalls muss ein Nebensatz mit que gebildet werden:
Louise **veut partir** avec des amis. *Louise will mit Freunden wegfahren.*
(Subjekt des konjugierten Verbs ist identisch mit dem des Infinitivs)
Aber: Louise **veut que les amis partent** avec elle. *Louise will, dass die Freunde mit ihr wegfahren.* (Subjekt von vouloir: Louise, von partir: les amis)

14.3.2 Der Infinitiv mit der Präposition à A2

Der Infinitiv mit à folgt auf Verben, die ein Ziel, ein Bemühen, eine Richtung oder die Beziehung des Handelnden zu seiner Tätigkeit bezeichnen:

aider à *helfen*	être occupé à *gerade dabei sein*
apprendre à *lernen*	inviter à *einladen/auffordern*
arriver à *gelingen*	obliger à *verpflichten/zwingen*
avoir qc. à faire *etw. zu tun haben*	parvenir à *gelingen*
chercher à *versuchen*	s'accoutumer à *sich gewöhnen*
commencer à *anfangen/beginnen*	s'engager à *sich verpflichten*
consentir à *zustimmen*	s'intéresser à *interessiert sein*
continuer à *fortfahren*	se mettre à *anfangen*
contribuer à *beitragen zu*	se résigner à *sich damit abfinden*
demander à *wünschen/verlangen*	servir à *dienen zu*
destiner à *bestimmen*	B1 songer à *denken*
encourager à *ermutigen*	tenir à *Wert legen auf*
être habitué à *daran gewöhnt sein*	B1 viser à *abzielen auf*

Elle **se mit à fondre** en larmes. *Sie brach in Tränen aus.*
La semaine prochaine, on va **continuer à lire** le roman de Flaubert. *In der nächsten Woche lesen wir den Roman von Flaubert weiter.*

14.3.3 Der Infinitiv mit der Präposition de
Der Infinitiv mit **de** ist die häufigste Infinitivkonstruktion.
- Der Infinitiv mit **de** kann an folgende Verben angeschlossen werden:

accepter de *akzeptieren*	craindre de *fürchten*
accuser de *anklagen*	désespérer de *verzweifeln*
achever de *beenden*	empêcher de *hindern*
charger de *beauftragen*	essayer de *versuchen*
commander de *befehlen*	s'agir de *sich handeln*
conseiller de *raten*	se contenter de *sich zufrieden geben*
convenir de *übereinkommen*	se souvenir de *sich erinnern*

Je **me souviens d'avoir** déjà **rencontré** cet homme. *Ich erinnere mich, diesem Mann schon einmal begegnet zu sein.*
Paul a **accepté de participer** à ce cours. *Paul hat eingewilligt, an diesem Kurs teilzunehmen.*

- Weiterhin steht der Infinitiv mit **de** bei häufig gebrauchten Wendungen wie:

avoir la chance de *das Glück haben*	avoir envie de *Lust haben auf*
être en train de *gerade dabei sein etw. zu tun*	avoir besoin de *brauchen*
avoir l'habitude de *die Gewohnheit haben*	avoir honte de *sich schämen*
avoir raison/tort de *Recht/Unrecht haben*	avoir le droit de *dürfen*
prendre la décision de *die Entscheidung treffen*	avoir peur de *Angst haben*

On n'**a** pas **le droit de stationner** devant l'entrée. *Man darf nicht vor der Einfahrt parken.*

14.3.4 Der Infinitiv mit wechselndem Anschluss
Verben mit wechselndem Infinitivanschluss können verschiedene Bedeutungen haben:

arriver **à** *gelingen*	il arrive **de** *es kommt vor, dass*
imaginer **de** faire qc. *die Idee haben*	s'imaginer faire qc. *sich einbilden*
décider **de** *beschließen*	se décider **à** *sich entscheiden*
penser **à** *daran denken*	penser faire qc. *beabsichtigen*
devoir faire qc. *etw. tun müssen*	venir faire qc. *kommen um zu*
devoir **de** *verdanken*	venir **à** *zufällig etw. tun*
se devoir **de** *die Pflicht haben*	en venir **à** *schließlich etwas tun*

Tu **penses partir** demain ? *Hast du vor, morgen abzureisen?*
Tu as **pensé à** acheter du beurre ? *Hast du daran gedacht, Butter zu kaufen?*

Der Infinitiv

Auch Substantive können den Infinitiv mit **à** und **de** nach sich ziehen wie **l'art de vivre** *die Kunst zu leben*. Besonders häufig sind feststehende Ausdrücke:

au lieu de *anstatt von*	**la machine à coudre** *die Nähmaschine*
au risque de *auf die Gefahr hin*	**la machine à laver** *die Waschmaschine*
en vue de *um zu*	**la salle à manger** *das Esszimmer*

- Adjektive, auf die ein Infinitiv folgen kann:
  apte à *geeignet*, **prêt à** *bereit*, **bon à** *gut/geeignet*, **habile à** *geschickt*, **capable de** *fähig*, **content de** *zufrieden/erfreut*, **digne de** *würdig*, **libre de** *frei*
  Il est **capable de faire** la cuisine. *Er ist **fähig zu kochen**.*
  Je suis **content de** te **voir**. *Ich freue mich, dich **zu sehen**.*

14.4 Die Verkürzung von Nebensätzen **B1**

Haben Haupt- und Nebensatz das gleiche Subjekt, wird der Nebensatz häufig durch einen Infinitiv ersetzt.
- Eine Infinitivkonstruktion kann einen Nebensatz ersetzen, der mit einer Konjunktion (meistens mit folgendem Subjonctif ▶ **16**) eingeleitet wird. Als elegantere Variante sind Infinitivsätze vorzuziehen:

Konjunktion	mit Infinitiv	mit Nebensatz
avant de *bevor*	**Avant de partir**, tu ferais mieux de te coiffer ! *Bevor du weggehst, solltest du dich frisieren!*	**Avant que tu partes**, tu ferais mieux de te coiffer !
après *nachdem*	**Après avoir visité** le Louvre il se promène aux Tuileries. *Nachdem er den Louvre besichtigt hat, geht er in den Tuilerien spazieren.*	**Après qu'il a visité** le Louvre, il se promène aux Tuileries.
afin de *dass/damit*	Il s'entraîne tous les jours **afin d'être** le meilleur au concours. *Er trainiert jeden Tag, damit er beim Wettbewerb der Beste wird.*	Il s'entraîne tous le jours **afin qu'il soit** le meilleur au concours.
pour *dass/damit/ um zu*	Elle se dépêche **pour être** là quand ils arrivent. *Sie beeilt sich, um da zu sein, wenn sie kommen.*	Elle se dépêche **pour qu'elle soit** là quand ils arrivent.
sans *ohne*	Il voit bien **sans porter** de lunettes. *Er sieht gut, ohne eine Brille zu tragen.*	Il voit bien **sans qu'il porte** de lunettes.

⚡ Nach **après** *nachdem* folgt der Infinitiv Perfekt.
- Eine Infinitivkonstruktion kann auch anstelle eines mit einem Superlativ eingeleiteten Relativsatzes (▶ **7**) gebraucht werden, z. B. nach **le/la premier/-ère** *der/die Erste*, **le/la dernier/-ère** *der/die Letzte*, **le/la seul/-e** *der/die Einzige* sowie nach **personne** *niemand* und **rien** *nichts*:
  Cet architecte était **le seul à bâtir** un gratte-ciel à cette époque. *Dieser Architekt **war der Einzige, der** zu jener Zeit einen Wolkenkratzer **gebaut** hat.*

Zwischentest 14

A1 1. Woran erkennt man einen Infinitiv?

   a. an der Vorsilbe
   b. an der Endung
   c. an der Präposition
   d. aus dem Kontext

A1 2. Welche Verbform steht im Infinitiv Präsens?

   a. coudre
   b. avoir cousu
   c. cousu
   d. cousant

A1 3. Wie heißt der Infinitiv Präsens zu il ira?

   a. irer
   b. irriter
   c. être
   d. aller

A2 4. Was muss ergänzt werden?

   Vous venez .... chez nous ?
   a. à déjeuner
   b. déjeuner
   c. le déjeuner
   d. être déjeunés

B1 5. Wie ist der Satz in einen Infinitivsatz umzuformen?

   Il faut qu'on prenne le parti du plus faible.
   a. Prendre le parti du plus faible.
   b. Il faut prendre le parti du plus faible.
   c. Prend le parti du plus faible.
   d. Il a pris le parti du plus faible.

A2 6. Was macht Mme Monin?

   Mme Monin .... le médecin.
   a. fait venir
   b. fait vient
   c. fait à venir
   d. fais devenir

A2 7. Wie lautet der Infinitiv Präsens von avoir pu?

   a. pourvoir
   b. pouvoir
   c. punir
   d. puer

B1 8. Wie heißt auf Französisch *sozusagen*?

   a. Pour ainsi dire
   b. Pour disent
   c. Ainsi dit
   d. Dire comme ça

Zwischentest 14

9. Welche Aussage zu Sätzen mit Verben des Sagens, Denkens und Meinens ist zutreffend? `A2`

   a. Der Infinitiv hat kein Subjekt. ☐
   b. Infinitiv und konjugiertes Verb haben verschiedene Subjekte. ☐
   c. Der Infinitiv kann nicht verneint werden. ☐
   d. Infinitiv und konjugiertes Verb müssen das gleiche Subjekt haben. ☐

10. Welche Konjunktion fehlt? `B1`

   .... avoir ramassé les vêtements sales, je les mets au lave-linge.
   a. Avant ☐   c. Après ☐
   b. Comme ☐   d. Depuis ☐

11. Was verspricht Marie ihren Eltern? `A2`

   Je me suis décidée .... terminer mes études.
   a. que ☐   c. de ☐
   b. à ☐   d. pour ☐

12. Welche Form ist ein Infinitiv Perfekt? `A1`

   a. ayant menti ☐   c. avoir menti ☐
   b. menti ☐   d. sans mentir ☐

13. Wie ist der Infinitiv zu verneinen? `A2`

   Laisser à la portée des enfants.
   a. Ne laissez pas à la portée des enfants. ☐
   b. Laisser pas à la portée des enfants. ☐
   c. Ne pas laisser à la portée des enfants. ☐
   d. Ne laisser pas à la portée des enfants. ☐

14. Wie muss der Satz ergänzt werden? `A2`

   Louis est en train .... ranger sa chambre.
   a. à ☐   c. keine Ergänzung ☐
   b. pour ☐   d. de ☐

✎ **Lösungen**

1 b. 2 a. 3 d. 4 b. 5 b. 6 a. 7 b. 8 a.
9 d. 10 c. 11 b. 12 c. 13 c. 14 d.

Der Imperativ

N'ajoutez pas un mot ! Dans trois jours je parlerai, je vous dirai tout ; **laissez-moi**, dit-il en lui baisant les mains, **laissez-moi** être heureux, j'aime et je suis aimé.
Eh bien, **sois** heureux, mon enfant, dit-elle.

Honoré de Balzac (1799–1850), écrivain français

Sagen Sie kein weiteres Wort mehr. In drei Tagen werde ich sprechen, und ich werde Ihnen alles sagen. **Lassen Sie mich**, sagte er und küsste ihre Hände. **Lassen Sie mich** glücklich sein, ich liebe und ich werde geliebt.
Aber ja, **sei** glücklich, mein Kind!, sagte sie.

Honoré de Balzac (1799–1850), französischer Schriftsteller

G Der Imperativ ist ein Modus des Verbs. Er drückt einen Befehl, ein Verbot, eine Bitte, einen Rat oder einen Wunsch aus und kann auf unterschiedliche Art ersetzt werden. In verneinter Form kann der Imperativ ein Verbot ausdrücken.

L'impératif

Das Französische hat drei Imperativformen entsprechend der/den Person(en), die angesprochen werden soll(en).

2. Pers. Sing.:	Mange la pomme. *Iss den Apfel!*
1. Pers. Pl.:	Dînons ensemble ce soir.
	Lasst uns heute Abend zusammen essen!
2. Pers. Pl.:	Appelez-moi cet après-midi.
	Rufen Sie/ruft mich heute Nachmittag an!

Formen des regelmäßigen Imperativs

Der Imperativ Singular ist der Form nach gleich der 1. Person Singular Präsens. Dies gilt auch für den Imperativ der unregelmäßigen Verben. Die Imperative des Plurals entsprechen der 1. und 2. Person Plural Präsens:

	Imperativ	Eigenschaft
2. Person Singular	jou**e** ! *spiele!*	an eine Person gerichtet
1. Person Plural	jou**ons** ! *spielen wir!*	an eine Gruppe gerichtet, welcher der Sprecher selbst angehört
2. Person Plural	jou**ez** ! *spielt!*	an mehrere Personen gerichtet, zu denen sich der Sprecher nicht zählt

Allez, les enfants, jouez au jardin ! *Auf Kinder, spielt im Garten!*

Formen des unregelmäßigen Imperativs

Die Imperative der Verben avoir *haben*, être *sein*, savoir *wissen* und vouloir *wollen* lauten wie die entsprechenden Formen des Subjonctif présent:

	2. Person Singular	1. Person Plural	2. Person Plural
avoir	aie	ayons	ayez
être	sois	soyons	soyez
savoir	sache	sachons	sachez
vouloir	veuille/veux	veuillons/voulons	veuillez/voulez

⚡ Bei aller *gehen* wird anstelle der 1. Person die Form der 3. Person Singular verwendet: va – allons – allez.

Bei savoir und vouloir entfällt bei den Pluralformen das -i des Subjonctif Präsens (Subjonctif: nous sachions, vous sachiez, nous voulions, vous vouliez):
Veuillez l'aider. *Helfen Sie ihm!*
Allez plus vite. *Lauft schneller!*

Der Imperativ

 ❶ Folgt auf den mit Vokal endenden Imperativ das Adverbialpronomen **y** oder **en**, wird ein **-s** angehängt und mit dem Pronomen verbunden ausgesprochen:
Penses-y [pãsi]. *Denke daran!* **Vas-y**. *Gehe dorthin!/Na los!*
Vor Vokal und **h muet** wird **moi** zu **m'** und **toi** zu **t'** verkürzt:
Occupe-t'en. *Kümmere dich darum!* **Donnez-m'en**. *Geben Sie mir welche!*

Gebrauch

Mit dem Imperativ werden nicht nur Befehle wie **tais-toi** *sei still!* **viens vite** *komm schnell!* ausgedrückt, sondern auch:
- Ratschläge:
  Ne te fais pas de soucis. *Mache dir keine Sorgen!*
- Wünsche und Bitten:
  Profitez du soleil. *Geniesst/Geniessen Sie die Sonne!*
- Auskünfte:
  Tournez à droite, puis continuez tout droit. *Nach rechts abbiegen, dann immer geradeaus!*

⚡ Im Unterschied zum Deutschen wird der Imperativ selten mit Ausrufezeichen (▷ ❶) abgeschlossen.

 Der Imperativ in Verbindung mit Pronomen
Beim bejahten Imperativ der reflexiven und nicht reflexiven Verben werden die Pronomen (▷ ❻) nachgestellt. Anstelle der Pronomen **me** und **te** werden die betonten Formen **moi** und **toi** verwendet. Da **me** und **te** sowohl den Akkusativ als auch den Dativ vertreten, steht **moi** und **toi** hier ebenfalls für den Akkusativ und für den Dativ. Die Pronomen werden mit Bindestrich an den Imperativ angehängt:
Donne-moi le stylo. *Gib mir den Stift!* **Calme-toi.** *Beruhige dich!* **Levons-nous.** *Stehen wir auf!*

Sind mit dem Imperativ zwei Objektpronomen verbunden, werden beide mit Bindestrich angeschlossen. Die direkten Objektpronomen **le/la/les** stehen nach dem Imperativ und vor den indirekten Pronomen **moi/toi/lui/nous/vous/leur**:

Imperativ	direktes Objektpron.	indirektes Objektpron.	Adverbialpron.
Verb →	le/la/les →	moi/toi/lui/nous/vous/leur →	y/en

Montre-le-lui ! *Zeig es ihm!* **Parle-lui-en.** *Sprich mit ihm darüber.*

En und **y** folgen immer, mit Bindestrich angeschlossen, nach den Objektpronomen und erscheinen beim Imperativ hauptsächlich in Verbindung mit **aller** *gehen*:
Allez-y. *Geht dorthin/Los geht's!*
Bei anderen Verben kann **y** durch **là** *da-/dorthin* und **en** durch **de cela** *davon* ersetzt werden:
Mets-le là. *Leg es dahin!* **Goûtez de cela.** *Probieren Sie davon!*

Der Imperativ

⚡ Wie im Aussagesatz gilt: Nur die direkten Objektpronomen **le/la/les** können mit einem indirekten Objektpronomen verbunden werden.
Beim verneinten Imperativ werden wie im Aussagesatz die Objekt- und Adverbialpronomen vor das Verb gestellt. Die Verneinungselemente umschließen als Verneinungsklammer den Imperativ mit den Pronomen (▷ ⑬):
N'en parle **pas**. *Sprich nicht darüber!* **Ne** le lui raconte **pas**. *Erzähle es ihm nicht!*

Ersatzmöglichkeiten für den Imperativ
Der Imperativ kann auch ersetzt werden durch:
- den Infinitiv (▷ ⑭), vor allem bei Betriebsanleitungen, Verboten und allgemeinen Anweisungen wie Kochrezepten:
  Ne pas **ouvrir** avant l'arrêt du train. *Vor Anhalten des Zuges Tür nicht **öffnen**!*
  Agiter avant utilisation. *Vor Gebrauch **schütteln**.*
- ein Futur composé, ein Futur simple (▷ ⑫) oder einen Fragesatz (▷ ⑩) für Anweisungen und Aufforderungen, die mit Nachdruck ausgesprochen werden:
  Tu **feras** ce que je t'ai dit. *Du **machst**, was ich dir gesagt habe!*
  Vas-tu arroser le jardin ? *Du würdest doch den Garten gießen?*
  As-tu **verrouillé** la porte ? *Hast du die Tür abgesperrt? (Sperre die Tür ab!)*
- die Modalverben pouvoir und vouloir in Frageform, wobei die Inversion zu beachten ist:
  Veux-tu bien manger ta soupe ? *Iss bitte deine Suppe!*
  Peux-tu me répondre assez vite ? *Kannst du mir schnell antworten?*
- Aussagesätze im Präsens oder auch, meist in der gesprochenen Sprache, durch Intonationsfragen für Auskünfte, Aufforderungen und Befehle:
  Tu **cherches** les clés ! *Du **suchst** die Schlüssel!*
  Alors, vous **restez** à la maison et **rangez** la chambre ! *Ihr **bleibt** jetzt zuhause und **räumt** das Zimmer **auf**!*
- die unpersönliche Formulierung il faut que + Subjonctif oder il faut + Infinitiv *es ist nötig/man muss*. Dies sind sehr geläufige Einleitungen für Sätze mit imperativer Aussage:
  Il faut que tu sois sur place à 19 heures. *Du musst um 19 Uhr da sein.*
  Il faut absolument **éviter** les fautes. *Man muss unbedingt die Fehler vermeiden.*
- eine Frage + s'il te plaît/s'il vous plaît *bitte* oder durch die Frageform mit si + Imparfait zur höflichen Formulierung einer Bitte oder Aufforderung:
  S'il te plaît, veux-tu me passer le beurre ? *Kannst du mir bitte die Butter reichen?*
  Et si on **faisait** une pause ? *Machen wir eine Pause!*
  Et si tu **arrêtais** de faire l'imbécile ? *Hör mit dem Quatsch auf!*
- Fragen im Konditional (▷ ⑰) zum Ausdruck einer höflichen Bitte oder Aufforderung:
  Pourrais-tu ouvrir la porte ? *Könntest du die Tür öffnen?*
  Voudriez-vous me contacter. *Wenden Sie sich bitte an mich.*

Zwischentest 15

1. Wie lautet der Imperativ?

Ne jetez pas les papiers par terre.

a. pas
b. ne … pas
c. jetez
d. par terre

2. Wie ist der Satz mit einem Imperativ umzuformen?

Il faut que tu travailles pour ton examen.
a. Travailler pour ton examen.
b. Il ne veut pas travailler pour ton examen.
c. Il travaille pour ton examen.
d. Travaille pour ton examen.

3. Welcher Imperativsatz ist richtig?

a. Dis-lui-le !
b. Le lui dis !
c. Dis-le-lui !
d. Le dis lui !

4. Welcher Imperativ ist falsch?

a. Boive !
b. Tiens !
c. Réfléchissez !
d. Mange !

5. Wie lautet der Imperativ Plural von agir?

a. Âge !
b. Agirez !
c. Agez !
d. Agissez !

6. Wie kann die Aufforderung höflicher formuliert werden?

Respectez les droits de l'homme.
a. Il faut respecter les droits de l'homme.
b. Ne pas respecter les droits de l'homme.
c. Vous respectez les droits de l'homme ?
d. Pourquoi respecte-t-il les droits de l'homme ?

7. Wie sind die Objekte im Imperativ durch Pronomen zu ersetzen?

Dessine un mouton pour ton neveu.
a. Dessine le leur.
b. Dessine-le-lui.
c. Dessine le lui.
d. Dessine-lui-le.

Zwischentest 15

8. Was heißt auf Französisch *seid vorsichtig*?

a. êtes prudents
b. être prudents
c. soyez prudents
d. soyons prudents

9. Wie muss die Aussage ergänzt werden?

In einem bejahten Imperativsatz werden die Objektpronomen ....
a. vorangestellt
b. nicht genannt
c. mit Bindestrich nachgestellt
d. ohne Bindestrich nachgestellt

10. Wie ist das Objekt durch ein Pronomen zu ersetzen?

Ouvre la bouteille.
a. Ouvre-les.
b. Ouvre-le.
c. Ouvrez la.
d. Ouvre-la.

11. Wie muss der Imperativsatz mit dem Verb *suivre* lauten?

a. Suis le bus.
b. Je suis ambitieuse.
c. Suit son idée.
d. Le chapitre suivant.

12. Welcher Imperativsatz ist richtig?

a. Explique-le-lui.
b. Expliquer-le.
c. Explique le leur.
d. Expliques-le.

13. Wie ist der Imperativsatz zu verneinen?

Dites-lui la vérité.
a. Ne dites-lui pas la vérité.
b. Ne dites pas lui la vérité.
c. Ne pas dites-lui la verité.
d. Ne lui dites pas la vérité.

14. Welche Regel ist richtig?

a. Kochrezepte werden meist im Infinitiv formuliert.
b. Ein Imperativ kann nicht ersetzt werden.
c. Der Imperativ drückt eine Gefühlsregung aus.
d. Im Imperativ kann y vor le stehen.

Lösungen

1 c. 2 d. 3 c. 4 a. 5 d. 6 a. 7 b. 8 c.
9 c. 10 d. 11 a. 12 a. 13 d. 14 a.

Der Subjonctif

*Mignonne, je vais remplir un rôle difficile qui devrait revenir à ta mère, mais comme elle s'y refuse il faut bien **que je prenne** sa place.*

Guy de Maupassant (1850–1893), écrivain français

Meine Süße, ich werde eine schwierige Rolle erfüllen, die eigentlich deine Mutter übernehmen sollte, da sie sich aber weigert, muss ich eben ihren Platz einnehmen.

Guy de Maupassant (1850–1893), französischer Schriftsteller

G Der Subjonctif ist einer der vier Modi der französischen Sprache, den die deutsche Sprache nicht in gleicher Weise kennt. Es ist der Modus der subjektiven Stellungnahme, des Zweifelns und der Unsicherheit.
Der Subjonctif hat vier Zeiten. In der geschriebenen Sprache werden alle verwendet. In der gesprochenen Sprache kommen nur das Präsens und das Passé vor. In der Regel wird der Subjonctif durch bestimmte Verben, unpersönliche Wendungen und Konjunktionen ausgelöst.
Der Subjonctif wird manchmal als Konjunktiv bezeichnet. Er ist jedoch hinsichtlich seiner Funktion im Satz nicht mit dem deutschen Konjunktiv identisch.

Le subjonctif

16.1 Der Subjonctif der Gegenwart B1

Formen

Der Subjonctif der Gegenwart (Subjonctif présent) wird vom Stamm der 3. Person Plural des Präsens Indikativ abgeleitet, an den die Subjonctifendungen angehängt werden. Diese sind in allen drei Konjugationsgruppen: **-e, -es, -e, -ions, -iez, -ent**.

Verben auf -er	Verben auf -ir	Verben auf -ir
aimer *lieben* (ils **aim**ent)	finir *beenden* (ils **finiss**ent)	dormir *schlafen* (ils **dorm**ent)
que j'aim**e**	que je finiss**e**	que je dorm**e**
que tu aim**es**	que tu finiss**es**	que tu dorm**es**
qu'il/elle aim**e**	qu'il/elle finiss**e**	qu'il/elle dorm**e**
que nous aim**ions**	que nous finiss**ions**	que nous dorm**ions**
que vous aim**iez**	que vous finiss**iez**	que vous dorm**iez**
qu'ils/elles aim**ent**	qu'ils/elles finiss**ent**	qu'ils/elles dorm**ent**

⚡ Der Subjonctif présent der meisten Verben auf **-oir** und einiger Verben auf **-re** wird mit unregelmäßigen Verbstämmen gebildet (▷ Unregelmäßige Verben).
Der Subjonctif der Verben auf **-re** sowie der Verben auf **-ir** ohne Stammerweiterung kann jedoch in einigen Fällen, ebenso wie bei den regelmäßigen Verben, von der 3. Person Plural Indikativ abgeleitet werden:

3. Pers. Pl. Präs. Indikativ	1. Pers. Sing. Subjonctif	1. Pers. Pl. Subjonctif
rendre *zurückgeben*: ils rendent	que je rend**e**	que nous rend**ions**
partir *abfahren*: ils partent	que je part**e**	que nous part**ions**

Der Subjonctif présent einer Gruppe von Verben auf **-oir** kann von zwei Verbstämmen abgeleitet werden, hier am Beispiel **recevoir** *erhalten*:
- Stamm der 3. Person Plural Präsens Indikativ: **reçoiv-ent**
  → Singularformen + 3. Person Plural des Subjonctif Präsens
- Stamm der 1. Person Plural Präsens Indikativ: **recev-ons**
  → 1. + 2. Person Plural des Subjonctif Präsens

Singular:	que je **reçoiv**e	que tu **reçoiv**es	qu'il/elle **reçoiv**e
Plural:	que nous **recev**ions	que vous **recev**iez	qui'ils/elles **reçoiv**ent

Verben dieser beiden Gruppen sind:

acquérir *erwerben*	boire *trinken*	croire *glauben*
décevoir *enttäuschen*	devoir *müssen*	fuir *fliehen*
mourir *sterben*	prendre *nehmen*	prévoir *vorhersehen*

(Zum Subjonctif présent der Verben **avoir** und **être** ▷ 11.2)
Je ne veux pas que mon fiancé te déçoive. *Ich möchte nicht, dass dich mein Verlobter enttäuscht.*

Der Subjonctif

Häufig vorkommende Verben mit unregelmäßigem Subjonctif:

	Singular	Plural
devoir *müssen*	que je doive	que nous devions
faire *machen*	que je fasse	que nous fassions
pouvoir *können*	que je puisse	que nous puissions
prendre *nehmen*	que je prenne	que nous prenions
savoir *wissen*	que je sache	que nous sachions

Je ne pense pas **qu'il sache** le faire. *Ich denke nicht, **dass** er es machen **kann**.*
Êtes-vous certains **qu'elle puisse** venir ? *Sind Sie sicher, **dass** sie kommen **kann**?*
Il n'y a pas de doute **qu'**un jour **il se prenne** B1 le bec avec son patron. *Es besteht kein Zweifel, dass er sich eines Tages mit seinem Chef in die Haare **gerät**.*

16.2 Der Subjonctif der Vergangenheit

Drei Zeiten bilden den Subjonctif der Vergangenheit: Der Subjonctif Imparfait, der Subjonctif passé und der Subjonctif Plus-que-parfait.

Formen des Subjonctif Imparfait

Der Subjonctif Imparfait wird gebildet, indem an die 2. Person Singular Präsens bzw. des Passé simple die Endungen **-se, -ses, -ât/-ît/-ût, -sions, -siez, -sent** angehängt werden. Eine Ausnahme hierbei macht nur die 3. Person Singular, die aus dem Stamm der 3. Person Singular des Passé simple gebildet wird.

Verben auf -er	Verben auf -ir
aimer *lieben* (tu aimas)	finir *beenden* (tu **finis**)
que j'aimas**se**	que je finis**se**
que tu aimas**ses**	que tu finis**ses**
qu'il/elle aim**ât**	qu'il/elle fin**ît**
que nous aimas**sions**	que nous finis**sions**
que vous aimas**siez**	que vous finis**siez**
qu'ils aimas**sent**	qu'ils finis**sent**

Der Subjonctif Imparfait der Verben auf **-oir** und **-re** wird unregelmäßig gebildet (▷ Unregelmäßige Verben).
(Zum Subjonctif Imparfait der Verben **avoir** und **être**: ▷ **11.2**)
Je ne crois pas **qu'elle changeât** bien en deux ans. *Ich glaube nicht, **dass** sie sich in zwei Jahren sehr **verändert hat**.*
Il fallait **que je fisse** enfin la vaisselle. *Ich **musste** endlich abspülen.*
Elle souhaitait **qu'il fût** là. *Sie wünschte, er wäre da.*

Formen des Subjonctif passé
Der Subjonctif passé wird mit dem Subjonctif présent der Hilfsverben **avoir** und **être** (▷ 11.2) und dem Partizip Perfekt des Verbs gebildet:

Verben mit avoir: aimer *lieben*	Verben mit être: rester *bleiben*
que j'aie aimé	que je sois resté(e)
que tu aies aimé usw.	que tu sois resté(e) usw.

Elle doute **qu'il soit parti**. *Sie zweifelt daran, **dass er abgereist ist**.*
Je crains **qu'il ait** trop **bu**. *Ich fürchte, **dass er** zu viel **getrunken hat**.*
Il est regrettable **qu'**on ne **t'ait** pas **prévenu**. *Es ist bedauerlich, **dass** man dich nicht **benachrichtigt hat**.*

Formen des Subjonctif Plus-que-parfait
Der Subjonctif Plus-que-parfait wird mit dem Subjonctif Imparfait der Hilfsverben **avoir** und **être** (▷ 11.2) und dem Partizip Perfekt des Verbs gebildet:

Verben mit avoir: aimer *lieben*	Verben mit être: rester *bleiben*
que j'eusse aimé	que je fusse resté(e)
que tu eusses aimé	que tu fusses resté(e)
qu'il/elle eût aimé	qu'il/elle fût resté(e)
que nous eussions aimé	que nous fussions resté(e)s
que vous eussiez aimé	que vous fussiez resté(e)s
qu'ils/elles eussent aimé	qu'ils/elles fussent resté(e)s

Êtes-vous certains **qu'elle eût deviné** le secret ? *Sind Sie sicher, **dass sie** das Geheimnis **erraten hatte**?*
Il était bien possible **que** Sophie **eût été** au courant. *Es war gut möglich, **dass** Sophie auf dem Laufenden **gewesen war**.*
Il est peu probable **qu'ils fussent montés** au Mont Everest. *Es ist wenig wahrscheinlich, **dass** sie den Mount Everest **bestiegen hatten**.*

Gebrauch
💡 Der Subjonctif tritt in Nebensätzen auf, die mit **que** eingeleitet werden.
⚡ Ausnahme: Subjonctif im Relativsatz (▷ ⑦) und in einigen feststehenden Wendungen.
Die mit **que** eingeleiteten Nebensätze sind nur möglich, wenn der Hauptsatz und der que-Satz zwei verschiedene Subjekte haben. Ist das Subjekt in beiden Satzteilen identisch, wird der Satz mit einer Infinitivkonstruktion gebildet (▷ ⑭):
Susanne ne veut pas réveiller les enfants avant **que** les grands-parents (ne) **soient arrivés**. *Susanne möchte die Kinder nicht aufwecken, bevor die Großeltern angekommen sind.* (zwei Subjekte)

Der Subjonctif

Susanne ne veut pas réveiller les enfants avant d'aller faire les courses.
Susanne möchte die Kinder nicht wecken, bevor sie einkaufen geht. (ein Subjekt)

Der subjektive Charakter des Subjonctifs erscheint besonders in Nebensätzen, die von den Verben des Sagens, Denkens und der persönlichen Stellungnahme abhängig sind. (Zum Subjonctif im Relativsatz: ▷ **7**)

Der Subjonctif steht ohne auslösende Elemente:
- im Aufforderungssatz nach einleitendem **que**, vor allem in imperativer Funktion für die 3. Person (▷ **15**):
  Qu'il vienne à l'heure. *Er sollte pünktlich kommen.*
  Que ça soit vite fait. *Hoffentlich ist das schnell gemacht.*
  Qu'ils se taisent ! *Sie sollen still sein!*
  Que personne ne sorte. *Niemand verlässt den Raum!*
  Que je ne t'y reprenne plus ! *Dass ich dich ja nicht mehr dabei erwische!*
- in einigen Wendungen im Hauptsatz:

Advienne que pourra. *Komme, was wolle.*	**... que je sache** *so viel ich weiß*
Ainsi soit-il. *So sei es!/Amen.*	**Soit !** *Meinetwegen!*
Vive le roi ! *Es lebe der König!*	**Vive la France !** *Es lebe Frankreich!*
Coûte que coûte. *Koste es, was es wolle.*	
Comprenne qui pourra. *Das verstehe, wer will.*	

Paul a pris sa décision, advienne que pourra. *Paul hat sich entschieden, komme was da wolle.*
Je réaliserai ces idées, coûte que coûte. *Ich werde diese Ideen realisieren, koste es, was es wolle.*

⚡ Die Wendung **que je sache** steht immer am Satzende:
Il est ingénieur, que je sache. *Er ist Ingenieur, soviel ich weiß.*
Am Satzanfang dagegen heißt *soviel ich weiß* **pour autant/autant que je sache**:
Pour autant que je sache, il a encore trois frères. *Soviel ich weiß, hat er noch drei Brüder.*

Nach der verneinten und fragenden Form weniger Verben wie **croire** *glauben*, **être certain/être sûr** *sicher sein*, **penser** *denken*, **prétendre** *behaupten* kann man den Subjonctif, aber auch den Indikativ wählen, wodurch die persönliche Haltung zur Aussage zum Ausdruck kommt. Der Indikativ drückt hierbei eine Tatsache, der Subjonctif einen Wunsch aus:
Crois-tu qu'un conflit soit/est évitable ? *Glaubst du, dass ein Konflikt zu vermeiden ist/wäre?*
Est-ce que tu penses que Pierre viendra ce soir ? *Denkst du, dass Pierre heute Abend kommt?* (Indikativ)
Est-ce que tu penses que Pierre vienne ce soir ? *Denkst du, dass Pierre heute Abend kommt?* (Subjonctif)

⚡ Bei den meisten Aussagen besteht jedoch keine Wahlmöglichkeit, sondern der Subjonctif wird automatisch durch ein einleitendes Element wie ein bestimmtes Verb oder eine Konjunktion ausgelöst.

16.3 Der Subjonctif nach Verben und Ausdrücken der Willensäußerung

Der Subjonctif folgt nach Verben und Ausdrücken des Wünschens, Verlangens, Verbietens und Erlaubens. Solche sind:

admettre *zugeben/zulassen/erlauben*	insister pour *bestehen auf*
aimer mieux *lieber haben/vorziehen*	interdire *verbieten/untersagen*
aimer *mögen*	j'aimerais *ich möchte*
attendre *erwarten*	ordonner *befehlen*
autoriser *genehmigen*	permettre *erlauben*
avoir besoin *brauchen*	préférer *lieber haben/vorziehen*
avoir envie *gern wollen/sich freuen*	proposer *vorschlagen*
défendre *verbieten*	recommander *empfehlen*
demander *verlangen*	souhaiter *wünschen*
désirer *wünschen*	tenir à ce *Wert legen auf*
être d'accord *einverstanden sein*	vouloir *wollen*
exiger *(er)fordern/verlangen*	

Le panneau **interdit que** l'on **fasse** du bruit. *Das Schild **untersagt** es, Lärm zu machen.*
Elle **veut que** j'**emmène** tout mon ménage, mais j'ai refusé. *Sie möchte, dass ich meinen ganzen Haushalt mitbringe, aber ich habe abgelehnt.*
Alice **souhaite qu'**on la **comprenne**. *Alice wünscht sich, dass man sie versteht.*

⚡ Bei diesen Verben sind einige Besonderheiten zu beachten:
- Admettre que *zulassen/erlauben/zugeben* wird im bejahten Satz mit Indikativ gebraucht, wenn die Aussage als gültig dargestellt werden soll:
  J'**admets qu'**il **est** le meilleur candidat pour ce poste. *Ich gebe zu, dass er der beste Bewerber für die Stelle ist.* (Indikativ, es ist für mich eine Tatsache).
  J'**admets que** ça **soit** la rançon du progrès. *Ich gebe zu, dass das wohl der Preis des Fortschritts ist.* (Subjonctif, der Sprecher hat Zweifel)
  Il **admet que** ses propositions **aient surpris** les autres. *Er gibt zu, dass seine Vorschläge die anderen überrascht haben.* (Subjonctif, er kann es sich vorstellen)
- Nach espérer *hoffen* folgt der Indikativ (meistens Futur), selten der Subjonctif, auf se plaindre que *sich beklagen* folgt der Indikativ oder der Subjonctif:
  J'**espère que** tu **vas** bien. *Ich hoffe, es geht dir gut.*
  Il **s'est plaint que** nous n'**obéissons/obéissions** pas. *Er hat sich beklagt, dass wir nicht gehorchen.*

Der Subjonctif

- Auf die Verben **arrêter** im Sinne von *festlegen*, **décider** *entscheiden, beschließen*, **décréter** *verfügen*, **résoudre** *beschließen* folgt der Indikativ oder der Konditional:
  Le consul a arrêté que les otages **devraient** être libérés directement. *Der Konsul hat festgelegt, dass die Geiseln direkt befreit werden sollten.*

Zu den Verben der Willensäußerung gehören auch solche, die eine Zustimmung, einen Vorschlag, oder eine Ablehnung ausdrücken. Sie sind ebenfalls mit dem Subjonctif verbunden. Dazu gehören:

accepter *akzeptieren*	recommander *empfehlen*
approuver *gutheißen/billigen*	refuser *ablehnen*
désapprouver *missbilligen*	s'opposer à ce *dagegen sein*
empêcher *verhindern*	souffrir *ertragen/dulden*
être d'accord pour *einverstanden sein*	supporter *ertragen*
éviter *vermeiden*	tolérer *ertragen/erdulden*
proposer *vorschlagen*	vouloir bien *einverstanden sein*

Elle a **refusé que** la facture **soit payée** par virement. *Sie hat es **abgelehnt**, **dass** die Rechnung per Überweisung bezahlt wird.*
Je ne **tolère** pas **que** vous me **parliez** sur ce ton. *Ich **dulde** es nicht, **dass** Sie mich in diesem Ton ansprechen.*

- ⚡ Die Verben **supporter que**, **tolérer que** und **souffrir que** werden meist verneint oder in Verbindung mit einem Adverb gebraucht:
  Je **ne tolère pas** qu'il soit menteur. *Ich **dulde nicht, dass** er lügt.*
  Elle **supporte mal** qu'on la fasse attendre. *Sie erträgt es **schlecht**, dass man sie warten lässt.*

- ⚡ Auf die Ausdrücke **il n'empêche que** und **ça n'empêche que** *trotzdem/immerhin* folgt der Indikativ oder der Konditional:
  Il n'empêche que ses propos **sont** convaincants. *Immerhin sind seine Worte überzeugend.*
  Ça n'empêche que tu **aurais dû** te renseigner. *Dennoch hättest du dich informieren müssen.*

Der Subjonctif folgt auf unpersönliche Wendungen, die einen Wunsch, ein Verlangen, eine feste Meinung oder ein Urteil ausdrücken:

il convient *es ist angebracht*	il faudrait *man müsste (eigentlich)*
il est dommage *es ist schade*	il faut *es ist nötig/man muss*
il est faux *es ist falsch*	il importe *es ist wichtig*
il est important *es ist wichtig*	il suffit *es genügt/reicht*
il est juste/bon *es ist gerecht/gut*	il vaut mieux *es ist besser*
il est nécessaire *es ist nötig*	peu importe *es ist unwichtig/macht nichts*
il est (grand) temps *es ist höchste Zeit*	

Il **est temps que** je prenne un rendez-vous chez le dentiste. *Es ist Zeit, dass ich mich beim Zahnarzt anmelde.*
Il **est dommage que** l'on détruise cet ancien bâtiment. *Es ist schade, dass dieses alte Gebäude zerstört wird.*
Il **est important qu'**on améliore la situation dans les banlieues. *Es ist wichtig, dass die Situation in den Vororten verbessert wird.*
Ça suffit vraiment **que** tu répètes mes paroles comme un perroquet. *Es reicht (mir) wirklich, dass du meine Worte wie ein Papagei wiederholst.*
N'achète pas de cadeau, **il** me **suffit que** tu viennes. *Kaufe kein Geschenk, es reicht mir, dass du kommst.*
Il faut que je vous mette au courant des dernières informations. *Ich muss Sie über die neuesten Nachrichten in Kenntnis setzen.*
Il ne **faudrait** pas que tu prétendes me convaincre. *Du solltest dir nicht einbilden, dass du mich überzeugen kannst.*
Définitivement, **il vaut mieux que** tu suives ce stage. *Es ist sicherlich besser, du nimmst an diesem Praktikum teil.*

16.4 Der Subjonctif der Gefühlsäußerung und der wertenden Stellungnahme

B1

Der Subjonctif folgt auf Verben und Ausdrücke des Fühlens und der Bewertung eines als wahr angesehenen Geschehens:

admirer *bewundern*	désapprouver *missbilligen*
adorer *lieben*	détester *verabscheuen*
aimer *gern haben/lieben*	redouter ... ne *fürchten*
apprécier *zu schätzen wissen*	regretter *bedauern*
approuver *zustimmen*	s'émerveiller *sich wundern*
avoir honte *sich schämen*	s'étonner *sich wundern*
avoir peur ... ne *Angst haben*	s'inquiéter *sich beunruhigen*
comprendre *Verständnis haben*	se moquer *darauf pfeifen*
craindre ... ne *fürchten*	se plaindre *sich beklagen*
critiquer *kritisieren*	se réjouir *sich freuen*
déplorer *bedauern/beklagen*	

J'aimerais que vous me laissiez un peu plus d'espace. *Es wäre mir recht, wenn ihr mir etwas mehr Raum ließet.*
Je **regrette qu'**il soit parti sans prévenir. *Ich bedaure, dass er weggegangen ist, ohne Bescheid zu sagen.*
J'adore que cette maison ait un salon sur terrasse face à la mer. *Ich liebe es, dass dieses Haus ein Wohnzimmer mit Terrasse direkt Richtung Meer hat.*

Der Subjonctif

- ⚡ Bei den Verben des Fürchtens und Hinderns wie **craindre**, **avoir peur**, **redouter**, **empêcher** kann das Verb im que-Satz ein pleonastisches **ne** (▷ 13.1) bei sich haben, das keine verneinende Bedeutung hat:
  On est en retard et maintenant, on **a peur que** le spectacle **ne** commence sans nous. *Wir sind zu spät, und nun **haben** wir **Angst, dass** das Theater ohne uns beginnt.*
- ⚡ Auf **comprendre** in der Bedeutung von *geistig erfassen* folgt der Indikativ:
  Il a fait une telle mine que j'ai vite **compris qu'**il ne **veut** pas participer à cette excursion. *Er hat so ein Gesicht gemacht, dass ich schnell **verstanden** habe, dass er an dem Ausflug nicht teilnehmen **möchte**.*

Weitere Wendungen der Gefühlsäußerung, die den Subjonctif auslösen, sind:

être affligé *betrübt/traurig sein*	être gêné *sich stören an*
être étonné *erstaunt sein*	être heureux *glücklich sein*
être choqué *schockiert sein*	être indigné *entrüstet sein*
être content *sich freuen*	être mécontent *unzufrieden sein*
être déçu *enttäuscht sein*	être ravi *erfreut sein*
être désolé *leid tun/betrübt sein*	être satisfait *zufrieden sein*
être fâché *verärgert sein*	être stupéfait *verblüfft sein*
être fier *stolz sein*	être surpris *überrascht sein*
être flatté *sich geschmeichelt fühlen*	être triste *traurig sein*

Elle **était** vraiment **désolée** que ça soit arrivé. *Es tat ihr sehr leid, dass das passiert ist.*
Alex **était** très **déçu** que ses amis aient oublié son anniversaire. *Alex war sehr enttäuscht, dass seine Freunde seinen Geburtstag vergessen hatten.*
Le pêcheur **était ravi** que les poissons aient cessé de déserter cette région. *Der Angler war erfreut, dass die Fische diese Gegend nicht weiterhin mieden.*
Carmen **est** tout à fait **contente** que le printemps ait remplacé l'hiver. *Carmen freut sich sehr, dass der Sommer den Winter abgelöst hat.*
Les plaisanciers **étaient déçus** qu'il ait plu à seaux. *Die Segler waren enttäuscht, dass es in Strömen geregnet hat.*

 Unpersönliche Ausdrücke, die den Subjonctif auslösen:

comment se fait-il ? *wie kommt es?*	il/cela m'amuse *es amüsiert mich*
d'où vient ? *wie kommt es?*	il/cela m'étonne *es erstaunt mich*
il arrive *es kommt vor*	il/cela m'inquiète *es beunruhigt mich*
il se peut *es ist möglich*	il/cela me gêne *es stört mich*
il/cela (ne) me plaît (pas) *es gefällt mir (nicht)*	
il/cela me surprend *es überrascht mich*	

Der Subjonctif

Il **arrivait** souvent que je fusse en retard. *Es **kam** oft **vor**, dass ich zu spät kam.*
Il nous **amuse** que Jean se soit fait enlever les rides et qu'il porte maintenant une perruque. *Es **amüsiert** uns, dass Jean sich die Falten glätten ließ und dass er jetzt ein Toupet trägt.*
Comment se fait-il qu'elle fuie toute responsabilité, coûte que coûte ? *Wie **kommt es**, dass sie um jeden Preis jede Verantwortung meidet?*

Unpersönlich konstruierte Wendungen, eingeleitet mit **il est** oder **c'est**, die mit dem Subjonctif verbunden sind:

B2

il est absurde *es ist absurd*	il est étrange *es ist erstaunlich*
il est agréable *es ist angenehm*	il est faux *es ist falsch*
il est amusant *es ist lustig*	il est inévitable *es ist unvermeidlich*
il est bête *es ist dumm*	il est intéressant *es ist interessant*
il est bizarre *es ist merkwürdig*	il est indispensable *es ist unvermeidlich/nötig*
il est bon/mauvais *es ist gut/schlecht*	
il est bien/mal *es ist gut/schlecht*	il est malheureux *es ist ein Jammer*
il est normal *es ist normal*	il est naturel *es ist natürlich*
il est curieux *es ist merkwürdig*	il est possible *es ist möglich*
il est déplorable *es ist bedauerlich*	il est remarquable *es ist bemerkenswert*
il est dommage *es ist schade*	
il est drôle *es ist komisch*	il est significatif *es ist bezeichnend*
il est ennuyeux *es ist ärgerlich*	il est surprenant *es ist erstaunlich*
il est étonnant *es ist erstaunlich*	il est triste *es ist traurig*
il est compréhensible *es ist verständlich*	

Il est intéressant qu'il vienne proposer à l'exposition des produits preuves d'une grande expérience. *Es **ist interessant**, dass er bei der Ausstellung Produkte zeigt, die von großer Erfahrung zeugen.*
Il est indispensable que tu comprennes les instructions. *Es **ist unvermeidlich**, dass du die Anleitungen verstehst.*
Il est inévitable que le marché de l'automobile subisse des difficultés. *Es **ist unvermeidlich**, dass der Automarkt in Schwierigkeiten kommt.*
Étant donné qu'aucun local au centre ville n'était disponible, il n'**est** pas **étonnant** que son choix se soit porté sur un nouveau quartier. *Da kein Ort im Stadtzentrum zur Verfügung stand, **ist** es nicht **erstaunlich**, dass seine Wahl auf ein neues Viertel fiel.*
C'est normal qu'elle ne veuille pas recommencer à ce stade. *Es **ist normal**, dass sie an diesem Punkt nicht noch einmal von vorne anfangen möchte.*
Il est surprenant qu'il y ait toujours tant d'analphabètes. *Es **ist erstaunlich**, dass es immer noch so viele Analphabeten gibt.*
Il est bon que ce travail soit terminé. *Es **ist gut**, dass diese Arbeit fertig ist.*

Der Subjonctif

Der Subjonctif kann nach Verben und Ausdrücken folgen, die einen Zweifel, eine Unsicherheit oder eine Verneinung ausdrücken:

contester *bestreiten*	il n'y a pas de doute *es besteht kein Zweifel*
démentir *dementieren*	il se peut *es ist möglich*
douter *zweifeln*	il ne semble pas *es scheint nicht*
ignorer *nicht wissen*	(s')imaginer *sich einbilden*
il est (im)possible *es ist (un)möglich*	nier *leugnen*

⚡ Bei der Wahl des Modus ist zu beachten:
- Werden die Verben und Wendungen verneint, die bereits eine Verneinung ausdrücken, ist der Inhalt des Satzes sinngemäß bejaht, und es folgt der Indikativ. Soll aber eine Unsicherheit oder Unwahrscheinlichkeit ausgedrückt werden, wird der Subjonctif verlangt:
  Il n'y a pas de doute que cet homme qu'on a trouvé dans le parc **est** mort. *Es besteht kein Zweifel daran, dass dieser Mann, den man im Park gefunden hat, tot ist.* (Tatsache → Indikativ)
  Il est impossible que ça **soit** autrement. *Es ist unmöglich, dass es anders sein soll.* (Unwahrscheinlichkeit → Subjonctif)
- Nach (ne pas) douter, nier, contester kann das folgende Verb ein zusätzliches, pleonastisches ne bei sich haben, welches die Verwendung des Subjonctifs im Nebensatz zwingend erfordert:
  Je **ne doute pas** qu'il **ne soit** mon fils. *Ich zweifle nicht daran, dass er mein Sohn ist.*
  Ils **doutaient** qu'il **n'arrivât** si tôt. *Sie zweifelten daran, dass er so früh kommen würde.*
  Elle **niait** que son élève favori **ne fût** le plus paresseux de toute la classe. *Sie leugnete, dass ihr Lieblingsschüler der faulste der ganzen Klasse war.*
- Nach il me semble que *es scheint mir/mir scheint* und il paraît que *es scheint so* folgt der Indikativ.
  Aber: Nach il ne me semble pas que *es scheint mir nicht* steht der Subjonctif:
  Il me paraît qu'il **a** raison. *Mir scheint, er hat Recht.*
  Il ne me semble pas qu'il en **prenne** conscience. *Es scheint mir nicht, als sei er sich dessen bewusst.*
  ℹ Im heutigen Sprachgebrauch ist die Tendenz festzustellen, dass auch bei Wendungen, die klassischerweise den Subjonctif nach sich ziehen, der Indikativ verwendet wird, wenn nicht gezielt ein Zweifel bzw. eine Unwahrscheinlichkeit betont werden soll.
- Nach il est (im)possible que muss immer der Subjonctif folgen:
  Parfois **il est impossible** que la police **intervienne** avant que les assaillants ne soient partis. *Manchmal ist es unmöglich, dass die Polizei einschreitet, bevor die Angreifer weg sind.*

16.5 Der Subjonctif nach Verben des Sagens, Denkens und Meinens

Verben des Sagens, Denkens und Meinens, die den Subjonctif auslösen:

affirmer *behaupten*	il est vrai *es ist wahr*
annoncer *ankündigen*	juger *der Ansicht sein*
assurer *versichern*	jurer *schwören*
avoir l'impression *den Eindruck haben*	il est vraisemblable *es ist wahrscheinlich*
croire *glauben*	penser *denken*
déclarer *erklären*	prétendre *behaupten*
dire *sagen*	(s')imaginer *sich vorstellen*
être convaincu *überzeugt sein*	se rappeler *sich erinnern*
être d'avis *der Meinung sein*	se souvenir *sich erinnern*
il est certain *es ist sicher*	soutenir *(weiter)behaupten*
il est évident *es ist offensichtlich*	supposer *vermuten*
il est probable *es ist wahrscheinlich*	trouver *finden*

Les habitants du littoral sont inquiets parce qu'il **est probable** qu'en pourrissant, les algues vertes **puissent** dégager un gaz nocif. *Die Küstenbewohner sind beunruhigt, dass die grünen Algen beim Faulen **wahrscheinlich** ein giftiges Gas ausströmen könnten.*
Il n'est pas **évident** que ces tours en béton **soient** d'une quelconque utilité pour augmenter la joie de vivre des habitants. *Es ist nicht **offensichtlich**, dass diese Betonburgen helfen, die Lebensfreude der Bewohner zu steigern.*

Die Wahl des Modus bei den Verben des Sagens

☀ Sind die Verben des Sagens bejaht, folgt der Indikativ. Sind sie dagegen verneint oder fragend oder im Konditional (▶), folgt der Subjonctif, wenn die Aussage eine Annahme oder Unsicherheit ausdrückt.
Möchte man die Sicherheit der Aussage hervorheben, ist der Satz im Indikativ zu verwenden. Vor allem in der gesprochenen Sprache steht häufig der Indikativ:
Crois-tu qu'elle **ait** raison ? *Glaubst du, dass sie Recht hat?* (unsichere Aussage)
Crois-tu qu'elle **a** raison ? *Glaubst du, dass sie Recht hat?* (sichere Aussage und Umgangssprache)
Est-ce que ton ami **prétend** que le programme de télévision **soit/est** intéressant ? *Behauptet dein Freund, dass das Fernsehprogramm interessant ist?*
Je **crois** que mon mari **est** un bon électricien. *Ich glaube, dass mein Mann ein guter Elektriker ist.* (sichere Überzeugung)
Je **ne crois pas** qu'il **ait** mieux **fait** d'être plombier. *Ich glaube nicht, dass er lieber Installateur hätte werden sollen.* (Verneinung)
On **ne dirait pas** qu'il **soit** le plus jeune de la classe. *Man würde nicht meinen, dass er der Jüngste in der Klasse ist.* (Konditional und Verneinung)

Der Subjonctif

Drücken die Verben **dire** *sagen*, **écrire** *schreiben*, **téléphoner** *anrufen* eine Tatsache aus, folgt der Indikativ. Beinhalten sie aber eine Aufforderung, steht der Subjonctif. In diesem Fall ist jedoch eine Infinitivkonstruktion (▷ 14) als die elegantere Lösung vorzuziehen:
Dis-lui qu'il ne **sorte** pas avant le soir. → **Dis**-lui de ne pas **sortir** avant le soir. *Sag ihm, er solle nicht vor dem Abend weggehen.*
Elle m'a **écrit** que sa fille **a** eu un bébé. *Sie hat mir **geschrieben**, dass ihre Tochter ein Baby bekommen hat.* (Tatsache)

❶ Nach **supposons/supposez que** *nehmen wir/Sie mal an*, **imaginez(-vous)/ imagine(-toi) que** *stellen Sie sich/stell dir vor* und nach **figurez-vous/figure-toi que** *stellen Sie sich/stelle dir vor* steht immer der Subjonctif, wenn es sich um eine reine Annahme handelt:
Figurez-vous qu'ils **aient** décidé de se marier cette année. *Stellt euch vor, sie hätten beschlossen, noch dieses Jahr zu heiraten.*

Wenn der Nebensatz dem Hauptsatz vorausgeht, ist der Subjonctif obligatorisch:
Qu'il soit prêt, c'est certain. *Dass er bereit ist, ist sicher.*

⚡ Nach folgenden Verben steht im que-Satz immer der Indikativ:

ignorer *nicht wissen*	**s'apercevoir** *sich bewusst werden/begreifen*
réaliser *begreifen*	**se rendre compte** *sich bewusst werden/begreifen*
savoir *wissen*	**promettre** *versprechen*

Il ne **s'est** pas **rendu compte** que ça **faisait** deux ans qu'on ne s'était pas vus. *Es **war** ihm nicht **bewusst**, dass wir uns zwei Jahre nicht gesehen haben.*

B2 16.6 Der Subjonctif nach Konjunktionen

Nach folgenden Konjunktionen ist immer der Subjonctif anzuwenden:

afin que *dass/damit*	**où que** *wo, wohin auch immer*
aussi que *so ... auch immer*	**pour que** *dass/damit*
à moins que *es sei denn/außer wenn*	**pourvu que** *vorausgesetzt*
bien/malgré que *obwohl*	**que** (nach Imperativ) *so dass/damit*
de crainte que *damit nicht/aus Furcht*	**que ... ou que** *ob ... oder*
de peur que *damit nicht/aus Furcht*	**qui que** *wer auch immer*
de façon que *so dass/damit*	**quoi que** *was auch immer*
de manière que *so dass/damit*	**quoique** *obwohl*
de sorte que *so dass/damit*	**sans que** *ohne dass*
non que *nicht dass*	**supposé que** *angenommen*
à condition que *unter der Bedingung/ vorausgesetzt*	**soit que... soit/ou que** *sei es ... oder/ob ... ob*

Der Subjonctif

On va à la plage demain, **à condition qu**'il **fasse** beau. *Vorausgesetzt, es wird morgen schön, gehen wir an den Strand.*
Qui que tu **sois**, présente-toi. *Wer auch immer du bist, stelle dich vor!*
Elle est venue si tôt **afin que** nous **puissions** manger ensemble. *Sie ist so früh gekommen, damit wir zusammen essen können.*

Nach temporalen Konjunktionen (▷ 21.2) folgt in der Regel kein Subjonctif.
◉ Ausnahme: Bei den temporalen Konjunktionen folgt der Subjonctif nur auf avant que *bevor*, en attendant que *bis*, jusqu'à ce que *bis*:
Le bateau est rentré au port **avant que** le soleil **soit** couché. *Das Boot ist in den Hafen eingelaufen, bevor die Sonne unterging.*
J'attendais **jusqu'à ce que** l'avion **soit** arrivé. *Ich wartete, bis das Flugzeug gelandet war.*
Avant que vous ne **téléphoniez** à votre associé, **il faut que** je vous explique quelques détails. *Bevor Sie mit Ihrem Gesellschafter telefonieren, muss ich Ihnen einige Details erklären.*
En attendant que nous **puissions** faire des projets de vacances, vous pouvez toujours rêver où on va voyager. *Bis wir Ferienpläne machen können, könnt Ihr noch davon träumen, wohin wir fahren.*

Die Konjunktion à ce que

Die Konjunktion à ce que *dass* löst immer den Subjonctif aus, unabhängig davon, ob es sich um ein Verb der Willensäußerung handelt oder nicht. Ausgenommen von dieser Regel ist (à) ce que *(auf) was* als Relativpronomen (▷ ❼):
Elle a fait attention **à ce qu**'il ne se **fasse** pas arrêter. *Sie hat aufgepasst, dass er nicht festgenommen wird.*
Aber: Il fait attention **à ce que** le professeur **a** dit. *Er hat aufgepasst, was der Lehrer gesagt hat.* (Relativpronomen)
Ils tiennent **à ce que** certains d'entre eux **reviennent** bientôt pour se venger de l'affront. *Sie bestehen darauf, dass einige von ihnen bald zurückkommen, um sich für die Beleidigung zu rächen.*

Verben und Ausdrücke, die den Subjonctif mit à ce que anschließen (▷ 16.3):

attacher de l'importance *Wert darauf legen*	s'attendre *darauf gefasst sein*
contribuer *dazu beitragen*	habituer qn. *jdn. daran gewöhnen*
faire attention *darauf achtgeben*	veiller *dafür sorgen*
prendre garde (+ ne … pas) *aufpassen*	

Il faut **s'attendre à ce qu**'elle n'**aille** pas à cette rencontre. *Man sollte darauf gefasst sein, dass sie nicht zu diesem Treffen geht.*
Ton attitude **contribue à ce que** les gens ne te **prennent** pas au sérieux. *Dein Verhalten trägt dazu bei, dass du nicht ernst genommen wirst.*

Zwischentest 16

B2 1. Welches ist der Subjonctif in diesem Satz?

Elle admet aimer qu'on la reconnaisse dans la rue.
- a. Elle admet
- b. reconnaisse
- c. aimer
- d. dans la rue

B1 2. Wie lautet der Subjonctif passé zu elle vient?

- a. qu'elle soit venue
- b. vient-elle ?
- c. qu'elle vienne
- d. elle est venue

B2 3. Welche Konjunktion fehlt?

Tu devrais relire le texte .... tu l'aies compris.
- a. pour
- b. aussi
- c. depuis que
- d. jusqu'à ce que

B2 4. Welche Aussage ist falsch?

- a. Der Subjonctif wird in der Regel ausgelöst.
- b. Der Subjonctif ist eine Zeit.
- c. Es gibt vier Zeiten im Subjonctif.
- d. Im Deutschen gibt es keinen Subjonctif.

B1 5. Wie lautet der Subjonctif présent von nous croyons?

- a. que nous croyons
- b. que nous croiez
- c. que nous croyions
- d. que nous croie

B2 6. Welche Konjunktion löst den Subjonctif nicht aus?

- a. sans que
- b. afin de
- c. jusqu'à ce que
- d. afin que

B2 7. Welche Aussage ist nicht richtig?

- a. Nach il me semble que folgt der Indikativ.
- b. Nach il ne me semble pas que folgt der Subjonctif.
- c. Nach je ne veux pas que folgt der Indikativ.
- d. Nach ne pas penser folgt der Subjonctif.

Zwischentest 16

8. Welche Verbform hat die Endungen -ât/-ît/-ût?

a. Subjonctif présent
b. Indikativ Passé simple
c. Subjonctif Imparfait
d. Indikativ Präsens

9. Welches ist der Subjonctifauslöser in diesem Satz?

Il est vraiment dommage qu'on ait peint après avoir posé la moquette.
a. Il est
b. ait peint
c. il est dommage
d. posé

10. Welcher Satz ist richtig?

a. Elle n'aime pas que ses cheveux blanchissent.
b. Qui puisse blanchir ses cheveux.
c. Pourquoi ses cheveux soient-ils blanchis ?
d. Comment les ayez-vous blanchis ?

11. Welches ist der Auslöser für den Subjonctif?

Je n'affirme pas que ça soit ta faute mais c'était faux.
a. Je
b. ça soit
c. n'affirme pas que
d. évidemment

12. Was passt in die Lücke?

Évidemment, il est mauvais qu'il ne ……….. pas lire.
a. sache
b. savait
c. sait
d. peut

13. Ergänzen Sie das fehlende Element.

……….. cette famille ne puisse pas régler ses querelles.
a. Je suis certain que
b. Avant
c. Il est étrange que
d. Sans que

14. Welche Form ist soigne im Satz?

Dans mon jardin tout est en fleurs bien que je ne le soigne pas.
a. Indikativ Präsens
b. Subjonctif Futur
c. Indikativ Futur
d. Subjonctif présent

Lösungen

1 b. 2 a. 3 d. 4 b. 5 c. 6 b. 7 c. 8 c.
9 c. 10 a. 11 c. 12 a. 13 c. 14 d.

Der Konditional

S'il nous surprenait, il **entrerait**
en défiance et **voudrait** savoir
ce que tu m'as dit depuis une heure;
il **faudrait** lui mentir, chose difficile
avec un homme fin et traître;
il me **tendrait** des pièges.

Honoré de Balzac (1799–1850), écrivain français

*Wenn er uns **überraschen würde**, **würde** er misstrauisch und **würde wissen wollen**, was du mir in dieser Stunde gesagt hast; ich **müsste** ihn belügen, was schwierig wäre bei einem so scharfsinnigen und heimtückischen Mann; er **würde** mir Fallen **stellen**.*

Honoré de Balzac (1799–1850),
französischer Schriftsteller

G Der Konditional ist neben dem Indikativ, dem Subjonctif und dem Imperativ einer der vier Modi, die das Französische kennt. Er ist fester Bestandteil der Sprache und für bestimmte Satzkonstruktionen unerlässlich. Die französische Sprache verfügt über eigene Verbformen des Konditionals. In der Anwendung weicht der Konditional teilweise erheblich vom Deutschen ab.

Le conditionnel

17.1 Der Konditional I

Formen

Der Konditional I setzt sich zusammen aus dem Infinitiv des Verbs, dem die Endungen des Imparfait (▷ 12.3.1) angehängt werden:

Verben auf -er	Verben auf -ir	Verben auf -re
chanter *singen*	servir *dienen*	prendre *nehmen*
je chanter**ais**	je servir**ais**	je prendr**ais**
tu chanter**ais**	tu servir**ais**	tu prendr**ais**
il/elle chanter**ait**	il/elle servir**ait**	il/elle prendr**ait**
nous chanter**ions**	nous servir**ions**	nous prendr**ions**
vous chanter**iez**	vous servir**iez**	vous prendr**iez**
ils/elles chanter**aient**	ils/elles servir**aient**	ils prendr**aient**

Bei den Verben der 3. Konjugationsgruppe auf -re entfällt das -e des Infinitivs. Diese dritte Konjugationsgruppe mit zum größten Teil unregelmäßigen Verben bildet den Konditional I jedoch, mit wenigen Ausnahmen, regelmäßig.

◐ Ausnahme: Die Verben auf -oir sowie être *sein*, aller *gehen* und faire *machen* bilden den Konditional I unregelmäßig (▷ Unregelmäßige Verben).

17.2 Der Konditional II

Formen

Der Konditional II wird mit dem Konditional I der Hilfsverben avoir *haben* und être *sein* und dem Partizip Perfekt des Vollverbs gebildet. Wie bei allen zusammengesetzten Zeiten wird das Partizip gegebenenfalls angepasst:

finir *beenden*	aller *gehen*
j'aur**ais** fini	je ser**ais** allé(e)
tu aur**ais** fini	tu ser**ais** allé(e)
il/elle aur**ait** fini	il/elle ser**ait** allé(e)
nous aur**ions** fini	nous ser**ions** allé(e)s
vous aur**iez** fini	vous ser**iez** allé(e)s
ils/elles aur**aient** fini	ils/elles ser**aient** allé(e)s

17.3 Der Konditional als Tempus und Modus

In der deutschen Sprache wirkt der Konditional veraltet: *sie äße* und wird meist durch Umschreibungen wie *sie würde fliegen* oder durch den Indikativ ersetzt.

Der Konditional

A2 **Der Konditional als Tempus**
In temporaler Funktion bezeichnet der Konditional eine aus der Vergangenheit betrachtete zukünftige Handlung. Er wird vor allem in der indirekten Rede (▶ 24) gebraucht:
Il a dit qu'ils **viendraient**. *Er hat gesagt, dass sie kämen.*
Je savais que tu **réussirais**. *Ich wusste, dass du Erfolg haben wirst/würdest.*

B1 **Der Konditional als Modus**
Als Modus betont der Konditional die eingeschränkte Gültigkeit von Aussagen. Er wird angewandt:
- zum Ausdruck einer Möglichkeit, eines Wunsches oder einer Annahme:
  On **pourrait** se rencontrer à 19 heures. *Wir könnten uns um 19 Uhr treffen.*
- zur Wiedergabe nicht bestätigter Informationen, z. B. aus Rundfunk oder Zeitung:
  Mozart **aurait** donné son premier concert à l'âge de 5 ans. *Mozart soll sein erstes Konzert mit 5 Jahren gegeben haben.*
- zur Zurückweisung von Unterstellungen:
  Moi, j'**aurais** mangé toute la glace ? *Ich soll das ganze Eis gegessen haben?*
- für Fragen, die einen Zweifel oder eine Empörung ausdrücken:
  Aurait-il perdu la tête ? *Hat er denn/etwa den Verstand verloren?*
  Il **cuisinerait** le poisson à la poêle ? *Kocht er den Fisch etwa in der Pfanne?*
- zur höflichen, abgeschwächten Formulierung einer Bitte:
  Je vous **saurais** **B2** gré de bien vouloir m'informer. *Ich wäre Ihnen dankbar, wenn Sie mich informieren würden.*
- nach **dans le cas où** *falls/im Falle, dass* und **au cas où** *falls/im Falle*:
  Dans le cas où le foulard **serait** interdit, il y aura de protestations. *Falls das Kopftuch verboten werden sollte, wird es Proteste geben.*

B1 ## 17.4 Der Bedingungssatz

Der französische Bedingungssatz setzt sich zusammen aus einem Nebensatz, der mit einer Konjunktion, meist **si** *wenn*, eingeleitet wird und einem Hauptsatz, der die Folge ausdrückt. Der si-Satz kann vor oder nach dem Hauptsatz stehen:
Si tu le **désires**, je vais t'accompagner. Oder: Je vais t'accompagner **si** tu le **désires**. *Ich werde dich begleiten, wenn du es wünschst.*

⚡ Im si-Satz sind Futur und Konditional ausgeschlossen. Vor **il** wird **si** zu **s'** verkürzt, vor **elle** bleibt **si** unverändert: **s'il veut/si elle veut** *wenn er/wenn sie möchte.*

Die Zeitenfolge im Bedingungssatz
Das Französische hat verbindliche Regeln für die Zeitenfolge im Bedingungssatz. Sie gibt darüber Auskunft, ob Bedingungen und deren Folgen real oder irreal sind und ob sie sich auf die Gegenwart, Vergangenheit oder auf die Zukunft beziehen:

- Reale Bedingung und deren reale Folge, auf die Gegenwart bezogen:

Nebensatz, si-Satz	Hauptsatz
Präsens	Futur simple, Präsens oder Imperativ

Évitons cette route, **si** elle **est** en mauvais état. *Wir sollten diese Strasse meiden, wenn sie in schlechtem Zustand ist.* (könnte geschehen)

- Reale Bedingung und deren reale Folge, auf die Vergangenheit bezogen:

Nebensatz, si-Satz	Hauptsatz
Passé composé	Futur simple, Präsens oder Imperativ

S'il est allé en Italie, il **visite/visitera** sûrement Rome. *Wenn er nach Italien gefahren ist, schaut er sicherlich Rom an/wird er … anschauen.*

- Irreale Bedingung, auf die Gegenwart bezogen:

Nebensatz, si-Satz	Hauptsatz
Imparfait	Konditional I

Si j'**avais** le temps, je **lirais** ce livre. *Wenn ich Zeit hätte, würde ich das Buch lesen.* (Realisierung ist ungewiss)

- Irreale Bedingung, auf die Vergangenheit bezogen:

Nebensatz, si-Satz	Hauptsatz
Plus-que-parfait	Konditional II

Claudine **aurait accepté** ce poste, si le salaire lui **avait convenu**. *Claudine hätte diese Stelle angenommen, wenn ihr das Gehalt zugesagt hätte.* (Realisierung nicht mehr möglich)

Einleitende Konjunktionen
Das deutsche *wenn* kann mit si oder quand wiedergegeben werden.
- Si wird gebraucht, wenn es sich um eine Bedingung handelt:
  Si j'ai mon examen, nous boirons du champagne. *Wenn (falls) ich die Prüfung bestehe, werden wir Champagner trinken.*
- Die Konjunktion quand hat hierbei eine temporale Bedeutung im Sinne von *immer/jedesmal wenn* oder *wenn/sobald* auf die Zukunft bezogen:
  Il prend le bus 65 **quand** il vient nous voir. *Er fährt mit dem Bus 65, wenn (jedesmal wenn) er uns besucht.*

Zwischentest 17

A2 1. Welches ist der Konditional?

L'exposition présenterait la plus célèbre collection de peintures.
- a. exposition
- b. présenterait
- c. célèbre
- d. peintures

A2 2. Wie lautet die 3. Person Plural Konditional I von punir?
- a. ils punissent
- b. elles punirent
- c. ils punirait
- d. ils puniraient

B1 3. Welche Verbform ist einzufügen?

Moi, j'………… promis ça ?
- a. ayant
- b. avais
- c. aurais
- d. ai

B1 4. Welche Aussage ist richtig?
- a. Nach si steht immer der Konditional.
- b. Im si-Satz darf kein Konditional stehen.
- c. Auf si folgt immer puis.
- d. Bedingungssätze werden mit quand gebildet.

A2 5. Welche Verbform fehlt hier?

D'après lui, le paradis ………… un joli jardin planté d'arbres.
- a. 3. Person Sing. Konditional I von être.
- b. 2. Person Pl. Konditional I von être.
- c. 1. Person Pl. Konditional I von être.
- d. 4. Person Sing. Konditional II von être.

B1 6. Welcher Satz ist richtig?
- a. S'il fera beau demain, ils feront du sport.
- b. S'il ferait beau demain, nous allons à la plage.
- c. Aux dernières nouvelles, le président serait en Afrique.
- d. Aux dernières nouvelles, le président soit en Afrique.

A2 7. Welche Verbform passt in die Lücke?

Si la vedette …………, ils auraient essayé d'obtenir un autographe.
- a. était montré
- b. se montrait
- c. s'était montrée
- d. se sera montrée

Zwischentest 17

8. Wie kann der Imperativ in eine höfliche Aufforderung verwandelt werden? **B1**

Passez-moi Eve.
a. Passez Eve.
b. J'aimerais parler à Eve.
c. Je veux parler à Eve.
d. Ne parlez pas à Eve.

9. Wie lautet die richtige Übersetzung? **B1**

Sie wussten, dass er zurückkommen würde.
a. Ils savent qu'il reviendra.
b. Ils savaient qu'il reviendrait.
c. Ils ne savaient rien.
d. Ils ont su qu'il revient.

10. Welcher Satz ist nicht richtig? **A2**

a. Quand on trouve un fer à cheval, on aura de la chance ensuite.
b. Au cas où on trouverait un fer à cheval, on aura de la chance.
c. Si on trouve un fer à cheval, on aura de la chance ensuite.
d. Si vous trouviez un fer à cheval, vous avez de la chance.

11. Wie kann der Wunsch freundlicher ausgedrückt werden? **A2**

Ils veulent manger des crêpes.
a. Ils aimeraient manger des crêpes.
b. Ils demandent des crêpes.
c. Ils ont commandé des crêpes.
d. Garçon, apportez les crêpes, et au galop !

12. Was sagt David zu seinem kleinen Bruder? **B1**

Tu ……….. le domestique et moi, je serais le roi.
a. serais
b. suis
c. est
d. été

13. Welches Wort fehlt? **A2**

Il faudrait sans doute inventer le lave-vaiselle, ……….. il n'existait pas déjà.
a. comme
b. quand
c. s'
d. propre

Lösungen
1 b. 2 d. 3 c. 4 b. 5 a. 6 c. 7 c.
8 b. 9 b. 10 d. 11 a. 12 a. 13 c.

Das Partizip und das Gerund

***Tisonnant, tisonnant** son coeur amoureux sous*
*Sa chaste robe noire, heureux, la main **gantée**,*
Un jour qu'il s'en allait effroyablement doux,
*Jaune, **bavant** la foi, sa bouche **édentée**.*

Arthur Rimbaud (1854–1891), poète français

***Schürend, schürend** sein verliebtes Herz unter*
*Seinem keuschen, schwarzen Kleid, glücklich, die Hand **im Handschuh**,*
Wie er eines Tages wegging, entsetzlich salbungsvoll,
*Gelb, den Glauben **sabbernd**, sein Mund **zahnlos**.*

Arthur Rimbaud (1854–1891), französischer Dichter

G Das Partizip und das Gerund sind infinite Verbformen. Beide dienen der Straffung des Satzgefüges sowie der eleganteren und abwechslungsreicheren Satzgestaltung. Man unterscheidet im Französischen zwei Partizipien: das Partizip Präsens und das Partizip Perfekt.

Le participe et le gérondif

18.1 Das Partizip Präsens

Formen
Das Partizip Präsens wird gebildet, indem man die Endung **-ant** an den Stamm der 1. Person Plural Präsens hängt.

Infinitiv	1. Pers. Pl. Präsens	Partizip Präsens
penser *denken*	nous pens-ons	pens**ant** *denkend*
finir *beenden*	nous finiss-ons	finiss**ant** *beendend*
perdre *verlieren*	nous perd-ons	perd**ant** *verlierend*
recevoir *bekommen*	nous recev-ons	recev**ant** *bekommend*

◖ Drei Ausnahmen weichen von dieser Regel ab:

Infinitiv	Partizip Präsens
avoir *haben*	ayant *habend*
être *sein*	étant *seiend*
savoir *wissen*	sachant *wissend*

Die Vergangenheitsform des Partizip Präsens setzt sich aus dem Partizip Präsens des Hilfsverbs avoir (ayant) bzw. être (étant) und dem Partizip Perfekt (▷ **18.3**) des Hauptverbs zusammen: **ayant chanté, étant allé, s'étant lavé**.
⚡ Nur das Partizip Perfekt der Verben, die die Vergangenheitsform mit être (étant) bilden, wird in Genus und Numerus angepasst:
Étant partie très tôt, elle n'a pas rencontré M. Didailler. *Da sie sehr früh abgefahren ist, hat sie M. Didailler nicht getroffen.*

Gebrauch
Das Partizip Präsens ist überwiegend eine Form der geschriebenen Sprache. Es hat entweder die Funktion eines Verbs oder eines Verbaladjektivs.

Das Partizip Präsens als Verb
- Als Verb ist das Partizip Präsens unveränderlich.
- Es drückt eine vorübergehende Handlung aus, deren Zeit durch das Hauptverb bestimmt ist:
  Nous marchions, **arrêtant** parfois. *Wir liefen und blieben manchmal stehen.*
- Das Partizip Präsens und das konjugierte Verb des Satzes müssen nicht dasselbe Bezugswort haben:
  Il observait la femme **dansant** toute la nuit. *Er beobachtete die Frau, die die ganze Nacht tanzte.*
- Es kann ein direktes Objekt bei sich haben:
  Saluant la foule, il s'en allait. *Er grüßte die Menge und ging weg.*

Das Partizip und das Gerund

- Es kann eine adverbiale Bestimmung bei sich haben:
  Sachant bien ce qu'il veut, il va en Afrique. *Da er genau weiß, was er will, geht er nach Afrika.*
- Es kann verneint werden, wobei es, wie alle Verben, von den Verneinungsklammern eingeschlossen wird:
  Ne sachant pas parler chinois, elle se sent perdue en Chine. *Da sie nicht Chinesisch sprechen **kann**, fühlt sie sich in China hilflos.*
- Bei reflexiven Verben steht das Reflexivpronomen, das dem Subjekt des Satzes entspricht:
  Me coiffant, j'écoute la radio. *Während ich mich frisiere, höre ich Radio./ Beim Frisieren höre ich Radio.*
- Das Partizip Präsens kann einen Relativsatz ersetzen, indem es an die Stelle des Relativpronomens qui und des finiten Verbs tritt:
  Celui **qui roule** le plus vite gagne la course. → Celui **roulant** le plus vite gagne la course. *Der, der am schnellsten fährt, gewinnt das Rennen.*
  ⚡ Das Partizip Präsens kann nur einen Relativsatz mit qui ersetzen. Das Bezugswort des Relativpronomens muss Subjekt des Partizip Präsens sein.
- Das Partizip Präsens kann einen Temporalsatz ersetzen. Hier steht es anstelle von quand und lorsque *als/wenn*, après que *nachdem* und des finiten Verbs:
  Regardant par la fenêtre, il vit les voitures dans la rue. *Als er aus dem Fenster schaute, sah er die Autos auf der Straße.*
- Es kann für einen Kausalsatz zur Angabe des Grundes stehen, wobei es comme *da/weil*, parce que *weil*, puisque *da ja* und das finite Verb ersetzt:
  Reconnaissant le danger, le chat s'est enfui. *Da die Katze die Gefahr erkannte, ergriff sie die Flucht.*
- Es kann modal zum Ausdruck der Art und Weise einer im Hauptsatz ausgedrückten Handlung gebraucht werden:
  Fermant brusquement la fenêtre, il faisait un bruit énorme. *Indem er das Fenster plötzlich schloss, machte er einen ungeheuren Lärm.*
- Es kann anstelle eines Konzessivsatzes zur Angabe eines Gegensatzes oder einer Einräumung stehen. Hier ersetzt es bien que *obwohl*, même si *selbst wenn* und das finite Verb:
  Étant médecin, il fume un paquet par jour. *Obwohl er Arzt ist, raucht er täglich eine Schachtel (Zigaretten).*

Das Partizip Präsens als Verbaladjektiv
Das Partizip Präsens kann auch adjektivisch gebraucht werden. In diesem Fall handelt es sich um ein Verbaladjektiv, das die folgenden Merkmale hat:
- Das Verbaladjektiv wird genauso gebildet wie das Partizip Präsens.
- Es ist veränderlich wie jedes Adjektiv (▷ ❹). Es wird also in Genus und Numerus an sein Bezugswort angepasst: une femme amusant**e** *eine witzige Frau*, des histoires effrayant**es** *gruselige Geschichten*.

- Es drückt eine typische Eigenschaft oder einen andauernden Zustand aus.
- Es kann kein Objekt nach sich stehen haben.
- Es kann gesteigert werden:
  Elle est **plus accueillante que** toi ! *Sie ist gastfreundlicher als du!*
- Es kann wie alle Adjektive nur mit **pas** verneint werden, nicht mit ne … pas
  (▶ ④): C'est un travail **pas** exigeant. *Das ist keine anspruchsvolle Arbeit.*

Unterschiedliche Bedeutungen des Partizip Präsens als Verb und als Verbaladjektiv

Im Französischen haben einige Formen des Partizip Präsens als Verb eine andere Bedeutung als das entsprechende Verbaladjektiv:

als Verb	Bedeutung	als Verbaladjektiv	Bedeutung
concluant	*folgernd*	concluant, -e	*schlüssig*
croyant	*glaubend*	croyant, -e	*gläubig*
exigeant	*fordernd*	exigeant, -e	*anspruchsvoll*
obéissant	*gehorchend*	obéissant, -e	*gehorsam*
obligeant	*verpflichtend*	obligeant, -e	*verbindlich*
sortant	*hinausgehend*	sortant, -e	*ausscheidend*

Croyant qu'il avait gagné un million, il démissionna de son poste. *Im Glauben, er habe eine Million gewonnen, kündigte er seine Stelle.*

Einige Formen des Partizip Präsens als Verb weichen außerdem orthografisch vom Verbaladjektiv ab:

als Verb	Bedeutung	als Verbaladjektiv	Bedeutung
différ**a**nt	*unterscheidend*	différ**e**nt, -e	*unterschiedlich*
excell**a**nt	*auszeichnend*	excell**e**nt, -e	*ausgezeichnet*
fati**gu**ant	*ermüdend*	fatigant,e	*anstrengend*
influ**a**nt	*beeinflussend*	influ**e**nt, -e	*einflussreich*
néglige**a**nt	*vernachlässigend*	néglig**e**nt, -e	*nachlässig*
pouvant	*könnend*	**puiss**ant, -e	*mächtig*
sa**ch**ant	*wissend*	savant, -e	*gelehrt, weise*

Übersetzungsmöglichkeiten des Partizip Präsens vom Deutschen ins Französische

- Das deutsche Partizip Präsens wird meist adjektivisch genutzt: *eine erschreckende Nachricht.* Dies kann durch ein Verbaladjektiv ins Französische übersetzt werden:

  eine spannende Geschichte   une histoire captivante
  eine beunruhigende Nachricht   une nouvelle inquiétante

Das Partizip und das Gerund

- Möglich ist auch ein Relativsatz (▷ ❼):
das lachende Kind	l'enfant qui rit
der abfahrende Zug	le train qui démarre

- Man kann das deutsche Partizip Präsens weiterhin mit einer präpositionalen Ergänzung als Substantiv, häufig in Verbindung mit der Präposition **en**, übersetzen:
ein weinendes Kind	un enfant en larmes
ein schwebendes Verfahren	une procédure en instance
das fahrende Auto	la voiture en marche

- **L!** Viele Substantive, die im Deutschen aus zusammengesetzten Wörtern bestehen, werden im Französischen mit Hilfe eines Verbaladjektivs wiedergegeben:

die Drehtür	la porte tournante
die Rolltreppe	l'escalier roulant
das Schiebedach	le toit ouvrant
die Kletterpflanze	la plante grimpante
das Girokonto	le compte courant

18.2 Das Gerund

Das Gerund ist eine geläufige Konstruktion der gesprochenen sowie der geschriebenen französischen Sprache.

Formen

Das Gerund ist ein substantiviertes Verb und wird wie das Partizip Präsens gebildet. Es unterscheidet sich von diesem durch ein vorangestelltes **en**:

penser *denken*	**en pensant** *beim Denken*
finir *beenden*	**en finissant** *beim Beenden*

⚡ Das Gerund ist immer unveränderlich.

Gebrauch

- Das Gerund steht für Adverbialsätze, deren Subjekt mit dem Subjekt des Hauptsatzes übereinstimmt, d.h. Gerund und konjugiertes Verb des Hauptsatzes müssen dasselbe Bezugswort haben:
  En courant très vite, **elle** est tombée. *Da sie sehr schnell gerannt ist, ist sie gefallen.*

- Es kann ein Objekt bei sich haben:
  En distribuant des journaux, il se fait de l'argent de poche. *Indem er Zeitungen austrägt, verdient er sich ein Taschengeld.*

Das Partizip und das Gerund

- Das Gerund ist zeitlich neutral und kann in Verbindung mit Verben aller Zeiten stehen:
  En prenant la voiture, nous **serons** à Paris vers 6 heures. *Wenn wir das Auto nehmen, werden wir gegen 6 Uhr in Paris sein.*
  En prenant la voiture, nous **étions** à Paris vers 6 heures. *Da wir das Auto nahmen, waren wir gegen 6 Uhr in Paris.*
- Das Gerund kann nominale und pronominale Ergänzungen bei sich haben:
  En allant à cette réunion, il perd des heures. *Wenn er zu dieser Versammlung geht, verliert er Stunden.*
- Es kann verneint werden:
  En ne sortant pas ce soir, il gagne du temps. *Wenn er heute Abend nicht ausgeht, gewinnt er Zeit.*
- Bei reflexiven Verben steht das Reflexivpronomen, das dem Subjekt des Satzes entspricht:
  En m'excusant, j'éviterai des ennuis. *Wenn ich mich entschuldige, vermeide ich Ärger.*
- Das Gerund kann in bestimmten Fällen auch ohne Bezug auf das Subjekt des Hauptsatzes stehen, es entspricht dann einem Temporalsatz mit pendant qu'on *während man* oder quand on *als man*:
  L'appetit vient **en mangeant**. *Der Appetit kommt beim Essen/während man isst.*
- Mit dem Gerund drückt man eine Gleichzeitigkeit mit dem konjugierten Verb aus. Diese kann durch das Hinzufügen von tout *gerade/ausgerechnet* verstärkt werden:
  Tout en apprenant la grammaire, elle écoute la radio. *Ausgerechnet während sie Grammatik lernt, hört sie Radio.*
- ⚡ Durch die Verstärkung mit tout kann das Gerund oft auch eine konzessive Bedeutung erhalten:
  Tu n'es pas venu, **tout en sachant** que je t'attendais. *Du bist nicht gekommen, obwohl du wusstest, dass ich auf dich wartete.*

Gerund und Partizip Präsens unterscheiden sich beim Gebrauch folgendermaßen:

Gerund	Partizip Präsens
• Haupt- und Nebensatz müssen das gleiche Bezugswort haben	• Haupt- und Nebensatz müssen nicht das gleiche Bezugswort haben
• bezieht sich auf das Subjekt des Satzes	• bezieht sich auf den nächststehenden Satzteil

Stellung

Das Gerund kann am Anfang des Hauptsatzes stehen oder diesem folgen:
En sortant du parc, j'ai rencontré une amie. Oder: J'ai rencontré une amie **en sortant** du parc. *Beim Verlassen des Parks habe ich eine Freundin getroffen.*

Das Partizip und das Gerund

 ### 18.3 Das Partizip Perfekt

Das Partizip Perfekt ist die Form des Verbs, die man zur Bildung der zusammengesetzten Zeiten und des Passivs braucht. Es ist in Numerus und Genus veränderlich.

Formen

Das Partizip Perfekt wird gebildet, indem man folgende Endungen an den Stamm des Verbs (▷ ⑪) anhängt:

Verbgruppe	Endung	Beispiel
Verben auf -er	-é, -ée	mang**er** *essen* → mang**é**, **-ée** *gegessen*
Verben auf -ir	meist: -i, -ie	fin**ir** *beenden* → fin**i**, **-ie** *beendet*
	manchmal: -u, -ue	ven**ir** *kommen* → ven**u**, **-ue** *gekommen*
	selten: -(r)t, -(r)te	couvr**ir** *bedecken* → couver**t**, **-te** *bedeckt*
Verben auf -re	-u, -ue	vend**re** *verkaufen* → vend**u**, **-ue** *verkauft*
Verben auf -oir	-u, -ue	recev**oir** *bekommen* → reç**u**, **-ue** *bekommen*
		◐ asse**oir** *setzen* → ass**is**, **-se** *gesetzt*

⚡ Das Partizip Perfekt unregelmäßiger Verben wird häufig abweichend von diesen Regeln gebildet (▷ unregelmäßige Verben).

Das Partizip Perfekt der Hilfsverben wird wie folgt gebildet:

avoir *haben*	**eu, -e** *gehabt*
être *sein*	**été** *gewesen*

⚡ Das Partizip Perfekt von **être** ist unveränderlich.

In seiner Funktion als Verbform bildet das Partizip Perfekt, zusammen mit den Hilfsverben **avoir** oder **être**, alle zusammengesetzten Zeitformen des Aktivs und darüber hinaus mit **être** alle Formen des Passivs:

Aktiv	Passiv
Cette année nous **sommes allés** en Provence. *Dieses Jahr sind wir in die Provence gefahren.*	Les enfants **sont habillés** par leur mère. *Die Kinder werden von ihrer Mutter angezogen.*
Les touristes **ont visité** tous les monuments. *Die Touristen haben alle Sehenswürdigkeiten besichtigt.*	Les monuments **ont été visités** par les touristes. *Die Sehenswürdigkeiten wurden von den Touristen besichtigt.*

Gebrauch

Verwendungsmöglichkeiten des Partizip Perfekts:
- kausal zur Angabe des Grundes:
  Fatiguée, elle va au lit. *Da sie müde ist, geht sie ins Bett.*

- temporal zur Angabe des Zeitpunkts:
  Arrivé en Angleterre, j'ai téléphoné aussitôt à mes amis. *Als ich in England angekommen war, habe ich sofort meine Freunde angerufen.*
- konzessiv zum Ausdruck eines Gegensatzes oder einer Einschränkung:
  Refusés à l'examen, ils entreront dans l'armée. *Wenn sie nicht zur Prüfung zugelassen werden, gehen sie zur Armee.*
- als Bedingungssatz:
  Posté avant 18 heures, le courrier arrive le lendemain. *Wenn die Post vor 18 Uhr abgeschickt wird, kommt sie am folgenden Tag an.*
- als Relativsatz:
  Les personnes **sorties les premières** n'ont rien remarqué. *Die Personen, die als erste gegangen waren, haben nichts bemerkt.*

Als Adjektiv wird das Partizip Perfekt attributiv oder prädikativ verwendet (▷ ④):

attributiv	prädikativ
la semaine **passée** *die vergangene Woche* les portes **fermées** *die verschlossenen Türen*	La bouche était **ouverte**. *Der Mund war geöffnet.* Les portes sont **fermées**. *Die Türen sind geschlossen.*

Weiterhin kann das Partizip Perfekt (wie das Partizip Präsens) adverbial oder attributiv gebraucht werden (▷ 18.1). Es steht dann allein oder mit der Form **ayant** oder **étant**:

adverbial	attributiv
Arrivée en Afrique, elle s'est demandée où habiter. *Nachdem sie in Afrika angekommen war, fragte sie sich, wo sie wohnen könnte.*	Elle habite un appartement de luxe, **construit** en 1920. *Sie wohnt in einem Luxusappartment, das 1920 erbaut wurde.*

Wie das Partizip Präsens kann das Partizip Perfekt absolut, d. h. mit eigenem Subjekt, gebraucht werden:
Le chat parti, les souris dansent sur la table. *Ist die Katze aus dem Haus, tanzen die Mäuse auf dem Tisch.*

Die Angleichung des Partizip Perfekts
Das Partizip Perfekt und être
Das mit **être** verbundene Partizip Perfekt muss dem Subjekt angepasst werden:
- im Aktivsatz, wenn das verwendete Verb die zusammengesetzten Zeiten mit être bildet:
  Elle **est sortie** avant le dîner. *Sie ist vor dem Essen gegangen.*
- im Passivsatz, dessen Zeiten immer mit être gebildet werden (▷ ⑲):
  La maison **a été vendue**. *Das Haus ist verkauft worden.*

Das Partizip und das Gerund

Das Partizip Perfekt und avoir

Das mit avoir verbundene Partizip Perfekt ist unveränderlich, wenn das Verb kein direktes Objekt hat, oder wenn das direkte Objekt dem Verb folgt. Geht ihm aber ein direktes Objekt voraus, muss es an dieses angepasst werden. Das direkte Objekt kann sein:

- das Relativpronomen que:
  Les marchandises **qu'**il a **achetées** étaient de mauvaise qualité. *Die Waren, die er gekauft hat, waren von schlechter Qualität.* (vorausgehendes Objekt)
- die Personalpronomen la, le, les, nous, vous usw.:
  Je **les** ai **vues** (les filles). *Ich habe sie gesehen.*
- ein auf quel *welcher*, combien de sowie que de *wie viel* folgendes Substantiv in Fragesätzen:
  Combien de maisons a-t-il **construites** ? *Wie viele Häuser hat er gebaut?*
- das Fragepronomen lequel *welcher*:
  Elle a beaucoup de livres, **lesquels** a-t-elle déjà **lus** ? *Sie hat viele Bücher, welche hat sie schon gelesen?*

Das Partizip Perfekt beim reflexiven Verb

Alle reflexiven Verben werden mit être konjugiert. Folglich wird das Partizip Perfekt in den zusammengesetzten Zeiten an sein Bezugswort angeglichen:
Elle **s'est évanouie**. *Sie ist ohnmächtig geworden.*

Für das Partizip Perfekt reflexiver Verben gelten die gleichen Regeln der Anpassung wie für das mit avoir verbundene Partizip, d. h. das Partizip Perfekt richtet sich in Numerus und Genus nach einem vorangehenden Akkusativobjekt. Dieses kann bei den reflexiven Verben mit dem Reflexivpronomen identisch sein:
Elle **s'est lavée**. *Sie hat sich gewaschen.*

⚡ Steht jedoch das direkte Objekt nach dem Verb, bleibt das Partizip Perfekt unverändert:
Elle s'est **lavé les mains**. *Sie hat sich die Hände gewaschen.*

Akkusativ vorangehend	Akkusativ nachfolgend
Les vacances que (Akkusativ) nous nous sommes **imaginées** s'en sont allées en fumée. *Die Ferien, die wir uns ausgemalt haben, fielen ins Wasser.*	Nous nous sommes **imaginé les vacances** autrement. *Wir haben uns die Ferien anders ausgemalt.*

Das Partizip Perfekt vor Infinitiv

💡 Folgt dem Partizip Perfekt ein Infinitiv, muss das Partizip nur dann angepasst werden, wenn das vorangehende Objekt von diesem Partizip abhängt:
La vieille dame que j'ai **aidée à traverser** la rue est aveugle. *Die alte Dame, der ich beim Überqueren der Strasse geholfen habe, ist blind.* (vorangehendes Objekt hängt vom Partizip ab: Der alten Dame wird geholfen.)

Je trouve **les livres que** j'ai **commencé à lire** trop ennuyeux. *Die Bücher, die ich zu lesen angefangen habe, sind mir zu langweilig.* (vorangehendes Objekt hängt nicht vom Partizip ab: Nicht die Bücher werden angefangen, sondern das Lesen.)

💡 Vor Infinitiv wird das Partizip Perfekt der Verben der Wahrnehmung und von **laisser** *lassen* nur dann angepasst, wenn das voranstehende Objekt zugleich Subjekt des Infinitivs ist und einen aktiven Sinn hat:
La chanteuse que nous avons **entendue chanter** avait déjà 80 ans. *Die Sängerin, die wir singen gehört haben, war schon 80 Jahre alt.* (Die Sängerin singt.)
Es wird nicht angepasst, wenn es einen passiven Sinn hat:
La chanson que nous avons **entendu chanter** nous plaît beaucoup. *Das Lied, das wir (singen) gehört haben, gefällt uns sehr.* (Das Lied wird gesungen.)

💡 Vor Infinitiv bleibt das Partizip Perfekt der Verben **faire** *machen*, **croire** *glauben*, **devoir** *müssen*, **pouvoir** *können*, **savoir** *wissen* und **vouloir** *wollen* unverändert:
Elle s'est **fait conduire** à la gare. *Sie hat sich an den Bahnhof fahren lassen.*
Les mots qu'elle a **dû apprendre**. *Die Wörter, die sie lernen musste.*

Besondere Partizipien

- Das Partizip Perfekt von **coûter** *kosten*, **valoir** *Wert sein*, **courir** *laufen* und **vivre** *leben* wird nicht verändert, wenn das vorangehende Objekt eine Bestimmung der Zeit oder des Wertes darstellt:
Les **100 francs** que ce livre a **coûté** sont exagérés. *Die 100 Francs, die das Buch gekostet hat, sind übertrieben.*
Les **deux ans** que j'ai **vécu** en France m'ont changé complètement. *Die zwei Jahre, die ich in Frankreich gelebt habe, haben mich völlig verändert.*
- Partizipien wie **ci-joint** *beigefügt*, **ci-inclus** *eingeschlossen*, **excepté** *ausgenommen*, **y compris** *inklusive* u. a. werden nicht angeglichen, wenn sie einem Substantiv oder Pronomen vorangestellt sind. Sind sie jedoch nachgestellt, werden sie angepasst:
Ci-joint vous trouvez **une copie** de certificat. *Beigefügt finden sie eine Zeugniskopie.* (vorausgehend)
Une copie ci-jointe. *Eine Kopie liegt bei.* (nachfolgend)
- Das Partizip Perfekt der unpersönlichen Verben bleibt unverändert:
Tous **les singes** qu'**il y a eu** dans ce zoo venaient de l'Afrique. *Alle Affen, die es in diesem Zoo gab, kamen aus Afrika.*

Zwischentest 18

B1 1. Wie lautet die richtige Ergänzung?

La France et l'Angleterre .... par l'Eurotunnel.
a. rapproche
b. est rapprochée
c. ont été rapprochées
d. en rapprochant

B1 2. Welcher Satz ist der Bedeutung nach mit dem folgenden identisch?

Ayant pris son ordinateur, elle commence à écrire.
a. Elle commence à écrire, après avoir pris son ordinateur.
b. L'ordinateur qu'elle a pris commence à écrire.
c. Elle n'a pas d'ordinateur et elle n'écrit jamais.
d. Sans prendre son ordinateur, elle commence à écrire.

C2 3. Welcher Satz ist richtig?

a. Tous ceux que j'ai voulu inviter sont partis en vacances.
b. Tous ceux que j'ai voulue inviter sont parti en vacances.
c. Tous ceux que j'ai voulues inviter sont parti en vacances.
d. Tous ceux que j'ai voulus inviter sont parti en vacances.

B1 4. Welche Form ist richtig?

La coccinelle, bête ...., porte un manteau rouge.
a. séduit
b. séduisant
c. séduisante
d. a séduit

B1 5. Was ist unveränderlich?

a. séduit
b. en séduisant
c. séduisant (Verbaladjektiv)
d. séducteur

B1 6. Welcher dieser Sätze kann nicht durch einen Partizipialsatz ersetzt werden?

a. Nadine, ne dis pas de bêtises !
b. Parce que Nadine voit qu'elle a dit une bêtise, elle rougit.
c. Quand Nadine voit qu'elle a dit une bêtise, elle rougit.
d. Nadine voit qu'elle a dit une bêtise et elle rougit.

Zwischentest 18

7. Was muss ergänzt werden?

..........., elle ne sent pas la rose.
- a. N'avoir pas lavé
- b. N'étant pas se laver
- c. Ne s'étant pas lavée
- d. Étant lavés

8. Um welche Form handelt es sich bei souriante?

Cette femme souriante est ma tante.
- a. 3. Person Präsens
- b. Partizip Präsens
- c. Partizip Perfekt
- d. Verbaladjektiv

9. Wodurch macht man Ihrer Meinung nach Fortschritte?

D'habitude on fait des progrès rapides .... des exercices.
- a. quand faire
- b. qui fait
- c. en faisant
- d. fait

10. Welche grammatikalischen Formen müssen an das Bezugswort angepasst werden?

- a. Infinitiv
- b. Partizip Perfekt
- c. Gerund
- d. Partizip Präsens

11. Wählen Sie die richtige Form.

.... de mains, un oiseau n'a pas besoin de poche.
- a. N'avoir pas
- b. N'ayant pas
- c. N'eu pas
- d. N'était pas.

12. Was muss hier eingefügt werden?

C'est .... que Michelle s'est étouffée.
- a. boire
- b. buvante
- c. en buvant
- d. a bu

13. Welches Wort muss hier eingesetzt werden?

Je vous fais part de la décision que .... prendre.
- a. j'ai voulu
- b. voulais
- c. j'ai voulue
- d. voulante

Lösungen

1c. 2a. 3a. 4c. 5b. 6a. 7c. 8d. 9c. 10b. 11b. 12c. 13a.

Das Passiv

*Cependant, au moment où le corps **fut placé** dans le corbillard, deux voitures armoriées, mais vides, celle du comte de Restaud et celle du baron de Nucingen, se présentèrent et suivirent le convoi jusqu'au Père-Lachaise. A six heures, le corps du père Goriot **fut descendu** dans sa fosse.*

Honoré de Balzac (1799–1850), romancier français

*Indessen erschienen in dem Augenblick, als der Leichnam auf den Leichenwagen **gelegt wurde**, zwei mit Wappen geschmückte, aber leere Wagen, der des Herzogs von Restaud und der des Barons von Nucingen, und folgten dem Leichenzug bis zum (Friedhof) Père-Lachaise. Um sechs Uhr **wurde** der Leichnam von Vater Goriot in die Grube **gesenkt**.*

Honoré de Balzac (1799–1850), französischer Romanschriftsteller

G Das Passiv kann nur von transitiven Verben gebildet werden, intransitive und reflexive Verben bilden kein Passiv. Die französische Sprache kennt keine formale Unterscheidung zwischen Vorgangs- und Zustandspassiv.
Das Passiv wird überwiegend in der geschriebenen Sprache angewandt, in der gesprochenen Sprache wird es meist durch Umschreibungen ersetzt.

La voix passive

Formen

Das Passiv kann wie das Aktiv in allen Zeiten und Modi gebraucht werden.

Die Formen des Passivs werden mit dem Hilfsverb être *sein* in der erforderlichen Zeit und dem Partizip Perfekt des Verbs gebildet. D. h., dass auch Verben, die in den aktivischen Zeiten mit avoir stehen, im Passiv mit être verbunden sind. Das Partizip Perfekt richtet sich in Genus und Numerus nach dem Subjekt, auf das es sich bezieht (▷ 18).

Infinitiv Aktiv	Infinitiv Passiv
aimer *lieben*	être aimé(e)(s) *geliebt werden*
finir *beenden*	être fini(e)(s) *beendet werden*
vendre *verkaufen*	être vendu(e)(s) *verkauft werden*
apercevoir *bemerken*	être aperçu(e)(s) *bemerkt werden*

Le spectacle **est mis en scène** par Savary. *Das Schauspiel wird von Savary inszeniert.*

Zeit	Anwendung
Präsens	La maison **est construite**. *Das Haus wird gebaut.*
Imparfait	La maison **était construite**. *Das Haus wurde gebaut.*
Passé composé	La maison **a été construite**. *Das Haus ist gebaut worden.*
Plus-que-parfait	La maison **avait été construite**. *Das Haus war gebaut worden.*
Passé simple	La maison **fut construite**. *Das Haus wurde gebaut.*
Futur I	La maison **sera construite**. *Das Haus wird gebaut werden.*
Futur II	La maison **aura été construite**. *Das Haus wird gebaut worden sein.*
Konditional I	La maison **serait construite**. *Das Haus würde gebaut werden.*
Konditional II	La maison **aurait été construite**. *Das Haus würde gebaut worden sein.*
Subjonctif présent	… que la maison **soit construite**. *… dass das Haus gebaut wird/werde.*
Subjonctif passé	… que la maison **ait été construite**. *… dass das Haus gebaut wurde.*

⚡ Die Vergangenheitszeiten von être werden mit avoir *haben* gebildet (▷ 11.2).

Gebrauch

Im Unterschied zum Deutschen, das in unpersönlichen Sätzen wie *Es wurde gesagt, dass …* ohne Subjekt auskommt, muss ein solches im französischen Passivsatz immer angegeben sein.
Ein Verb, das passivisch verwendet werden soll, muss ein direktes Objekt nach sich ziehen können. Folglich geht die Umformung wie im Deutschen nur mit transitiven Verben. Reflexive und intransitive Verben können kein Passiv bilden.
◖ Ausnahme: Die intransitiven Verben **obéir** *gehorchen* und **pardonner** *verzeihen*, die früher transitiv waren, lassen eine persönliche Passivkonstruktion zu:
Je te pardonne. *Ich verzeihe dir.* → Tu **es pardonné**. *Es wird dir verziehen.*

Das Passiv

Setzt man einen Aktivsatz ins Passiv um, wird das Objekt des Aktivsatzes zum Subjekt des Passivsatzes. Das Subjekt des Aktivsatzes wird zur Ergänzung:
Le Sénat a rejeté **la loi**. *Der Senat hat das Gesetz abgelehnt.* → **La loi** a été rejetée par **le Sénat**. *Das Gesetz wurde vom Senat abgelehnt.*

Die präpositionale Ergänzung des Passivs
Das Subjekt des Aktivsatzes wird im Passivsatz zur Ergänzung. Der Urheber wird mit Hilfe der Präposition par *durch/von* oder de *von* ausgedrückt.

⚡ Auf par *durch* kann kein Pronomen, sondern muss ein Substantiv folgen:
De très belles valses ont été composées par Chopin. *Sehr schöne Walser sind von Chopin komponiert worden.* (Nicht: … ont été composés par lui)

Die Präposition par ist geläufiger. Die Präposition de tritt meist zusammen mit bestimmten Partizipien auf, die einen Zustand oder ein Gefühl ausdrücken oder wenn das Verb im übertragenen Sinn gebraucht wird.

Partizipien, die vorwiegend mit de anschließen:

Partizipien, die einen Zustand ausdrücken	Partizipien, die ein Gefühl ausdrücken
accablé de *überhäuft von/belastet mit*	aimé de *geliebt von*
bordé de *eingesäumt von*	détesté de *verabscheut von*
craint de *gefürchtet von*	effrayé de *erschreckt von*
connu de *bekannt bei*	estimé de *geschätzt von*
décoré de *geschmückt mit*	étonné de *erstaunt über*
entouré de *umgeben von*	frappé de *sehr erstaunt/verblüfft*
ignoré de *unbeachtet von/unbekannt*	haï de *gehasst von*
oublié de *vergessen von*	surpris de *überrascht von*

Je suis accablé(e) de remords. *Ich werde von Gewissensbissen geplagt.*

Wie im Deutschen ist die Nennung des Urhebers fakultativ. Er wird nur dann erwähnt, wenn seine Erwähnung für das Verständnis des Textes entscheidend ist:
Mitterrand a été élu en 1981 Président de la République. *Mitterrand ist 1981 zum Staatspräsidenten gewählt worden.* (Wer gewählt hat, ist unwichtig)

Vorgangspassiv und Zustandspassiv
ⓘ Die französische Sprache kennt nur das Hilfsverb être *sein* zur Bildung des Passivs. Das Deutsche hingegen kann das Passiv mit *werden* und mit *sein* bilden und so zwischen Vorgangs- und Zustandspassiv unterscheiden:

Vorgangs- + Zustandspassiv	Vorgangspassiv	Zustandspassiv
La porte **est ouverte**.	*Die Tür wird geöffnet.*	*Die Tür ist geöffnet.*
Les livres **sont lus**.	*Die Bücher werden gelesen.*	*Die Bücher sind gelesen.*

Das Passiv

Es gibt keine formalen Merkmale zur Unterscheidung von Vorgangs- und Zustandspassiv. Diese sind aus dem Kontext oder aus der Bedeutung des Verbs zu erschließen. Das Zustandspassiv steht häufig ohne nähere Bestimmung:
La nouvelle Citroën **est vendue**. *Der neue Citroën **ist verkauft**.*
Dagegen wird beim Vorgangspassiv meist eine Ergänzung gebraucht:
La nouvelle Citroën **est vendue** dans le monde entier. *Der neue Citroën **wird** auf der ganzen Welt **verkauft**.*

Der Passiversatz
Die französische Sprache verfügt über eine Reihe von Möglichkeiten, das Passiv zu umschreiben.

Die pronominale Umschreibung des Passivs
Einige transitive Verben können zur Passivumschreibung ein pronominales Passiv bilden, eine Form die im Deutschen sehr eingeschränkt ist. Diese Konstruktion ist möglich, wenn das Subjekt des Passivsatzes keine Person ist, da sie ansonsten leicht mit einer Reflexivform verwechselt werden kann. Der Urheber bleibt dabei grundsätzlich unerwähnt:
Ce texte **se traduit** facilement. *Dieser Text ist leicht **zu übersetzen**.*
La cathédrale **se voit** de loin. *Die Kathedrale **ist** von weitem **zu sehen**.*

Wendungen, die ein pronominales Passiv ausdrücken:

Cela/ça ne se fait pas. *Das macht man nicht.*	Cela/ça se discute. *Darüber lässt sich streiten.*
Cela/ça se voit. *Das sieht man.*	Tout s'explique ! *Das erklärt alles!*
Cela/ça ne se voit pas. *Das fällt nicht auf.*	Cela/ça se comprend. *Das versteht sich.*

In der Umgangssprache ist das pronominale Passiv mit **se faire** + Infinitiv im Sinne von *(zu)lassen* häufig. Es ist jedoch nur auf Lebewesen zu beziehen:
Elle **s'est fait** couper les cheveux. *Sie hat sich die Haare **schneiden lassen**.*
Auch die Umschreibung mit **se laisser** + Infinitiv *(zu)lassen* ist möglich:
Elle **s'est laissée surprendre** par l'orage. *Sie **wurde** vom Gewitter **überrascht**.*

Die Umschreibung des Passivs mit on
Die Umschreibung mit **on** *man* ist sehr verbreitet. Damit lässt sich ein deutsches Passiv ohne Subjekt am einfachsten ins Französische übersetzen. Der Urheber bleibt ungenannt:
On a C1 **piqué** sa pipe au vieux Jean. *Dem alten Jean **wurde** die Pfeife **geklaut**.*

Ist **on** das Subjekt des Aktivsatzes, fällt es bei der Umformung ins Passiv weg:
On mange le pain. → Le pain **est mangé**. *Das Brot **wird gegessen**.*

Zwischentest 19

1. Was gehört zur Passivkonstruktion (zwei Antworten)?

Tous les billets sont vendus par les agents de la SNCF.
- a. Tous
- b. les billets
- c. sont vendus
- d. par

2. Welcher Satz ist ein Passivsatz?
- a. Le président recevra les syndicats.
- b. On reçoit le président.
- c. Recevant le président, les syndicats sont prêts.
- d. Les syndicats seront reçus par le président.

3. Wie heißt der Infinitiv Passiv von balayer?
- a. être balayé
- b. balayé
- c. balayant
- d. balaie

4. Wie heißt auf Französisch *er wurde gestern gesehen*?
- a. Il sera vu hier.
- b. Il était vu hier.
- c. Il est vu hier.
- d. Il avait vu hier.

5. Welche Aussage ist zutreffend?
- a. Es gibt im Französischen kein Passiv.
- b. Das Passiv wird mit avoir gebildet.
- c. Das Passiv wird mit dem Hilfsverb être gebildet.
- d. Das Passiv wird aus der 1. Person Singular abgeleitet.

6. Wie ist der Satz im Passé composé Passiv zu ergänzen?

Leur mariage .... d'un mauvais œil par son frère.
- a. est vu
- b. a été vu
- c. voit
- d. est été vu

7. Welcher Passivsatz entspricht dem folgenden Satz?

La tempête avait provoqué des dégâts.
- a. Des dégâts sont provoqués par la tempête.
- b. Les dégâts provoquent une tempête.
- c. Des dégâts avaient été provoqués par la tempête.
- d. Des dégâts sont à éviter.

Zwischentest 19

8. Wie lautet der vollständige Satz? `B1`

Les toiles .... par Monet vers 1900.
a. est peint
b. étaient peintes
c. étaient peints par lui
d. peigne

9. Welche beiden Aussagen sind zutreffend? `B1`

a. Ein Passivsatz kann mit on umschrieben werden.
b. Ein Passivsatz muss immer einen Verursacher nennen.
c. Ein Passivsatz kann durch eine Reflexivkonstruktion ersetzt werden.
d. Einen Passivsatz gibt es nur im Präsens.

10. Wie lautet der Satz im Konditional I Passiv? `B1`

La vieille voisine .... par Marie.
a. serait soignée
b. sera soigné
c. soigne.
d. était soignée

11. Wie kann der Satz ins Passiv umformuliert werden? `B1`

Les couturiers présentent les modèles.
a. Les modèles présentent les couturiers.
b. Les modèles sont présentés par les couturiers.
c. Les couturiers ont présenté les modèles.
d. Les couturiers sont présentés par eux.

12. Womit kann man ein Passiv bilden? `B1`

a. transitive Verben
b. Verben der Bewegung
c. reflexive Verben
d. Substantiv

13. Welcher Satz hat keinen passivischen Sinn? `B1`

a. La zone libre est envahie par les Allemands.
b. On a découvert le plutonium en 1940.
c. Comment s'écrit ce mot ?
d. Les élèves sont retournés à leurs places.

 Lösungen

1 c., d. 2 d. 3 a. 4 b. 5 c. 6 b. 7 c.
8 b. 9 a., c. 10 a. 11 b. 12 a. 13 d.

deux cent onze 211

Die Ergänzung des Verbs

On a **abusé du** terme de bel esprit, et bien que tout ce qu'on **vient de dire des** différentes qualités de l'esprit puisse **convenir à** un bel esprit, néanmoins, comme ce titre a été **donné** à un nombre infini de mauvais poètes et d'auteurs ennuyeux, on **s'en sert** plus souvent **pour tourner** les gens **en** ridicule que pour **les louer**.

François VI, Duc de la Rochefoucauld (1613–1680),
écrivain, moraliste et mémorialiste français

*Der Begriff des Schöngeistes **wurde missbraucht**, und obwohl all das, was **über** die unterschiedlichen Eigenschaften des Geistes **gesagt wurde**, **auf** einen Schöngeist **zutreffen kann**, **bedient** man **sich** dieser Bezeichnung häufiger dazu, Menschen **ins Lächerliche zu ziehen** als **sie zu rühmen**, da sie **einer Unzahl** von schlechten Dichtern und langweiligen Schriftstellern **gegeben wurde**.*

François VI., Herzog von la Rochefoucauld (1613–1680),
französischer Schriftsteller, Moralist und Memoirenschreiber

G Französische Verben können wie deutsche ein direktes, ein indirektes Objekt, einen Infinitiv oder eine prädikative Ergänzung anschließen. Darin, was angeschlossen werden kann, stimmen das französische und das deutsche Verb nicht immer überein.

20.1 Das intransitive Verb

Intransitive Verben können kein Objekt anschließen. Sie bilden den Satz allein mit dem Subjekt:
Le grand-père **dort**. *Der Großvater schläft.*
La voiture **roule** vite. *Das Auto fährt schnell.*
Die Gruppe der intransitiven Verben stimmt im Französischen und Deutschen weitgehend überein. Die meisten intransitiven Verben können auch transitiv gebraucht werden. Ausschließlich intransitiv sind Verben wie:

B2 abonder *reichlich vorhanden sein*	B2 miroiter *schimmern*
atterir *landen*	mourir *sterben*
B2 blaguer *Witze machen*	naître *geboren werden*
bondir *hochspringen*	rouler *rollen/fahren*
briller *glänzen/scheinen (Sonne)*	B1 ruser *List anwenden*
B1 chuter *fallen/stürzen*	B1 sangloter *schluchzen*
exister *existieren*	tousser *husten*
marcher *gehen/wandern*	venir *kommen*

C'est juste à ce moment-là que l'avion **atterrit**. *Genau in diesem Moment landet das Flugzeug.*
Ce B1 rideau de soie **miroite** merveilleusement. *Dieser Seidenvorhang schimmert wunderschön.*

20.2 Das transitive Verb

Verben, die ein Objekt bei sich haben können oder auch müssen, sind transitive Verben. Im Französischen werden auch Verben mit indirektem Objekt zu den transitiven gerechnet. Transitiv und intransitiv gebrauchte Verben sind z. B.:

intransitiv:	**aller** *gehen,* **arrêter** *aufhören,* **changer** *(sich) (ver)ändern,* **demander** *fragen,* **jouer** *spielen,* **manquer** *fehlen,* **monter** *hinaufsteigen,* **servir** *dienen,* **sortir** *hinausgehen*
transitiv:	**aller à qn.** *jdm. stehen (z. B. ein Kleid),* **arrêter qn.** *jdn. anhalten/verhaften,* **changer qc.** *etw. verändern,* **demander qn./qc.** *jdn./etw. verlangen/bitten um,* **jouer à/de** *(Spiel/Instrument) etw. spielen,* **manquer qn./qc.** *jdn./etw. verfehlen/verpassen,* **monter qc.** *etw. hinaufheben,* **servir à/de** *zu etw. nützlich sein,* **sortir qc.** *etw. herausnehmen*

Le temps **a** beaucoup **changé**. *Das Wetter hat sich sehr geändert.* (intrans.)
Est-ce que tu peux **changer** la monnaie ? *Kannst du das Geld wechseln?* (trans.)
Ce soir, il **manque** une certaine personne. *Heute Abend fehlt eine gewisse Person.* (intrans.)
Il **a manqué** son propre mariage. *Er hat seine eigene Hochzeit verpasst.* (trans.)

Die Ergänzung des Verbs

Man unterscheidet zwischen Verben ohne Objekt und Verben mit Objekt. Nicht jedes transitive Verb muss ein Objekt bei sich haben:

fakultative Ergänzung: **Luc lit un livre.** *Luc liest ein Buch.*
Luc lit. (*Luc liest* ist allein eine sinnvolle Aussage.)

obligatorische Ergänzung: **Luc donne le livre à son ami.** *Luc gibt das Buch seinem Freund.* (Ohne Objekt wäre die Aussage sinnlos.)

Weiterhin ist zwischen dem direkten und dem indirekten Objekt zu unterscheiden.

💡 Nach dem direkten Objekt (= Akkusativobjekt) fragt man mit *wen/was*? Es ist ohne Präposition mit dem Verb verbunden:
Marc prépare une exposition. *Marc bereitet eine Ausstellung vor.*

💡 Nach dem indirekten Objekt fragt man mit *wem*? Es wird mit einer Präposition an das Verb gebunden:
Guy prête la voiture à son fils. *Guy leiht seinem Sohn das Auto.*

Ausgehend von den Wortarten, kann das Verb folgende Objektergänzungen anschließen:

- Nominalgruppen (▷ ④):
  Il mange **une pomme**. *Er isst einen Apfel.*
- Reflexivpronomen (▷ ⑨):
  Il **s'**est acheté une pomme. *Er hat sich einen Apfel gekauft.*
- Objektpronomen (▷ ⑥):
  Il **la** mange vite. *Er isst ihn schnell.*
- Infinitivsätze (▷ ⑭):
  Il veut **manger cette pomme**. *Er möchte diesen Apfel essen.*

⚠ Da die Ergänzungen des Verbs im Französischen und Deutschen nicht immer identisch sind, sollten diese beim Vokabellernen mitgelernt werden.

Verben mit direktem Objekt

Verben, die abweichend vom Deutschen ein direktes Objekt anbinden:

aider qn. *jdm. helfen*, **applaudir** qn./qc. *jdm./etw. Beifall klatschen*, **assister** qn. *jdm. beistehen*, B1 **cambrioler** qn./qc. *bei jdm. einbrechen*, **conseiller** qn. *jdm. raten*, **contredire** qn./qc. *jdm./etw. widersprechen*, **croire** qn. *jdm. glauben/jdn. halten für*, **déclarer** qn./qc. *jdm./etw. erklären*, **demander** qc. *um etw. bitten*, **écouter** qn./qc. *jdm./etw. zuhören*, **fuir** qn./qc. *vor jdm./etw. fliehen*, **précéder** qn./qc. *jdm./etw. vorausgehen*, **se faire** qc. *sich (zu etw.) machen*, **menacer** qn. *jdm. drohen*, **raconter** qc. *von etw. erzählen*, **remercier** qn. *jdm. danken*, **se rappeler** qc. *sich an etw. erinnern*, B1 **puer** qc. *nach etw. stinken*, **sentir** qc. *nach etw. riechen*, **se sentir** qc. *sich fühlen als*, **servir** qn. *jdm. dienen/servieren*, **suivre** qn. *jdm. folgen*, B1 **voter** qc. *über etw. abstimmen*

Die Ergänzung des Verbs

Entre sept femmes, il **se sent le coq du village**. *Unter sieben Frauen fühlt er sich als Hahn ihm Korb.*
Die Verben croire qn. *jdn. halten für*, dire qn. *jdn. halten für/gelten lassen als*, déclarer qn. *jdn. erklären für* mit direktem Objekt werden mit einem Adjektiv oder einem weiteren Prädikat verbunden:
Elle **le croyait malade**, mais il n'en est rien. *Sie hielt ihn für krank, aber dem ist nicht so.*

Verben mit à

Das mit der Präposition à an das Verb angeschlossene Objekt ist ein indirektes Objekt. Verben dieser Gruppe sind:

aboutir/mener/conduire à qc. *zu etw. führen*, aider à qc. *bei etw. helfen*, appeler à qc. *zu etw. aufrufen*, assister à *bei etw. anwesend sein*, consentir à qc. *etw. zustimmen*, [B1] convenir à qn. *zu jdm. passen/zusagen*, correspondre à qc. *etw. entsprechen*, croire à qn./qc. *an jdn./etw. glauben*, demander à qn. *jdn. fragen*, jouer à qc. *etw. spielen (Spiel)*, mentir à qn. *jdn. belügen*, [B1] nuire à qn./qc. *jdm./etw. schaden*, parler à qn. *jdn./mit jdm. sprechen*, participer à qc. *an etw. teilnehmen*, passer à qc. *zu etw. übergehen*, réagir à qc. *auf etw. reagieren*, réfléchir à qc. *über etw. nachdenken*, rendre visite à qn. *jdn. besuchen*, renoncer à qc. *auf etw. verzichten*, [B1] songer à qn./qc. *an jdn./etw. denken*, sourir à qn. *jdm. zulächeln*, survivre à qn./qc. *jdn./etw. überleben*, téléphoner à qn. *jdn. anrufen*, tenir à qc. *auf etw. Wert legen*, toucher à qc. *etw. anrühren/zur Sprache bringen*

Les syndicats ont **appelé à** la grève. *Die Gewerkschaften haben zum Streik aufgerufen.*
Merci, je **renonce à** ta pitié. *Danke, ich verzichte auf dein Mitleid.*
Passez à la ligne neuf. *Gehen Sie zur Linie neun weiter.*
❶ Die Wendung réussir (à) un examen *eine Prüfung bestehen* kann mit direktem oder indirektem Objekt (à) verbunden sein.

Eine große Anzahl reflexiver Verben schließt das Objekt mit à an. Dazu gehören:

s'abandonner à qc. *sich einer Sache hingeben*, s'accoutumer à qc. *sich an etw. gewöhnen*, s'adapter à qc. *sich an etw. anpassen*, s'adresser à qn./qc. *sich an jdn./etw. wenden*, s'attacher à qn./qc. *sich an jdn./etw. hängen/festhalten/lieb gewinnen*, s'attendre à qc. *sich auf etw. gefasst machen*, se confier à qn. *sich jdm. anvertrauen*, se consacrer à qn./qc. *sich jdm./etw. widmen*, s'élever à qc. *sich auf etw. belaufen*, se faire à qn./qc. *sich an jdn./etw. gewöhnen*, se fier à qn./qc. *jdm./etw. (ver)trauen*, s'habituer à qn./qc. *sich an jdn./etw. gewöhnen*, s'identifier à/avec qn. *sich mit jdm. identifizieren*, s'intéresser à qn./qc. *sich für jdn./etw. interessieren*, se limiter à qc. *sich auf etw. beschränken*, se livrer à qn./qc. *sich jdm./etw. anvertrauen/widmen*, se marier à/avec qn. *jdn. heiraten*, se référer à qn./qc. *sich auf jdn./etw. beziehen*

Die Ergänzung des Verbs

Je pense qu'ils **se sont limités à** une certaine somme. *Ich denke, sie haben sich auf eine bestimmte Summe beschränkt.*
La somme à distribuer **s'élève à** deux cents euros environ. *Die Summe, die sie ausgeben können, beläuft sich auf ungefähr zweihundert Euro.*
Ce texte se **réfère à** la Révolution française. *Dieser Text bezieht sich auf die französische Revolution.*

Verben mit de

Verben, die das indirekte Objekt mit der Präposition de anhängen. Auch in dieser Gruppe weicht der deutsche Gebrauch vom französischen ab:

avoir besoin de qn./qc. *jdn./etw. brauchen,* causer de/sur qc. *sich über etw. unterhalten,* changer de qc. *etw. ändern/wechseln,* décider de qc. *etw. entscheiden,* dépendre de qn./qc. *von jdm./etw. abhängen,* disposer de qn./qc. *über jdn./etw. verfügen,* douter de qn./qc. *an jdm./etw. zweifeln,* jouer de *(Instrument) spielen,* jouir de qc. *etw. genießen,* manquer de qc. *etw. nicht haben,* parler de qn./qc. *über jdn./etw. sprechen,* profiter de qn./qc. *jdn./etw. benutzen; von jdn./etw. profitieren,* rêver de qn./qc. *von jdm./etw träumen,* souffrir de qc. *unter/an etw. leiden,* témoigner de qc. *etw. bezeugen,* traiter de qc. *von etw. handeln*

Il **joue de** la contrebasse depuis longtemps déjà. *Er spielt schon seit langem Kontrabass.*
Paul **manque** toujours **d'**argent. *Paul fehlt es immer an Geld.*
Ma voisine **souffre de** la solitude. *Meine Nachbarin leidet unter der Einsamkeit.*

Reflexive Verben, die das Objekt mit de anschießen, sind z. B.:

s'apercevoir de qc. *etw. bemerken,* s'approcher de qn./qc. *sich jdm./etw. nähern,* s'étonner de qc. *sich über etw. wundern,* s'occuper de qn./qc. *sich um jdn./etw. kümmern,* se contenter de qc. *sich mit etw. zufrieden geben,* se douter de qc. *etw. ahnen,* se méfier de qn./qc. *jdm./etw. misstrauen,* se moquer de qn./qc. *sich über jdn./etw. lustig machen,* se plaindre de qn./qc. *sich über jdn./etw. beklagen,* se souvenir de qn./qc. *sich an jdn./etw. erinnern*

On ne s'est jamais **plaint de** lui. *Wir haben uns nie über ihn beschwert.*
Ne **t'approche** pas **du** chien. *Komm dem Hund nicht zu nahe!*
Elle **se souvient d'**une vingtaine de limaces dans ce carré de salade. *Sie erinnert sich an ungefähr zwanzig Nacktschnecken in diesem Salatbeet.*
Marie **se doute de** la fin de l'histoire. *Marie ahnt das Ende der Geschichte.*

B1 Verben mit à und de

Eine Reihe von Verben kann das indirekte Objekt sowohl mit à als auch mit de anschließen. Je nach Präposition ändert sich ihre Bedeutung:

Die Ergänzung des Verbs

convenir à qn./qc. *zu jdn./etw. passen*, convenir de qc. *über etw. übereinkommen*, demander à qn. *jdn. fragen*, demander de qc. *um etw. bitten*, manquer à qn. *jdm. fehlen*, manquer de qc. *an etw. fehlen*, parler à qn. *mit jdm. sprechen*, parler de qn./qc. *von jdm./etw. erzählen/sprechen*, profiter à qn. *jdm. nutzen/gut tun*, profiter de qn./qc. *jdn./etw. benutzen, von jdm./etw. profitieren*

La nouvelle voie de ceinture ne **profite** pas **aux** gens du village, seules les entreprises de construction **en profitent**. *Die neue Umgehungsstraße bringt den Leuten des Dorfes nichts, nur die Baufirmen profitieren davon.*

Verben mit zwei Ergänzungen

Bestimmte Verben können zwei Objekte haben. Meist ist das Sachobjekt direktes Objekt und das Personenobjekt indirektes. Einige Verben müssen immer zwei Objekte anbinden, andere können mit nur einem oder auch mit keinem Objekt stehen. Der Gebrauch dieser Verben entspricht überwiegend dem des Deutschen.

Verben mit direktem Objekt und Objekt mit à

Folgende Verben müssen zwei Objekte zu sich nehmen:

adresser qc. à qn. *jdm. etw. schicken*, apprendre qc. à qn. *jdm. etw. beibringen/lehren*, confier qc. à qn. *jdm. etw. anvertrauen*, devoir qc. à qn. *jdm. etw. schulden*, enlever qc. à qn. *jdm. etw. wegnehmen*, offrir qc. à qn. *jdm. etw. schenken*, présenter qn./qc. à qn. *jdn./etw. jdm. vorstellen*, rappeler qc. à qn. *jdn. an etw. erinnern*, reprocher qc. à qn. *jdm. etw. vorwerfen*, faire savoir qc. à qn. *jdm. etw. mitteilen*

Il **apprend l'anglais aux élèves**. *Er lehrt die Schüler Englisch.*
Je vais **adresser l'invitation à Paul**. *Ich schicke die Einladung an Paul.*

Folgende Verben können ohne indirektes Personenobjekt stehen:

acheter qc. (à qn.) *(jdm.) etw. kaufen*, affirmer qc. (à qn.) *(jdm.) etw. versichern*, annoncer qc. (à qn.) *(jdm.) etw. ankündigen*, conseiller qc. (à qn.) *(jdm.) etw. raten*, déclarer qc. (à qn.) *(jdm.) etw. erklären*, défendre qc. (à qn.) *(jdm.) etw. verbieten*, dire qc. (à qn.) *(jdm.) etw. sagen*, emprunter qc. (à qn.) *(jdm.) etw. ausleihen*, envier qc. (à qn.) *(jdm.) etw. neiden*, interdire qc. (à qn.) *(jdm.) etw. verbieten*, promettre qc. (à qn.) *(jdm.) etw. versprechen*, raconter qc. (à qn.) *(jdm.) etw. erzählen*

Elle **emprunte des bijoux (à sa sœur)**. *Sie leiht (ihrer Schwester) Schmuck.*
Elle (leur) **conseille** la prudence. *Sie rät (ihnen) zur Vorsicht.*
Je ne (lui) **envie** que **sa vivacité d'esprit**. *Ich beneide (ihn) nur um seine geistige Lebendigkeit.*

Die Ergänzung des Verbs

Folgende Verben können allein, ohne Objektanschluss stehen:

> **avouer** (qc. à qn.) *(jdm. etw.) gestehen*, **demander** (qc. à qn.) *(jdn. nach etw.) fragen*, **écrire** (qc. à qn.) *(jdm. etw.) schreiben*, **enseigner** (qc. à qn.) *(jdn. in etw.) unterrichten*, **expliquer** (qc. à qn.) *(jdm. etw.) erklären*, **refuser** (qc. à qn.) *(jdm. etw.) abschlagen*, **répondre** (qc. à qn.) *(jdm. etw.) antworten*

J'**avoue**. *Ich gestehe.* Il **enseigne**. *Er unterrichtet.*
Elle **refuse** (la troisième glace aux enfants). *Sie schlägt (den Kindern das dritte Eis) ab.*

Verben mit direktem Objekt und Objekt mit de
Verben, die sowohl ein direktes als auch ein indirektes Objekt mit **de** anschließen:

> **avertir** qn. de qc. *jdn. vor etw. warnen*, **charger** qn. de qc. *jdn. mit etw. belasten/beauftragen*, **convaincre** qn. de qc. *jdn. von etw. überzeugen*, **débarrasser** qn. de qc. *jdn. von etw. befreien*, **féliciter** qn. de qc. *jdn. zu etw. beglückwünschen*, **munir** qn. de qc. *jdn. ausrüsten*, **préserver** qn. de qc. *jdn. vor etw. bewahren*, **prévenir** qn. de qc. *jdn. über etw. benachrichtigen/vor etw. warnen*, **priver** qn. de qc. *jdm. etw. wegnehmen*, **remercier** qn. de qc. *jdm. für etw. danken*

Le panneau triangulaire **avertit** les automobilistes **d'**un danger. *Das dreieckige Schild warnt die Autofahrer vor einer Gefahr.*
Il faut **débarrasser** la pièce **de** ces affreux tableaux. *Man sollte das Zimmer von diesen grässlichen Bildern befreien.*

B1 Verben mit anderen Präpositionen
Verben, die indirekte Objekte mit anderen Präpositionen als **à** oder **de** anbinden:

> **agir en** *handeln als*, **choisir comme/pour** *wählen zu*, **combattre pour** *kämpfen für*, **considérer comme** *betrachten/ansehen als*, **s'engager pour** *sich einsetzen für*, **insister sur** *bestehen auf*, **parler en** *sprechen als*, **partir pour** *abreisen nach*, **passer pour** *gelten als/für*, **prendre pour** (+ Substantiv) *halten für/nehmen als*, **protester contre** *Einspruch erheben gegen*, **reconnaître pour** *anerkennen als*, **se décider pour** *sich entscheiden für*, **se passionner pour** *schwärmen/sich begeistern für*, **tenir pour** *halten für*, **tomber sur** qn. *auf jdn. stoßen/jdm. in die Arme laufen*

Il **agit en** homme sage. *Er handelt als weiser Mensch.*
Il est **considéré comme** un fin tacticien politique. *Er gilt als politisch geschickter Taktiker.*
Ma foi, je ne le **prends** pas **pour** un adversaire sérieux. *Ehrlich gesagt, ich halte ihn nicht für einen ernsthaften Gegner.*

Die Ergänzung des Verbs

Verben mit Infinitivergänzung
Manche Verben mit einem Infinitiv (▷ ⓴) schließen mit oder ohne Präposition an:
Je **désire partir** tout de suite. *Ich möchte sofort abreisen.*
Mireille s'est **proposée de rentrer** vers quinze heures. *Mireille hat sich vorgenommen, gegen fünfzehn Uhr nach Hause zu kommen.*

Verben mit prädikativer Ergänzung
Prädikative Ergänzungen können sich auf das Subjekt oder auf das direkte Objekt beziehen. Als prädikative Ergänzung zum Subjekt bezeichnet man Adjektive oder Substantive, die mit dem Subjekt durch Verben wie être *sein*, paraître *scheinen*, devenir *werden*, demeurer *bleiben*, avoir l'air *aussehen*, rester *bleiben* oder sembler *scheinen* verbunden sind.
Le terme explosion **est** **inapproprié**. *Der Begriff Explosion ist ungeeignet.*
Le garçon **reste muet**. *Der Junge bleibt stumm.*
Vous **avez l'air fâché**. *Sie sehen verärgert aus.*

Nur selten wird die prädikative Ergänzung mit einer Präposition eingeführt:
Mme. Desrosiers est **considérée comme** une infirmière très qualifiée. *Frau Desrosiers wird als sehr qualifizierte Krankenschwester angesehen.*
Toute sa vie, il a **passé pour** sportif. *Sein ganzes Leben galt er als sportlich.*

Als prädikative Ergänzung zum direkten Objekt bezeichnet man Adjektive oder Substantive, die zusammen mit Verben wie rendre/faire *machen*, considérer comme *betrachten als*, déclarer *bekannt geben/erklären als*, nommer *jdn. ernennen*, prendre pour *halten für*, savoir *wissen*, se conduire en *sich benehmen wie*, se sentir *sich fühlen (als)*, traiter de *bezeichnen als/nennen*, trouver *finden*, vivre en *leben als* auftreten. Sie können mit oder ohne Präposition mit dem Verb verbunden sein:
L'humanité va devoir **faire preuve de fantaisie**. *Die Menschheit wird Phantasie beweisen müssen.*
Peu d'élèves **prennent** l'allemand **comme première langue étrangère**. *Wenige Schüler nehmen Deutsch als erste Fremdsprache.*
Les médicaments l'**ont rendu insomniaque**. *Die Tabletten haben ihn am Schlafen gehindert.*
On l'a toujours **pris pour imbécile**. *Man hat ihn immer für dumm gehalten.*
Le Conseil l'a **nommé préfet**. *Der Rat hat ihn zum Präfekten ernannt.*
J'ai **trouvé le film** **barbant**. *Ich fand den Film stinklangweilig.*

⚡ Unterscheiden Sie: rendre jeune *jung machen* und faire jeune *jung wirken*
ℹ Prädikative Ergänzungen werden durch das neutrale le *es* ersetzt:
On a **élu** un socialiste **maire**, et il **l'**est toujours. *Ein Sozialist wurde zum Bürgermeister gewählt, und er ist es immer noch.*

Zwischentest 20

1. Welches ist die Ergänzung des Verbs?

En janvier, il a été élu préfet.
- a. En janvier ☐
- b. été élu ☐
- c. il a ☐
- d. préfet ☐

2. Welches Verb ist intransitiv?
- a. aller ☐
- b. acheter ☐
- c. manger ☐
- d. boire ☐

3. Welche Ergänzung ist nicht möglich?
- a. Il joue du violoncelle. ☐
- b. Il joue à piano. ☐
- c. Il joue au basket. ☐
- d. Il joue de la flûte. ☐

4. Welches ist das direkte Objekt?

Elle a approché la chaise de la lampe.
- a. Elle ☐
- b. la chaise ☐
- c. approché ☐
- d. la lampe ☐

5. Welches ist das direkte Objekt?

Mon fils n'a pas attendu les résultats des examens.
- a. Mon fils ☐
- b. n'a pas attendu ☐
- c. les résultats ☐
- d. des examens ☐

6. Was passt in die Lücke?

Elle s'attend .... ce que Jean fasse des efforts.
- a. de ☐
- b. comme ☐
- c. au ☐
- d. à ☐

7. Welcher Satz ist falsch?
- a. On le dit courageux. ☐
- b. Il se dit sportif. ☐
- c. Il la juge de belle. ☐
- d. On l'estime intelligent. ☐

8. Welche Aussage ist richtig?
- a. Transitive Verben haben kein Objekt. ☐
- b. Verben können nur eine Ergänzung haben. ☐
- c. Ein Objekt wird immer mit à an das Verb angeschlossen. ☐
- d. Ein Infinitiv kann eine Verbergänzung sein. ☐

Zwischentest 20

9. Wie fragt man nach dem direkten Objekt?

   a. wann/warum?
   b. wem?
   c. wen/was?
   d. wer?

10. Wie muss der Satz heißen?

   Son mari passe .... large d'esprit.
   a. avec
   b. pour
   c. de
   d. à

11. Wie fragt man nach dem indirekten Objekt?

   a. wem?
   b. warum?
   c. wer?
   d. was?

12. Wie lautet die Übersetzung?

   Gibst du mir bitte den Käse?
   a. Tu me passes au fromage ?
   b. Tu veux bien me passer le fromage ?
   c. Passe-tu le fromage, s'il te plaît ?
   d. Je ne veux pas passer pour fromage.

13. Welches ist eine prädikative Subjektergänzung?

   Cette démarche surprenante pourrait se révéler spectaculaire.
   a. démarche
   b. révéler
   c. spectaculaire
   d. pourrait

14. Wie wird das indirekte Objekt angeschlossen?

   a. ohne Präposition
   b. mit Präposition
   c. mit Verb
   d. mit Subjekt

15. Sie träumt von einem neuen Mantel, was sagt sie?

   a. Je profite d'un nouveau manteau.
   b. Je rêve d'un nouveau manteau.
   c. Je joue d'un nouveau manteau.
   d. Je cause d'un nouveau manteau.

🔑 **Lösungen**

1 d. 2 a. 3 b. 4 b. 5 c. 6 d. 7 c. 8 d. 9 c. 10 b. 11 a. 12 b. 13 c. 14 b. 15 b.

21 Die Konjunktion

Mais Jeanne, sous ce ruissellement tiède, se sentait revivre **ainsi qu'**une plante renfermée qu'on vient de remettre à l'air, **et** l'épaisseur de sa joie, comme un feuillage, abritait son cœur de la tristesse. **Bien qu'**elle ne parlât pas, elle avait envie de chanter.

Guy de Maupassant (1850–1893), écrivain français

__Aber__ Jeanne fühlte, dass sie unter diesem warmen Regen wieder lebendig wurde __wie__ eine eingeschlossene Pflanze, die man wieder ins Licht stellt, __und__ das Ausmaß ihrer Freude schützte wie Laubwerk ihr Herz vor der Traurigkeit. __Obwohl__ sie nicht sprach, hätte sie gerne gesungen.

Guy de Maupassant (1850–1893), französischer Schriftsteller

G Die Konjunktion verbindet Wörter, Wortgruppen, Teilsätze oder ganze Sätze. Sie ist unveränderlich. Man unterscheidet nebenordnende und unterordnende, ferner einfache und zusammengesetzte Konjunktionen sowie konjunktionale Ausdrücke.
Die Konjunktion hat unterschiedliche Funktionen. Wie im Deutschen drückt sie Aneinanderreihungen, Gegensätze, zeitliche Abfolgen, Begründungen, Folgen, Ursachen oder Bedingungen aus.

21.1 Die nebenordnende Konjunktion

Nebenordnende Konjunktionen verbinden Wörter einer Wortart miteinander, welche die gleiche Funktion im Satz haben. Sätze, die durch nebenordnende Konjunktionen verbunden sind, sind immer gleichen Grades. Sie dienen der Aneinanderreihung oder der Gegenüberstellung.

Die Konjunktion der Aneinanderreihung
Konjunktionen, die durch Aneinanderreihung Sätze gleichen Grades verbinden:

ainsi que *sowie/wie auch/ebenso*	et *und*
aussi bien que *ebenso/genauso, wie*	et ... aussi *und auch*
aussi + Adj./Adv. ... que *ebenso, wie*	et ... et *sowohl ... als auch*
comme *wie (auch)*	non seulement ... mais aussi
de même que *sowie*	*nicht nur ... sondern auch*

Elle est retournée saine **et** sauve. *Sie ist gesund **und** munter zurückgekommen.*
Tu sais **aussi** bien **que** moi qu'il sera trop tard. *Du weißt **genauso** gut **wie** ich, dass es zu spät sein wird.*
Il a volé **non seulement** la voiture **mais aussi** l'appareil de photo et la tente. *Er hat **nicht nur** das Auto gestohlen, **sondern auch** den Fotoapparat und das Zelt.*

Die Konjunktion des Gegensatzes oder der Alternative
Konjunktionen, die Gegensätze oder Alternativen zwischen Sätzen ausdrücken:

cependant *doch/dennoch/trotzdem*	n'empêche que *trotzdem/dennoch*
certes *sicherlich*	ou *oder*
certes, mais *zwar..., aber ...*	ou bien *oder aber*
d'une part ... d'autre (part) *einerseits ... andererseits/zum einen... zum anderen*	ou bien ... ou bien *entweder ... oder*
	ou que + Subj. *oder dass*
d'un côté ... de l'autre (côté) ... *einerseits ... andererseits*	par contre *dagegen/hingegen*
	pourtant *doch/jedoch/trotzdem*
en revanche *dagegen/hingegen*	quand même *doch/dennoch/trotzdem*
il n'en reste pas moins que *dessen ungeachtet*	soit que ... soit que + Subj. *sei es, dass ... oder dass*
mais *aber*	soit ... soit *entweder ... oder*
malgré cela *doch/dennoch*	sinon/autrement *sonst*
néanmoins *nichtsdestoweniger*	tantôt ... tantôt *mal ... mal*
ne ... ni ... ni *weder ... noch ... noch*	toutefois *jedoch/dennoch*

Elle n'a pas de fortune, **certes, mais** elle a de l'allure. *Sie ist nicht wohlhabend, **sicherlich, aber** sie hat Stil.*
S'il y a des œufs au réfrigérateur, on fait des crêpes, **sinon** on fait des grillades. *Wenn Eier im Kühlschrank sind, machen wir Crêpes, **sonst** grillen wir.*

Soit vous acceptez les conditions, **soit** vous renoncez à ce travail. *Entweder Sie akzeptieren die Bedingungen oder Sie verzichten auf diese Arbeit.*
Tu penses ce que tu voudras, **toutefois** tu devras me donner une réponse. *Denke, was du willst, du wirst mir dennoch antworten müssen.*
D'un côté on est contents qu'il fasse beau, **de l'autre** il fait trop chaud. *Einerseits freuen wir uns, dass es schönes Wetter ist, andererseits ist es zu heiß.*
Elle aime le cinéma, lui, **par contre**, préfère le théâtre. *Sie liebt das Kino, er dagegen zieht das Theater vor.*

B1 Die kausale und folgernde Konjunktion

Die kausale und folgernde Konjunktion gibt einen ursächlichen Zusammenhang zwischen zwei gleichwertigen Sätzen an:

aussi *daher/folglich*	c'est la raison pour laquelle *deswegen/deshalb*
car *denn*	
dès lors/d'où *daher*	c'est pourquoi/voilà pourquoi *deshalb*
de là *daher*	c'est que *nämlich*
donc *also/folglich*	en conséquence/par conséquent *folglich*
c'est pour ça/cela que *deswegen/deshalb*	
	en effet *nämlich/tatsächlich/allerdings*

C'est pour ça qu'il a mal au ventre. ***Deshalb** hat er Bauchweh.*
En effet, il faut réagir **car** deux ministres ont déjà dénoncé les mesures insuffisantes. *Es muss **tatsächlich** etwas geschehen, **denn** zwei Minister haben die Maßnahmen bereits als ungenügend bezeichnet.*
Je vous serais **donc** reconnaissant de bien vouloir m'aider. *Ich wäre Ihnen **also** dankbar, wenn Sie mir helfen würden.*
Il se défend, **car** il se considère comme victime d'une injustice. *Er wehrt sich, **da** er sich für das Opfer einer Ungerechtigkeit hält.*

⚡ Auf **aussi** *daher/folglich* folgt wie im Deutschen eine Inversion:
Aussi a-t-il décidé de ne pas participer à ce stage. ***Folglich hat er** beschlossen, an diesem Praktikum nicht teilzunehmen.*

B1 21.2 Die unterordnende Konjunktion

Die unterordnende Konjunktion kann nur Sätze miteinander verbinden, die voneinander abhängen: einen Nebensatz mit dem Hauptsatz oder einen Nebensatz mit einem weiteren Nebensatz. Auf viele folgt der Subjonctif (▷ 16).

Die temporale Konjunktion

Die temporale Konjunktion gibt das Zeitverhältnis an, in dem zwei Sätze zueinander stehen:

Die Konjunktion

à partir du moment où *von dem Augenblick an, als*	chaque fois que/une fois que *wenn (erst) einmal/jedes Mal wenn*
à peine ... que *kaum*	**B2** en attendant que + Subj. *bis*
à présent que *jetzt, da/wo*	**B2** jusqu'à ce que + Subj. *bis*
après que *nachdem*	jusqu'au moment où *bis zu dem Augenblick, als*
au fur et à mesure *nach und nach*	
au moment où *in dem Augenblick, als*	maintenant que *jetzt, da*
au temps où/du temps que *als*	pendant que *während*
aussi longtemps que *solange*	quand/lorsque *(jedes Mal) wenn/als*
B2 avant que ... (ne) + Subj. *bevor*	tant que *solange*
dès que/aussitôt que *sobald*	(tout juste) comme *(gerade) als*

Au temps où Montmartre était le lieu de la bohème, il était un peintre glorieux. *Als der Montmarte der Ort der Bohème war, war er ein ruhmreicher Maler.*
Prenez ce remède **dès que** les douleurs se réveilleront. *Nehmen Sie dieses Mittel, sobald die Schmerzen wieder anfangen.*

⚡ Auf à peine *kaum* folgt eine Inversion:
À peine eut-il dit cela **que** sa soeur a quitté la pièce. *Kaum hat er das gesagt, da hat seine Schwester den Raum verlassen.*

💡 Nach avant que *bevor*, en attendant que *(solange) bis* und jusqu'à ce que *bis* folgt der Subjonctif. In der Schriftsprache steht nach après que *nachdem* der Indikativ, in der gesprochenen Sprache hört man oft auch den Subjonctif:
En attendant que le train **soit** annoncé, je lis un magazine. *Solange bis der Zug angesagt wird, lese ich eine Zeitschrift.*

Die kausale Konjunktion

Die kausale Konjunktion gibt das ursächliche Verhältnis an, in dem Haupt- und Nebensatz zueinander stehen:

ce n'est pas que + Subj. *nicht dass*	étant donné que *da*
comme *da*	non que + Subj. *nicht dass*
d'autant plus que *um so mehr als*	parce que/c'est parce que *denn/weil*
d'autant que *zumal*	puisque *da (ja)*
du fait que *da*	surtout que *besonders da/zumal*
du moment que *da ja/wo doch*	vu que *da*

Elle achète une robe du soir **vu qu'**elle va à cette réception. *Sie kauft ein Abendkleid, da sie zu diesem Empfang geht.*
Tu ne peux pas répondre de telle façon **d'autant plus que** tu n'as aucune idée du sujet. *In dieser Art kannst du nicht antworten, um so mehr als du keine Ahnung von dem Thema hast.*
Je suis allé en ville **puisque** je voulais acheter le livre de Roland. *Ich bin in die Stadt gegangen, da ich das Buch von Roland kaufen wollte.*

Die Konjunktion

⚡ Comme *da* steht immer am Satzanfang:
Comme elle ne se sent pas bien, elle est rentrée. *Da es ihr nicht gut geht, ist sie nach Hause gegangen.*

💡 Nach ce n'est pas que und non que *nicht dass* folgt der Subjonctif:
Ce n'est pas que tu **aies** raison de faire cette tête de conquérant. *Nicht dass du Grund hättest, diese Eroberermine aufzusetzen.*

Die finale Konjunktion
Die finale Konjunktion leitet einen Nebensatz ein, der eine Absicht oder ein Begehren ausdrückt. Im Deutschen wird sie durch *damit* wiedergegeben. Sie verlangt stets den Subjonctif (▷ 16):

afin que *damit*	de manière à ce que *damit*
de façon à ce que *damit*	exprès pour que *eigens damit*
de peur que/de crainte que ... (ne) *aus Angst, dass ... nicht/damit ... nicht*	pour que *damit*

Il faut qu'on prenne du beurre frais de façon **à ce que** ça donne une bonne pâte. *Man muss frische Butter nehmen, **damit** ein guter Teig daraus wird.*
Elle laisse la lumière allumée **de peur qu'**un fantôme puisse entrer. *Sie lässt das Licht an **aus Angst**, ein Gespenst könnte hereinkommen.*

⚡ Hat der Nebensatz das gleiche Subjekt wie der Hauptsatz, folgt auf die finalen Konjunktionen afin de/de façon de/de manière à/en sorte de *damit*, de crainte de/de peur de *aus Angst* de oder à + Infinitiv (▷ 14):
Il s'habille **afin de pouvoir sortir**. *Er zieht sich an, damit er ausgehen kann/um auszugehen.*

Die konsekutive Konjunktion
Die konsekutive Konjunktion drückt eine Folge aus. Im Deutschen wird sie durch *so ... dass* wiedergegeben:

au point que/à tel point que *so ... dass*	de (telle) manière que *so ... dass*
de (telle) façon que *so ... dass*	de (telle) sorte que *so ... dass*
ce qui fait que *so ... dass* (gesprochene Sprache)	si/tellement + Adj./Adv. que *so ... dass*

Les voisins se sont disputés **au point qu'**elle pouvait tout entendre. *Die Nachbarn haben **so** gestritten, **dass** sie alles hören konnte.*
Il était **si** apathique **qu'**il ne mangeait même plus. *Er war **so** apathisch, **dass** er nicht einmal mehr aß.*
Il fait chaud **à tel point que** je suis fatigué. *Es ist **so** heiß, **dass** ich müde bin.*
Son fils fait une formation informatique **de sorte qu'**il pourrait enfin utiliser les nouveaux programmes. *Sein Sohn macht eine Weiterbildung in Informatik, **so dass** er die neuen Programme endlich anwenden können wird.*

Die konzessive und die adversative Konjunktion

Die konzessive Konjunktion drückt eine Einschränkung, die adversative Konjunktion einen Gegensatz aus. Auf viele Konjunktionen dieses Typs folgt der Subjonctif:

alors que *während*	quoique + Subj. *obwohl*
au lieu que + Subj. *anstatt/dass*	tandis que *wohingegen/während*
bien que + Subj. *obwohl*	tout + Adj. + que + Subj./Ind.
encore que + Subj. *obwohl*	*wie/so ... auch*
malgré le fait que + Subj. *obwohl*	

Il ne se sent pas à l'aise, **bien qu'**il soit le bienvenu. *Er fühlt sich nicht wohl, obwohl er willkommen ist.*
Elle restait toute calme, **tandis que** moi, je commençais à être nerveux. *Sie blieb ganz ruhig, während ich anfing, nervös zu werden.*

Die modale Konjunktion

Die modale Konjunktion bezeichnet Begleitumstände, Mittel oder die Art und Weise:

à mesure que *in dem Maße, wie*	sans que + Subj. *ohne dass*
au fur et à mesure que *in dem Maße wie*	sauf que *außer dass*
excepté que *außer dass*	selon que *je nachdem, ob*
outre que/à part que *außer dass*	suivant que *je nachdem, ob*

Rien n'a changé dans sa vie, **sauf qu'**il a vieilli. *Nichts hat sich in seinem Leben geändert, außer dass er älter geworden ist.*
On vit différemment, **selon qu'**on est végétarien ou non. *Man lebt unterschiedlich je nachdem, ob man Vegetarier ist oder nicht.*
Je ne peux pas dire un mot **sans qu'**il le tourne en ridicule. *Ich kann kein Wort sagen, ohne dass er es ins Lächerliche zieht.*

Die konditionale Konjunktion

Die konditionale Konjunktion gibt eine Bedingung (▷ ⓱) an. Sie zieht in der Regel den Subjonctif nach sich:

à condition que + Subj. *vorausgesetzt, dass*	dans l'hypothèse où + Subj. *in dem Fall, dass*
à moins que + Subj. *außer wenn/sofern nicht*	en cas que + Subj. *falls*
au/dans le cas où + Subj. *wenn/falls*	pourvu que + Subj. *vorausgesetzt, dass*
	si *wenn/falls*

Je vais acheter une nouvelle robe **à condition que** j'aie assez d'argent sur moi. *Ich werde ein neues Kleid kaufen, vorausgesetzt ich habe genug Geld dabei.*
Est-ce que je peux te confier les doubles de l'appartement **au cas où** je perdrais mes clés ? *Kann ich dir die Zweitschlüssel für die Wohnung anvertrauen, falls ich meine Schlüssel verliere?*

Zwischentest 21

A2 1. Welches Wort ist eine Konjunktion?

    a. homme ☐   c. lequel ☐
    b. mais ☐   d. quelqu'un ☐

B1 2. Welches Wort ist die Konjunktion?

Je vous inviterai à dîner en cas que vous ayez envie de venir.
    a. vous inviterai ☐   c. à dîner ☐
    b. ayez envie ☐   d. en cas que ☐

B2 3. Welche Konjunktion hat die Bedeutung von *afin que*?

    a. de peur que ☐   c. pour que ☐
    b. sans que ☐   d. alors que ☐

A2 4. Wie ist der Satz sinnvoll zu ergänzen?

……….. j'ai des amis pour m'aider, cette tâche ne sera pas trop dure.
    a. Comme ☐   c. Malgré cela ☐
    b. Avant que ☐   d. À part que ☐

B2 5. Welche zwei Konjunktionen sind möglich?

Ramasse tes affaires, ……….. tu auras des problèmes.
    a. sinon ☐   c. comme ☐
    b. autrement ☐   d. aussi ☐

B1 6. Auf welche zwei Konjunktionen folgt eine Inversion?

    a. au moment ☐   c. à peine ☐
    b. aussi ☐   d. donc ☐

B2 7. Was passt in die Lücke?

Tu veux manger le midi ……….. le soir ?
    a. bien ☐   c. ou bien ☐
    b. sans que ☐   d. sinon ☐

B2 8. Nach welchen zwei Konjunktionen steht der Subjonctif?

    a. sans que ☐   c. pourtant que ☐
    b. mais ☐   d. à condition que ☐

Zwischentest 21

9. Welcher Satz ist richtig? B2

    a. Tantôt il faisait chaud, tantôt il faisait froid.
    b. Aussitôt il faisait chaud ni froid.
    c. Afin qu'il fasse chaud, il fait froid.
    d. Puisque il fait chaud, il fait froid.

10. Welches ist eine Konjunktion? B2

Mais son allure était plus étudiée qu'elle n'en avait l'air.
    a. mais   c. allure
    b. plus   d. que (qu')

11. Welche Konjunktion muss eingesetzt werden? B2

Si Nadine a assez d'argent, elle va à Paris, ……….. elle reste dans la Forêt-Noire.
    a. donc   c. afin que
    b. sinon   d. comme

12. Welche Aussage ist falsch? B1

    a. Konjunktionen verbinden Sätze miteinander.
    b. Nach puisque folgt der Indikativ.
    c. Et aussi verbindet ein Substantiv und ein Adjektiv.
    d. Nach vielen Konjunktionen folgt der Subjonctif.

13. Welcher Satz stimmt nicht? B2

    a. Elle te téléphone avant qu'elle vienne te chercher.
    b. Je te rappelle après que je serai retourné de Prague.
    c. Une fois que je suis parti, je ne retourne pas si vite.
    d. En attendant que son fils vient, il se repose sur un banc.

14. Wie ist die Lücke zu füllen? B1

Je vais t'écrire ……….. j'aurai ton adresse.
    a. afin que   c. non que
    b. aussitôt que   d. à peine que

Lösungen

1 b, 2 d, 3 c, 4 a, 5 a, 6 b, c, 7 c, 8 a, d, 9 a, 10 a, 11 b, 12 c, 13 d, 14 b.

22 Die Präposition

*La loi **du** 19 mars 1793 affirme:
Tout homme a droit **à** sa subsistance
par le travail s'il est valide; **par** des
secours gratuits s'il est hors d'état
de travailler. Le soin **de** pourvoir
à la subsistance **du** pauvre est
une dette nationale.*

Saint-Just (1767–1794) et Marie-Jean Hérault de Séchelles (1759–1794),
hommes politiques français

Das Gesetz vom 19. März 1793 besagt: Jeder gesunde Mensch hat das Recht darauf, seinen Lebensunterhalt durch Arbeit zu verdienen, und das Recht auf kostenlose Hilfe, wenn er nicht zur Arbeit fähig ist. Die Fürsorge, den Armen zum Lebensunterhalt zu verhelfen, ist nationale Pflicht.

Saint-Just (1767–1794) und
Marie-Jean Hérault de Séchelles (1759–1794),
französische Politiker

G Präpositionen sind unveränderliche Wörter, die andere Wörter oder Wortgruppen zueinander in Beziehung setzen. Präpositionen können aus einem Wort bestehen oder sich als präpositionale Ausdrücke aus mehreren Wörtern zusammensetzen. Ihre Verwendung weicht häufig vom deutschen Gebrauch ab.

La préposition

22.1 Die Präposition à

Die Präposition à wird verwendet:
- zur Angabe des Bestimmungsortes und der Richtung (wohin?):
  Nous allons **à** Paris. *Wir fahren **nach** Paris.*
  Ils vont **à** la plage/**au** jardin/**aux** États-Unis. *Sie gehen **an** den Strand/**in** den Garten/**in** die Vereinigten Staaten.* (vgl. zu Ländernamen und Inseln ▷ **22.7**)
- zur Angabe des Aufenthaltsortes (wo?):
  Nos amis vivent **à** l'étranger. *Unsere Freunde leben **im** Ausland.*
  Ils habitent **au** rez-de-chaussée. *Sie wohnen **im** Erdgeschoss.*
  Auch: Ils habitent **dans** un immeuble. *Sie wohnen **in** einem Hochhaus.*
- zur Angabe der geografischen Lage (wo?), (vgl. ▷ **22.7**, **22.4**):
  La capitale se trouve **au** nord de l'Allemagne. *Die Hauptstadt liegt **im** Norden Deutschlands.*

⚡ Steht ein unbestimmter Artikel, ein Demonstrativpronomen oder ein Possessivpronomen vor dem Substantiv, wird dans in anstelle von à verwendet:
Ils ont acheté une résidence secondaire **dans** cette région pittoresque. *Sie haben einen Zweitwohnsitz **in** dieser malerischen Gegend gekauft.*
Aber: La France est située **au** nord de l'Espagne. *Frankreich liegt **nördlich von** Spanien.*

- zur Angabe der Zeit oder Epoche:
  Mallarmé a vécu **au** XIXe siècle. *Mallarmé hat **im** 19. Jahrhundert gelebt.*
- zur Angabe der Uhrzeit:
  Il part **à** huit heures. *Er fährt **um** acht Uhr ab.*
- zur Angabe von Festen:
  On se revoit **à** Noël. *Wir sehen uns **an** Weihnachten wieder.*
  À Pâques, je vais en Grèce. ***An** Ostern fahre ich nach Griechenland.*
- zur Angabe eines Mittels, Instruments, der Art und Weise:
  L'écrivain a écrit son œuvre **à** l'aide de plusieurs livres d'histoire. *Der Schriftsteller hat sein Werk **mit** Hilfe mehrerer Geschichtsbücher geschrieben.*
  Elle a préparé une salade **aux** olives et **aux** crevettes. *Sie hat einen Salat **mit** Oliven und Krabben zubereitet.*
  Il va toujours au travail **à** pied. *Er geht immer **zu** Fuß zur Arbeit.*
- zur Angabe des Grundes oder der Ursache:
  À vrai dire, je n'ai pas envie de dîner avec vos amis. ***Ehrlich gesagt** habe ich keine Lust, mit euren Freunden zu essen.*
- in Verbindung mit Zahlen für Preisangaben:
  Ici on vend des pamplemousses **à** 50 cents la pièce. *Hier werden Grapefruit **zu** 50 Cent das Stück verkauft.*
  Il a acheté sa voiture décapotable **à** un bon prix. *Er hat sein Cabrio **günstig** gekauft.*

Die Präposition

- zur Angabe von Entfernungen:
  Mon cousin habite à 30 kilomètres de Perpignan. *Mein Cousin wohnt 30 km von Perpignan entfernt.*
- ungefähre Zahlenangaben:
  Je pense qu'il y a encore cinq à dix bouteilles d'eau minérale. *Ich denke, es sind noch fünf bis zehn Flaschen Mineralwasser da.*

A2 Zusammen mit der Präposition **à** gibt es folgende präpositionale Ausdrücke und feste Wendungen zur Angabe des Ortes:

à côté de *neben*	**au-dessus de** *oberhalb von*
à droite de/à gauche de *rechts/links von*	**au milieu de** *mitten von/bei*
à l'arrière-plan *im Hintergrund*	**au premier plan** *im Vordergrund*
à l'endroit *richtig (rechts) herum* (Blatt Papier, Kleidung usw.)	**au sud/nord de** *im Süden/Norden von*
à l'envers *verkehrt (links) herum* (Blatt Papier, Kleidung usw.)	**au-delà de** *jenseits von*
à la une *auf der ersten Seite* (Zeitung)	**au-dessous de** *unterhalb von*
aller à l'école *in die Schule gehen*	**mettre à part** *zur Seite legen*
aller au marché *auf den Markt gehen*	**travailler à l'agence** *im Büro/in der Agentur arbeiten*
aller chercher qn. à la gare *jdn. am Bahnhof abholen*	**travailler/vivre à l'étranger** *im Ausland leben/arbeiten*
au B1 **carrefour** *an der Kreuzung*	**vis-à-vis** *gegenüber*
	vivre à la campagne *auf dem Land leben*

Désolé de te déranger, mais tu as mis ton pull-over à l'envers. *Tut mir leid dich zu stören, aber du trägst deinen Pullover verkehrt herum.*
Sur cette image on voit, à B1 **l'arrière-plan, des** B2 **buissons et des** B2 **chevreuils.** *Auf diesem Bild sieht man im Hintergrund Büsche und Rehe.*

⚡ Das Französische unterscheidet nicht wie das Deutsche zwischen Ort und Richtung. So heißt sowohl *in der Schule* als auch *in die Schule* **à l'école**.

A2 Zusammen mit der Präposition **à** gibt es folgende präpositionale Ausdrücke und feste Wendungen zur Angabe der Zeit:

à l'avenir *in Zukunft*	**à trois ans** *mit drei Jahren*
à ce moment-là *in diesem Augenblick*	**au** B1 **début du mois** *Anfang des Monats*
à dimanche/lundi/mardi *bis Sonntag/Montag/Dienstag*	**au mois de novembre** *im November*
à midi/minuit *um zwölf/Mitternacht*	**à cette époque** *zu jener Zeit/damals*
à la dernière minute *in letzter Minute*	**au même moment** *zur gleichen Zeit*
à l'heure actuelle *zur Zeit/aktuell*	**au temps/à l'époque du romantisme** *zur Zeit der Romantik*
à midi *mittags*	
à trois heures *um drei Uhr*	**être à l'heure** *pünktlich sein*

Die Präposition

Malheureusement, mon mari n'est jamais **à l'heure**, je m'y suis habituée. *Leider ist mein Mann nie **pünktlich**, ich habe mich daran gewöhnt.*
Parfois, il arrive **à la dernière minute**, mais il arrive toujours. *Manchmal kommt er **in letzter Minute**, aber er kommt immer.*

⚡ Im Unterschied zum Deutschen werden im Französischen bestimmte Zeit- und Datumsangaben durch ein Nomen bzw. eine Nominalgruppe ohne Präposition ausgedrückt:
Vous partirez **quel jour** ? *An welchem Tag fahrt Ihr los?*
Le mercredi, on n'a pas de cours en France. *Mittwochs findet in Frankreich kein Unterricht statt.*

Zeit- und Datumsangaben ohne Präposition sind:　　　　　　　　　　　　　　　　B1

c'était quel jour ?	l'année prochaine *im nächsten Jahr*
an welchem Tag war das?	le 23 septembre *am 23. September*
cet hiver *in diesem Winter*	le jeudi *donnerstags*
cette année *in diesem Jahr*	le matin *am Morgen*
cette semaine *in dieser Woche*	le midi *am Mittag*
la semaine dernière	le soir *am Abend*
in der letzten Woche	lundi *am Montag*

Präpositionale Ausdrücke mit **à** zur Angabe eines Mittels, Instruments und der Art und Weise:　　B1

à bicyclette *mit dem Fahrrad*	au sens figuré *im übertragenen Sinn*
à haute voix *mit lauter Stimme*	au sens propre *im eigentlichen Sinn*
à l'aide de *mithilfe von* (Sachen)	aux cheveux blonds *mit blondem Haar*
à l'eau *mit Wasser*	écrire à l'ordinateur
à l'heure *pünktlich*	*mit dem Computer schreiben*
à la main *mit der Hand/von Hand*	fermer à clé *abschließen*
à mi-voix *halblaut*	il pleut à verse *es regnet in Strömen*
à pas lents *langsam*	un homme à principes
à pied *zu Fuß*	*ein Mann mit Prinzipien*
à talons hauts *mit hohen Absätzen*	un immeuble à deux issues
à voix basse *mit leiser/tiefer Stimme*	*ein Hochhaus mit zwei Ausgängen*
au crayon/à l'encre	une rue à sens unique
mit dem Bleistift/Tinte	*eine Einbahnstraße*

Elle ne peut pas marcher avec des chaussures **à** talons hauts. *Mit Schuhen **mit** hohen Absätzen kann sie nicht laufen.*
Mon fils est celui **aux** cheveux bruns et **aux** yeux bleus. *Mein Sohn ist der **mit** den braunen Haaren und **mit** den blauen Augen.*

deux cent trente-trois　233

Die Präposition

A2 Präpositionale Ausdrücke mit **à** zur Angabe des Grundes oder der Ursache:

à cause de *wegen*	au fond *im Grunde*
à vrai dire *zwar/ehrlich gesagt*	grâce à *dank*

Grâce **à** lui, nous avons trouvé une belle maison à louer. *Dank ihm haben wir ein schönes Haus zum Mieten gefunden.*

A2 Präpositionale Ausdrücke mit **à** und feste Wendungen für Preisangaben:

à bon prix *billig/preisgünstig*	au rabais *mit Rabatt*
à prix réduit *zu reduziertem Preis*	vendre qc. à perte
à un euro *für einen Euro*	*etw. mit Verlust verkaufen*

Au marché, vous aurez le kilo d'abricots **à** 2,67 euros. *Auf dem Markt bekommen Sie das Kilo Aprikosen für 2,67 Euro.*

B1 Weitere präpositionale Ausdrücke mit **à**:

à condition que/de	au cas où *falls*
unter der Bedingung, dass	au choix *nach Wahl*
à demain ! *bis morgen!*	au hasard *auf gut Glück*
à l'âge de *im Alter von*	au nom du peuple *im Namen des Volkes*
à la première page *auf der ersten Seite*	au revoir *auf Wiedersehen*
à la satisfaction générale	avoir les larmes aux yeux
zur allgemeinen Zufriedenheit	*Tränen in den Augen haben*
à ma grande honte	c'est bien aimable à vous
zu meiner großen Schande	*das ist sehr nett von Ihnen*
à ma montre *auf/nach meiner Uhr*	c'est-à-dire que *das heisst, dass*
à moins que/de *es sei denn, dass*	de façon à *in der Absicht/um … zu*
à part cela *davon abgesehen/sonst*	de manière à *in der Absicht/um … zu*
à proprement parler *genau genommen*	être à l'aise *sich wohlfühlen*
à quatre pattes *auf vier Pfoten*	être au chômage *arbeitslos sein*
à son insu *ohne sein Wissen*	face à *angesichts*
à tel point que/au point que	petit à petit *allmählich*
so/derart, dass	se mettre au travail
à tort/à raison *zu Recht/zu Unrecht*	*sich an die Arbeit machen*

Face **aux** tâches nouvelles, le groupe doit s'organiser. *Angesichts der neuen Aufgaben muss sich die Gruppe organisieren.*
Il a été élu ministre **au** nom du peuple. *Er wurde im Namen des Volkes zum Minister gewählt.*
À ma montre, il est quatre heures. *Auf/nach meiner Uhr ist es vier Uhr.*

ⓘ Die Präposition à kommt sehr häufig als Ergänzung des Verbs vor (▷ ㉒, Verben und ihre Präpositionen).

Die Präposition à in Verbindung mit Substantiven

Verbindungen mit Substantiven und der Präposition à sind:

à côté de *neben*	la croyance au progrès
à défaut *aus Mangel/mangels*	*der Glaube an den Fortschritt*
Attention aux marches.	la participation à ce concours
Vorsicht, Stufen!	*die Teilnahme an diesem Wettbewerb*
l'alternative à cette solution	la réponse à la lettre
die Alternative zu dieser Lösung	*die Antwort auf den Brief*
l'appel à la grève *der Aufruf zum Streik*	la tendance à la B1 baisse
l'aspiration à la justice	*die fallende Tendenz*
das Streben nach Gerechtigkeit	le droit au travail *das Recht auf Arbeit*
l'avertissement au lecteur	le recours à la violence
der Hinweis an den Leser	*die Anwendung von Gewalt*
l'exception à la règle	un hymne à la création
die Ausnahme von der Regel	*eine Hymne auf die Schöpfung*

Le B1 cabinet d'architecte a participé **au** B1 concours **à** Palaiseau. *Das Architekturbüro hat **an** dem Wettbewerb **in** Palaiseau teilgenommen.*
Tout le monde veut aller **au** bord de la mer, mais très peu de gens **à** la campagne. *Alle wollen **ans** Meer gehen, aber sehr wenige wollen **aufs** Land.*
Pour clouer la planche, il a pris une pierre **à** défaut B1 d'un marteau. *Um das Brett festzunageln, hat er mangels eines Hammers einen Stein genommen.*

ℹ Die Präposition à dient häufig zur Bildung zusammengesetzter Substantive:
la machine **à** écrire *die Schreibmaschine*, la tarte **aux** cerises *der Kirschkuchen*, une tasse **à** café *eine Kaffeetasse* (aber: une tasse de café *eine Tasse Kaffee*), le monument **aux** morts *das Kriegerdenkmal*

Die Präposition à in Verbindung mit Adjektiven

Verbindungen mit Adjektiven und der Präposition à sind:

affecté à *vorgesehen für*	fiancé à *verlobt mit*
allergique à *allergisch auf*	habitué à *gewöhnt an*
apte à *geeignet für*	hostile à *feindlich gegenüber*
attentif à *achtsam*	indifférent à *gleichgültig gegenüber*
conforme à *einer Sache gemäß*	lié à *verbunden mit*
consacré à *jdm. gewidmet*	nécessaire à *nötig für*
destiné à *bestimmt für*	nuisible à *schädlich für*
essentiel à *wesentlich für*	pareil à *ähnlich/gleich*
étranger à *fremd gegenüber*	prêt à *bereit zu*
être opposé à *gegen etw. sein*	sensible à *sensibel/empfänglich für*
être ouvert à *aufgeschlossen sein*	supérieur à *überlegen*

Cette idée est essentielle à B1 la réussite du projet. *Diese Idee ist wesentlich für das Gelingen des Projekts.*
Malheureusement ce jeune homme est opposé à tout. *Leider ist dieser junge Mann gegen alles.*

22.2 Die Präposition avec

Die Präposition avec *mit* wird gebraucht:
- zur Angabe der Begleitung und des Mittels:
  Elle est sortie **avec** sa copine. *Sie ist mit ihrer Freundin ausgegangen.*
  Cela fait quatre semaines qu'il marche **avec** des C1 béquilles. *Er geht seit vier Wochen an Krücken.*
- zur Angabe der Art und Weise:
  Je m'y rends **avec** plaisir. *Ich gehe gern dorthin.*
  Cet élève travaille **avec** ambition. *Dieser Schüler arbeitet mit Ehrgeiz.*

⚡ Die Präposition avec in der Bedeutung *dabei* wird in Zusammenhang mit großen Gegenständen gebraucht, bei kleinen Gegenständen steht dagegen sur in der Bedeutung *dabei*:
Il a une valise **avec** soi, mais il n'a pas d'argent **sur** soi. *Er hat einen Koffer dabei/bei sich, aber er hat kein Geld dabei/bei sich.*

⚡ Avec l'aide de *mithilfe von* wird nur in Verbindung mit einer Person gebraucht. Bei Sachen ist à l'aide de *mithilfe von* zu verwenden:
Il fait ses devoirs de mathématiques **avec l'aide d'**un ami. *Er macht seine Mathematikhausaufgaben mithilfe eines Freundes.* Aber: Il les fait **à l'aide d'**une C1 calculette. *Er macht sie mithilfe eines Taschenrechners.*

Die Präposition avec kann in bestimmten Fällen die Bedeutung von grâce à *dank*, envers *gegenüber* und en ce qui concerne *was betrifft* annehmen:
Il a toujours été gentil **avec/envers** moi. *Er war immer nett mir gegenüber.*
Avec/en ce qui concerne celui-ci, on ne sait jamais ce qu'il veut. *Bei ihm/was ihn betrifft, weiß man nie, was er denkt.*
Avec/grâce à mon chapeau, je n'ai pas de coup de soleil. *Mit meinem Hut/dank meines Hutes habe ich keinen Sonnenbrand.*

Die Präposition avec in Verbindung mit Substantiven
Die Präposition avec steht zusammen mit folgenden Substantiven:

la collaboration avec *die Zusammenarbeit mit*	la confrontation avec *die Konfrontation mit*
la comparaison avec/à *der Vergleich mit*	le contact avec *der Kontakt mit*
	le rapport avec *der Bezug auf*

Une comparaison de Jean **avec** Louis n'est pas juste. *Der Vergleich zwischen Jean **und** Louis ist nicht gerecht.*
Je ne vois pas le rapport **avec** notre conversation ! *Ich sehe da keinen Bezug **auf** unser Gespräch!*

Die Präposition avec in Verbindung mit Adjektiven

Verbindungen mit Adjektiven und der Präposition avec:

> être (in)compatible avec qc. *(un)vereinbar sein mit*
> être accommodant avec qn. *zuvorkommend gegenüber jdm. sein*
> être gentil avec *freundlich sein mit*
> être impitoyable avec *jdm. gegenüber unbarmherzig sein*
> être B1 insolent/méchant avec *gegenüber/mit jdm. frech/böse sein*
> être marié avec/à qn. *mit jdm. verheiratet sein*

Ce bonhomme est toujours si méchant **avec** son chien. *Dieser Herr ist immer so böse **mit** seinem Hund.*

22.3 Die Präposition chez

Die Präposition chez *bei/zu/nach* wird gebraucht:
- in Verbindung mit Personen:
  Je vais passer la soirée **chez** mes amis. *Ich werde den Abend **bei** meinen Freunden verbringen.*
  J'ai trouvé cette citation **chez** Voltaire. *Ich habe dieses Zitat **bei** Voltaire gefunden.*
- in Verbindung mit Berufs- und Firmenbezeichnungen:
  Elle va **chez** le dentiste. *Sie geht **zum** Zahnarzt.*
  Il achète ce B1 tuyau **chez** B1 le plombier. *Er kauft diesen Schlauch **beim** Klempner.*
  Les ouvriers de **chez** Michelin sont en grève. *Die Arbeiter **von** Michelin sind im Streik.*
- in der Bedeutung von *bei/an* auf Personen bezogen:
  Ce qui ne me plaît pas **chez** lui, c'est qu'il est malhonnête. *Was mir **an** ihm nicht gefällt, ist seine Unehrlichkeit.*
- in der Bedeutung von dans le pays de *im Lande von* und au temps de *zur Zeit von*:
  J'ai connu ce thé **chez** les Anglais. *Ich habe diesen Tee **bei** den Engländern kennengelernt.*
  Chez les Grecs déjà, les jeux olympiques jouaient un grand rôle. *Schon **zur Zeit der Griechen** spielten die olympischen Spiele eine große Rolle.*

Die Präposition

22.4 Die Präposition dans

Die Präposition dans *in* wird gebraucht:
- zur Angabe des Ortes (wo?) (▷ 22.1 , 22.7):
  À Paris, j'ai vécu **dans** le centre. *In Paris habe ich im Zentrum gelebt.*
  Tu peux lire cet article **dans** le journal d'hier. *Du kannst diesen Artikel in der Zeitung von gestern lesen.*
  Pour ranger, tu mets les assiettes **dans** B1 le placard. *Um aufzuräumen, stelle die Teller in den Schrank.*
- zur Angabe des Zeitraums:
  Dans les années vingt, il y avait des actrices très connues. *In den Zwanzigerjahren gab es sehr berühmte Schauspielerinnen.*
  Il revient **dans** cinq jours. *Er kommt in fünf Tagen wieder.*
  Qu'est-ce que tu as fait **dans** la journée ? *Was hast du den Tag über gemacht?*
- zur Angabe des Zeitpunkts in der Zukunft:
  Il revient **dans** cinq minutes. *Er kommt in fünf Minuten wieder.*
  On se reverra **dans** B1 quinze jours. *Wir sehen uns in vierzehn Tagen wieder.*
- zur Angabe der Art und Weise:
  Dans quel sens faut-il le comprendre ? *Wie soll ich das verstehen?*
  Ce morceau de piano est **dans** le style du romantisme. *Dieses Klavierstück ist im Stil der Romantik.*
  Il a agi **dans** l'intention bonne. *Er hat in guter Absicht gehandelt.*
- im Sinne von chez *bei* (▷ 22.3)

ⓘ Während man im Deutschen von *vierzehn Tagen* spricht, heißt es im Französischen **dans quinze jours**.

⚡ Bei Angaben des Zeitraums wird für die deutsche Präposition *in* auch pendant im Sinne von *während* gebraucht: **pendant** les vacances *in den Ferien*, **pendant** mes loisirs/mon temps libre *in meiner Freizeit*.

B1 Feste Wendungen mit der Präposition dans:

arriver dans les trois premiers *unter den ersten drei sein*	dans/sur une île *auf einer Insel*
boire dans un verre *aus einem Glas trinken*	entrer dans la légende *zur Legende werden*
dans ces/de telles conditions *unter diesen/solchen Bedingungen*	frapper dans une balle *auf einen Ball schlagen*
dans l'escalier *auf der Treppe*	il est dans sa 10e année *er wird zehn Jahre alt*
dans la rue *auf der Strasse*	manger dans une assiette *aus/von einem Teller essen*
dans le ciel *am Himmel*	
dans le/au cimetière *auf dem Friedhof*	travailler dans une branche *in einer Branche arbeiten*
être dans la recherche *in der Forschung tätig sein*	vivre dans la misère *im Elend leben*

Aujourd'hui, il y avait un grand nombre d'étoiles filantes **dans** le ciel. *Heute waren sehr viele Sternschnuppen **am** Himmel.*
Vous travaillez **dans** quelle branche ? **Dans** le commerce. *In welcher Branche arbeiten Sie? **Im** Handel.*

22.5 Die Präposition de

Die Präposition de wird gebraucht:
- zur Angabe des Besitzes (für den Genitiv):
  C'est la maison **de** ma sœur. *Das ist das Haus **(von)** meiner Schwester.*
- zur Angabe der Herkunft:
  C'est le train **de** Londres. *Das ist der Zug **aus** London.*
  Il est issu **d'**une famille ouvrière. *Er stammt **aus** einer Arbeiterfamilie.*
- zur näheren Bestimmung eines Substantivs:
  Les plages **de** la côte du nord sont merveilleuses. *Die Strände **der** Nordküste sind wunderschön.*
  J'ai B1 raté le bus **de** 6 heures. *Ich habe den 6-Uhr-Bus verpasst.*
- zur Angabe des Urhebers (▷ 19):
  Le ministre est accompagné **de** ses collaborateurs. *Der Minister wird **von** seinen Mitarbeitern begleitet.*
- für zusammengesetzte Substantive:
  Louis attend son **argent de poche**. *Louis wartet auf sein **Taschengeld**.*
  J'adore les **pommes de terre** au beurre salé. *Ich liebe **Kartoffeln** mit salziger Butter.*
  Le **chemin de fer** s'est développé en TGV (Train à Grande Vitesse). *Die **Eisenbahn** hat sich zum TGV (französischer Schnellzug) entwickelt.*
- für den Teilungsartikel (▷ 2.3):
  Il a commandé un **verre de vin**. *Er hat ein **Glas Wein** bestellt.*
  Aber: un **verre à vin** *ein Weinglas*
  Il a mangé un **morceau de pain** avec. *Er hat ein **Stück Brot** dazu gegessen.*
- zur Angabe von Bewegung, von Ortsveränderung, von Entfernung, Zeit und Gewicht:
  Bougez **d'ici**. *Gehen Sie hier **weg**!*
  Son terrain va **de** la forêt à la mer. *Sein Grundstück reicht **vom** Wald bis zum Meer.*
  Je suis en retard **de** quelques minutes. *Ich bin einige Minuten zu spät.*
  Il a deux kilos **de trop**. *Er wiegt zwei Kilos **zu viel**.*
- zur Angabe von Eigenschaften:
  Il est un homme **de** bon sens. *Er ist ein Mensch **mit** gesundem Verstand.*
  Interdit aux jeunes **de moins de** 18 ans. *Verboten für Jugendliche **unter** 18 Jahren.*

Die Präposition

- zur Angabe von Adelstiteln: Madame **de** Staël, Charles **de** Gaulle, Guy **de** Maupassant.
- Verben, die die Ergänzung mit **de** anschließen (▷ 20.2)

B1 Feststehende Ausdrücke mit der Präposition de
Feststehende Ausdrücke zusammen mit **de** sind:

connaître qn. de nom/de vue *jdn. vom Namen/vom Sehen kennen*	être large d'épaules *breitschultrig sein*
de moins en moins *immer weniger*	ne pas savoir de servir de ses dix doigts *zwei linke Hände haben*
de plus en plus *immer mehr*	réciter de mémoire *auswendig hersagen*
de rien ! *keine Ursache!*	se tirer d'embarras
de rigueur *dringend notwendig*	*sich aus der Verlegenheit ziehen*
dis bonjour de ma part *grüsse von mir*	un homme de génie
être de bonne/mauvaise humeur	*ein genialer Mensch*
gut/schlecht gelaunt sein	une pièce de 2 Euros *ein 2-Euro-Stück*

Quand on vieillit, on a **de moins en moins** soif. *Wenn man älter wird, hat man immer weniger Durst.*

Die präpositionalen Wendungen **à côté de** sowie **en dehors de cela** bedeuten *neben* (lokal), aber auch *nebenbei/außerdem/abgesehen davon*:
Nous n'avons pas du tout les mêmes opinions politiques mais, **en dehors de cela**, c'est une bonne copine. *Wir haben überhaupt nicht die gleichen politischen Ansichten, aber **abgesehen davon** ist sie eine gute Freundin.*

B1 Die Präposition de in Verbindung mit Substantiven
Die Präposition **de** steht zusammen mit folgenden Substantiven:

l'attaque de touristes *der Überfall auf Touristen*	le mobile du crime *das Motiv für das Verbrechen*
la cause de l'échec *der Grund für das Scheitern*	la raison de son comportement *der Grund für sein Verhalten*
le chemin de la gare *der Weg zum Bahnhof*	la recherche de la vérité *die Suche nach der Wahrheit*
la clé de la réussite *der Schlüssel zum Erfolg*	la route de Rennes *die Straße nach Rennes*
l'envie d'un café *die Lust auf Kaffee*	le soif de l'argent *der Hunger nach Geld*
l'espoir de la victoire *die Hoffnung auf Sieg*	le souvenir de l'adolescence *die Erinnerung an die Jugend*
merci de ton aide *danke für deine Hilfe*	en direction de *in Richtung*

«À la recherche **du** temps perdu» *„Auf der Suche **nach** der verlorenen Zeit"* (Buchtitel von Marcel Proust)

Die Präposition de in Verbindung mit Adjektiven

Die Präposition de wird zusammen mit folgenden Adjektiven verwendet:

absent de *abwesend*	être typique de *typisch sein für*
avide de *gierig nach*	fâché de *verärgert über*
chargé de *beauftragt zu*	fier de *stolz auf*
doué de *begabt für*	heureux de *glücklich über*
être certain de *sich sicher sein*	(in)capable de *(un)fähig zu*
être connu de *bekannt sein*	jaloux de *eifersüchtig auf*
être différent de *anders sein*	(mé)content de *(un)zufrieden mit*
être issu de *stammen von/ hervorgegangen sein aus*	plein de *voll von*
	rempli de *gefüllt/voll mit*
être sûr de *sich sicher sein*	responsable de *verantwortlich für*

Cette fille est complètement différente **de** sa sœur. *Dieses Mädchen ist völlig anders **als** ihre Schwester.*
Elle n'est vraiment pas responsable **de** cette catastrophe. *Sie ist wirklich nicht verantwortlich **für** diese Katastrophe.*

22.6 Die Präposition depuis

Die Präposition depuis *seit, von … ab/aus* wird verwendet:
- zur Angabe der Zeit:
  Je t'attends **depuis** une heure. *Ich warte **seit** einer Stunde auf dich.*
  Le malade est à l'hôpital **depuis** quinze jours. *Der Kranke ist **seit** vierzehn Tagen im Krankenhaus.*
- zur Angabe des Ortes (von wo?):
  Depuis ma fenêtre, on voit la tour Eiffel. ***Von** meinem Fenster aus sieht man den Eiffelturm.*
  Le reporter de télévision parle **depuis** l'Afrique. *Der Fernsehreporter spricht **aus** Afrika.*

22.7 Die Präposition en

Die Präposition en steht ohne Artikel direkt vor dem Bezugswort:
- zur Angabe des Ortes und der Richtung (wo/wohin?):
  Nous allons **en** ville. *Wir gehen in die Stadt.*
  Dépêchez-vous, le professeur est déjà **en** classe. *Beeilt euch, der Lehrer ist schon in der Klasse.*
- zur Angabe des Zeitpunktes:
  En fin d'année, les pommes de terre seront mangées. *Am Jahresende werden die Kartoffeln gegessen sein.*

> Die Präposition

- zur Angabe des Monats und der Jahreszeit:
  En février/**en** hiver, il neige normalement dans cette région. *Im Februar/im Winter schneit es normalerweise in dieser Gegend.*
- zur Angabe des Materials:
  Ce manteau est **en** laine. *Dieser Mantel ist aus Wolle.*
- zur Angabe des Transportmittels:
  Ils voyagent **en** voiture ou **en/par** avion. *Sie reisen mit dem Auto oder mit dem Flugzeug.*
- zur Angabe der Art und Weise:
  Tu ne peux pas grimper sur le paroi **en** robe du soir. *Du kannst die Felswand nicht im Abendkleid hinaufklettern.*
- zur Bildung des Gerunds (▷ **18**)
- in der Bedeutung von comme *als*, en tant que *als* und en fonction de *in der Funktion von*:
  Il se déguise **en** chef indien. *Er verkleidet sich als Indianerhäuptling.*
  Il agit **en** bon père. *Er handelt als guter Vater.*
- zur Angabe des Ortes und der Richtung bei Ländernamen (vgl. Bestimmungsort und Richtung ▷ **2.1**), wenn der Ländername mit femininem Artikel oder l' verwendet wird:
  en Europe *in/nach Europa*, **en** Iran *im/in den Iran*, **en** Italie *in/nach Italien*, **en** Suisse *in der/die Schweiz*

  Dagegen wird bei Ländernamen mit maskulinem Artikel au/aux verwendet, bei den Namen einiger Inseln à la:
  au Portugal *in/nach Portugal*, **au** Japon *in/nach Japan*, **à la** Martinique *auf/nach Martinique*
- en und dans (statt à/aux) für Regionen und Departements (vgl. geografische Lage ▷ **2.1**):
  en Provence *in der Provence*, **en** Gironde *in der Gironde*

22.8 Die Präposition avant

Die Präposition avant *vor* wird gebraucht zum Ausdruck von Zeit, Vorrang und Ort:
Elle reprend son travail **avant** la fin de l'année. *Sie beginnt vor Jahresende wieder zu arbeiten.*
Juste **avant** Bordeaux, tu tournes à droite. *Kurz vor Bordeaux musst du rechts abbiegen.*

Ausdrücke mit avant sind avant tout *vor allem* und avant peu (de temps) *bald*:
Quand tu es à Paris, il faut **avant tout** que tu visites le Louvre. *Wenn du in Paris bist, musst du vor allem den Louvre besichtigen.*

22.9 Die Präposition devant

Devant *vor* bezeichnet den Ort, auch im übertragenen Sinn:
Devant notre maison, il y un banc. *Vor unserem Haus ist eine Bank.*
J'ai encore beaucoup de travail **devant** moi. *Ich habe noch viel Arbeit vor mir.*
C'est un ambitieux qui ne recule **devant** rien. *Er ist ehrgeizig und schreckt vor nichts zurück.*

22.10 Die Präpositionen entre und parmi

Die Präposition entre *zwischen* bezieht sich auf zwei oder mehrere Personen, Dinge oder abstrakte Begriffe und betrachtet jede einzelne Person oder Sache:
Il y a une distance **entre** Paris et Reims de 120 kilomètres environ. *Zwischen Paris und Reims liegen ungefähr 120 Kilometer.*
Entre nous, je me demande, s'il va venir ou non. *Unter uns (gesagt), ich frage mich, ob er kommen wird oder nicht.*

Die Präposition parmi *zwischen/unter/inmitten* wird verwendet in der Bedeutung von au milieu de, au nombre de *inmitten von* und betrachtet eine Gruppe in ihrer Gesamtheit:
Parmi eux, il y en a un que je connais depuis longtemps. *Unter ihnen ist einer, den ich schon lange kenne.*
Parmi ses livres, ce sont les nouvelles que je préfère. *Von seinen Büchern mag ich die Kurzgeschichten am liebsten.*

22.11 Die Präposition par

Die Präposition par *durch/hindurch* wird verwendet:
- zur Angabe des Ortes:
  Au retour, on passe toujours **par** le parc. *Auf dem Heimweg gehen wir immer durch den Park.*
  Il faut prendre le chemin **par** les champs. *Man muss den Weg über die Felder nehmen.*
  Normalement, le chat entre **par** la fenêtre. *Normalerweise kommt die Katze durch das Fenster herein.*
- in distributivem Sinn:
  Il faut compter dix euros **par** personne. *Man muss zehn € pro Person rechnen.*
  Prenez deux comprimés **par** jour. *Nehmen Sie zwei Tabletten pro Tag.*
- zur Angabe des Mittels und der Art und Weise:
  Je vais payer **par** B1 virement. *Ich werde per Überweisung bezahlen.*
  Il envoie les cadeaux **par** la poste. *Er schickt die Geschenke per Post.*
  Les enfants se tiennent **par** la main. *Die Kinder nehmen sich an der Hand.*

Die Präposition

- zur Angabe der Zeit, auch im Zusammenhang mit der Witterung:
  Par temps pluvieux, les fleuves inondent les rives. *Bei Regenwetter überfluten die Flüsse die Ufer.*
  On laisse les fenêtres ouvertes **par** beau temps. *Bei schönem Wetter lassen wir die Fenster offen.*
- zur Angabe des Verursachers/Urhebers beim Passiv (▷ 19)

Ausdrücke mit par

Feste Wendungen mit der Präposition par sind:

joindre qn. par téléphone *jdn. telefonisch erreichen*	par jalousie *aus Eifersucht*
par ailleurs *andererseits*	par manque de *aus Mangel an*
par amour *aus Liebe*	par mégarde *aus Versehen*
par bêtise *aus Dummheit*	qu'entends-tu par … ? *was verstehst du unter …?*
par conséquent *folglich*	par terre *auf den/dem Boden*
par conviction *aus Überzeugung*	tout est comme par le passé
par hasard *zufällig*	*alles ist wie früher*

C'est **par** jalousie qu'elle le suit. *Sie folgt ihm **aus** Eifersucht.*
Regarde, ta serviette est tombée **par** terre, va la ramasser. *Schau, deine Serviette ist **auf** den Boden gefallen, heb sie auf!*

22.12 Die Präposition pour

Die Präposition pour wird verwendet:
- zur Angabe des Ortes nach partir:
  Ce matin, ils sont partis **pour/à** Royan. *Heute Morgen sind sie **nach** Royan abgereist.*
  Aber: le train **de** Royan *der Zug **von/nach** Royan*
- zur Angabe der Bestimmung, des Ziels und des Zwecks:
  Pendant la Révolution, on a lutté **pour** la liberté, l'égalité, la fraternité. *Während der Revolution kämpfte man **für** Freiheit, Gleichheit, Brüderlichkeit.*
  C'est **pour** ton bien. *Das ist **zu** deinem Besten.*
- zur Angabe der Zeit:
  J'ai pris rendez-vous **pour** dimanche. *Ich hab mich **für** Sonntag verabredet.*
  Elle a fait un gâteau **pour** demain. *Sie hat **für** morgen einen Kuchen gemacht.*
- zur Angabe des Grundes:
  Pour cette raison, ils ne peuvent pas venir avec nous. *Aus diesem Grund können sie nicht mit uns kommen.*
  Il a été condamné **pour** meurtre. *Er wurde **wegen** Mordes verurteilt.*

- in der Bedeutung von à cause de *wegen*, à la place de *an Stelle von*, en échange de *im Austausch für*, en faveur de *zugunsten*:
  Il a refusé **pour** des raisons personnelles. *Er hat **aus** persönlichen Gründen abgelehnt.*
  Tu fais la cuisine **pour** moi ? *Kochst du **an** Stelle von mir (für mich)?*
  Le B1 témoin a témoigné **pour/en faveur de** B1 l'accusé. *Der Zeuge hat **zugunsten** des Angeklagten ausgesagt.*
- zur Angabe eines Vergleichs:
  Ce garçon est éveillé **pour** son âge. *Dieser Junge ist aufgeweckt **für** sein Alter.*
  Il fait froid **pour** avril. ***Für** April ist es kalt.*

Ausdrücke mit der Präposition pour   B1
Feste Wendungen mit der Präposition **pour** sind:

avoir pour effet *ausmachen*	ne pas s'en faire pour si peu
avoir pour rien qc.	*sich wegen einer solchen Kleinigkeit*
etw. umsonst bekommen	*keine Sorgen machen*
cinq pour cent *fünf Prozent*	pour le moment *im Augenblick*
et pour cause *und das mit Grund*	pour le plaisir *zum Vergnügen*
pour une fois *(für) einmal*	n'y être pour rien
pour la première fois *zum ersten Mal*	*nichts damit zu tun haben*

Je ne sais pas où il est **pour** le moment. *Ich weiß nicht, wo er **im** Augenblick ist.*
Elle s'est mise en colère, et **pour** cause: elle est restée seule **pour** tout ranger. *Sie ist wütend geworden, und das **mit** Grund: Sie hat alles allein aufgeräumt.*
Pour une fois, tu vas renoncer à ta bicyclette. ***Für** einmal wirst du auf dein Fahrrad verzichten.*
Pour le moment je ne vois personne. ***Im Augenblick** sehe ich niemanden.*
Ne t'en fais pas **pour** moi, je vais y arriver (ugs.), d'une façon ou d'une autre. *Mach dir **wegen** mir keine Sorgen, ich werde durchkommen, egal wie.*

Die Präposition pour in Verbindung mit Adjektiven
Die Präposition **pour** steht nach folgenden Adjektiven:

connu pour *bekannt für*	doué pour l'écriture
célèbre pour *berühmt für*	*begabt für das Schreiben*
fameux pour *berühmt für*	

Depuis son enfance cette danseuse était connue **pour** sa détermination. *Diese Tänzerin war von Kindheit an **für** ihre Zielstrebigkeit bekannt.*
La Bourgogne est célèbre **pour** son vin et ses B2 escargots. *Burgund ist **für** seinen Wein und seine Schnecken berühmt.*

Die Präposition

22.13 Die Präposition sous

Die Präposition sous *unter* wird verwendet:
- zur Angabe des Ortes (wo?/wohin?):
  L'eau passe **sous** le pont. *Das Wasser fließt **unter** der Brücke durch.*
  Le chien dort **sous** le canapé. *Der Hund schläft **unter** dem Sofa.*
- zur Angabe der Zeit:
  L'écrivain vivait **sous** le règne de Louis XIV. *Der Schriftsteller lebte **zur** Zeit Ludwigs XIV.*
  Ma lettre devrait arriver **sous peu**. *Mein Brief müsste **bald** ankommen.*
- zur Angabe einer Unterordnung:
  J'ai travaillé **sous** le même patron que mon frère. *Ich habe **unter** demselben Chef gearbeitet wie mein Bruder.*
  La France se trouve actuellement **sous** le régime de la Ve république. *Frankreich befindet sich zur Zeit **unter** der Regierung der 5. Republik.*

Ausdrücke mit der Präposition sous
Feste Wendungen mit der Präposition sous sind:

sous l'influence de *unter dem Einfluss von*	sous silence *stillschweigend*
	sous prétexte *unter dem Vorwand*

Aujourd'hui Marcel est resté à la maison **sous** prétexte qu'il avait mal au ventre. *Heute ist Marcel **unter** dem Vorwand, Bauchschmerzen zu haben, zuhause geblieben.*
Ces informations ont été passées **sous** silence pour éviter la panique chez les habitants. *Diese Informationen wurden verschwiegen, um Panik **unter** den Einwohnern zu vermeiden.*

22.14 Die Präposition sur

Die Präposition sur *auf* wird verwendet:
- zur Angabe des Ortes (wo?/wohin?):
  As-tu vu le corbeau **sur** le toit ? *Hast du den Raben **auf** dem Dach gesehen?*
  Tu mets les assiettes **sur** la table s'il te plaît ? *Stellst du bitte die Teller **auf** den Tisch?*
  Distrait comme il est, il a oublié la clé **sur** la porte. *Zerstreut wie er ist, hat er den Schlüssel **in** der Tür stecken lassen.*
  Des listes de produits à boycotter circulent **sur** le Net. *Listen mit Produkten, die boykottiert werden sollen, kursieren **im** Netz.*
- zur Angabe von Radio- und Fernsehsendern:
  J'aime écouter des chansons de ma jeunesse **sur** Nostalgie. *Ich höre gerne Lieder aus meiner Jugend **auf** dem Sender Nostalgie.*

- als temporale Angabe:
  Sur le moment, je n'ai pas bien compris ce qu'il veut dire. *Zunächst habe ich nicht recht verstanden, was er sagen möchte.*
  Il a débouché la bouteille **sur le coup** de minuit. *Punkt Mitternacht hat er die Flasche geöffnet.*
- zur Angabe der Art und Weise:
  Il prend tout **sur** le ton sérieux. *Er hält alles für ernst.*
  On ne devrait pas juger **sur** l'apparence. *Man sollte nicht nach dem Äußeren urteilen.*

Ausdrücke mit der Präposition sur

Feste Wendungen zusammen mit der Präposition sur sind:

avoir qc. sur le cœur *etw. auf dem Herzen haben*	ne pas avoir de papiers sur soi *keine Papiere bei sich haben*
choisir sur un critère *nach einem Kriterium auswählen*	prendre qc. sur soi *etw. auf sich nehmen*
coup sur coup *Schlag auf Schlag*	revenir sur une question *auf eine Frage zurückkommen*
économiser sur qc. *sparen an etw.*	se tromper sur un point *sich in einem Punkt täuschen*
jeter de l'huile sur le feu *Öl ins Feuer gießen*	sur rendez-vous *nach Vereinbarung*
la chambre donne sur la rue *das Zimmer ist zur Straße gelegen*	travailler sur l'ordinateur *am Computer arbeiten*
la foudre est tombée sur l'arbre *der Blitz hat den Baum getroffen*	un sur deux *einer von zwei*
B2 l'impôt sur le revenu *die Einkommensteuer*	marcher sur les pas de qn. *in jds. Fußstapfen treten*

Un jour **sur** deux les élèves n'ont pas de devoirs. *An einem von zwei Tagen haben die Schüler keine Hausaufgaben.*
Sur quel critère as-tu choisi la nouvelle bonne d'enfants ? *Nach welchem Kriterium hast du das neue Kindermädchen ausgewählt?*

Die Präposition sur in Verbindung mit Adjektiven

Adjektive mit sur sind:

aveugle sur les fautes de qn. *blind gegenüber jds. Fehler sein*	être optimiste sur *optimistisch sein*
être basé/fondé sur *fußen/beruhen auf*	être pessimiste sur *pessimistisch sein*

Les jurés doivent prononcer un verdict basé **sur** des faits, pas **sur** des impressions. *Die Geschworenen müssen ein Urteil fällen, das auf Fakten und nicht auf Eindrücken beruht.*

Zwischentest 22

A1 1. Wie lautet die Präposition?

    Il cherche à atteindre le but.
- a. Il
- b. cherche
- c. à
- d. but

A2 2. Wie viele Präpositionen sind hier enthalten?

    Au grand tour, ce cycliste arrive toujours dans les deux premiers.
- a. keine
- b. zwei
- c. eine
- d. drei

A2 3. Welcher Satz ist nicht richtig?

- a. Il est parti en Grèce.
- b. Elle est partie pour Athènes.
- c. Elle est partie en direction de La Lorraine.
- d. Il est parti aux Belgique.

A2 4. Welche Präposition fehlt?

    Ce jeune homme est toujours accommodant .... les gens agés.
- a. dans
- b. à
- c. avec
- d. de

A1 5. Welches ist die Präposition?

    Lundi, mon fils s'achète un pantalon et une chemise.
- a. Es gibt keine.
- b. un
- c. mon
- d. une

A2 6. Welche Antwort auf die Frage ist richtig?

    Où est-ce que mon fauteuil se trouve ?
- a. Il se trouve dans ma chambre.
- b. Il est sous ma chambre.
- c. Il se trouve avec ma chambre.
- d. Il se trouve chez ma chambre.

B1 7. Welcher Satz ist richtig?

- a. Ils ont construit leur maison à l'aide de la famille.
- b. Ils ont construit leur maison avec l'aide de la famille.
- c. Ils ont construit leur maison en aide de la famille.
- d. Ils ont construit leur maison de l'aide de la famille.

Zwischentest 22

8. Womit muss die Lücke geschlossen werden?

Le droit .... travail fait partie des droits de l'homme.
- a. du
- b. de le
- c. avec
- d. au

9. Wie lautet die Übersetzung?

Er wohnt gegenüber dem Bistro.
- a. Il vit vie en vie du bistro.
- b. Il habite envers le bistro.
- c. Il habite vis-à-vis du bistro.
- d. Il vit à l'égard du bistro.

10. Welche Aussage ist falsch?
- a. Mit en kann man Jahreszahlen angeben.
- b. Chez bezieht sich auf Personen.
- c. Dans kann nicht örtlich gebraucht werden.
- d. Depuis kann örtlich und zeitlich verwendet werden.

11. Welche Präposition bezeichnet nicht den Ort?
- a. à
- b. sur
- c. dans
- d. avec

12. Welche Präposition bezeichnet nicht die Zeit?
- a. sur
- b. avec
- c. dans
- d. à

13. Welcher Satz ist nicht richtig?
- a. Il travaille dans cette usine depuis trois mois.
- b. J'ai acheté ce réfrigérateur depuis deux jours.
- c. La tour Eiffel se voit depuis le Sacré-Cœur.
- d. Il y a deux jours que les mûres sont mûres.

14. Wie lautet die Übersetzung?

Ich gehe zu meiner Tochter.
- a. Je vais à ma fille.
- b. Je viens de ma fille.
- c. Je vais chez ma fille.
- d. Je reste avec ma fille.

Lösungen

1 c. 2 b. 3 d. 4 c. 5 a. 6 a. 7 b. 8 d. 9 c. 10 c. 11 d. 12 b. 13 b. 14 c.

Die Wortstellung im Satz

Il est trois sortes de gens qui parlent peu, ce sont les savants et les gens fort heureux ou fort malheureux; ainsi l'on peut dire que le savoir, la douleur et le bonheur sont muets.

Gabriel Sénac de Meilhan (1736–1803), administrateur et écrivain français

Es gibt drei Arten von Menschen, die wenig sprechen, das sind die Gelehrten und diejenigen, die sehr glücklich oder sehr unglücklich sind; somit kann man sagen, dass das Wissen, der Schmerz und das Glück stumm sind.

Gabriel Sénac de Meilhan (1736–1803), französischer Verwalter und Schriftsteller

G Die Wortstellung folgt im Französischen festen Regeln, während in der deutschen Sprache mehr Freiheit besteht. Man unterscheidet dabei zwischen einfachen und zusammengesetzten Sätzen sowie dem Inhalt nach zwischen Aussagesatz, Fragesatz, Imperativsatz und Ausrufesatz.

La syntaxe de la phrase

23.1 Der Aussagesatz

Die Wortstellung im Aussagesatz

Im Französischen gelten für die Stellung des Subjekts, des Prädikats, der Objekte und der Umstandsergänzungen feste Regeln:

Subjekt	Prädikat	direktes Objekt (Ergänzung)	indirektes Objekt (Ergänzung)
Marianne	écrit.		
Marianne	*schreibt.*		
Marianne	écrit	une lettre.	
Marianne	*schreibt*	*einen Brief.*	
Marianne	écrit		à Paul.
Marianne	*schreibt*		*an Paul.*

Das Subjekt steht vor dem Verb, alle anderen Satzglieder nach dem Verb.

Folgen dem Verb mehrere Satzglieder, werden diese in der Regel folgendermaßen angeordnet:

Subjekt	Prädikat	direktes Objekt	indirektes Objekt
Marianne	écrit	une lettre	à Paul.
Marianne	*schreibt*	*einen Brief*	*an Paul.*

(Zu Verben mit zwei Ergänzungen: ▷ ⑳)

Folgt auf das Objekt bzw. die Objekte noch eine Umstandsergänzung, ist die Reihenfolge diese:

Subjekt	Prädikat	dir. Objekt	indir. Objekt	Umstandsergänzung
Marianne	prend	le stylo	de Pierre	pour écrire.
Marianne	*nimmt*	*den Füller*	*von Pierre*	*zum Schreiben.*

Wird das direkte Objekt durch einen Relativsatz erweitert oder ist es besonders lang, steht das indirekte vor dem direkten Objekt:
Marianne écrit **à Paul cette lettre, dont il sera très content**. *Marianne schreibt Paul diesen Brief, über den er sich sehr freuen wird.*
Le chef adresse **à tous ses employés ses meilleurs vœux pour l'année nouvelle**. *Der Chef spricht seinen Angestellten die besten Wünsche für das neue Jahr aus.*

⚡ Hat ein Satz zwei indirekte Objekte, geht meistens das mit **à** angeschlossene Objekt dem mit **de** angeschlossenen Objekt voran:
Elle parle **à Paul de sa famille**. *Sie spricht mit Paul über ihre/seine Familie.*

Die Wortstellung im Satz

Die Stellung der adverbialen Bestimmung

Die adverbiale Bestimmung ist eine Umstandsbestimmung der Zeit, der Art und Weise, des Grundes, des Mittels u. a., sie beschreibt die Umstände eines Geschehens näher und ist fakultativ:

Il travaille **du matin au soir**. *Er arbeitet von morgens bis abends.*
Après l'école, les enfants vont dîner chez les grands-parents. *Nach der Schule gehen die Kinder zum Essen zu den Großeltern.*

- Bezieht sich die adverbiale Bestimmung auf den ganzen Satz, kann sie am Satzanfang oder am Satzende stehen:
  Demain, je vais prendre rendez-vous chez le coiffeur. Oder: Je vais prendre rendez-vous chez le coiffeur **demain**. *Morgen vereinbare ich einen Termin beim Friseur.*
  Dans ce petit bar, on boit le meilleur vin. Oder: On boit le meilleur vin **dans ce petit bar**. *In dieser kleinen Bar trinkt man den besten Wein.*

- Adverbiale Bestimmungen, die mit dem Verb eine feste Wendung bilden, stehen nach dem Verb:
  Elle refuse de **voyager en avion**. *Sie lehnt es ab, mit dem Flugzeug zu reisen.*
  La vieille dame **fait une promenade** avec son chien. *Die alte Dame geht mit ihrem Hund spazieren.*

- Am Satzende wird die Ortsangabe in der Regel vor andere Angaben gestellt, am Satzanfang jedoch geht die Zeitangabe der Ortsangabe voraus:
  Il a passé ses examens **à Marseille en 1985**. *Er hat seine Prüfungen 1985 in Marseille gemacht.*
  Demain, à Toulouse, elle va participer à un congrès. *Morgen wird sie in Toulouse an einem Kongress teilnehmen.*

- Adverbien der Art und Weise (▶ 5) werden so nahe wie möglich zum Verb gesetzt:
  Il travaille **trop** à ce projet. *Er arbeitet zu viel an diesem Projekt.*
  Carl va **vraiment bien** depuis sa promotion au rang de directeur. *Carl geht es seit seiner Beförderung zum Direktor wirklich gut.*

- Adverbiale Umschreibungen stehen häufig nach den anderen Ergänzungen:
  Il fait son travail **avec soin**. *Er macht seine Arbeit mit Sorgfalt.*

Die Inversion des Subjekts

Die Inversion ist ein Wechsel der Stellung von Subjekt und Prädikat:

> **Il met** sa chemise hawaïenne. → **Met-il** sa chemise hawaïenne ?
> *Er zieht sein Hawaiihemd an.* → *Zieht er sein Hawaiihemd an?*

Man unterscheidet die einfache und die doppelte Inversion. Ist das Subjekt ein Personalpronomen, erfolgt die einfache Inversion, ist das Subjekt eine Nominalgruppe, tritt die doppelte Inversion ein:

Die Wortstellung im Satz

einfache Inversion: En vain **a-t-il** rouspété. *Er hat umsonst geschimpft.*
doppelte Inversion: Peut-être **ton père** n'**a-t-il** pas encore écrit cette lettre.
Vielleicht hat dein Vater diesen Brief noch nicht geschrieben.

Die Inversion wird in Relativsätzen und Fragesätzen (▷ ⑩) sowie Ausrufesätzen
(▷ 23.2) gebraucht:
Ces grands bâtiments **où vivent des centaines** de personnes, se trouvent
plutôt aux banlieues. *Diese großen Gebäude, in denen Hunderte von Personen
leben, befinden sich eher in den Vororten.*
As-tu arrosé les roses ? *Hast du die Rosen gegossen?*
Est-elle belle ! *Ist sie schön!*

Die Inversion erfolgt nach bestimmten, den Satz einleitenden Adverbien.
• Die Inversion ist obligatorisch nach folgenden Adverbien:

aussi *daher/deshalb*	sans doute *sicherlich/wahrscheinlich*
à peine *kaum*	peut-être *vielleicht*

Aussi a-t-elle remarqué ta faute. *Daher hat sie deinen Fehler bemerkt.*
À peine avais-je remarqué B1 la tortue dans le jardin, qu'elle était déjà partie.
Kaum hatte ich die Schildkröte im Garten bemerkt, da war sie schon weg.
Peut-être sont-ils déjà partis. *Vielleicht sind sie schon abgereist.*
Sans doute est-il agréable de savoir ce qui se passe. *Sicherlich ist es angenehm zu wissen, was los ist.*
⚡ Nach **peut-être que** *kann sein, dass* und **sans doute que** *wahrscheinlich* tritt keine Inversion ein.

• Die Inversion ist fakultativ nach folgenden Adverbien:

au moins *mindestens*	ainsi *so, deshalb*	probablement *wahrscheinlich*
du moins *wenigstens/zumindest*	en vain *vergeblich*	tout au plus *allenfalls*
	encore *freilich/allerdings*	toutefois *dennoch*

Son chagrin est grave, certes, **encore** ne **faut-il** pas désespérer. *Ihr/sein
Kummer ist schwerwiegend, sicherlich, dennoch sollte sie/er nicht verzweifeln.*
Ne t'inquiète pas, probablement ton ami **a-t-il** oublié de nous prévenir à
l'heure. *Mach dir keine Sorgen, wahrscheinlich hat dein Freund vergessen,
uns rechtzeitig Bescheid zu sagen.*

Die Inversion erfolgt ohne einleitendes Element in formelhafter Ausdrucksweise
wie in der Behörden- und Handelssprache, bei Bühnenanweisungen oder in
Wunschsätzen:
Entre Antigone. *Antigone tritt auf.* **Vive la France !** *Es lebe Frankreich!* **Ici repose
Napoléon.** *Hier ruht Napoleon.* **Sont présents: Madame Leclerc et son mari.**
Anwesend sind: Frau Leclerc und ihr Mann.

Die Wortstellung im Satz

A2 Die Hervorhebung von Satzteilen

Im Unterschied zum Deutschen ist die Hervorhebung einzelner Teile im französischen Satz nicht durch Umstellung einzelner Satzglieder oder durch die besondere Betonung eines Wortes möglich. Im Französischen setzt man den Schwerpunkt einer Aussage durch das Einfügen bestimmter Umschreibungen wie:

- c'est/ce sont … qui *das ist/das sind* zur Betonung des Subjekts:
  C'est mon mari **qui** marche devant nous. *Das ist mein Mann, der vor uns geht.*
  Ist das Subjekt ein Pronomen, wird es zum betonten Personalpronomen (▷ 6):
  C'était toi qui avais mangé le gâteau ? *Du hast den Kuchen gegessen?*
  Ce sont les B1 inondations **qui** ont causé tous ces dégâts. *Die Überschwemmungen haben die ganzen Schäden verursacht.*
  ⚡ Ist das betonte Subjekt eine Person, kann es auch durch ein betontes Personalpronomen wieder aufgenommen werden:
  Son père n'a aucune voiture tandis que sa mère, **elle**, en a deux. *Sein Vater hat kein Auto, seine Mutter dagegen, die hat zwei.*

- c'est/ce sont … que zur Betonung des direkten und indirekten Objekts sowie von Ergänzungen:
  Ce sont mes enfants **que** vous voyez jouer au parc. *Das sind meine Kinder, die Sie im Park spielen sehen.*
  C'est pour toi **que** je l'ai fait. *Für dich habe ich es getan.*

- ce que … c'est (que) bei Hervorhebung von Ergänzungen:
  Ce que Marie aime le plus, **c'est** dessiner. *Was Marie am liebsten mag, ist Zeichnen.*

⚡ C'est … qui und C'est … que werden in Verbindung mit **nous** oder **vous** im Singular gebraucht:
C'est nous qui allons vous chercher à la gare. *Wir holen euch am Bahnhof ab.*
C'est à vous qu'il s'est adressé ? *An euch hat er sich gewandt?*

Bei zusammengesetzten Zeiten wird das Partizip Perfekt bei vorausgehendem direktem Objekt angeglichen (▷ 18):
C'est une aventure qu'on a vécu**e**. *Was wir erlebt haben, war ein Abenteuer.*

B1 Die Segmentierung

Die Segmentierung des Satzes bedeutet, dass ein Satzglied aus seiner üblichen Position herausgenommen und an den Anfang oder an das Ende des Satzes gestellt wird. Sie gehört fast ausschließlich der gesprochenen Sprache an. Während die Voranstellung als ein charakteristisches stilistisches Mittel des Französischen geringen Betonungscharakter hat, dient vor allem die Nachstellung der Betonung des betreffenden Satzglieds:

La voiture, je l'ai rentrée au garage. *Das Auto habe ich in die Garage gefahren.* (Voranstellung: geringer Mitteilungswert)
Elle n'est vraiment pas chère, **cette voiture**. *Es ist wirklich nicht teuer, dieses Auto.* (Nachstellung: Betonung liegt auf **voiture**)

Die Wortstellung im Satz

Alle Satzteile, die durch ein Personal- oder Adverbialpronomen oder durch cela ersetzt werden können, können segmentiert werden. Das vor- oder nachgestellte Satzglied muss durch ein entsprechendes Personalpronomen wieder aufgenommen werden:

Ils sont fous, **ces Romains**. *Die spinnen, die Römer.*
Elle est vraiment belle, **ta robe**. *Dein Kleid ist wirklich schön.*

- Ist das segmentierte Satzglied ein Personalpronomen, verwendet man die betonte Form dieses Pronomens:
  Et **toi, tu** en sais quelque chose ? *Und du, weißt du etwas darüber?*
  Non, **moi, je** n'en sais rien. *Nein, ich weiß nichts darüber.*
- Steht das segmentierte Satzglied am Satzende, muss es durch das entsprechende unbetonte Personalpronomen angekündigt werden:
  Tu la connais, **toi** ? – Oui, **je** la connais, **moi**. *Du kennst sie? – Ja, ich kenne sie.*
- Das direkte Objekt wird bei der Segmentierung durch das verbundene Personalpronomen le, la, les (▷ 6.1) oder durch das Adverbialpronomen en (▷ 6.4) wieder aufgenommen:
  Des chiens méchants, il y **en** a dans le monde entier. *Bissige Hunde(, die) gibt es auf der ganzen Welt.*
  Tu **les** as pris, **les billets** ? *Die Fahrkarten, hast du sie mitgenommen?*
- ⚡ Wird das direkte Objekt durch Segmentierung vorangestellt, muss das Partizip Perfekt bei zusammengesetzten Zeiten angepasst werden (▷ ⑱):
  Les copains de nos enfants, je **les** ai tous connu**s**. *Die Freunde unserer Kinder habe ich alle kennengelernt.*
- Segmentierung der Ortsangabe:
  À Lyon, je n'**y** connais personne. *In Lyon kenne ich niemanden.*

23.2 Der Ausrufesatz

Man unterscheidet Ausrufesätze mit einleitendem Ausrufewort oder ohne:
- Ausrufesätze ohne einleitendes Ausrufewort stehen mit einfacher Inversion:
  A-t-il triché celui-là ! *Hat der geschummelt!*
- Beim Ausrufesatz mit einleitendem Ausrufewort kann nach **quel** *was für ein/welch ein* und **que de** *was für ein/welch ein* eine Inversion eintreten:
  Quelle sottise **fait-elle** ! *Was für einen Blödsinn macht sie!*
  Que de mépris **y a-t-il** dans ses mots ! Oder: **Que de** mépris **il y a** dans ses mots ! *Was für eine Verachtung in seinen Worten liegt!*
- Keine Inversion erfolgt nach **comme** *wie sehr*, **que** *wie (sehr)* und **ce que** *wie (sehr)*. Que und ce que sind umgangssprachlich:
  Que c'est merveilleux ! *Wie wunderschön das ist!*

(Zur Stellung im Fragesatz ▷ ⑩, im Imperativsatz ▷ ⑮)

Zwischentest 23

A1 1. Wie ist die Wortstellung im Aussagesatz?

    a. Subjekt + Objekt + Prädikat ☐   c. Prädikat + Subjekt + Objekt ☐
    b. Prädikat + Objekt + Subjekt ☐   d. Subjekt + Prädikat + Objekt ☐

A1 2. Welches ist ein Aussagesatz mit regelmäßiger Wortstellung?

    a. Le bon homme fait-il promener son chien. ☐
    b. La grand-mère caresse son chat. ☐
    c. Ont-ils souffert de soif pendant le safari ? ☐
    d. Quel voyage ont-ils fait ! ☐

A2 3. In welchem Satz erfolgt eine Inversion?

    a. Elle était à peine arrivée qu'elle est tombée malade. ☐
    b. À peine était-elle arrivée qu'elle est tombée malade. ☐
    c. Parce qu'elle est malade, elle va chez le docteur. ☐
    d. Ayant de la fièvre, elle ne se sent pas bien. ☐

B1 4. Welcher Satz ist falsch?

    a. Sans doute a-t-il menti. ☐   c. Ainsi il veut remanier le Sénat. ☐
    b. Sans doute il a menti. ☐   d. Ainsi veut-il remanier le Sénat. ☐

A2 5. Welche Übersetzung von *Ist der belesen!* ist falsch?

    a. Qu'est-ce qu'il est lettré ! ☐   c. Est-ce qu'il est lettré ? ☐
    b. Ce qu'il est lettré ! ☐   d. Est-il lettré ! ☐

A1 6. Wo steht das direkte Objekt *le petit-déjeuner* ?

    Elle prépare (1) pour les enfants (2) avant (3) qu'ils ne se soient (4) levés.
    a. (1) ☐   c. (2) ☐
    b. (3) ☐   d. (4) ☐

B1 7. Was versteht man unter Segmentierung?

    a. Das Subjekt und das Objekt werden vertauscht. ☐
    b. Das Subjekt steht nach dem Verb. ☐
    c. Zur Betonung steht ein Satzglied am Anfang oder Ende des Satzes. ☐
    d. Zur Betonung steht ein Ausrufezeichen am Satzende. ☐

Zwischentest 23

8. Wo steht die Ergänzung à la rentrée ?

Bien (1) naturellement, elle (2) va (3) accompagner sa fille (4).
- a. (1)
- b. (3)
- c. (2)
- d. (4)

9. In welchem Satz gibt es eine Segmentierung?

- a. Mon cousin, il n'a jamais été chez nous.
- b. Il a envie d'aller à la pêche.
- c. Mon montre n'est pas neuve du tout.
- d. Les roses sont du jardin d'une copine.

10. Welches Adverb passt?

Il a toujours plein d'idées, ... sont-elles originales.
- a. hier
- b. du moins
- c. bientôt
- d. enfin

11. Welche Aussage ist nicht richtig?

- a. Inversion bedeutet, dass das Subjekt vor dem Verb steht.
- b. Bei einer Inversion steht das Subjekt nach dem Verb.
- c. Die Inversion braucht man im Fragesatz.
- d. Die Inversion wird durch bestimmte Adverbien ausgelöst.

12. Weshalb erfolgt hier eine Inversion?

Sans doute Pablo a-t-il faim.
- a. Es gibt keine Inversion in diesem Satz.
- b. Weil der Satz ein Fragesatz ist.
- c. Weil faim betont werden soll.
- d. Sans doute löst die Inversion aus.

13. In welchem Satz ist die Wortstellung richtig?

- a. Jean et Pierre courent trop vite sûrement.
- b. L'après-midi prennent ils leur goûter vers trois heures.
- c. Elle lit ce livre de son professeur depuis deux mois.
- d. Il est en train pour sa femme de peindre un grand tableau.

Lösungen

1 d. 2 b. 3 b. 4 b. 5 c. 6 a. 7 c.
8 d. 9 a. 10 b. 11 a. 12 d. 13 c.

Die indirekte Rede

*Monsieur Hamel se mit à nous parler
de la langue française, disant
que c'**était** la plus belle langue du monde,
la plus claire, la plus solide :
qu'il **fallait** la garder entre nous et ne jamais l'oublier.*

Alphonde Daudet (1840–1897), écrivain français

*Monsieur Hamel begann mit uns
über die französische Sprache zu sprechen,
er sagte, es sei die schönste, die klarste,
die dauerhafteste Sprache der Welt:
dass wir sie untereinander bewahren
und niemals vergessen sollten.*

Alphonde Daudet (1840–1897),
französischer Schriftsteller

G In der indirekten Rede steht im Französischen im Unterschied zum Deutschen kein Konjunktiv, sondern der Indikativ oder der Konditional. Nebensätze im Aussage- und Imperativsatz werden mit der Konjunktion **que** *dass* angebunden, die im Unterschied zum Deutschen nicht weggelassen werden kann. Zwischen Haupt- und Nebensatz wird kein Komma gesetzt.

Le discours indirect

Die indirekte Rede dient der Wiedergabe von bereits Gesagtem, von Erinnerungen, Gedanken oder Wünschen. Der französische Satz in der indirekten Rede setzt sich zusammen aus einem einleitenden Hauptsatz und einem Nebensatz, der durch die Konjunktion que *dass* verbunden ist:
Elle explique qu'elle a oublié son porte-monnaie. *Sie erklärt, sie habe ihren Geldbeutel vergessen/... dass sie ihren Geldbeutel vergessen habe.*
☀ Im Deutschen wird die indirekte Rede im Indikativ oder Konjunktiv ausgedrückt, das Verbindungselement kann entfallen. Im Französischen dagegen steht die indirekte Rede im Indikativ oder Konditional, das Verbindungselement que *dass* muss eingefügt werden.

Der Hauptsatz, der einen Nebensatz in indirekter Rede einleitet, besteht aus einem Substantiv oder Pronomen und einem Verb des Sagens, Denkens oder Meinens wie:

B2 affirmer *versichern*	**B2** estimer *meinen*
annoncer *ankündigen*	expliquer *erklären*
aviser *benachrichtigen/bekannt geben*	faire savoir *wissen lassen*
	informer *informieren*
déclarer *erklären*	penser *denken*
dire *sagen*/prédire *vorhersagen*	prévenir *unterrichten* (im Voraus)
écrire *schreiben*	soupçonner *vermuten/verdächtigen*
espérer *hoffen*	supposer *vermuten*

Francine dit qu'elle a assez. *Francine sagt, dass sie genug hat.*

24.1 Der indirekte Aussagesatz

Die Änderung der Personen-, Zeit- und Ortsangaben
Meist müssen die Angaben zu Person, Ort und Zeit verändert werden, wenn aus einem Satz der direkten Rede ein Satz der indirekten Rede gebildet wird.

Ortsangaben
Verlangt es der Satz inhaltlich, wird das Ortsadverb ici *hier* zu là oder là-bas *dort/dorthin* verändert:
« Mettez les bouteilles **ici**. » → Il a demandé de mettre les bouteilles **là/là-bas**. *Er hat darum gebeten, die Flaschen dorthin zu stellen.*

Personenangaben
Die Personal- und Possessivpronomen müssen häufig angepasst werden, da sich durch den Wechsel von der direkten zur indirekten Rede die Sprecherperspektive verändert. Dabei ist zu berücksichtigen, *wer* ursprünglich gesprochen hat, *wen* das Gesagte betrifft und *an wen* die indirekte Rede gerichtet ist:

Die indirekte Rede

direkte Rede	indirekte Rede
Il dit : « **Je** vais voir **ma** sœur ». *Er sagt: „**Ich** besuche **meine** Schwester."*	Il dit qu'**il** va voir **sa** sœur. *Er sagt, **er** besuche **seine** Schwester.*
Elle raconte : « **J'ai** perdu **mon** portable ». *Sie erzählt: „Ich habe mein Handy verloren."*	Elle raconte qu'**elle** a perdu **son** portable. *Sie erzählt, **sie** habe **ihr** Handy verloren.*
Il nous a demandé : « C'est **votre** voiture ? » *Er hat uns gefragt: „Ist das **euer** Auto?"*	Il nous a demandé si c'était **notre** voiture. *Er hat uns gefragt, ob das **unser** Auto sei.*

In der indirekten Rede stehen alle Elemente,
- die den Sprecher der indirekten Rede betreffen, in der 1. Person:
  J'ai dit : « **Je** ne viendrai pas. » → J'ai dit que **je** ne viendrais pas. *Ich habe gesagt, dass **ich** nicht kommen werde.*
- die den Gesprächspartner der direkten Rede betreffen, in der 2. Person:
  Tu dis : « **Je** partirai tôt. » → Tu dis que **tu** partiras tôt. *Du sagst, dass **du** zeitig wegfährst.*
- die die dritte Personen betreffen, in der 3. Person Singular oder Plural:
  Il nous prévient : « **Je** partirai. » → Il nous prévient qu'**il** partira. *Er sagt, dass er wegfahre.*
  Elles annoncent : « **Nous** partirons. » → Elles annoncent qu'elles partiront. *Sie kündigen an, dass sie wegfahren.*

Zeitangaben
Die Zeitadverbien werden wie folgt verändert, wenn es der Sinn verlangt:

direkte Rede	indirekte Rede
aujourd'hui *heute*	ce jour-là *an jenem Tag*
ce matin/soir *heute Morgen/Abend*	le matin/soir (même) *am (selben) Morgen/Abend*
dans trois heures *in drei Stunden*	trois heures plus tard *drei Stunden später*
demain *morgen*	le lendemain *am nächsten Tag*
après-demain *übermorgen*	le surlendemain *am übernächsten Tag*
lundi *Montag*	lundi prochain/suivant *nächsten Montag*
hier *gestern*	la veille/le jour d'avant *am Tag zuvor*
avant-hier *vorgestern*	l'avant-veille *am Vorvortag*
maintenant *jetzt*	alors *damals*
il y a deux ans *vor zwei Jahren*	deux ans avant/auparavant *zwei Jahre zuvor*
l'année prochaine/le mois prochain *nächstes Jahr/nächsten Monat*	l'année suivante/le mois suivant *im folgenden Jahr/Monat*

Claire raconte : « **Demain** ma sœur atteindra la majorité. » → Claire raconte que sa sœur atteindra la majorité **le lendemain**. *Claire erzählt, dass ihre Schwester am nächsten Tag volljährig werde.*

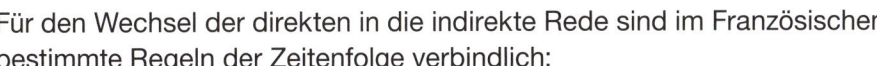

24.2 Die Zeitenfolge

Für den Wechsel der direkten in die indirekte Rede sind im Französischen bestimmte Regeln der Zeitenfolge verbindlich:
Befindet sich das einleitende Verb in einer Zeit der Nicht-Vergangenheit, d.h. im Präsens oder Futur, steht im Nebensatz dieselbe Zeit wie in der direkten Rede:
Elle **dit** : « Je ne **veux** pas travailler. » → Elle **dit** qu'elle ne **veut** pas travailler. *Sie sagt, sie möchte nicht arbeiten.*

Befindet sich der einleitende Satz in einer Zeit der Vergangenheit, ändern sich die Zeiten im Nebensatz nach folgenden Regeln:

Präsens → Imparfait.

Il m'a informé : « Je **vais** me promener. » → Il m'a informé qu'il **allait** se promener. *Er hat mich informiert, dass er spazieren gehe.*

Imparfait bleibt Imparfait.

Elle racontait : « J'**étais** la plus jeune de ma classe. » → Elle **racontait** qu'elle **était** la plus jeune de sa classe. *Sie erzählte, dass sie die jüngste in ihrer Klasse war.*

Konditional I bleibt Konditional I, Konditional II bleibt Konditional II.
Plus-que-parfait bleibt Plus-que-parfait.

Elle disait : « La bonne des Maier **serait** gentille. » → Elle disait que la bonne des Maier **serait** gentille. *Sie sagte, die Haushälterin der Maiers solle nett sein.*
Il mentionnait : « Je n'**avais** jamais **eu** le mal du pays. » → Il mentionnait qu'il n'**avait** jamais **eu** le mal du pays. *Er erwähnte, er hätte niemals Heimweh gehabt.*

Passé simple bleibt oder wird Plus-que-parfait.

Il était écrit : « Le président **salua** tout le monde. » → Il était écrit que le président **salua/avait salué** tout le monde. *Man schrieb, der Präsident habe alle gegrüßt.*

Passé composé → Plus-que-parfait.

Mireille racontait : « Je n'**ai** pas **su** quoi faire. » → Mireille racontait qu'elle n'**avait** pas **su** quoi faire. *Mireille erzählte, dass sie nicht wusste, was tun.*

Subjonctif bleibt Subjonctif.

Elle a dit : « Je ne pense pas **qu**'il **vienne**. » → Elle a dit qu'elle ne pensait pas **qu**'il **vienne**. *Sie hat gesagt, sie denke nicht, dass er komme.*

Futur I → Konditional I.

Il a prédit : « Ce soir il **pleuvra**. » → Il a prédit qu'il **pleuvrait** le soir (même). *Er hat vorhergesagt, dass es am Abend regnen werde.*

Die indirekte Rede

Futur II → Konditional II.

Elle avait déclaré : « À cette heure, je **serai** déjà **partie**. » → Elle avait déclaré qu'à cette heure, elle **serait** déjà **partie**. *Sie hatte erklärt, sie sei um diese Zeit schon gegangen.*

Imperativ → Subjonctif oder Infinitiv

Il a demandé : « **Venez** me chercher vers l'après-midi. » → Il a demandé qu'on **vienne** le chercher vers l'après-midi. *Er bat, dass wir ihn gegen Nachmittag abholten sollten.*
Cécile a proposé « **Prenons** sa valise. » → Cécile a proposé de **prendre** sa valise. *Cécile schlug vor, seinen/ihren Koffer zu nehmen.*

24.3 Die indirekte Frage
B1

Die indirekte Frage ist wie die indirekte Aussage ein Gliedsatz. Dieser wird von einem Verb des Fragens eingeleitet. Die Regeln der indirekten Rede zu Personen- und Zeitangaben sowie zur Zeitenfolge gelten auch für die indirekte Frage. Verben, die eine indirekte Frage einleiten, sind:

comprendre *verstehen*	remettre qc. en question
demander à qn. *jmd. fragen*	*etw. in Frage stellen*
écrire *schreiben*	se demander *sich fragen*
examiner *prüfen*	vérifier *überprüfen/kontrollieren*
ignorer *nicht wissen*	vouloir savoir qc. *etw. wissen wollen*

Enthält die direkte Frage kein Fragewort, leitet si *ob* die indirekte Frage ein.
⚡ Zu beachten ist, dass nach si *ob* im Unterschied zu si *wenn* (▶ ⑰) auch Konditional und Futur folgen kann:
« Est-ce-que tu **reverras** Pierre ? » → Je lui ai demandé si elle **reverrait** Pierre. *Ich habe sie gefragt, ob sie Pierre wiedersehen werde.*

Man unterscheidet zwischen indirekter Gesamtfrage und indirekter Teilfrage:
- Die indirekte Gesamtfrage schließt ohne Komma mit si *ob* an den einleitenden Satz an:
  Elle s'est demandée **si** elle devait suivre ou non. *Sie hat sich gefragt, **ob** sie folgen solle oder nicht.*
- Die indirekte Teilfrage ist die Frage nach dem Subjekt oder dem Objekt und wird mit denselben Fragepronomen eingeleitet wie die direkte Frage (▶ ⑩). Vor dem Fragepronomen wird auch hier kein Komma gesetzt:
  « **Qui** t'a écrit ? » → Elle voulait savoir **qui** m'avait écrit. *Sie wollte wissen, **wer** mir geschrieben habe/hat.*

Die indirekte Rede

Die Interrogativpronomen verändern sich folgendermaßen:

direkte Rede	indirekte Rede
qui ? *wer?*	qui
qui est-ce qui/que ? *wer/wen?*	qui
qu'est-ce qui ? *was?*	ce qui
qu'est-ce que ? *was?*	ce que
que ? *was?*	ce que

« **Qui** m'a écouté ? » → Il ignorait **qui** l'avait écouté. *Er wusste nicht, **wer** ihm zugehört hat.*
« Dis-moi, **à qui** penses-tu ? » → Elle veut savoir **à qui** je pense. *Sie möchte wissen, **an wen** ich denke.*
« **Qu'est ce que** tu en penses ? » → Il veut savoir **ce que** j'en pense. *Er möchte wissen, **was** ich darüber denke.*
« **Qui est-ce qui** a jamais fait mieux ? » → Je me demande **qui** a jamais fait mieux. *Ich frage mich, **wer** es je besser gemacht hat.*
« **Qui est-ce que** tu préfères ? » → Je lui ai demandé **qui** il préférait. *Ich habe ihn gefragt, **wen** er lieber mag.*

Besonderheiten der indirekten Frage

Drückt die indirekte Frage einen Zweifel oder eine Unsicherheit aus, wird meistens ein Infinitivsatz gebildet:
« Qu'est-ce que je devrais faire ? » → Elle avoue qu'elle ne savait plus **quoi faire**. *Sie gesteht, dass sie nicht mehr wusste, **was sie tun sollte**.*

In einigen Fällen muss dem indirekten Fragesatz à, de oder pour savoir vorausgehen:

- Verben und Wendungen, denen **de savoir + si (comment, qui, pourquoi ...)** folgt:
  attendre *warten*, se soucier *sich sorgen*, être curieux *neugierig sein*, il s'agit *es handelt sich um/es geht um*, la question est *die Frage ist*
- Verben, denen **pour savoir + si (comment/qui/pourquoi ...)** folgt:
  interroger *be-/ausfragen*, questionner *be-/ausfragen*, hésiter *zögern*
- Wendungen, denen **à savoir + si (comment/qui/pourquoi ...)** folgt:
  (il) reste *es fragt sich*, quant à *was (die Frage) betrifft*
  « Ce roman deviendra-t-il un best-seller ? » → Il **s'agit de savoir si** ce roman deviendra un best-seller. *Es geht darum, **ob** der Roman ein Bestseller wird.*
  « **Comment** vois tu ton avenir ? » → Ils l'ont **interrogé pour savoir comment** il voyait son avenir. *Sie haben ihn gefragt, **wie** er sich seine Zukunft vorstelle.*

Zwischentest 24

B1 1. Welcher Satz ist in der indirekten Rede?

   a. Hier, j'ai vu un éléphant.
   b. Comment allez-vous ?
   c. Elle n'a pas le temps de faire du sport.
   d. Louise prévient qu'elle me l'expliquera.

B1 2. Ergänzen Sie das fehlende Verb.

   Elle dit : « Je me sens bien. » Elle dit qu'elle se .... bien.
   a. sens   c. sentais
   b. sent   d. suis

B1 3. Welcher Satz enthält keine indirekte Rede?

   a. Je lui dirai que le maçon a bien travaillé.
   b. Il nous raconte qui est venu le voir.
   c. Elle explique qu'elle a reçu la lettre le jour même.
   d. Ils devinent qu'il est venu de loin.

B1 4. Welche direkte Frage ist zu dem Satz zu bilden?

   Il demande si vous aimez Brahms.
   a. Qui aimez-vous ?   c. Qu'a-t-il dit ?
   b. Est-ce que vous   d. Que veut-il ?
      aimez Brahms ?

B1 5. Welche Aussage ist nicht richtig?

   a. Bei der indirekten Rede wird immer si eingefügt.
   b. Plus-que-parfait bleibt Plus-que-parfait.
   c. Präsens wird zu Imparfait.
   d. Qui bleibt qui.

B1 6. Wie lautet die indirekte Rede?

   « Ne bavardez pas sans cesse. »
   a. Il demande de ne pas bavarder sans cesse.
   b. Il nous a dit : Ne bavardez pas trop.
   c. Il ne faut pas bavarder sans cesse.
   d. Pourquoi ils bavardent sans cesse ?

Zwischentest 24

7. Welche Zeitangabe ist zu ergänzen?

Elle suppose que .... elle fera une promenade le long du fleuve.
a. deux mois avant
b. hier
c. le lendemain
d. il y a une heure

8. Was muss ergänzt werden?

Susanne a avoué à .... elle pense.
a. que
b. rien
c. qui
d. auquel

9. Wie lautet der Satz in der indirekten Rede?

Il a considéré : « Le parti devrait lancer une stratégie. »
Il a considéré que le parti .... lancer une stratégie.
a. doit
b. aurait dû
c. devenait
d. devrait

10. Wie ist der Satz in die indirekte Rede umzuwandeln?

Ne me fais pas la morale.
a. Ne pas faire la morale.
b. Il demande qu'elle ne lui fasse pas la morale.
c. Il dit de ne lui faire pas la morale.
d. Il ordonne que je lui fasse la morale.

11. Welche zwei Regeln treffen bei der Umformung zur indirekten Rede zu?

a. Nach si ob kann kein Futur stehen.
b. Es steht immer ein Komma vor que dass.
c. Ici kann zu là werden.
d. Est-ce que wird zu ce que.

12. Was gehört in die Lücke?

Alors, qu'est-ce qui se passe ? – Il veut savoir .... se passe.
a. ce qui
b. qui
c. ce que
d. quoi

🔑 **Lösungen**

1 d, 2 b, 3 d, 4 b, 5 a, 6 a, 7 c,
8 c, 9 d, 10 b, 11 c, d, 12 a.

25 Das Zahlwort

*Nous demeurions en famille à ce moment-là, et nombreux, très nombreux: mon père, ma mère, mon oncle, et ma tante, mes **deux** frères et mes **quatre** cousines; c'étaient de jolies fillettes; j'ai épousé la dernière. De tout ce monde-là, nous ne sommes plus que **trois** survivants: ma femme, moi et ma belle-sœur qui habite à Marseille. Sacristi, comme ça s'égrène, une famille ! ça me fait trembler quand j'y pense ! Moi, j'avais **quinze** ans, puisque j'en ai **cinquante-six**.*

Guy de Maupassant (1850–1893), écrivain français

*Wir wohnten damals als Familie (zusammen)
und waren zahlreich, sehr zahlreich:
mein Vater, meine Mutter, mein Onkel und meine Tante,
meine **zwei** Brüder und meine **vier** Cousinen;
es waren hübsche Mädchen; ich habe die jüngste geheiratet.
Von all denen sind wir nur noch **drei** Überlebende:
meine Frau, ich und meine Schwägerin, die in Marseille lebt.
Verdammt, wie sich eine Familie auflöst!
Es macht mir Angst, wenn ich daran denke.
Ich war **fünfzehn**, jetzt bin ich ganze **sechsundfünfzig**.*

Guy de Maupassant (1850–1893),
französischer Schriftsteller

G Man unterscheidet im Französischen wie im Deutschen Grund- und Ordnungszahlen. Die Grundzahlen geben die genaue Anzahl von Lebewesen oder Dingen an, die Ordnungszahlen die Rangordnung, Reihenfolge und Bruchteile. Bei der Verwendung von Grund- und Ordnungszahlen stimmt das Französische mit dem Deutschen nur zum Teil überein.

25.1 Die Grundzahlen

Formen
Die Grundzahlen von 1 bis 60

0 [zero] **zéro**	10 [dis] **dix**	20 [vɛ̃] **vingt**
1 [ɛ̃/yn] **un/une**	11 [õz] **onze**	21 [vɛ̃teɛ̃] **vingt et un/une**
2 [dø] **deux**	12 [duz] **douze**	22 [vɛ̃tdø] **vingt-deux**
3 [trwa] **trois**	13 [trɛz] **treize**	23 [vɛ̃ttrwa] **vingt-trois**
4 [katrə] **quatre**	14 [katɔrz] **quatorze**	24 [vɛ̃tkatrə] **vingt-quatre**
5 [sɛ̃k] **cinq**	15 [kɛ̃z] **quinze**	25 [vɛ̃tsɛ̃k] **vingt-cinq**
6 [sis] **six**	16 [sɛz] **seize**	30 [trɑ̃t] **trente**
7 [sɛt] **sept**	17 [disɛt] **dix-sept**	40 [karɑ̃t] **quarante**
8 [ɥit] **huit**	18 [disɥit] **dix-huit**	50 [sɛ̃kɑ̃t] **cinquante**
9 [nœf] **neuf**	19 [disnœf] **dix-neuf**	60 [swasɑ̃t] **soixante**

ℹ️ Im Unterschied zum Deutschen stehen bei den zusammengesetzten Zahlen die Zehner vor den Einern.

- **Un** hat als feminine Form **une**: **une** *fois ein Mal*:
  *Elle n'a fait qu'**une** seule faute. Sie hat nur einen einzigen Fehler gemacht.*
- **Zéro** erhält im Plural ein **-s**: *deux* **zéros** *zwei Nullen*. Anders als im Deutschen steht das Substantiv nach **zéro** immer im Singular:
  *Il a eu **zéro point**. Er hat **null Punkte** bekommen.*
- Von 17 an werden die Zahlen aus Zehnern und Einern durch Addition gebildet und durch Bindestrich verbunden: **dix-huit** (10+8) *achtzehn*, **vingt-cinq** (20+5) *fünfundzwanzig*
- Ab 20 bis 60 wird der Einer jeweils durch **et** ohne Bindestrich an die Zehnerzahl angeschlossen: **trente et un** *einunddreißig*, **vingt et un** *einundzwanzig*.
- Folgt auf die Zahlen **un, deux, trois, cinq, six, sept, huit, neuf, dix, vingt** ein Vokal oder h muet, werden sie gebunden gesprochen: **un‿an** [ɛ̃nɑ̃] *ein Jahr*, **deux‿ans** [døzɑ̃] *zwei Jahre*, **trois‿ans** [trwazɑ̃] usw.
- Die Endkonsonanten von **sept** und **neuf** werden immer gesprochen: **sept jours** [sɛtʒur] *sieben Tage*, wobei das auslautende f von **neuf** nur in **neuf heures** [nœvœr] *neun Uhr/Stunden* und **neuf ans** [nœvɑ̃] *neun Jahre* als [v] gesprochen wird. In anderen Verbindungen wird das f wie [f] gesprochen: **neuf hommes** [nœfɔm].
- Vor Zahlen, die mit Vokal oder h muet beginnen, wird **le, la** und **que** nicht apostrophiert und nicht elidiert:
  *Nous sommes **le huit** juin. Heute ist **der 8.** Juni.*
  *Il ne reste **que huit** pommes. Es gibt **nur noch acht** Äpfel.*
  - 🔔 Ausnahme: **Que** wird vor **un** apostrophiert:
    *Il n'a **qu'un** frère. Er hat **nur einen** Bruder.*

Das Zahlwort

B1 **Die Grundzahlen über 60**

61 soixante et un/une	91 quatre-vingt-onze	1 000 mille [mil]
70 soixante-dix	92 quatre-vingt-douze	1 001 mille un/une
71 soixante et onze	95 quatre-vingt-quinze	1 800 dix-huit cents
72 soixante-douze	99 quatre-vingt-dix-neuf	2 000 deux mille
75 soixante-quinze	100 cent [sã]	2 020 deux mille vingt
80 quatre-vingt(s)	101 cent un/une	5 002 cinq mille deux
81 quatre-vingt-un/une	110 cent dix	60 000 soixante mille
82 quatre-vingt-deux	125 cent vingt-cinq	1 000 000 un million [miljõ]
88 quatre-vingt-huit	200 deux cents	3 000 000 trois millions
90 quatre-vingt-dix	201 deux cent un	un milliard *eine Milliarde*

B2
- Auf **cent** und **mille** folgt der Einer unmittelbar: 108 **cent huit**, 1900 **mille neuf cent**. An **quatre-vingt** schließt der Einer mit Bindestrich an: 86 **quatre-vingt-six**.
- **quatre-vingt(s)** und **cent(s)** haben kein **-s**, wenn eine weitere Zahl anschließt: 203 **deux cent trois**, 1983 **mille neuf cent quatre-vingt-trois**
  Aber: **deux cents ans** *200 Jahre*, **quatre-vingts voitures** *80 Autos*
- **Mille** ist unveränderlich: **cinq mille** *fünftausend*.
- **Million** ist ein Substantiv und erhält im Plural ein **-s**. Folgende Substantive schließen mit **de** an. Folgt eine weitere Zahl, wird kein **de** eingefügt:
  deux millions d'habitants *zwei Millionen Einwohner*
  Aber: **deux millions soixante mille** habitants *2 060 000 Einwohner*
- Zahlen wie 1736 können wie im Deutschen auf zwei Arten benannt werden:
  dix-sept cent trente-six oder **mille sept cent trente-six**.

Gebrauch

 Die Grundzahlen werden im Französischen gebraucht:
- zur Altersangabe (mit **avoir**):
  A cette époque je n'avais que **douze** ans. *Ich war damals erst **zwölf** (Jahre alt).*
- bei Herrschern und Päpsten:
  Louis XIV *Ludwig XIV.*, **Benoît XVI** *Benedikt XVI.*
  ❗ Ausnahme: Der 1. wird mit der Ordnungszahl (▷ **25.2**) bezeichnet:
  Napoléon I (premier) *Napoleon I.*
- zur Angabe des Datums im Unterschied zum Deutschen:
  le **2 (deux) mai** *der 2. Mai*, le **15** janvier *der 15. Januar*
  ❗ Ausnahme: Der erste des Monats heißt: le **1er avril** *am 1. April*.
  - Ist im Datum ein Wochentag enthalten, kann es ohne Artikel und Komma stehen: **jeudi 10 octobre** *(am) Donnerstag, (den) 10. Oktober*.
  - das Datum in Briefen: **Paris, (le) 4 février 1920** *Paris, 4. Februar 1920*.
  Zur Angabe von Jahreszahlen steht **en** vor dem Zahlwort:
  C'était **en** 1846. *Es war 1846.* Il est né **en** 2004. *Er ist 2004 geboren.*
- *Die Zwanzigerjahre* usw. heißen: **les années vingt** usw.

- zur Angabe der Uhrzeit: Il est **neuf heures cinq**. *Es ist neun Uhr fünf.*

8 h:	huit heures	8 h 45:	neuf heures moins le quart
8 h 01:	huit heures une (minute)	8 h 55:	neuf heures moins cinq
8 h 05:	huit heures cinq	12 h:	douze heures/midi *Mittag*
8 h 15:	huit heures quinze/et quart	24 h:	vingt-quatre heures/minuit
8 h 30:	huit heures trente/et demie		*Mitternacht*
8 h 40:	neuf heures moins vingt	0 h 30:	zéro heure trente/minuit trente

In der Umgangssprache wird nicht unterschieden zwischen elf Uhr morgens und dreiundzwanzig Uhr abends: **Il est onze heures** *es ist elf (Uhr).*
Zur Verdeutlichung wird **du matin** *morgens/nachts,* **du soir** *abends,* **de l'après-midi** *nachmittags* angefügt:
Elle se lève vers **sept heures du matin**. *Sie steht gegen sieben Uhr morgens auf.*

25.2 Die Ordnungszahlen

Formen
Die Ordnungszahlen werden gebildet durch Anhängen der unveränderlichen Endung **-ième** an die Grundzahl: sept → le/la septième, als Zahl: 7ᵉ.
Bei **quatre, trente, quarante** usw. fällt das End-**e** weg, bei **cinq** wird ein **u** eingefügt (**cinquième**) und das Schluss-**f** von **neuf** wird zu **v** (**neuvième**).
🔸 Ausnahmen: **un** und **deux** bilden neben der regelmäßigen (**unième, deuxième**) auch je eine unregelmäßige Form, die sich in Genus und Numerus an ihr Bezugswort anpasst:
- un/une → premier/première (1ᵉʳ/1ᵉʳᵉ) *der/die erste:* le **premier** prix *der erste Preis*
- deux → second/seconde (2ⁿᵈ/2ⁿᵈᵉ) *der/die zweite:* le **second** essai *der zweite Versuch,* la **seconde** classe *die zweite Klasse*

Gebrauch
- In einigen festen Wendungen steht im Französischen die Grundzahl:
  Une maison **sur quatre** lui appartient. *Jedes vierte Haus gehört ihm.*
  Je le vois **tous les deux jours**. *Ich sehe ihn jeden zweiten Tag.*
- Wie im Deutschen dienen die Ordnungszahlen zur Angabe des Nenners in Brüchen: ⅕ un cinquième *ein Fünftel,* ³⁄₇ **trois septièmes** *drei Siebtel.*
  Besondere Bruchzahlen sind:

½ **un demi** *ein Halb*	1 ½ **un et demi** *eineinhalb*
⅓ **un tiers** *ein Drittel*	⅔ **deux tiers** *zwei Drittel*
¼ **un quart** *ein Viertel*	¾ **trois quarts** *drei Viertel*

ℹ **le tiers-monde** *die Dritte Welt*

Zwischentest 25

A1 1. Welches Wort ist eine Grundzahl?

Hier soir j'ai vu quatre renards.
- a. Hier
- b. soir
- c. quatre
- d. renards

A1 2. Was heißt *vierzehn* auf Französisch?
- a. un quatre
- b. seize
- c. quatre-un
- d. quatorze

A2 3. Welcher Satz ist richtig?
- a. Il est 19 ans.
- b. Il a 19 ans.
- c. Il n'est pas 19 ans.
- d. Il sera 19 ans.

A2 4. Welches Zahlwort ist zu ergänzen?

Les ………… témoins ont dit la même chose.
- a. deux
- b. deuxièmes
- c. deuxième
- d. troisièmement

B1 5. Welche Aussage ist richtig?
- a. Nach cent folgt ein Bindestrich.
- b. Quatre-vingts hat immer ein -s.
- c. Mille ist unveränderlich.
- d. Million ist unveränderlich.

A1 6. Um wie viel Uhr kommt der Zug an?

Le train arrivera à trois heures vingt-six de l'après-midi.
- a. 3 h 26.
- b. 13 h 36
- c. 15 h 26
- d. 23 h 26

A1 7. Was passt nicht in die Reihe?
- a. soixante-cinq
- b. trente-troisième
- c. quatre-vingt-onze
- d. vingt-huit.

B1 8. Wie ist 451 auszuschreiben?
- a. quatre cents cinquante-un
- b. quatre cent cinquante et un
- c. quatre cinq une
- d. quarante-un

Zwischentest 25

9. Welche Uhrzeit ist gemeint?

Il lancera un appel à sept heures du soir.
- a. 6 Uhr ☐
- b. 7 Uhr ☐
- c. 19 Uhr ☐
- d. 17 Uhr ☐

10. Welcher Satz ist falsch?

- a. Il est né le 20 mars. ☐
- b. Elle est la cinquième de six enfants. ☐
- c. Ils habitent au huitième étage. ☐
- d. Il était une vedette dans les vingtièmes annés. ☐

11. Was passt in die Lücke?

À l'âge de 80 ans, ... est chauve (glatzköpfig).
- a. un homme de dix ☐
- b. chaque dixième homme ☐
- c. un homme sur dix ☐
- d. le dixième ☐

12. Wie ist die Zahl in Ziffern zu schreiben?

Trois millions quatre cent cinquante mille deux cent soixante-deux.
- a. 3 450 262 ☐
- b. 3 540 622 ☐
- c. 3 540 626 ☐
- d. 4 350 262 ☐

13. Welche Regel passt zu diesem Satz?

Aujourd'hui, on est le premier mai.
- a. Das Datum wird mit Ordnungszahlen angegeben. ☐
- b. Der erste jeden Monats wird mit der Ordnungszahl benannt. ☐
- c. Das Datum kann man mit einer Ordnungszahl bezeichnen. ☐
- d. Das Datum wird immer mit Artikel genannt. ☐

14. Welche zwei Regeln sind richtig?

- a. Das Lebensalter wird mit avoir + Grundzahl angegeben. ☐
- b. ⅘ heißt: quatre sur huit. ☐
- c. Das Substantiv nach zéro immer im Plural. ☐
- d. Das t in sept wird gesprochen. ☐

🔑 Lösungen

1 c. 2 d. 3 b. 4 a. 5 c. 6 c. 7 b. 8 b.
9 c. 10 d. 11 c. 12 a. 13 a. 14 a., d.

Corrigés des tests de niveau

Lösungen der Niveaustufentests

Auf den folgenden Seiten finden Sie die Lösungen der Niveaustufentests A1 bis C2 von Seite 20–31. In den Empfehlungen am Ende der jeweiligen Lösungenangaben erhalten Sie die Auswertung Ihrer Ergebnisse entsprechend der erreichten Punktezahl sowie Empfehlungen zur Verbesserung Ihrer Sprachkenntnisse.

Lösungen A1

1. Die Aussprache
a. ✗ amer
b. ✗ unir
c. ✓ embrasser
d. ✗ inactif

2. Das Substantiv
a. les maisons
b. les feux
c. les châteaux
d. les yeux
e. les choux-fleurs
f. les oranges
g. les musiques
h. les chevaux
i. les cieux
j. les heures

3. Das Adjektiv
a. Rappelez-vous la **première** page du texte.
b. Ils ont acheté une **nouvelle** voiture.
c. Les gens de Cannes sont **sympathiques**.
d. Ils habitent une **jolie** maison.

4. Die Verneinung
a. Non, les employés ne sont pas en grève.
b. Non, je n'ai pas encore lu ce texte.
c. Non, je n'ai qu'un seul frère.

5. Das Adverb
a. heureusement
b. brièvement
c. poliment
d. effectivement
e. couramment
f. soudainement
g. bien
h. mal
i. évidemment
j. précisément

6. Der Infinitiv
a. **Mettre** du beurre.
b. **Battre** trois œufs.
c. **Chauffer** et **faire** dorer.
d. **Saler** et **poivrer**.
e. **Recouvrir** le jambon avec ce mélange.
f. **Mettre** au four pendant 45 minutes.
g. **Servir** bien chaud.

Empfehlung
1–9 Punkte: Ihre Kenntnisse stehen leider noch auf schwachen Beinen. Am besten nehmen Sie sich die Themen der Niveaustufe A1 gleich noch einmal vor.

10–19 Punkte: Prima! Sie haben bereits gute A1-Kenntnisse, allerdings punktuell noch Schwächen. Wiederholen Sie die Themen, mit denen Sie noch nicht vertraut sind.

20–28 Punkte: Ausgezeichnet! Sie haben solide A1-Kenntnisse und können sich nun den Grammatikthemen der Niveaustufe A2 zuwenden.

Lösungen der Niveaustufentests

Lösungen A2

1. Das Relativpronomen
a. Mon voisin a un chien **dont** j'ai très peur.
b. Champagne est un nom **qui** est réservé au vin de Champagne.
c. J'ai un bon souvenir de cette ville **où** j'ai vécu 2 ans, puisque c'est une ville **qui** offre beaucoup à découvrir.
d. Voici les papiers **que** tu veux pour partir.
e. La Côte d'Azur, c'est un endroit **où** je ne voudrais pas aller en août.

2. Die Verneinung
a. Non, je **ne** la lui ai **pas** encore donnée.
b. Non, elle **n'y** pense **pas**.
c. Non, il **n'en** a **jamais** parlé.
d. Non, ils **ne** le savent **pas**.

3. Das Adjektiv
a. ✓ En classe il faut parler à voix **haute**.
b. ✗ richtig: Il m'a raconté une histoire **amusante**.
c. ✗ richtig: Mon frère est son **meilleur** ami.
d. ✓ C'était **affreux**, on roulait sur une route **boueuse** derrière un camion **sale**.

4. Das Verb
a. ✓ Mes filles **sont rentrées** tard.
b. ✗ richtig: Sur le bateau elle **a été** très malade.
c. ✗ richtig: Est-ce que tu **as descendu** le vase de l'armoire ?

5. Das Passiv
a. Les pneus **ont été gonflés** par le garagiste.
b. La maison **a été repeinte** en blanc par nous.
c. En quelques semaines la montagne **sera couverte** par la neige.

6. Die Ergänzung des Verbs
a. ✗ richtig: Si tu payes l'addition pense **à** demander le reçu.
b. ✓ Il **s'est fait** patron du restaurant.
c. ✗ richtig: Elle n'est pas disposée **à** renoncer **à** son héritage.

7. Der Teilungsartikel
a. ✓ Désirez-vous **du** jus de fuit ?
b. ✓ Elle a **des** cheveux bruns.
c. ✗ richtig: Elle **a peur**, c'est évident.
d. ✓ Il nous faut cinquante kilos **de** ciment.

Empfehlung

1–9 Punkte: Sie befinden sich noch am Anfang des Niveaus A2 und sollten alle Themen dieser Niveaustufe nochmals gründlich durcharbeiten.

10–18 Punkte: Gut so! Ihre A2-Kenntnisse sind schon weit gediehen. Bevor Sie sich den B1-Themen zuwenden, sollten Sie jedoch die Themen, die Ihnen Schwierigkeiten bereiten, nochmals anschauen.

19–27 Punkte: Ausgezeichnet. Sie kennen sich mit den Grammatikthemen der Niveaustufe A2 sicher aus und können die Niveaustufe B1 angehen.

Lösungen der Niveaustufentests

Lösungen B1

1. Die Verneinung
a. **Rien** n'est perdu.
b. **Personne** ne veut rester seul dans la vie.
c. Il faisait plus beau que **jamais**.
d. Il n'y a **aucune** réponse.

2. Die Präposition
a. Il a mis la vis **à** l'aide d'une machine.
b. La cause **de** son échec n'est pas évidente.
c. Si elle est ambitieuse, c'est par soif **d'argent**.
d. Répondez **par** oui ou **par** non.

3. Die Ergänzung des Verbs
a. Et à la fin je suis tombé **sur** Jean.
b. Tu me manques.
c. Il te croyait son meilleur ami.
d. Ce matin ils sont partis **pour** Avignon.

4. Subjonctif oder Indikativ?
a. Il travaille comme un forcené, de sorte qu'il **réussisse** sans peine.
b. La maison est trop petite pour que toute la famille **puisse** y loger.
c. Il faut que tu **t'asseyes** à sa droite.

5. Der Konditional
a. ✘ richtig: Si elle **s'était mariée**, elle **aurait changé** de nom.
b. ✔ Si on **m'avait invité**, je **serais** venu.
c. ✔ Tu ne **prends** aucun risque, si tu **es parti** de jour.

6. Das Possessiv- und das Demonstrativpronomen
a. Oui, c'est **le sien**.
b. Oui, c'est **la leur**.
c. Si tu ne trouves pas tes ciseaux, prends **ceux-ci**.

7. Der Imperativ
a. Accompagne-**la** au Bon Marché.
b. Écrivez-**la-leur**.
c. Prêtons-**la-lui**.

Empfehlung

1–8 Punkte: Sie beherrschen zwar bereits die Niveaus A1 und A2, für die Niveaustufe B1 sollten Sie jedoch nochmals alle relevanten Themen wiederholen.

9–16 Punkte: Prima! Sie haben schon einige B1-Kenntnisse, sollten aber die Themen überarbeiten, die Sie noch nicht sicher beherrschen, ehe Sie die Niveaustufe B2 in Angriff nehmen.

17–25 Punkte: Ausgezeichnet! Sie haben das Niveau B1 im Griff und können nun mit dieser Basis die Niveaustufe B2 angehen.

Lösungen B2

1. Der Subjonctif
a. Il refuse **qu'on l'accuse** de vol.
b. Nous attendons **que** le directeur nous **reçoive**.
c. Ma grand-mère a peur **que** des passants ne la **bousculent**.
d. J'ai dû crier pour qu'on me **prenne** au sérieux.

2. Die Verneinung
a. ☑ Elle **ne** sait faire du café au lait.
b. ☑ Vous **ne** devriez contredire cette assertion.
c. ☑ Avant que cette situation **n'**aille de pire en pire, il faudrait charger quelqu'un de s'en occuper.
d. ☒ richtig: Malheureusement il **n'**est **pas** très vigilant, c'est pourquoi il est tombé sur cette personne.

3. Der Konditional
a. **Si** j'étais roi, je serais propriétaire d'un château.
b. **Quand** ils étaient en vacances, les voisins se sont occupés de leur chien.
c. **Si** la manifestation avait rassemblé une centaine de personnes, j'aurais été étonné.
d. **Quand** vous aurez enfin terminé, vous me le direz.

4. Das Partizip und das Gerund
a. **Étant** seul et gagnant bien ma vie, je suis en position d'épargner une bonne somme d'argent.
b. **Ayant travaillé** jour et nuit, elle a terminé son projet.
c. **En évitant** le fromage et le chocolat, Mireille a beaucoup maigri.

5. Die indirekte Rede
a. Le ministre déclare **que l'on sait** qu'en ce moment, la liste des fraudeurs fiscaux **n'est** qu'un début.
b. Il a dit que **son** ami n'**avait** jamais **bougé** d'un millimètre sur ses positions.
c. Mes parents m'ont demandé **si, l'été, nous arriverions** en voiture ou **si nous préférions** voyager en avion.

6. Das Indefinitpronomen und -adjektiv
a. **Toutes** les grandes marques tablent sur les prix bas pour regagner du terrain.
b. Elle n'était pas heureuse ici, **chacun** vous le dira.
c. Il a fait une étude très complète des **différents** peuples de l'Union Européenne.

Empfehlung

1–7 Punkte: Ihre Kenntnisse der Niveaus A1 bis B1 haben Sie bereits bewiesen. Für die Niveaustufe B2 reicht es jedoch leider noch nicht. Überarbeiten Sie die wichtigen Themen dieses Niveaus gründlich.

8–14 Punkte: Gut so! Das Niveau B2 haben Sie fast in der Tasche. Lediglich einige Themen sollten Sie nochmals anschauen, bevor Sie in die Niveaustufe C1 starten.

15–20 Punkte: Ausgezeichnet! Mit Ihren Kenntnissen der Niveaustufe B2 können Sie sich nun mit den Themen des Niveaus C1 befassen.

Lösungen der Niveaustufentests

Lösungen C1

1. Subjonctif oder Indikativ?
a. Il est peu probable qu'il **veuille** nous aider.
b. Je constate que vous n'**aimez** pas la peinture moderne.
c. On dirait que ce chien **sait** où trouver sa nourriture.
d. Je suis étonné que tu ne **connaisses** pas cet auteur.
e. Dis-lui que nous **passerons** ce soir.
f. Nous espérons qu'il **fera** beau demain.

2. Das Adjektiv
a. Il n'y a pas le moindre doute.
b. Je m'attends au pire.
c. Il lit plus de dix livres par an.
d. Je ne pense pas que ce tableau soit aussi cher que l'autre.

3. Das Indefinitpronomen und -adjektiv
a. J'ai réuni hier **quelques-uns** de mes amis pour fêter l'anniversaire de l'un d'entre eux.
b. Il a pris l'habitude de raconter sa vie à **tout le monde**.
c. Je ne connais **personne** d'aussi énervant.
d. Il connaissait presque **toute** la salle et il y reconnaissait **tous** ses amis.

4. Das Passiv
a. Les randonneurs se **font surprendre** par la pluie.
b. Les non-grévistes **se voient refusés devant** l'entrée de l'usine.
c. On lui a donné la tâche de renflouer l'entreprise.

5. Die indirekte Rede
a. Le ministre a annoncé **qu'**il ne **serait** pas candidat aux élections présidentielles.
b. Monsieur M. a déclaré **que** le candidat **manquerait** à la France qui **serait privée** d'un grand débat sur l'Europe.
c. Le responsable a expliqué **que** jamais un nouveau genre télévisé n'**avait réussi** un tel score d'audience.

6. Das Partizip und das Gerund
a. ✗
b. ✓ Das Verbaladjektiv ist veränderlich und kann gesteigert werden.
c. ✓ Mit Hilfe des Gerunds kann man Sätze schöner gestalten.
d. ✗
e. ✓ Das Partizip Perfekt wird angepasst.

Empfehlung

1–8 Punkte: Sie sind zwar weit fortgeschritten, doch die Niveaustufe C1 beherrschen Sie noch nicht ausreichend. Wiederholen Sie alle relevanten Themen.

9–16 Punkte: Gut gemacht! Sie beherrschen die Niveaustufe C1 bis auf wenige Themen, die Sie sich am besten gleich noch einmal anschauen.

17–25 Punkte: Ausgezeichnet! Mit Ihren Kenntnissen der Niveaustufe C1 sind Sie bestens gerüstet, sich die Niveaustufe C2 vorzunehmen.

Lösungen der Niveaustufentests

Lösungen

1. Das Substantiv
a. Marie cultive des **œillets** au jardin.
b. Il y a des **yeux** dans le potage.
c. Si on jetait un coup d'**œil** sur le journal pour savoir le programme de cinéma ?
d. Dans cet immeuble, toutes les portes sont munies d'**œils** par mesure de sécurité.
e. Regarde le monsieur, comment il jette des **œillades** à son épouse !

2. Subjonctif oder Indikativ?
a. Il convient que l'État **établisse** la fiscalité écologique.
b. Mais nous ne voulons pas que la taxe carbone **soit introduite**.
c. « Les grands esprits se rencontrent » se dit plaisamment lorsqu'une même idée **est** énoncée par deux personnes.
d. Il est vrai que le soleil de plomb **peut** assommer un peu tout le monde.

3. Zeitformen im Subjonctif
a. Le président **défend que** les manifestations **dégénèrent** en chaos.
b. **Il ne semble pas que** le gouvernement **ait contribué** à ce que la pollution des eaux **ait été diminuée**.
c. **J'insistais pour qu'**il **réfléchît** un peu à ces problèmes pour qu'ils **fussent résolus**.

4. Das Passiv
a. En 1995 la France **était peuplée** par/de 58 millions d'habitants.
b. En 1976, le travail nocturne des femmes **a été autorisé** par une loi européenne.
c. Son rapport de stage **aura été achevé** avant la fin de l'année.

5. Imparfait oder Passé simple?
a. Il **pleuvait**. Au lieu de nous promener, nous **allâmes** au cinéma.
b. Chaque fois que ce bonhomme **parlait**, tout le monde se **taisait**.
c. Notre fils n'**allait** pas bien, nous **appelâmes** le médecin.

6. Partizip Präsens oder Gerund?
a. **(En) Roulant** trop vite, on peut provoquer un accident.
b. Le conducteur ne put freiner, **en franchissant** la porte de la Ville éternelle, il fut éjecté et se tua.
c. La crise du logement étudiant, **ressemblant** à un tonneau des Danaïdes, ne peut pas être résolue en un an.

Empfehlung

1–7 Punkte: Nicht aufgeben, Sie haben bereits fünf Niveaustufen gemeistert. Arbeiten Sie nochmals an den C2-Themen, dann schaffen Sie auch dieses Niveau.

8–14 Punkte: Ausgezeichnet! Sie haben die Niveaustufe C2 fast gemeistert. Widmen Sie sich noch einigen letzten schwachen Themen, dann sind Sie am Ziel.

15–22 Punkte: Gratulation! Mit Ihren Kenntnissen der Niveaustufe C2 sind Sie in der Meisterklasse angelangt.

Verbes irréguliers

Unregelmäßige Verben

Infinitiv	Indikativ Präsens	Futur I	Imparfait	Passé simple
acquérir *erwerben*	j'acquiers, tu aqcquiers, il/elle acquiert, nous acquérons, vous acquérez, ils/elles acquièrent	j'acquerrai	j'acquérais	j'acquis
aller* *gehen, fahren*	je vais, tu vas, il va, nous allons, vous allez, ils vont	j'irai	j'allais	j'allai
atteindre *erreichen*	j'atteins, tu atteins, il/elle atteint, nous atteignons, vous atteignez, ils/elles atteignent	j'atteindrai	j'atteignais	j'atteignis
boire *trinken*	je bois, tu bois, il/elle boit, nous buvons, vous buvez, ils/elles boivent	je boirai	je buvais	je bus
conduire *führen, fahren*	je conduis, tu conduis, il/elle conduit, nous conduisons, vous conduisez, ils/elles conduisent	je conduirai	je conduisais	je conduisis
connaître *kennen*	je connais, tu connais, il/elle connaît, nous connaissons, vous connaissez, ils/elles connaissent	je connaîtrai	je connaissais	je connus
craindre *fürchten*	je crains, tu crains, il/elle craint, nous craignons, vous craignez, ils/elles craignent	je craindrai	je craignais	je craignis
croire *glauben*	je crois, tu crois, il/elle croit, nous croyons, vous croyez, ils/elles croient	je croirai	je croyais	je crus
devoir *müssen, schulden*	je dois, tu dois, il/elle doit, nous devons, vous devez, ils/elles doivent	je devrai	je devais	je dus

*Das Verb bildet die zusammengesetzten Zeiten mit être.

Unregelmäßige Verben

Konditional I	Subjonctif présent	Imperativ	Partizip Präsens	Partizip Perfekt
j'acquerrais	que j'acquière	acquiers, acquérons, acquérez	acquérant	acquis
j'irais	que j'aille	va, allons, allez	allant	allé
j'atteindrais	que j'atteigne	atteins, atteignons, atteignez	atteignant	atteint
je boirais	que je boive, que tu boives, qu'il/elle boive, que nous buvions, que vous buviez, qu'ils/elles boivent	bois, buvons, buvez	buvant	bu
je conduirais	que je conduise	conduis, conduisons, conduisez	conduisant	conduit
je connaîtrais	que je connaisse	connais, connaissons, connaissez	connaissant	connu
je craindrais	que je craigne	crains, craignons, craignez	craignant	craint
je croirais	que je croie, que tu croies, qu'il/elle croie, que nous croyions, que vous croyiez, qu'ils/elles croient	crois, croyons, croyez	croyant	cru
je devrais	que je doive, que tu doives, qu'il/elle doive, que nous devions, que vous deviez, qu'ils/elles doivent	dois, devons, devez	devant	dû, due

Unregelmäßige Verben

Infinitiv	Indikativ Präsens	Futur I	Imparfait	Passé simple
dire *sagen*	je dis, tu dis, il/elle dit, nous disons, vous dites, ils disent	je dirai	je disais	je dis
écrire *schreiben*	j'écris, tu écris, il/elle écrit, nous écrivons, vous écrivez, ils/elles écrivent	j'écrirai	j'écrivais	j'écrivis
faire *machen, tun*	je fais, tu fais, il/elle fait, nous faisons, vous faites, ils font	je ferai	je faisais	je fis
joindre *verbinden*	je joins, tu joins, il/elle joint, nous joignons, vous joignez, ils/elles joignent	je joindrai	je joignais	je joignis
lire *lesen*	je lis, tu lis, il/elle lit, nous lisons, vous lisez, ils/elles lisent	je lirai	je lisais	je lus
mettre *setzen, stellen, legen*	je mets, tu mets, il/elle met, nous mettons, vous mettez, ils/elles mettent	je mettrai	je mettais	je mis
offrir *schenken, anbieten*	j'offre, tu offres, il/elle offre, nous offrons, vous offrez, ils/elles offrent	je'offrirai	j'offrais	j'offris
partir* *weggehen, -fahren*	je pars, tu pars, il/elle part, nous partons, vous partez, ils/elles partent	je partirai	je partais	je partis
plaire *gefallen*	je plais, tu plais, il plaît, nous plaisons, vous plaisez, ils plaisent	je plairai	je plaisais	je plus
pouvoir *können*	je peux, tu peux, il/elle peut, nous pouvons, vous pouvez, ils/elles peuvent	je pourrai	je pouvais	je pus
prendre *nehmen*	je prends, tu prends, il/elle prend, nous prenons, vous prenez, ils/elles prennent	je prendrai	je prenais	je pris

*Das Verb bildet die zusammengesetzten Zeiten mit être.

Unregelmäßige Verben

Konditional I	Subjonctif présent	Imperativ	Partizip Präsens	Partizip Perfekt
je dirais	que je dise	dis, disons, dites	disant	dit
j'écrirais	que j'écrive	écris, écrivons, écrivez	écrivant	écrit
je ferais	que je fasse	fais, faisons, faites	faisant	fait
je joindrais	que je joigne	joins, joignons, joignez	joignant	joint
je lirais	que je lise	lis, lisons, lisez	lisant	lu
je mettrais	que je mette	mets, mettons, mettez	mettant	mis
j'offrirais	que j'offre	offre, offrons, offrez	offrant	offert
je partirais	que je parte	pars, partons, partez	partant	parti
je plairais	que je plaise	plais, plaisons, plaisez	plaisant	plu
je pourrais	que je puisse	–	pouvant	pu
je prendrais	que je prenne, que tu prennes, qu'il/elle prenne, que nous prenions, que vous preniez, qu'ils/elles prennent	prends, prenons, prenez	prenant	pris

Unregelmäßige Verben

Infinitiv	Indikativ Präsens	Futur I	Imparfait	Passé simple
recevoir *bekommen*	je reçois, tu reçois, il/elle reçoit, nous recevons, vous recevez, ils/elles reçoivent	je recevrai	je recevais	je reçus
rendre *zurückgeben*	je rends, tu rends, il/elle rend, nous rendons, vous rendez, ils/elles rendent	je rendrai	je rendais	je rendis
rire *lachen*	je ris, tu ris, il/elle rit, nous rions, vous riez, ils/elles rient	je rirai	je riais	je ris
sentir *fühlen*	je sens, tu sens, il/elle sent, nous sentons, vous sentez, ils sentent	je sentirai	je sentais	je sentis
servir *dienen, bedienen*	je sers, tu sers, il/elle sert, nous servons, vous servez, ils/elles servent	je servirai	je servais	je servis
suivre *folgen*	je suis, tu suis, il/elle suit, nous suivons, vous suivez, ils/elles suivent	je suivrai	je suivais	je suivis
venir* *kommen*	je viens, tu viens, il/elle vient, nous venons, vous venez, ils/elles viennent	je viendrai	je venais	je vins
voir *sehen*	je vois, tu vois, il/elle voit, nous voyons, vous voyez, ils/elles voient	je verrai	je voyais	je vis
vouloir *wollen*	je veux, tu veux, il/elle veut, nous voulons, vous voulez, ils/elles veulent	je voudrai	je voulais	je voulus

*Das Verb bildet die zusammengesetzten Zeiten mit être.

Unregelmäßige Verben

Konditional I	Subjonctif présent	Imperativ	Partizip Präsens	Partizip Perfekt
je recevrais	que je reçoive, que tu reçoives, qu'il/elle reçoive, que nous recevions, que vous receviez, qu'ils/elles reçoivent	reçois, recevons, recevez	recevant	reçu
je rendrais	que je rende	rends, rendons, rendez	rendant	rendu
je rirais	que je rie, que tu ries, qu'il/elle rie, que nous riions, que vous riiez, qu'ils/elles rient	ris, rions, riez	riant	ri
je sentirais	que je sente	sens, sentons, sentez	sentant	senti
je servirais	que je serve	sers, servons, servez	servant	servi
je suivrais	que je suive	suis, suivons, suivez	suivant	suivi
je viendrais	que je vienne, que tu viennes, qu'il/elle vienne, que nous venions, que vous veniez, qu'ils/elles viennent	viens, venons, venez	venant	venu
je verrais	que je voie, que tu voies, qu'il/elle voie, que nous voyions, que vous voyiez, qu'ils/elles voient	vois, voyons, voyez	voyant	vu
je voudrais	que je veuille, que tu veuilles, qu'il/elle veuille, que nous voulions, que vous vouliez, qu'ils/elles veuillent	veux/veuille, voulons/veuillons, voulez/veuillez	voulant	voulu

Musterkonjugationen

① avoir *haben* — Hilfsverb

Indicatif

Présent
- j'   ai
- tu   as
- il   a
- nous avons
- vous avez
- ils ont

Passé composé
- j'   ai   eu
- tu   as   eu
- il   a   eu
- nous avons eu
- vous avez eu
- ils ont   eu

Imparfait
- j'   avais
- tu   avais
- il   avait
- nous avions
- vous aviez
- ils avaient

Plus-que-parfait
- j'   avais   eu
- tu   avais   eu
- il   avait   eu
- nous avions eu
- vous aviez   eu
- ils avaient eu

Passé simple
- j'   eus
- tu   eus
- il   eut
- nous eûmes
- vous eûtes
- ils eurent

Passé antérieur
- j'   eus   eu
- tu   eus   eu
- il   eut   eu
- nous eûmes eu
- vous eûtes eu
- ils eurent eu

Futur simple
- j'   aurai
- tu   auras
- il   aura
- nous aurons
- vous aurez
- ils auront

Futur antérieur
- j'   aurai eu
- tu   auras eu
- il   aura   eu
- nous aurons eu
- vous aurez eu
- ils auront eu

Conditionnel

Présent
- j'   aurais
- tu   aurais
- il   aurait
- nous aurions
- vous auriez
- ils auraient

Passé
- j'   aurais   eu
- tu   aurais   eu
- il   aurait   eu
- nous aurions eu
- vous auriez   eu
- ils auraient eu

Subjonctif

Présent
- que j'   aie
- que tu   aies
- qu'il   ait
- que nous ayons
- que vous ayez
- qu'ils   aient

Imparfait
- que j'   eusse
- que tu   eusses
- qu'il   eût
- que nous eussions
- que vous eussiez
- qu'ils   eussent

Passé
- que j'   aie   eu
- que tu   aies eu
- qu'il   ait   eu
- que nous ayons eu
- que vous ayez eu
- qu'ils   aient eu

Plus-que-parfait
- que j'   eusse   eu
- que tu   eusses   eu
- qu'il   eût   eu
- que nous eussions eu
- que vous eussiez eu
- qu'ils   eussent eu

Participe

Présent
ayant

Passé
eu(e)

Gérondif
en ayant

Impératif
- aie
- ayons
- ayez

Infinitif passé
avoir eu

Musterkonjugationen

être *sein* Hilfsverb

Indicatif

Présent
- je suis
- tu es
- il est
- nous sommes
- vous êtes
- ils sont

Passé composé
- j' ai été
- tu as été
- il a été
- nous avons été
- vous avez été
- ils ont été

Imparfait
- j' étais
- tu étais
- il était
- nous étions
- vous étiez
- ils étaient

Plus-que-parfait
- j' avais été
- tu avais été
- il avait été
- nous avions été
- vous aviez été
- ils avaient été

Passé simple
- je fus
- tu fus
- il fut
- nous fûmes
- vous fûtes
- ils furent

Passé antérieur
- j' eus été
- tu eus été
- il eut été
- nous eûmes été
- vous eûtes été
- ils eurent été

Futur simple
- je serai
- tu seras
- il sera
- nous serons
- vous serez
- ils seront

Futur antérieur
- j' aurai été
- tu auras été
- il aura été
- nous aurons été
- vous aurez été
- ils auront été

Conditionnel

Présent
- je serais
- tu serais
- il serait
- nous serions
- vous seriez
- ils seraient

Passé
- j' aurais été
- tu aurais été
- il aurait été
- nous aurions été
- vous auriez été
- ils auraient été

Subjonctif

Présent
- que je sois
- que tu sois
- qu'il soit
- que nous soyons
- que vous soyez
- qu'ils soient

Imparfait
- que je fusse
- que tu fusses
- qu'il fût
- que nous fussions
- que vous fussiez
- qu'ils fussent

Passé
- que j' aie été
- que tu aies été
- qu'il ait été
- que nous ayons été
- que vous ayez été
- qu'ils aient été

Plus-que-parfait
- que j' eusse été
- que tu eusses été
- qu'il eût été
- que nous eussions été
- que vous eussiez été
- qu'ils eussent été

Participe

Présent
étant

Passé
été

Gérondif
en étant

Impératif
- sois
- soyons
- soyez

Infinitif passé
avoir été

deux cent quatre-vingt-cinq

Musterkonjugationen

③ s'asseoir *sich (hin)setzen* — Reflexives Verb

Indicatif

Présent
- je m'assieds
- tu t'assieds
- il s'assied
- nous nous asseyons
- vous vous asseyez
- ils s'asseyent

Passé composé
- je me suis assis
- tu t'es assis
- il s'est assis
- nous nous sommes assis
- vous vous êtes assis
- ils se sont assis

Imparfait
- je m'asseyais
- tu t'asseyais
- il s'asseyait
- nous nous asseyions
- vous vous asseyiez
- ils s'asseyaient

Plus-que-parfait
- je m'étais assis
- tu t'étais assis
- il s'était assis
- nous nous étions assis
- vous vous étiez assis
- ils s'étaient assis

Passé simple
- je m'assis
- tu t'assis
- il s'assit
- nous nous assîmes
- vous vous assîtes
- ils s'assirent

Passé antérieur
- je me fus assis
- tu te fus assis
- il se fut assis
- nous nous fûmes assis
- vous vous fûtes assis
- ils se furent assis

Futur simple
- je m'assiérai
- tu t'assiéras
- il s'assiéra
- nous nous assiérons
- vous vous assiérez
- ils s'assiéront

Futur antérieur
- je me serai assis
- tu te seras assis
- il se sera assis
- nous nous serons assis
- vous vous serez assis
- ils se seront assis

Conditionnel

Présent
- je m'assiérais
- tu t'assiérais
- il s'assiérait
- nous nous assiérions
- vous vous assiériez
- ils s'assiéraient

Passé
- je me serais assis
- tu te serais assis
- il se serait assis
- nous nous serions assis
- vous vous seriez assis
- ils se seraient assis

Subjonctif

Présent
- que je m'asseye
- que tu t'asseyes
- qu'il s'asseye
- que nous nous asseyions
- que vous vous asseyiez
- qu'ils s'asseyent

Imparfait
- que je m'assisse
- que tu t'assisses
- qu'il s'assît
- que nous nous assissions
- que vous vous assissiez
- qu'ils s'assissent

Passé
- que je me sois assis
- que tu te sois assis
- qu'il se soit assis
- que nous nous soyons assis
- que vous vous soyez assis
- qu'ils se soient assis

Plus-que-parfait
- que je me fusse assis
- que tu te fusses assis
- qu'il se fût assis
- que nous nous fussions assis
- que vous vous fussiez assis
- qu'ils se fussent assis

Participe

Présent
- s'asseyant

Passé
- assis(e)

Gérondif
- en s'asseyant

Impératif
- assieds-**toi**
- asseyons-**nous**
- asseyez-**vous**

Infinitif

passé
- s'être assis

④ être présenté *vorgestellt werden* Passiv

Indicatif

Présent
je	suis	présenté
tu	es	présenté
il	est	présenté
nous	sommes	présentés
vous	êtes	présentés
ils	sont	présentés

Passé composé
j'	ai	été	présenté
tu	as	été	présenté
il	a	été	présenté
nous	avons	été	présentés
vous	avez	été	présentés
ils	ont	été	présentés

Imparfait
j'	étais	présenté
tu	étais	présenté
il	était	présenté
nous	étions	présentés
vous	étiez	présentés
ils	étaient	présentés

Plus-que-parfait
j'	avais	été	présenté
tu	avais	été	présenté
il	avait	été	présenté
nous	avions	été	présentés
vous	aviez	été	présentés
ils	avaient	été	présentés

Passé simple
je	fus	présenté
tu	fus	présenté
il	fut	présenté
nous	fûmes	présentés
vous	fûtes	présentés
ils	furent	présentés

Passé antérieur
j'	eus	été	présenté
tu	eus	été	présenté
il	eut	été	présenté
nous	eûmes	été	présentés
vous	eûtes	été	présentés
ils	eurent	été	présentés

Futur simple
je	serai	présenté
tu	seras	présenté
il	sera	présenté
nous	serons	présentés
vous	serez	présentés
ils	seront	présentés

Futur antérieur
j'	aurai	été	présenté
tu	auras	été	présenté
il	aura	été	présenté
nous	aurons	été	présentés
vous	aurez	été	présentés
ils	auront	été	présentés

Conditionnel

Présent
je	serais	présenté
tu	serais	présenté
il	serait	présenté
nous	serions	présentés
vous	seriez	présentés
ils	seraient	présentés

Passé
j'	aurais	été	présenté
tu	aurais	été	présenté
il	aurait	été	présenté
nous	aurions	été	présentés
vous	auriez	été	présentés
ils	auraient	été	présentés

Subjonctif

Présent
que je	sois	présenté
que tu	sois	présenté
qu'il	soit	présenté
que nous	soyons	présentés
que vous	soyez	présentés
qu'ils	soient	présentés

Imparfait
que je	fusse	présenté
que tu	fusses	présenté
qu'il	fût	présenté
que nous	fussions	présentés
que vous	fussiez	présentés
qu'ils	fussent	présentés

Passé
que j'	aie	été	présenté
que tu	aies	été	présenté
qu'il	ait	été	présenté
que nous	ayons	été	présentés
que vous	ayez	été	présentés
qu'ils	aient	été	présentés

Plus-que-parfait
que j'	eusse	été	présenté
que tu	eusses	été	présenté
qu'il	eût	été	présenté
que nous	eussions	été	présentés
que vous	eussiez	été	présentés
qu'ils	eussent	été	présentés

Participe

Présent
étant présenté

Passé
ayant été présenté(e)

Gérondif
en étant présenté

Impératif
sois présenté
soyons présentés
soyez présentés

Infinitif passé
avoir été présenté

Musterkonjugationen

 parler *sprechen* — Regelmäßiges Verb der 1. Gruppe auf **-er**

Indicatif

Présent
- je parle
- tu parles
- il parle
- nous parlons
- vous parlez
- ils parlent

Passé composé
- j'ai parlé
- tu as parlé
- il a parlé
- nous avons parlé
- vous avez parlé
- ils ont parlé

Imparfait
- je parlais
- tu parlais
- il parlait
- nous parlions
- vous parliez
- ils parlaient

Plus-que-parfait
- j'avais parlé
- tu avais parlé
- il avait parlé
- nous avions parlé
- vous aviez parlé
- ils avaient parlé

Passé simple
- je parlai
- tu parlas
- il parla
- nous parlâmes
- vous parlâtes
- ils parlèrent

Passé antérieur
- j'eus parlé
- tu eus parlé
- il eut parlé
- nous eûmes parlé
- vous eûtes parlé
- ils eurent parlé

Futur simple
- je parlerai
- tu parleras
- il parlera
- nous parlerons
- vous parlerez
- ils parleront

Futur antérieur
- j'aurai parlé
- tu auras parlé
- il aura parlé
- nous aurons parlé
- vous aurez parlé
- ils auront parlé

Conditionnel

Présent
- je parlerais
- tu parlerais
- il parlerait
- nous parlerions
- vous parleriez
- ils parleraient

Passé
- j'aurais parlé
- tu aurais parlé
- il aurait parlé
- nous aurions parlé
- vous auriez parlé
- ils auraient parlé

Subjonctif

Présent
- que je parle
- que tu parles
- qu'il parle
- que nous parlions
- que vous parliez
- qu'ils parlent

Imparfait
- que je parlasse
- que tu parlasses
- qu'il parlât
- que nous parlassions
- que vous parlassiez
- qu'ils parlassent

Passé
- que j'aie parlé
- que tu aies parlé
- qu'il ait parlé
- que nous ayons parlé
- que vous ayez parlé
- qu'ils aient parlé

Plus-que-parfait
- que j'eusse parlé
- que tu eusses parlé
- qu'il eût parlé
- que nous eussions parlé
- que vous eussiez parlé
- qu'ils eussent parlé

Participe

Présent
- parlant

Passé
- parlé(e)

Gérondif
- en parlant

Impératif
- parle
- parlons
- parlez

Infinitif passé
- avoir parlé

Musterkonjugationen

 finir *beenden* — Regelmäßiges Verb der 2. Gruppe auf **-ir**

Indicatif

Présent
je	finis
tu	finis
il	finit
nous	finissons
vous	finissez
ils	finissent

Passé composé
j'	ai	fini
tu	as	fini
il	a	fini
nous	avons	fini
vous	avez	fini
ils	ont	fini

Imparfait
je	finissais
tu	finissais
il	finissait
nous	finissions
vous	finissiez
ils	finissaient

Plus-que-parfait
j'	avais	fini
tu	avais	fini
il	avait	fini
nous	avions	fini
vous	aviez	fini
ils	avaient	fini

Passé simple
je	finis
tu	finis
il	finit
nous	finîmes
vous	finîtes
ils	finirent

Passé antérieur
j'	eus	fini
tu	eus	fini
il	eut	fini
nous	eûmes	fini
vous	eûtes	fini
ils	eurent	fini

Futur simple
je	finirai
tu	finiras
il	finira
nous	finirons
vous	finirez
ils	finiront

Futur antérieur
j'	aurai	fini
tu	auras	fini
il	aura	fini
nous	aurons	fini
vous	aurez	fini
ils	auront	fini

Conditionnel

Présent
je	finirais
tu	finirais
il	finirait
nous	finirions
vous	finiriez
ils	finiraient

Passé
j'	aurais	fini
tu	aurais	fini
il	aurait	fini
nous	aurions	fini
vous	auriez	fini
ils	auraient	fini

Subjonctif

Présent
que je	finisse
que tu	finisses
qu'il	finisse
que nous	finissions
que vous	finissiez
qu'ils	finissent

Imparfait
que je	finisse
que tu	finisses
qu'il	finît
que nous	finissions
que vous	finissiez
qu'ils	finissent

Passé
que j'	aie	fini
que tu	aies	fini
qu'il	ait	fini
que nous	ayons	fini
que vous	ayez	fini
qu'ils	aient	fini

Plus-que-parfait
que j'	eusse	fini
que tu	eusses	fini
qu'il	eût	fini
que nous	eussions	fini
que vous	eussiez	fini
qu'ils	eussent	fini

Participe

Présent
finissant

Passé
fini(e)

Gérondif
en finissant

Impératif
finis
finissons
finissez

Infinitif passé
avoir fini

Musterkonjugationen

 courir *laufen* — Unregelmäßiges Verb der 3. Gruppe auf **-ir**

Indicatif

Présent
- je cours
- tu cours
- il court
- nous courons
- vous courez
- ils courent

Passé composé
- j' ai couru
- tu as couru
- il a couru
- nous avons couru
- vous avez couru
- ils ont couru

Imparfait
- je courais
- tu courais
- il courait
- nous courions
- vous couriez
- ils couraient

Plus-que-parfait
- j' avais couru
- tu avais couru
- il avait couru
- nous avions couru
- vous aviez couru
- ils avaient couru

Passé simple
- je courus
- tu courus
- il courut
- nous courûmes
- vous courûtes
- ils coururent

Passé antérieur
- j' eus couru
- tu eus couru
- il eut couru
- nous eûmes couru
- vous eûtes couru
- ils eurent couru

Futur simple
- je courrai
- tu courras
- il courra
- nous courrons
- vous courrez
- ils courront

Futur antérieur
- j' aurai couru
- tu auras couru
- il aura couru
- nous aurons couru
- vous aurez couru
- ils auront couru

Conditionnel

Présent
- je courrais
- tu courrais
- il courrait
- nous courrions
- vous courriez
- ils courraient

Passé
- j' aurais couru
- tu aurais couru
- il aurait couru
- nous aurions couru
- vous auriez couru
- ils auraient couru

Subjonctif

Présent
- que je coure
- que tu coures
- qu'il coure
- que nous courions
- que vous couriez
- qu'ils courent

Imparfait
- que je courusse
- que tu courusses
- qu'il courût
- que nous courussions
- que vous courussiez
- qu'ils courussent

Passé
- que j' aie couru
- que tu aies couru
- qu'il ait couru
- que nous ayons couru
- que vous ayez couru
- qu'ils aient couru

Plus-que-parfait
- que j' eusse couru
- que tu eusses couru
- qu'il eût couru
- que nous eussions couru
- que vous eussiez couru
- qu'ils eussent couru

Participe

Présent
courant

Passé
couru(e)

Gérondif
en courant

Impératif
- cours
- courons
- courez

Infinitif passé
avoir couru

rompre *brechen*   Unregelmäßiges Verb der 3. Gruppe auf **-re**

Indicatif

Présent
je	romp**s**
tu	romp**s**
il	romp**t**
nous	romp**ons**
vous	romp**ez**
ils	romp**ent**

Imparfait
je	romp**ais**
tu	romp**ais**
il	romp**ait**
nous	romp**ions**
vous	romp**iez**
ils	romp**aient**

Passé simple
je	romp**is**
tu	romp**is**
il	romp**it**
nous	romp**îmes**
vous	romp**îtes**
ils	romp**irent**

Futur simple
je	romp**rai**
tu	romp**ras**
il	romp**ra**
nous	romp**rons**
vous	romp**rez**
ils	romp**ront**

Passé composé
j'	ai	rompu
tu	as	rompu
il	a	rompu
nous	avons	rompu
vous	avez	rompu
ils	ont	rompu

Plus-que-parfait
j'	avais	rompu
tu	avais	rompu
il	avait	rompu
nous	avions	rompu
vous	aviez	rompu
ils	avaient	rompu

Passé antérieur
j'	eus	rompu
tu	eus	rompu
il	eut	rompu
nous	eûmes	rompu
vous	eûtes	rompu
ils	eurent	rompu

Futur antérieur
j'	aurai	rompu
tu	auras	rompu
il	aura	rompu
nous	aurons	rompu
vous	aurez	rompu
ils	auront	rompu

Conditionnel

Présent
je	romp**rais**
tu	romp**rais**
il	romp**rait**
nous	romp**rions**
vous	romp**riez**
ils	romp**raient**

Passé
j'	aurais	rompu
tu	aurais	rompu
il	aurait	rompu
nous	aurions	rompu
vous	auriez	rompu
ils	auraient	rompu

Subjonctif

Présent
que je	romp**e**
que tu	romp**es**
qu'il	romp**e**
que nous	romp**ions**
que vous	romp**iez**
qu'ils	romp**ent**

Imparfait
que je	romp**isse**
que tu	romp**isses**
qu'il	romp**ît**
que nous	romp**issions**
que vous	romp**issiez**
qu'ils	romp**issent**

Passé
que j'	aie	rompu
que tu	aies	rompu
qu'il	ait	rompu
que nous	ayons	rompu
que vous	ayez	rompu
qu'ils	aient	rompu

Plus-que-parfait
que j'	eusse	rompu
que tu	eusses	rompu
qu'il	eût	rompu
que nous	eussions	rompu
que vous	eussiez	rompu
qu'ils	eussent	rompu

Participe

Présent
romp**ant**

Passé
romp**u**(e)

Gérondif
en romp**ant**

Impératif
romp**s**
romp**ons**
romp**ez**

Infinitif passé
avoir rompu

Musterkonjugationen

 savoir *wissen*   Unregelmäßiges Verb der 3. Gruppe auf *-oir*

Indicatif

Présent
je	sais
tu	sais
il	sait
nous	savons
vous	savez
ils	savent

Passé composé
j'	ai	su
tu	as	su
il	a	su
nous	avons	su
vous	avez	su
ils	ont	su

Imparfait
je	savais
tu	savais
il	savait
nous	savions
vous	saviez
ils	savaient

Plus-que-parfait
j'	avais	su
tu	avais	su
il	avait	su
nous	avions	su
vous	aviez	su
ils	avaient	su

Passé simple
je	sus
tu	sus
il	sut
nous	sûmes
vous	sûtes
ils	surent

Passé antérieur
j'	eus	su
tu	eus	su
il	eut	su
nous	eûmes	su
vous	eûtes	su
ils	eurent	su

Futur simple
je	saurai
tu	sauras
il	saura
nous	saurons
vous	saurez
ils	sauront

Futur antérieur
j'	aurai	su
tu	auras	su
il	aura	su
nous	aurons	su
vous	aurez	su
ils	auront	su

Conditionnel

Présent
je	saurais
tu	saurais
il	saurait
nous	saurions
vous	sauriez
ils	sauraient

Passé
j'	aurais	su
tu	aurais	su
il	aurait	su
nous	aurions	su
vous	auriez	su
ils	auraient	su

Subjonctif

Présent
que je	sache
que tu	saches
qu'il	sache
que nous	sachions
que vous	sachiez
qu'ils	sachent

Imparfait
que je	susse
que tu	susses
qu'il	sût
que nous	sussions
que vous	sussiez
qu'ils	sussent

Passé
que j'	aie	su
que tu	aies	su
qu'il	ait	su
que nous	ayons	su
que vous	ayez	su
qu'ils	aient	su

Plus-que-parfait
que j'	eusse	su
que tu	eusses	su
qu'il	eût	su
que nous	eussions	su
que vous	eussiez	su
qu'ils	eussent	su

Participe

Présent
sachant

Passé
su(e)

Gérondif
en sachant

Impératif
sache
sachons
sachez

Infinitif
passé
avoir su

Verbes et ses prépositions

Verben mit Präposition

Die folgende Liste enthält häufig verwendete Verb-Präposition-Kombinationen, die als feste Verbindung bestehen, sowie solche, die im Deutschen mit Präpositionen stehen, im Französischen jedoch ohne Präposition auftreten und vom deutschen Gebrauch abweichen.

▶ s'abonner **à** qc.
(eine Zeitung) abonnieren

Il s'est abonné au « Monde ».
Er hat „Le Monde" abonniert.

abuser **de** qc.
etw. missbrauchen

Le roi ne doit pas abuser de son pouvoir.
Der König darf seine Macht nicht missbrauchen.

aider **à** qc.
beitragen/fördern

Tous les légumes verts aident à renforcer les défenses naturelles.
Alle grünen Gemüse helfen die natürlichen Widerstandskräfte zu fördern.

s'aider **de**
benützen

Elle s'est aidée d'un dictionnaire.
Sie benützt ein Lexikon.

aider qn. (**à** faire qc.)
helfen

Anne aide sa mère à faire la vaisselle.
Anne hilft ihrer Mutter beim Geschirrabwaschen.

s'apercevoir **de** qc.
(be)merken

Je ne me suis pas aperçu de cette erreur.
Ich habe diesen Irrtum nicht bemerkt.

attendre qc./qn.
etw./jdn. erwarten/warten auf

Je l'attendais une heure.
Ich wartete eine Stunde auf ihn.

s'attendre **à** qc.
mit etw. rechnen

Il ne s'attendait pas à cette fin.
Dieses Ende hat er nicht erwartet.

avoir besoin **de** qc./qn.
etw./jdn. brauchen

Ils ont besoin d'un grand **B1** chalutier pour la pêche maritime.
Sie brauchen einen großen Fischkutter für die Hochseefischerei.

avoir peur **de** qc./qn.
vor etw./jdm. Angst haben

N'aie pas peur du chien.
Habe keine Angst vor dem Hund.

▶ céder qc. **à** qn.
jdm. etw. (über)lassen

Cède le pas au vieil homme.
Überlasse dem alten Herrn den Vortritt!

cesser **de** faire qc.
aufhören etw. zu tun

Il a cessé de fumer.
Er hat aufgehört zu rauchen.

deux cent quatre-vingt-treize **293**

Verben mit Präposition

changer **de** qc. .... *etw. ändern/wechseln*	On va changer d'adresse. *Wir werden (die Adresse ändern) umziehen.*
changer .... *sich verändern*	Elle a peu changé depuis la dernière fois. *Sie hat sich seit dem letzten Mal wenig verändert.*
se changer **en** qc. .... *sich in etw. verwandeln*	On ne peut pas se changer en quelqu'un d'autre. *Man kann sich nicht in jemand anderen verwandeln.*
se changer .... *sich umziehen*	Elle est en haut, elle se change. *Sie ist oben, sie zieht sich um.*
se contenter **de** qc. .... *mit etw. zufrieden sein*	Vous devriez vous contenter de votre destin. *Sie sollten mit Ihrem Schicksal zufrieden sein.*
convenir **à** qc./qn. .... *passen/zusagen/entsprechen*	Oui, ça me convient. *Ja, das passt mir/sagt mir zu.*
convenir **de** qc. .... *übereinkommen/sich einigen*	Nous sommes vite convenus/avons convenu du prix. *Wir haben uns schnell über den Preis geeinigt.*
conseiller qc. **à** qn. .... *jdm. (zu) etw. raten*	Le docteur lui a conseillé de réduire la consommation de fois grasse. *Der Arzt hat ihm geraten, weniger Gänseleber zu essen.*
conseiller qc./qn. .... *(be-)raten*	Une commission a conseillé la réduction des dépenses. *Eine Kommission hat zur Reduzierung der Ausgaben geraten.*
se contredire/contredire qn. .... *jdm. (sich) widersprechen*	Parfois elle se contredit, ça ne me dérange pas trop. *Manchmal widerspricht sie sich, das stört mich nicht allzu sehr.*
craindre qc./qn. .... *sich vor etw./jdm. fürchten*	Le Petit Chaperon rouge ne craint pas le loup. *Rotkäppchen fürchtet sich nicht vor dem Wolf.*

Verben mit Präposition

croire **à** qc. .... Elle ne croit pas à ses paroles.
   an etw. glauben   Sie glaubt seinen Worten nicht.

croire **en** qc./qn. .... Ils ne croient pas en eux-mêmes.
   Vertrauen haben in etw./jdn.,   Sie glauben nicht an sich selbst.
   glauben an

croire qn./qc. .... Je ne crois pas qu'il ait raison.
   jdm./etw. glauben   Ich glaube nicht, dass er Recht hat.

▸ demander qc. **à** qn. .... Je lui ai demandé où se trouve la station de métro Duroc.
   jdn. (nach) etw. fragen   Ich habe ihn gefragt, wo die Metrostation Duroc sei.

demander qc. .... Je voudrais vous demander un service.
   etw. verlangen/um etw. bitten   Ich möchte Sie um einen Gefallen bitten.

demander qn. .... Le professeur a demandé ton père ?
   jdn. sprechen wollen   Wollte der Lehrer deinen Vater sprechen?

désespérer **de** qc./qn. .... Quelques-uns désespèrent du moindre obstacle.
   an etw./jdm. verzweifeln   Manche verzweifeln an dem geringsten Hindernis.

se désintéresser **de** qc. .... Elle se désintéresse complètement de ses idées.
   sich nicht (mehr) für etw.   Sie hat überhaupt kein Interesse an seinen Gedanken.
   interessieren

douter **de** qc. .... Je doute de sa sincérité.
   an etw. zweifeln   Ich zweifle an seiner Aufrichtigkeit.

se douter **de** qc. .... Elle pourrait se douter du résultat.
   etw. ahnen   Sie könnte das Ergebnis erahnen.

▸ écouter qc./qn. .... Le grand-père aime écouter les oiseaux.
   etw./jdm. zuhören   Der Großvater liebt es, den Vögeln zuzuhören.

envier qc. **à** qn. .... Elle lui envie sa vivacité d'esprit.
   jdn. um etw. beneiden   Sie beneidet ihn um seine geistige Lebendigkeit.

s'étonner **de** qc. .... On ne peut que s'en étonner.
   über etw. staunen/wundern   Man kann darüber nur staunen.

Verben mit Präposition

▸ **flatter** qn. .... Il voulait te flatter.
   jdm. schmeicheln   Er wollte dir schmeicheln.

   fuir devant qc./qn. .... Les troupes fuyaient devant l'assaillant.
   vor etw./jdm. fliehen   Die Truppen flohen vor dem Angreifer.

   fuir qc./qn. .... Mon mari fuit les soirées mondaines.
   etw./jdn. fliehen   Mein Mann flieht die extravaganten Abend-
                                                             gesellschaften.

   fuir   L'eau, le gaz fuit.
   ausströmen/rinnen   Wasser, Gas strömt aus.

▸ **s'habituer à** qc. .... Durant la vie, il faut s'habituer à plein de
   sich an etw. gewöhnen   choses.
                                                             Im Laufe des Lebens muss man sich an
                                                             viele Dinge gewöhnen.

   hériter qc. **de** qn. .... Elles ont hérité les cheveux bouclés de leur
   etw. von jdm. erben   mère.
                                                             Sie haben die Locken von ihrer Mutter
                                                             geerbt.

▸ **s'intéresser à** qc./qn. .... Marie s'intéresse surtout à l'histoire.
   sich für etw./jdn. interessieren   Marie interessiert sich vor allem für
                                                             Geschichte.

   être intéressé par qc. .... Jean n'est pas très intéressé par cette
   an etw. interessiert sein   matière.
                                                             Jean ist nicht sehr an diesem Fach interes-
                                                             siert.

▸ **jouer à** qc. .... Ils aiment jouer aux cartes/aux échecs.
   (Spiel) spielen   Sie spielen gern Karten/Schach.

   jouer de qc. .... Ses enfants jouent tous d'un instrument.
   (Musikinstrument) spielen   Seine Kinder spielen alle ein Instrument.

   jouir de qc. .... Ma mère est au jardin où elle jouit du soleil.
   etw. genießen/im Besitz von etw.   Meine Mutter ist im Garten, wo sie die
   sein   Sonne genießt.

▸ **manquer à** qn. .... Sa présence lui manque.
   jdm. fehlen   Ihre Anwesenheit fehlt ihm.

   manquer à qc. .... Il ne manquerait jamais à sa promesse.
   etw. nicht erfüllen/einhalten   Er würde sein Versprechen immer einhalten.

Verben mit Präposition

manquer de qc.
  an etw. fehlen
Je manque de temps.
  Es fehlt mir an Zeit.

manquer qc./qn.
  verfehlen
Je l'ai manqué de quelques minutes.
  Ich habe ihn um einige Minuten verfehlt.

se méfier de qc./qn.
  sich vor etw./jdm. in Acht nehmen
Méfie-toi de cet éléphant.
  Nimm dich vor diesem Elefanten in Acht.

se mêler à
  sich (unter die Menge) mischen
Il n'a pas de peine à se mêler à la foule.
  Es macht ihm nichts aus, sich unter die Menge zu mischen.

se mêler de qc.
  sich einmischen
Ne te mêle pas de mes affaires.
  Misch dich nicht in meine Angelegenheiten.

être mêlé à qc.
  mit etw. zu tun haben
Je pense qu'il n'a pas été mêlé à cette affaire.
  Ich denke, dass er nichts mit dieser Sache zu tun hatte.

menacer de qc.
  mit etw. drohen
On le menaçait du poing.
  Er wurde mit der Faust bedroht.

menacer qn. **de** qc.
  jdn. mit etw. bedrohen
Il ne faut pas non plus menacer de punition.
  Du musst auch nicht mit Bestrafung drohen.

menacer qc./qn.
  jdm. drohen, jdn./etw. bedrohen
Il ne faut donc pas me menacer.
  Du musst mich doch nicht bedrohen.

mentir à qn.
  jdn. belügen/anlügen
Crois-tu qu'elle lui mente ?
  Glaubst, dass sie ihn anlügt?

se moquer de qn./qc.
  sich lustig machen über
Il se moque de ma coiffure.
  Er macht sich über meine Frisur lustig.

mourir de qc.
  an etw. sterben
Ils avaient peur de mourir de faim.
  Sie hatten Angst zu verhungern.

▶ **parler à** qn.
  mit jdm. sprechen
J'ai parlé au propriétaire.
  Ich habe mit dem Eigentümer gesprochen.

parler de qc./qn.
  über etw./jdn. sprechen
Ils parlent de choses et d'autres.
  Sie sprechen über dieses und jenes.

se plaindre à qn.
  sich bei jdm. beschweren
Elle devrait se plaindre au directeur.
  Sie sollte sich beim Direktor beschweren.

Verben mit Präposition

se plaindre **de** qc./qn.	Il ne s'est jamais plaint de son métier.
sich über etw./jdn. beklagen	*Er hat sich nie über seinen Beruf beklagt.*
▸ raconter qc.	Raconte-moi une histoire.
etw. erzählen	*Erzähl mir eine Geschichte.*
se rappeler **à** qn.	Tu te rappelles à ma tante ?
sich an etw. erinnern	*Erinnerst du dich an meine Tante?*
réfléchir **à (sur)** qc.	Ils réfléchissent au nouveau projet.
über etw. nachdenken	*Sie denken über das neue Projekt nach.*
regarder **à** qc.	Il ne regarde pas à la dépense.
berücksichtigen/achten auf	*Er achtet nicht auf die Ausgaben.*
regarder qc./qn.	Regarde les jolies fleurs.
betrachten/schauen auf	*Schau nur, die schönen Blumen.*
remercier qn. **de (pour)** qc.	Je t'en remercie.
jdm. für etw. danken	*Ich danke dir dafür.*
rencontrer qc./qn.	Tu as rencontré ta copine hier ?
etw./jdm. begegnen	*Hast du deine Freundin gestern getroffen?*
renoncer **à** qc.	Il a renoncé à ses honoraires.
auf etw. verzichten	*Er hat auf sein Honorar verzichtet.*
répondre **à** qn./qc.	Tu devrais répondre à cette lettre.
jdm./auf etw. antworten	*Du solltest diesen Brief beantworten.*
répondre **de** qn./qc.	L'avocat répond de son client.
für jdn./etw. einstehen	*Der Anwalt steht für seinen Mandanten ein.*
rire **de** qc./qn.	Ils riaient de joie.
über etw./jdn. lachen	*Sie lachten vor Freude.*
▸ servir qc. **à** qn.	La petite-fille sert du thé à sa grand-mère.
jdm. etw. servieren	*Die Enkelin serviert ihrer Großmutter Tee.*
servir **à** qn. **à** faire qc.	Ça ne me sert à rien.
jdm. dazu dienen, etw. zu tun	*Das nützt mir (zu) nichts.*
servir qn./qc.	On est bien servi dans ce restaurant.
jdm./einer Sache dienen	*In diesem Restaurant wird man gut bedient.*
se servir **de** qc./qn.	Tu peux te servir de mes barrettes.
nehmen, etw./jdn. benutzen	*Du kannst meine Haarspangen benutzen.*
souffrir **de** qc.	Il souffrait d'une pneumonie.
an etw. leiden	*Er litt an einer Lungenentzündung.*

Verben mit Präposition

se soucier **de** qn./qc.
  sich um jdn/etw. kümmern

Le peintre se souciait peu de faire école.
  Der Maler kümmerte sich wenig darum, Schule zu machen.

se souvenir **de** qn./qc.
  sich an jdn./etw. erinnern

Je me souviens de toutes ses aventures.
  Ich erinnere mich an alle seine Abenteuer.

suivre qn./qc.
  jdm./etw. folgen/auf etw. folgen

L'automne suit l'été.
  Der Herbst folgt auf den Sommer.

▶ témoigner **de** qc.
  etw. bezeugen/bekunden

Ses réflexions témoignent d'un des plus grands esprits.
  Seine Überlegungen bezeugen einen herausragenden Geist.

tenir **à** qc./qn.
  auf etw. bestehen/Wert legen auf/hängen

Ils tiennent à leurs arrière-petits-enfants.
  Sie hängen an ihren Urenkeln.

traiter **avec** qn.
  mit jdm. verhandeln/etw. aushandeln

De Gaulle a traité avec Adenauer la réconciliation franco-allemande.
  De Gaulle hat mit Adenauer die deutsch-französische Versöhnung ausgehandelt.

traiter **de** qc.
  von etw. handeln

Ce texte traite de l'histoire européenne.
  Dieser Text handelt von der Geschichte Europas.

traiter qc./qn.
  etw./jdn. behandeln

Ce virus doit être traité efficacement.
  Dieser Virus muss wirksam behandelt werden.

se tromper **de** qc.
  sich täuschen/irren in etw.

Il ne faut pas te tromper de train.
  Pass auf, dass du nicht den falschen Zug nimmst.

▶ se vanter **de**
  sich einer Sache rühmen

Il pouvait se vanter d'être l'une des personnages les plus célèbres de son époque.
  Er konnte sich rühmen, eine der berühmtesten Personen seiner Zeit zu sein.

viser **à** qc.
  streben nach

Il vise au master, voire au doctorat.
  Er strebt nach dem Master, sogar nach der Promotion.

viser qc.
  abzielen auf

Au basket il faut viser le panier.
  Beim Basketball muss man auf den Korb zielen.

Index

Sachregister

A

à Präposition 231–236; Verschmelzung 41; Infinitiv mit ~ 161; Ausdrücke mit ~ 232–235
Ableitungsregeln 124
accent aigu 33, grave 33, circonflexe 33
à cause de 234, 245
à ce que 185
à condition que 227
à côté de 232, 240
à la place de 245
Adjektiv 58–63, 201; attributiv/prädikativ 61, 201; Farb~ 61; Farb~ 61; Genus 59–60; Plural 60–61; Steigerung 63; Stellung 62; wechselnde Bedeutung 62
admettre que 177
Adverb 66–73; einfach 67; abgeleitet 69; lokal 67; temporal 67; modal 67, ~ der Menge 67, ~ des Grades 67; ~ der Verneinung 67; ~ der Frage 67; Bildung 69–70; Sonderformen 70; Gebrauch 68; Steigerung 73; Stellung 70–71, 252; adverbiale Bestimmung 196, 252
Adverbialpronomen 80–82, 168; en 81; y 81; Stellung 82–83, 252; Verneinung 152
Adverbialsatz 198
afin de 163
afin que 184, 226
aimer faire qc. 130
aimer mieux 177
ainsi 72; ~ que 223; ~ + Inversion 253
Akronyme 55
Aktiv 200, 207; Infinitiv ~ 159
Akzent → accent
aller 278; ~ + Infinitiv 139, 140, 161
alors que 227
Alphabet 33

Altersangabe 268
Angleichung 201–203
à mesure que 227
à moins que ... ne 153, 184, 227
à part que 227
à peine que + Inversion 225, 253
Apostroph 34
après 67, 68, 72, 163; après que 225
à présent que 225
Artikel 40–47, bestimmter ~ 41–45; unbestimmter ~ 45–46; im verneinten Satz 46; Redewendungen mit/ohne ~ 47; ~ bei Orts- und Länderbezeichnungen 42; ~ bei Zeitangaben 44; ~ bei Personen/Namen 43–44; Teilungsartikel 46–47
assez (de) 47, 67, 70
au cas où 190, 227
aucun 100, 151–153
au-delà 232
au-dessous 232
au-dessus 232
au fur et à mesure 225, 227
au lieu que 227
au milieu de 232, 243
au moins 253
au moment où 225
au nombre de 243
au point que 226, 234
auprès de 215
Ausrufesatz 255
Ausrufezeichen 35, 168
Aussagesatz 169
aussi 63, 68, 72, 73; Inversion 224
aussi longtemps 225
aussi que Vergleich 63, 67, 68, 73; Konjunktion 184, 223–224, 252
aussitôt 67, ~ que 225
Aussprache 32–37
autant 67, 68, 73
autant de 47
au temps où 225

autre 100
autrement 223
autrui 98–99
avant 67, 68, 242
avant de 163
avant que 153, 185, 225
avec 236–237
avoir 125–127, 130, 195, 284; Hilfsverb 126, 142, 202
avoir peur que 179

B

beau 59, Stellung 62
beaucoup 67, 68; Steigerung 73; im Relativsatz 93; ~ de 47
Bedingungssatz 191, 201; Konjunktionen 191; Zeitenfolge im ~ 190
bien (de) 47; Adverb 67, 70, 72; Steigerung 73
bien que 196, 227
bientôt 67
bon 62, 70; Steigerung 63; adverbialer Gebrauch 72; Stellung 62
bref 62, 70
Bruchzahlen 269

C

ça 106
car 224
ce 105, 106, 133
ce dont 89
ce que 88, 89, 114, 263
ce qui 88, 89, 114, 263
ce qui fait que 226
ceci 105–106
Cédille 34
cela 106
celle 105
celui 105
celui-ci, celui-là 106
ce n'est pas que 225
cent 268
cependant 223
certain 100, 176
certainement 71
certes 67, 223
cesser 153
c'est/ce sont 79, 254

c'est la raison pour laquelle 224
c'est pour ça que 224
c'est pourquoi 72, 224
c'est qui/que 79, 224, 254
c'est sans doute 139
chacun 80, 93, 98, 99
chaque 97
chaque fois que 97, 225
chez 237–238
-ci 106
ci-joint, ci-inclus 203
combien 115; ~ de 47, 67
comme 196, 223, 225, 226, 242, 255
comment 67, 115
craindre 153, 179–180; 278
croire 176, 203, 215, 278

D

d'abord 72
dans 231, 238–239
dans le cas où 190, 227
dans l'hypothèse où 227
Datum 44, 233, 268
d'autant (plus) que 225
davantage 68
de 41, 46; Teilungsartikel 46–47, 81, 240; Infinitiv mit ~ 162; nach Mengenangaben 47; als Präposition 46, 239–241; Passiv 208; ~ ohne Artikel 46; Wendungen 241
de crainte que ... (ne) 184, 226
de façon que 184, 226
de manière que 184, 226
Demonstrativadjektiv 106–107
Demonstrativpronomen 104–106
de même 223
de peur que ... (ne) 184, 226
depuis 241
derrière 67, 68
de sorte que 184, 226
dès lors 224

Sachregister

dès que 225
devant 67, 68, 243
devoir 82, 130, 203, 217; Konjugation 278
différent 97–98
dire 183, 184, 215, 259
divers 97
d'où 89, 224
donc 67, 72, 224
dont 88
du moins Inversion 253
du moment que 225
d'un côté … de l'autre côté 223
d'une part … d'autre part 72, 223

E

Eigennamen 34, 44, 55
empêcher 180
en 81–83; Stellung 82; beim Imperativ 168; verneint 81, 152; partitiver Gebrauch 81; Präposition 42, 44, 241–242
en attendant que 185, 225
en cas que 227
en ce moment 107
encore 67, encore que 227; Inversion 253
en dehors de 240
en échange de 245
en faveur de 245
enfin 67, 72
en revanche 72, 223
ensemble 67, 71
ensuite 72
en effet 72, 224
entre 90, 243
en vain + Inversion 253
envers 236
Ergänzungen des Verbs 212–219; direktes Objekt 214; indirektes Objekt 214; mit à 215; mit de 216; mit zwei Ergänzungen 217; mit Infinitiv 159, 219; prädikative ~ 219; präpositionale ~ 198, 208; notwendige/fakultative ~ 214
espérer 139, 177
est-ce que-Frage 117
étant donné que 225

et … et Konjunktion 223
être 125–130, 139; Konjugation 128; als Hilfsverb 126, 201
être en train 138
être sûr 176
excepté 203; ~ que 227
exprès pour que 226

F

faire 280; ~ + Infinitiv 82, 203, 219; se ~ 209
„Falsche Freunde" → faux amis
Familiennamen 34
faux 72
faux amis 55
Frage Inversions~ 116; absolute ~ 117; mit est-ce que 117; Gesamt~ 116; Teil~ 116; direkte ~ 116; indirekte ~ 88, 262–263; ~wörter 115; ~pronomen → Interrogativpronomen
Fragesatz 116–117
Futur 138; Futur composé/Futur proche 139, 161, 169; Stellung der Pronomen 82; Verneinung 152; Futur simple 138–139; vs. Futur composé 140; Futur antérieur 140–141

G

Gehauchtes h → h aspiré
gens 60
Genus 51–54, 59–60, 87, 91, 195, 202; der Substantive 51–54; der Adjektive 59–60; natürliches ~ 53
Gerund 198–199; adverbialer Gebrauch 198; verneintes ~ 199; Stellung 199
Gesamtfrage 116
Gleichzeitigkeit 199
grâce à 234, 236
grand-chose 61, 72
Großschreibung 34
Grundzahlen 267–269

H

Hervorhebung 254
Hilfsverben 125–131; avoir 125–128; être

128–130; aller 139; ~ + Pronomen verneint 152
h aspiré 37, 41; h muet 37
Höflichkeitsform 78

I

ici 67, 83, 259
il Subjektpronomen 77; neutrales Subjekt 78, 133
il est certain 183; ~ est évident 183; ~ est impossible 182; ~ est probable 183; ~ est vrai 183; ~ faut que 169; ~ paraît que 182; ~ (me) semble que 182
Imparfait 141; ~ + Passé composé 144; in der indirekten Rede 261
Imperativ 167–169; verneinter ~ 169; Stellung der Objektpronomen 168; Ersatzformen 169; in der indirekten Rede 262
Indefinitadjektiv 96–98
Indefinitpronomen 96, 98–99
Indikativ 136–147; ~ oder Subjonctif 176–184
indirekte Frage 88, 262–263
indirekte Rede 259–263; im Aussagesatz 259; bei Ortsangaben 259; bei Zeitangaben 260; bei Personenangaben 259; Zeitenfolge 261–262
indirektes Objekt 215–216
infinites Verb 194
Infinitiv 82, 158–163, 175, 184; ~ Perfekt 159; ~ Präsens 159; ohne Präposition 160; mit Präposition 161–163; als Substantiv 159; als Verb 159; mit Adverb 71; Verkürzung von Nebensätzen 163; Partizip Perfekt vor ~ 131, 202, 203; nach

Verben 160, 219; Verneinung 159; in der indirekten Rede 261; Infinitivergänzung 219
Interrogativpronomen 112–114, 263
intransitive Verben 206, 207, 213
Inversion 224, 225, 252–253
Inversion im Aussagesatz 252; im Fragesatz 113, 116; nach Konjunktionen 224
irrealer Bedingungssatz 191

J

jamais 151–154
jusqu'à ce que 185, 225

K

Komma im Relativsatz 35
Komparativ Adjektiv 63; Adverb 73; Sonderformen 63, 73
Komposita 55
Konditional 189–191; Konditional I 189; Konditional II 189; Modus 190; Tempus 190; im Bedingungssatz 191; einleitende Konjunktionen 191; in der indirekten Rede 261
Konjugation der Verben 121–129; auf -er 121–122; auf -ir 122–124; auf -oir 124–125; auf -re 123–124; avoir 125–127; être 128–129; reflexives Verb 131
Konjunktionen 222–227; nebenordnende 223–224; unterordnende 224–227; ~ der Aneinanderreihung 223; ~ des Gegensatzes 223; temporal 224; kausal 224, 225; final 226; konsekutiv 226; konzessiv/adversativ 227; modal 227; konditional 231; mit Subjonctif 184
Konjunktiv → Subjonctif

Sachregister

L

là 67, 83, 259
laisser 82, 160, 203
le 41–45; 77, 83; neutrales Objektpronomen 78, 219
lequel Interrogativpronomen 114; Relativpronomen 89–90, 114
lorsque 225

M

maintenant que 225
maints 97–98
mais 67, 223
mal 67, 70, 71; Steigerung 73; adjektivischer Gebrauch 72
malgré 223; ~ que 227
mauvais 62, 70; Steigerung 63
même 79, 100; de ~ 223; ~ si 196
mieux 72, 73
Mengenangaben 42, 47; partitiv 81
mille, million 268
Modalverben 82, 130, 152, 169; Stellung der Pronomen 83; bei der Verneinung 152
Modus 136, 166, 172, 182, 183, 207; modaler Gebrauch 196
moindre 63
moins Steigerung 63, 68, 73, 153; moins de 47; moins ... moins 73
mot composé → Komposita

N

ne Verneinungselement 151–155; ne ... aucun 151–152; ne ... guère 151; ne ... jamais 151; ne ... ni ... ni 151, 223; ne ... nulle part 151; ne ... pas 151; ne ... que 151; ne ... personne 151; ne ... point 151, 154; ne ... plus 151; ne ... que 151; ne ... rien 151; Stellung 151–152; ohne pas 152–153; ne pas aussi/si 73; ne

explétif/pleonastisches ne 153, 180, 182
néanmoins 67, 72, 223
Nebensatz Verkürzung 163
Negation → Verneinung
n'empêche que 178, 223
n'importe quel 97
n'importe qui 99, 152
n'importe quoi 99
ni ... ni 79
non 67; non que 225
non seulement ... 223
nul 100, 151
Numerus 195, 202, 269

O

Objekt; Angleichung des Partizip Perfekt 201–202; direktes ~ 87, 214; indirektes ~ 87, 214; Verben mit einem ~ 214–218; ~ mit zwei Objekten 217; beim Gerund 198
Objektpronomen 77, 168; verbundene 77–78; unverbundene 78–79; Stellung 82, 251; beim Infinitiv 82; beim Imperativ 168; im verneinten Satz 82; beim Modalverb 82
on Indefinitpronomen 78; 80, 98, 99, 209; Passiversatz 209
Ordnungszahlen 269
Ortsadverbien 67
Ortsangabe 42–43, 70, 71, 238, 239, 241–246; Stellung 252
ou 223, ou bien 223, ou que 184, 223
où Fragewort 115; Konjunktion 184; Relativpronomen 89; Relativadverb 90
outre que 227

P

par Präposition 244; Konjunktion 223; beim Passiv 208; Ausdrücke mit par 243–245
parce que 225
par contre 67, 72, 223

pardonner 207
parmi 90, 243
Partizip 194–198, 200–203; ~ Präsens 195–196; ~ als Verb 195; ~ als Verbaladjektiv 196; Übersetzung des ~ 197–198; ~ Perfekt 200–203; ~ als Adjektiv 62, 201; Angleichung 142, 201 203; ~ beim reflexiven Verb 202; ~ vor Infinitiv 202; besondere Partizipien 203
pas ohne ne 154; Stellung 151, pas un 100, 153
Passé antérieur 147
Passé composé 142; mit avoir 127; mit être 129; Angleichung 142, 201–203; ~ + Imparfait 144–145
Passé récent 147
Passé simple 143; in der indirekten Rede 261
Passiv 206; Bildung 207; mit/ohne Nennung des Urhebers 208; Passiversatz 209; pronominale Umschreibung 209; Vorgangspassiv 208; Zustandspassiv 208; passive Satzkonstruktion 132
pendant que 199, 225
penser 176
Personalpronomen 76–83; Subjektform 77–78; Objektform 77–78; direktes/indirektes 77–78; verbundenes/unbetontes 77–78; unverbundenes/betontes 78–79; Stellung 82–83
personne 80, 151; Stellung 151; personne ... ne 99, 151–154
petit Stellung 62; Steigerung 63
peu Steigerung 73
peu de 47
peut-être 67; Inversion 253

pire 63, 73; pis 73
plein de 47
Pleonastisches ne 153, 180
Pluralbildung; Substantive 54–55; zusammengesetzte ~ 55; Adjektive 60–61
plupart 47
plus de 47; ~ bei Steigerung 63, 73, ne ... plus 67; plus d'un 100; plus ... moins/plus 73; plus que 68
plusieurs 100–101
Plus-que-parfait 145; ~ im Bedingungssatz 191; ~ in der indirekten Rede 261
plutôt 69
point ohne ne 154
Positiv bei Adjektiv 63; bei Adverb 73
Possessivadjektiv 108–109; ~ pronomen 107–108
pour 244; 226; ~ + Infinitiv 163; Ausdrücke mit ~ 245
pour que 184, 226
pourquoi 67, 72, 115
pourtant 67, 72, 223
pouvoir 82, 130, 153, 160, 203
pourvu que 184, 227
prädikative Ergänzung 219
Präpositionen 230–247
Präsens 137–138; in der indirekten Rede 261; im Bedingungssatz 191
préférer faire qc. 130
Présent progressif → être en train de
probablement 253
promettre 139, 184
Pronomen 76–114, Stellung bei Verneinung 151; beim Imperativ 168; pronominales Passiv 209
puis 67, 72
puisque 196, 225

Sachregister

Q
quand 67, 115, 191, 225
quand même 223
quant à 263
que Konjunktion 184; beim Komparativ 63, 73; Interrogativpronomen 113; Relativpronomen 87–88; que-Satz 161, 175, 176
que ... ou que 184
quel 115
quelconque 97–98
quelque 97, 98
quelque chose 72, 89, 91, 98, 99
quelqu'un 89, 98, 99
quelques-uns 98
qu'est-ce qui/que 113
qui Interrogativpronomen 113, 263; Relativpronomen 87–88, 91
qui est-ce qui/que 113
quiconque 80, 93, 98, 99
qui que 184
quoi Interrogativpronomen 113; Relativpronomen 91
quoi que/quoique 184, 227

R
Rede indirekte ~ 258–263
Redeeinleitung 259, 262
reflexive Verben 131–133; zusammengesetzte Zeiten 202; Passiversatz 132; als Gerund 199; mit Ergänzung 216
Reflexivpronomen 79–80; Stellung bei Verneinung 82, 151; Angleichung des Partizip Perfekt 91, 202
reflexive Satzkonstruktion 132
Relativpronomen 86–91
Relativsatz 91–93, 201; Angleichung bei qui und que 91; Stellung 92; einschränkender/erläuternder ~ 92; Subjonctif im ~ 92;
Superlativ im ~ 92; mit Demonstrativpronomen 105; Umschreibungsformen 93, 196
rien 72, ~ ne 99, 151–154

S
sans + Infinitiv 154, 163
sans doute Inversion 253
sans que 154, 184, 227
Satzzeichen 34
sauf que 227
savoir 130, 153, 184, 219; Konjugation 292
Segmentierung 254
se discuter + Infinitiv 209
s'expliquer + Infinitiv 209
se faire + Infinitiv 209
se laisser + Infinitiv 209
selon que 227
seul 155, 163
se voir + Infinitiv 209
si Konjunktion 169, 226; Bedingungssatz 190; indirekte Frage 262; bei Vergleich 63, 73; si ... que 63, 73
sinon 223
soi 80
sous Präposition 246
Steigerung Adjektiv 63; Adverb 73
Stammerweiterung 122
stummes h → h muet
Subjektpronomen 77–78
Subjonctif 172–185; Gegenwart 173; unregelmäßige Formen 174; Vergangenheit 174–175; im Nebensatz 175, im Relativsatz 92; nach Konjunktionen 184, 225–227; nach unpersönlichen Ausdrücken 181; nach Verben + Wendungen 177–184; in der indirekten Rede 261
Substantiv 50–55; Genus 51–54; Pluralbildung 54–55; zusammengesetzte Substantive → Komposita
suivant que 227
Superlativ des Adjektivs 63; des Adverbs 73; im Relativsatz 92, 163; Sonderformen 63, 73
supposer que 183
sur Präposition 246, 247
surtout que 225
sûrement 71

T
tandis que 227
tant 67, ~ de 47, tant que 225
tantôt ... tantôt 223
Teilfrage 116
Teilungsartikel → de
tel 100, 101
tellement (de) 47, ~ que 226
tenir à 161, 299
toujours 67, 70
tout 42, 67, 70, 100, 101, 199, 227
tout, tous 42, 93; ~ + Relativsatz 93; tout + Adj. + que 227; tout au plus Inversion 253
toutefois 223, 253
transitive Verben 206, 207, 213, 214
Trema 34
très 67, 68
trop 67, 70, 71; ~ de 47

U
Uhrzeit 231, 269
unbestimmter Artikel 45; ~ verneint 46
une fois que 225
unpersönliche Ausdrücke 180, 181; Verben 203; il 133

V
venir de + Infinitiv 147
Verb, Hilfs~ 125–127, 129–130; Modal~ 130, 160, 169; mit Objekt 214; ohne Objekt 214; reflexive ~ 83, 127, 131–132; unpersönliche ~ 127, 133, 203; intransitiv 213; transitiv 213, 214; Ergänzungen 212–219 → Ergänzungen des Verbs → Konjunktion der Verben
Verbaladjektiv 196–197
Vergangenheit 141–147
Verneinung 46, 150–155; Stellung der Verneinungselemente 151–152; ~ des Adverbs 71; ~ mit aucun, personne, rien 153; ohne pas 152; beim Infinitiv 159; beim Partizip Präsens/Gerund 152, 196, 199; beim Imperativ 169; beim Vergleichssatz 153; Verneinungsklammer 151
vieux 59
vis-à-vis 232
Vorgangspassiv 208
vouloir 82, 130, 160, 169, 203, 283
vu que 225

W
Wortstellung Aussagesatz 251–255; Fragesatz 116; Ausrufesatz 255; Relativsatz 92

Y
y 80–82; verneint 152, beim Imperativ 168

Z
Zahlwörter 266–269; Grundzahlen 267–269; Ordnungszahlen 269; Bruchzahlen 269
Zeitadverbien 67, 71
Zeitangaben Artikel bei ~ 44; Präposition bei ~ 231–233, 238, 241–242, 244, 246; Stellung 71
Zeitenfolge Bedingungssatz 190; indirekte Rede 261
Zukunft → Futur
Zustandspassiv 208

Quellennachweis

S. 32: Voltaire, in: L'art de vivre. Citations françaises/Die Kunst zu leben. Französische Zitate, dtv 1986. S. 85

S. 40: Stendhal: *Le Rouge et le Noir*, Librairie Générale française 1997, S. 235

S. 50: Molière, in: Unvergängliches Mosaik, Musen-Verlag 1947, S. 35

S. 58: Verlaine, Paul: *Dansons la gigue*, in: Gedichte. Fêtes galantes, La Bonne Chanson, Romances sans paroles, Reclam 2006, S. 126

S. 66: Maupassant, Guy de: *Une vie*, Éditions Gallimard 1974, S. 117

S. 76: Daudet, Alphonse: *La chèvre de M. Séguin*, Flammarion 1946, S. 9

S. 86: Balzac, Honoré de: *Le Colonel Chabert*, Reclam 2003, S. 10

S. 96: Montaigne, Michel de, in: L'art de vivre. Citations françaises/Die Kunst zu leben. Französische Zitate, dtv 1986, S.82

S. 104: Maupassant, Guy de: *Une vie*, Éditions Gallimard 1974, S. 127

S. 112: Voltaire: *L'Ingénu*, Reclam 2001, S. 170

S. 120: Daudet, Alphonse: *La dernière classe*, in: Les écrivains à l'école. Récits et nouvelles, Reclam 2005, S. 21

S. 136: Maupassant, Guy de: *Le papa de Simon*, in: Contes et Nouvelles, Diesterweg 1968, S. 29

S. 150: François VI, Duc de La Rochefoucauld, in: Unvergängliches Mosaik, Musen-Verlag 1947, S. 17

S. 158: Flaubert, Gustave: *Madame Bovary*, Reclam 2005, S. 29

S. 166: Balzac, Honoré de: *La Cousine Bette*, Éditions Gallimard 1972, S. 154

S. 172: Maupassant, Guy de: *Une vie*, Éditions Gallimard 1974, S. 79

S. 188: Balzac, Honoré de: *Une fille d'Ève*, Éditions Gallimard 1980, S. 43

S. 194: Rimbaud, Arthur: *Le châtiment de Tartufe*, in: Arthur Rimbaud, Sämtliche Dichtungen, Lambert Schneider 1978, S. 30

S. 206: Balzac, Honoré de: *Le père Goriot*, Éditions Gallimard 1971, S. 363

S. 212: François VI, Duc de La Rochefoucauld: *Maximes et Réflexions diverses*, Flammarion 1977, S. 134

S. 222: Maupassant, Guy de: *Une vie*, Éditions Gallimard 1974, S. 31

S. 230: Gesetz der Arbeit während der französischen Revolution: http://fr.wikipedia.org/wiki/Droit_au_travail (7. 11. 2009)

S. 250: Sénac de Meilhan, Gabriel, in: L'art de vivre. Citations françaises/Die Kunst zu leben. Französische Zitate, dtv 1986, S. 88

S. 258: Daudet, Alphonse: *La dernière classe*, in: Les écrivains à l'école. Récits et nouvelles, Reclam 2005, S. 16

S. 266: Maupassant, Guy de: *Mademoiselle Perle*, in: Contes et Nouvelles, Diesterweg 1968, S. 9